北京师范大学实验幼儿园 /主编

幼儿园管理与教师培养丛书

新手幼儿教师
课程实施手册

小班

Xinshou Youer Jiaoshi Kecheng
Shishi Shouce Xiaoban

北京师范大学出版集团
BEIJING NORMAL UNIVERSITY PUBLISHING GROUP
北京师范大学出版社

图书在版编目（CIP）数据

新手幼儿教师课程实施手册．小班/北京师范大学实验幼儿园主编．—北京：北京师范大学出版社，2021.6（2023.1重印）
ISBN 978-7-303-26737-8

I.①新… Ⅱ.①北… Ⅲ.①学前教育—教学参考资料 Ⅳ.①G613

中国版本图书馆 CIP 数据核字（2021）第 011795 号

| 图 书 意 见 反 馈 | gaozhifk@bnupg.com 010-58805079 |
| 营 销 中 心 电 话 | 010-58805532 58808058 |

出版发行：北京师范大学出版社 www.bnup.com
北京市西城区新街口外大街12-3号
邮政编码：100088
印　　刷：保定市中画美凯印刷有限公司
经　　销：全国新华书店
开　　本：787mm×1092mm　1/16
印　　张：27
字　　数：560千字
版　　次：2021年6月第1版
印　　次：2023年1月第3次印刷
定　　价：108.00元（全三册）

策划编辑：罗佩珍　　　　责任编辑：郭　瑜
美术编辑：焦　丽　　　　装帧设计：焦　丽
责任校对：包冀萌　　　　责任印制：马　洁

编委会

丛书编委会主任： 黄　珊

丛书编委会副主任：（按音序排序）

　　杜　军　高以华　孙秀莲　田瑞清　夏华颖　徐翠凤
　　徐兴芳

本书编委：（按音序排序）

　　丁　乐　董佑静　郭美娟　韩　丹　胡　玥　金　瑛
　　鞠　亮　李灵子　吕　霞　邱　守　荣柏莹　滕　瑾
　　王晓晔　卫　群　吴媛媛　谢红玉　熊庆华　杨　光
　　杨　曦　杨海燕　赵庆楠

光阴荏苒，百年有园。1915年4月16日，北京师范大学实验幼儿园的前身——北京女子师范学校附属蒙养园正式成立。在一百多年的发展中，北京师范大学实验幼儿园根植于北京师范大学百年人文沃土，广泛地吸收借鉴国内外学前教育精髓，潜心于专业研究、探索创新，成为国内著名的幼儿园，并多次向世界展示中国优质的学前教育。

重温历史，传承百年文化。百年来，北京师范大学实验幼儿园不断地传承、发展、创新，形成了厚重而独特的园所文化。首先是"蒙养百年，倡导开新"的文化理念、"以儿童为本"的教育理念以及"团结奉献、求实创新"的园风和"互敬互爱，健康成长"的园训；其次是崇尚学术和注重学习与研究的氛围以及规范的管理、科学的态度和开放的视野……一个世纪以来，北京师范大学实验幼儿园的园所文化不仅浸润、滋养了这里的教师和儿童，而且对不计其数前来学习的同行产生了巨大影响。

近十年来，国家对学前教育的发展越来越重视，出台的《国家中长期教育改革和发展规划纲要（2010—2020年）》《国务院关于当前发展学前教育的若干意见》《国务院关于加强教师队伍建设的意见》等一系列文件，让我们看到国家已将幼儿园的管理及教师队伍建设列为重要任务，对增加幼儿园数量与提高学前教育质量要求同等重视，也让我们对学前教育的未来更加充满信心。

与此同时，我们也看到在这个急速发展与变化的时代，幼儿园面临着教育需求、教育资源、教师质量、管理机制、课程改革等各方面的变化，还存在着幼儿园师资短缺、管理不到位、办学质量良莠不齐等现象，这都是办有质量的学前教育、促进幼儿健康快乐成长所面临的重要问题。

为此，我们怀着对学前教育炙热的情怀，愿为促进学前教育的优质均衡发展尽一己之力。我们集北京师范大学实验幼儿园的集体智慧，全方位梳理和总结了近些年在我园培训学习的众多同行感兴趣的内容，编纂了"幼儿园管理与教师培养丛书"，与广大同行交流分享。

本丛书内容涉及幼儿园的科学化管理、文化建设、课程建设、保教队伍建设、资源建设、环境创设以及幼儿园与家庭、社区的互动等各个方面，丛书旨在将先进的理论与我园的实践经验相结合，突出专业性、针对性、创新性和可操作性。若能为同行们在实践中提供参考与借鉴，解决在办园中遇到的一些实际问题，我们将备感欣慰。感谢北京

师范大学出版集团的大力支持和工作人员的辛勤劳动，使丛书得以呈现在大家面前。由于能力所限，有不足之处敬请提出宝贵意见。

木铎金声，悠悠绵长。2020年是北京师范大学实验幼儿园建园105周年，2022年是北京师范大学120年华诞。"幼儿园管理与教师培养丛书"也是我们献给幼儿园105周年园庆和北京师范大学120周年华诞的一份厚礼。

是为序。

黄　珊

　　2001年《幼儿园教育指导纲要（试行）》颁布以来，北京师范大学实验幼儿园（以下简称"我园"）在其精神指导下开始园本课程的研究和探索。"十二五"期间，我园完善了发展课程的结构（包括课程价值取向、理论基础、课程目标、课程内容、课程实施以及课程评价），明确了课程的总目标是"培养具有健康乐观（乐）、善良有爱（爱）、文明礼貌（礼）、好奇智慧（智）、诚信立美（美）等品质的儿童"，确定了具有中国特色的发展课程内容——自我、自然、社会、文化。与此同时，我园具有研究基础和丰富经验的成熟教师，也通过生活活动、区域活动、主题活动以及大型活动等途径实施发展课程，积累了丰富的优秀课程实践案例。

　　然而，近年来，为扩大优质教育资源的辐射面，我园陆续开办分园，新教师不断加入，教师队伍的年轻化给发展课程的有效实施带来了新的挑战。通过实践观察和问卷调查我们了解到，年轻教师（特别是教龄三年以下的新手教师）在实施发展课程的过程中遇到了一些问题，比如，如何通过具体的活动循序渐进地实现发展课程的目标？如何根据根据幼儿年龄特点制订适宜的活动目标、选择适宜的活动内容？如何书写活动计划？如何组织活动过程更有效？……老师们迫切希望能有一套课程实施手册帮助他们解决这些问题，提高他们实施课程的能力。因此，在"十三五"开局之年（2016年）我园启动了发展课程教师手册的编写工作，历时一年半编制了《北京师范大学实验幼儿园发展课程教师手册（试用版）》（包括小、中、大班共三册），2017年10月开始在全园试用。2018年7月，我园向教师征集了试用感受和意见。从教师的反馈中我们看到课程手册发挥了较好的作用。老师们说：手册的针对性、系统性强，每月活动具有层次性和递进性，能帮助他们更好地了解发展课程的体系；目标部分能帮助他们把握幼儿年龄特点，让新教师写活动计划时有了明确的目标和方向，避免了书写目标时不够准确的现象；活动详案对于他们设计活动过程有启发，其中指导语和关键提问特别好，解决了新教师不会提问的问题；主题活动部分可启迪他们融合各领域活动的思路，便于他们更容易地开展主题活动；成熟教师也可以借鉴其中的活动，还可以用其审视每个月的活动是否各领域均衡。老师们也提出了改进建议，比如：有些活动需要将目标再细化，增加优秀传统文化、数学、体育、安全教育等活动，等等。

　　结合教师的反馈和建议，我们进行修订，最终形成这套《新手幼儿教师课程实施手

册》，为便于使用，特做如下说明。

第一，这套手册的主要目的是帮助新手教师（教龄三年及以下）更好地实施课程，但是，教龄三年以上的教师也可将其作为实施课程的参考书，借鉴其中适合本班幼儿的课程内容。

第二，请先阅读第一部分"发展课程的价值取向与理论基础"和第二部分"发展课程的目标与内容"，以便更好地理解后面各年龄段的课程安排并规划课程。

第三，第三部分是所教年龄班的目标与活动安排。首先是年龄班的领域目标（即学年总目标），之后按月份呈现的是目标与周活动安排、活动详案及附录（有的月份没有附录则不呈现）。除去寒暑假（2月和8月），小班和中班各有10个月的目标与周活动安排，而大班因6月底毕业所以有9个月的目标与周活动安排。

第四，本手册中的"活动"是指有计划的教学活动。我们以表格的方式提供了每周可供选择的活动，列出了活动名称和目标，使用者可以根据幼儿园、班级的整体安排和本班幼儿的兴趣需要进行选择。

第五，每个活动都有对应的月目标，但有些月目标没有对应的教学活动，因为很多目标的实现并不单纯依赖于集体教学，日常生活环节、区域活动、户外活动、过渡环节都是很好的教育契机。

第六，在时间安排上活动尽量结合季节、节日、天气等因素，但使用者仍可根据实际情况调整活动开展的时间。例如，关于雪的活动，最好安排在实际下雪后开展。

第七，有些活动我们提供了详细的计划（即活动详案，在备注栏有"详案"字样），使用者可以参考详案来书写自己的活动计划。我们提供活动详案是希望授之以渔，帮助使用者举一反三，在活动组织过程中有自己的创新。

第八，北京师范大学实验幼儿园的课程是通过幼儿在园的一日活动来实施的，主要包括生活活动、区域活动、主题活动和大型活动四种类型。本手册提供的教学活动，有些与生活活动、大型活动紧密相关，有些可以在区域中开展，而有些活动是围绕一个主题，这些围绕一个主题的活动我们都在活动名称前进行了标注。新手教师可以从模仿这些主题活动开始，逐步过渡到与班级幼儿共同生成主题活动。

第九，活动中用到的部分故事、散文、歌曲等，我们在当月附录中进行了呈现。

这套手册是在《幼儿园教育指导纲要（试行）》和《3—6岁儿童学习与发展指南》的精神指导下，参考《幼儿园快乐与发展课程教师教学用书》（北京师范大学出版社）、《幼儿素质教育资源丛书：教师教育资源手册》（北京出版社）等书籍编写而成的，体现了我园发展课程"以儿童为本"的教育理念，凝聚了我园教师的课程实践经验和研究成果，希望对广大一线幼儿教师（特别是新手教师）及幼儿园课程管理人员有切实的帮助。最后，欢迎大家在使用过程中提出宝贵意见和建议，以便我们修改、完善。谢谢！

目 录

第一部分　发展课程的价值取向与理论基础

一、发展课程的价值取向

"以促进幼儿发展为根本，以提高教师素质为关键"是北京师范大学实验幼儿园园本课程的实质。一方面要促进幼儿发展。课程是幼儿园办园理念和教育目标的载体，学前儿童应该获得哪些发展和儿童能够获得怎样的发展，是对学前教育目标和功能的思考。基于幼儿教育的启蒙性、基础性、全面性，我们认为幼儿园课程应该以促进幼儿身体、认知、情感、人格的健康发展为根本。另一方面要促进教师的发展。因为教师是幼儿园教育理念的落实者、教育目标的实现者、课程的实施者，特别是在课程改革中，理念只是一种思想，需要通过教师创新性的实践才能具体化。教师是课程落实的关键，教师对课程理念的理解能力、实施能力直接影响着课程实施的效果。因此，我园将提高教师素质视为课程改革的关键，在实践中不断地通过教科研等多种途径提高教师专业素质，并以教师素质的提高推动和深化课程改革。

北京师范大学实验幼儿园发展课程的价值取向具体体现在以下几个方面。

（一）儿童是主动发展的个体，是课程的出发点和落脚点

"以儿童为本"教育理念的核心是尊重幼儿的主体性，促进其主动发展。主体性的本质内涵是指人作为主体的本质规定性，主要表现为自主性、能动性、创造性等。幼儿处于个体主体性发展的起始阶段，其主体性发展水平直接影响着以后主体性的发展。所以说，对幼儿进行主体性的培养是非常必要的。

基于北京师范大学实验幼儿园实践研究的开展，我们发现，3至6岁的幼儿都有自主学习的行为，主要包括以下三个方面：第一，幼儿能自发地在环境中与物质材料即玩教具或日常用品进行互动，他们在操作、摆弄玩具材料中发现物体本身的特征、物体之间的关系等。第二，幼儿能在自觉模仿他人中学习，比如，从模仿同伴的学习行为、模仿教师的行为中练习和巩固一些技能、经验。第三，是幼儿主动探究式的学习，即幼儿产生了新的疑问，于是主动对这个问题进行探究，他们通过亲自尝试、实验或者查找资料、寻求同伴或成人的帮助等途径来获得问题的答案，在这个过程中幼儿一直在主动地思考，同时也获得了多方面的锻炼。正是基于此，教师更加深刻地认识到幼儿是主动的

学习者，能够放手让幼儿进行自主探究学习。

因此，我们的课程必须关注幼儿的发展情况，将儿童的发展作为课程的出发点和落脚点。

（二）教育要为儿童的发展提供支持，教育要走在发展的前面

教育要走在儿童发展的前面，促进幼儿全面、充分、和谐的发展，而且这种发展应该能为幼儿将来的学习与发展奠定良好的基础，即有助于幼儿将来的可持续发展。教师必须参与到幼儿的学习过程中，以幼儿的最近发展区作为教师介入的空间。即教师的指导不仅要满足幼儿的现实需要，而且还要不断提出挑战性任务，有意识地激发、创造幼儿的学习需要，并为幼儿的学习提供支持，促使幼儿主动而有效地学习。

首先，在尊重幼儿主体性、促进幼儿主动发展方面，我们通过多种策略给予支持。

策略一：规划安全、丰富、有序、开放的物质环境。

策略二：营造平等、尊重、信任、友爱的心理环境。

策略三：引导幼儿主动与环境相互作用，积极参与教育活动。

策略四：为幼儿提供自主活动的空间与时间，让幼儿学习初步的自我管理。

策略五：选择灵活、多样的教学策略，促进幼儿主动学习。

其次，针对不同年龄阶段的幼儿，给予不同的支持策略。

适宜小班幼儿（3~4岁）的支持策略：①以活动区游戏为主要形式引导幼儿自发学习。②创设情境，运用游戏、音乐、故事等多种方式提高幼儿的学习兴趣。③积极引导幼儿运用多种感官学习。④为幼儿提供不同的方式表达自己的观察发现及想法。⑤运用具体形象的手段，如实物、图片等帮助幼儿学习理解语言、词汇。⑥日常生活中注意幼儿的随机学习，给以适时的鼓励和帮助。

适宜中班幼儿（4~5岁）的支持策略：①鼓励幼儿大胆、积极地进行探索学习。②间接地提醒、暗示幼儿如何与同伴交往，帮助幼儿理解、掌握与同伴交往的方法。③在环境中丰富材料，为幼儿提供有目的地进行探究活动的机会，以小组的形式深入指导幼儿的探究学习。④鼓励和支持幼儿用语言清晰、准确地表达学习活动。⑤提供丰富多样的活动内容和形式，帮助幼儿积累丰富的经验，培养解决问题的能力。

适宜大班幼儿（5~6岁）的支持策略：①肯定和鼓励幼儿大胆提出问题。②在活动中给幼儿充足的探究和实践机会。③鼓励幼儿之间的相互学习与合作，支持幼儿自己解决同伴交往问题。④在活动中帮助幼儿进行经验的总结、概括。⑤帮助幼儿养成良好的学习习惯，使其学会自我计划、安排学习活动。

（三）课程是教师与儿童共同建构的动态过程

北京师范大学实验幼儿园强调课程是教师与儿童共同建构的动态过程。这就意味着，课程既有计划性，又有生成性。美国幼教专家卡罗尔·科普尔在《生成课程》一书的前言中写道："生成强调了课程计划需要从班级里的儿童和成人的日常生活，特别是从儿童自己的兴趣中形成。"它提醒我们，儿童的自发性需要一个他们自由游戏和学习的空间，而课程则表明教师的存在、计划的存在。自发性和计划性是生成课程的两个侧面。在师生共同建构的课程中计划是弹性的，既让教师在规划课程时有一定的方向、目的，对接下来的活动有充分的准备，又让教师能够依据他们对儿童的了解和先前的经验考虑到儿童可能的兴趣、想法、行为等，对将要实施的课程提出种种假设，以便在课程实施的过程中教师既能够把握课程发展的方向、目的，又能灵活调整适应儿童的发展需要。

二、发展课程的理论基础

北京师范大学实验幼儿园发展课程的实践研究过程，是一个从模仿、借鉴到不断实践、不断创新的过程。在这一过程中，各种教育理论、实践方法对幼儿园的影响是深远的，对幼儿园的课程发展、教师专业指导发挥着至关重要的作用。

（一）杜威和陶行知的教育理论

杜威和陶行知在对传统的儿童教育进行批判的同时，结合本国的实际和本人的教育实践主张教学的中心由教师、课本、课堂转向儿童，主张解放儿童，教育内容与儿童生活紧密结合，儿童和教师共同参与教学过程。他们的教育理论对于改变传统意义上的"教师教，幼儿学"具有重要的意义。陶行知在杜威"教育即生活""学校即社会""从做中学"等思想的基础上，提出了"生活即教育""社会即学校""教学做合一"的教育思想，影响了北京师范大学实验幼儿园的一些理念和实践，比如，注重挖掘生活中的教育价值，教育活动生活化，关注教育活动中的师幼互动等。

（二）维果茨基的教育理论

维果茨基的高级心理机能理论和文化历史发展观不仅对苏联20世纪五六十年代的学前教育理论与实践产生了重要影响，而且对当今的心理、教育理论与实践依然具有巨大的影响。维果茨基教育理论对北京师范大学实验幼儿园的影响，一方面，体现在20世纪五六十年代全面学习苏联时期；另一方面，体现在20世纪90年代后的教育改革时期。

维果茨基理论对我国幼儿教育影响比较大的是他的最近发展区思想以及由此产生的支架教学实践。最近发展区指的是"实际的发展水平与潜在发展水平之间的差距。前者由儿童独立解决问题的能力而定，后者则是指在成人的指导下或是与能力较强的同伴合作时儿童能够解决问题的能力"。因此，教育不能只考虑儿童已经达到的水平，还要考虑他们在别人的帮助下能够达到的水平，也就是说，教育要走在发展的前面，引导发展。其中，教育对儿童的发展起到了"支架"的作用。

此外，维果茨基对游戏也提出了自己的理论："游戏为孩子创造了最近发展区。在游戏中，孩子总是表现得超越他的一般年龄，超越他的每日行动；在游戏中儿童似乎比自己高出一头。"正是基于对游戏作用的这种认识，苏联的学前教育非常重视游戏对儿童发展的作用，从20世纪50年代起这也影响到了北京师范大学实验幼儿园对游戏的重视和游戏活动在实践中的开展。

（三）以皮亚杰的认知发展理论为基础的建构主义理论

建构主义本质上是强调对人的主体价值的尊重，强调在学习过程中学习者积极主动的参与、自主学习和主动构建的重要性，以及教师在教育过程中起组织者、引导者、促进者的作用。根据建构主义理论，认知冲突是产生兴趣的深层原因，是促进幼儿认知水平发展的动力。因此，教师要激发幼儿学习中适度的认知冲突，将幼儿浅表的兴趣内化，使其逐步产生对活动过程的内在兴趣和动机，成为活动的主动参与者、探索者，从而实现儿童认知的发展。这就要求教师要了解幼儿已有的认知水平，提供的活动能引发幼儿的认知冲突，支持幼儿积极主动地建构新的认知水平。

皮亚杰的认知发展理论对我国幼儿园的影响，主要是通过高瞻课程产生的。它对在《幼儿园工作规程》颁布前后打破分科教学的单一模式、改善幼儿园的教育环境、提高幼儿学习的积极主动性等方面起到了积极的作用。这一理论及课程对北京师范大学实验幼儿园的影响是从20世纪90年代初对"幼儿和谐发展教育"的课题研究开始的，对幼儿园开放式活动区的开展、形成"儿童是主动的、有能力的学习者"的观念产生了积极的推动作用。

（四）蒙台梭利教育法

蒙台梭利教育法是一个比较完整的体系。其中，儿童观是其教育理论与实践的基础。蒙台梭利认为儿童具有天赋的"吸收性心智"和依次出现的内在需求（即各种敏感期），能够自发地、积极地吸收其周围环境中的一切印象，在适宜的环境中获得发展。因此，她提出必须为儿童提供一个"准备好的环境"，使儿童在这个环境中自由活动并能得到自由的发展。蒙台梭利强调，家长、教师、同伴和社会文化都是儿童成长的环

境。蒙台梭利对教师的作用也有不同以往的观点，她认为，教师是环境的提供者，是儿童学习的示范者、观察者、支持者和资源提供者。这些观点对于我们具有非常重要的借鉴意义，自1994年北京师范大学实验幼儿园开设蒙台梭利实验班至今（1923年国立北平女子师范大学附属蒙养园，即北京师范大学实验幼儿园的前身，开办了两个蒙台梭利实验班），一直指导着我们的教育实践。吸收和借鉴蒙台梭利教育的精华，避免其局限性，结合我们的情况创造性地进行教育实践，一直是我们不断探索的方向。

（五）瑞吉欧教育模式

以马拉古奇为代表的瑞吉欧教育者吸收了多个教育理论的思想精华，结合自己的实践再创造出了一种先进的教育模式。在学习瑞吉欧教育模式的过程中，人们认识到关键是要把握其"走进儿童心灵"的儿童观。正是在尊重儿童、相信儿童和为儿童发展创造条件的前提下，才有开放的生动活泼的教育实践。瑞吉欧认为，儿童有一百种语言，他们能够运用各种不同的象征语言和其他媒介来表达自己对世界的认识，包括运用绘画、动作、雕刻、构建、音乐等。瑞吉欧教育模式对北京师范大学实验幼儿园教育实践的直接影响主要体现在四个方面：一是采用弹性课程，从儿童的兴趣和需要出发生成课程；二是强调幼儿与环境的互动，瑞吉欧认为，开放的环境是幼儿园的第三位老师；三是创造机会并鼓励幼儿用多种形式进行表征；四是档案记录在教育中的运用，包括幼儿成长档案和教师教育教学档案。

（六）"做中学"科学教育模式

"做中学"科学教育模式是2001年我国教育部和科学技术协会共同开启的科学教育改革项目，北京师范大学实验幼儿园作为该项目的第一批实验基地，持续参与了五年的科学教育研究。"做中学"科学教育强调：在教师和儿童共同组成的学习环境中，让儿童像科学家一样亲历科学探究的过程。五年的"做中学"科学教育研究和实践，对北京师范大学实验幼儿园的课程产生了重要的影响，具体表现在以下几个方面：一是关注儿童日常生活中的科学学习契机，强调保护和支持儿童科学探究的兴趣；二是注重科学学习环境的创设，并鼓励和支持儿童自主探究；三是科学课程的内容得以拓展和细化，开发出一批经典的探究式科学教育活动案例；四是强调尊重儿童学习科学的特点、规律，给予儿童充分的探究时间和空间；五是重视儿童在科学活动中的多元表达和科学精神的培养；六是教师在科学教育研究中获得的专业能力迁移到了其他领域的课程实施中。

第二部分 发展课程的目标与内容

一、发展课程的目标

幼儿园课程目标是对幼儿在幼儿园阶段学习效果的预期。幼儿园课程目标具有一定的层次和结构。幼儿园课程目标的层次也称为纵向结构。

宏观目标——幼儿园课程总目标

中观目标——幼儿园课程具体目标

微观目标——⎰ 年龄阶段（学年）目标
     ⎱ 单元目标（时间单元或内容单元）
       具体教育活动目标

（一）总目标（宏观目标）

以《幼儿园教育指导纲要（试行）》和《3—6岁儿童学习与发展指南》中的五大领域目标为基础，借鉴我国优秀传统伦理"仁、义、礼、智、信"和公民层面的社会主义核心价值观"爱国、敬业、诚信、友善"中适宜幼儿年龄特点的部分，我们将发展课程的总目标定为：促进幼儿身体健康、情感态度、认知能力等各方面的发展，培养出健康乐观（乐）、善良有爱（爱）、文明礼貌（礼）、好奇智慧（智）、诚信立美（美）的儿童。

（二）具体目标（中观目标）

第一，初步养成健康的生活习惯和基本的安全意识与能力，喜爱运动并有良好的身体素质，爱劳动，愿意做力所能及的事，具有积极、乐观的态度。

第二，爱护动植物及环境，热爱身边的人和所属的团体，在共同生活中学习关心、互助、分享、合作、感恩、诚实、守信。

第三，初步了解并遵守日常生活中基本的社会行为规则，学习并运用文明礼仪，养成文明的行为习惯。

第四，愿意亲近自然及接触新事物，尝试发现事物间的异同与联系，有好奇心，具

有探究的兴趣与能力。

第五，喜欢美的事物，能够初步感受、发现、欣赏自然界，生活中及文化艺术中的美，并大胆尝试表现美。

（三）年龄段目标（详见后文各年龄段领域目标）

（四）单元目标（详见后文各年龄段月目标）

（五）具体教育活动目标（详见后文各年龄段周活动安排）

二、发展课程的内容

幼儿园的发展课程内容，可以从不同角度、依据不同标准进行分类。依据发展课程"以儿童为本"的理念与上述目标，发展课程的内容主要按照儿童的关键经验划分为：自我、自然、社会、文化。北京师范大学实验幼儿园发展课程的内容涵盖了四大领域，即自我、自然、社会、文化。其中，"自我"包含健康领域和部分社会领域的内容，"自然"包含科学领域中的科学和数学内容，"社会"包含社会领域的大部分内容，"文化"包含语言领域和艺术领域的内容。

（一）自我

自我，也称自我意识或自我概念，是个体对自身的认识和对自身周围世界关系的认识，是对自己存在的觉察。认识自己的一切，大致包括以下三方面的内容：一是个体对自身生理状态的认识和评价，主要包括对自己的体重、身高、身材、容貌和性别等方面的认识，以及对身体的痛苦、饥饿、疲倦等感觉。二是对自身心理状态的认识和评价，主要包括对自己的能力、知识、情绪、气质、性格、理想、信念、兴趣、爱好等方面的认识和评价，三是对自己与周围关系的认识和评价，主要包括对自己在一定社会关系中的地位、作用，以及对自己与他人关系的认识和评价。

个人自我，指向个体的特质、价值和能力，涉及自己的身体、性别、喜好、能力（能做或不能做）等方面，例如，我喜欢画画。

关系自我，指向亲密关系中的自我，涉及家庭成员、亲属及其与自己的关系。

社会自我，指向人际关系中的社会角色和名誉，涉及教师、同伴及身边其他经常接触的人及其与自己的关系，例如，我是大家都喜欢的小朋友。

集体自我，指向公共关系中人们所属的团体归类，将自己放在特定的团体中进行认识，例如，"我是北京师范大学实验幼儿园大一班的小朋友""我的家乡是北京""我

是中国人"等。

（备注：幼儿个体的运动、健康、情绪情感、社会适应等属于此部分）

（二）自然

植物：外形特征、结构、生长变化过程、生长环境（条件）、作用、多样性。

动物：外形特征、身体结构与功能、食性、生长变化过程、环境、繁殖、多样性。

物质材料：突出特性、在特定条件下发生的变化、作用。

自然现象：四季的明显特征、天气现象（晴、阴、雨、雪、风、霾等）。

数学：数与运算、规律与关系、量与计量、几何与空间、运用数学知识解决问题。

（三）社会

社会常识是社会生活中必须掌握且行之有效的知识，包括周围人文环境（公园、商店、邮局、医院、小学等）、日常用品、交通工具、生产工具等有关内容（说明：家庭和民族、祖国等放在"自我"中；节日放在"文化"中）。

社会规则是社会组织根据自身的需要而提出的、用以调节其成员的社会行为的规则。对于幼儿，主要包括生活和学习中的规则，如日常生活习惯、生活方式、学习态度与习惯等。

人际交往对幼儿来说主要指与家人、教师、同伴及身边经常接触的人的交往，涉及交往的情感态度、方法、能力等。

（四）文化

行为文化，指人的生活方式、实际行为、态度等，体现在人们的日常起居中，具有鲜明的民族特色、地域特色，它是成功交际重要的因素。

成就文化，指艺术和文学成就，它是狭义的文化概念。

（备注：文明的行为与礼仪主要在此部分中体现，同时，此部分也要体现中华优秀传统文化）

第三部分 小班目标与活动安排

一、小班领域目标[①]

（1）自我

①知道自己的姓名、年龄、性别，学会用恰当的方法表达自己的想法和要求。

②保持愉快、稳定的情绪，有较强烈的情绪反应时，能在成人的安抚下逐渐平静下来。

③学习初步的生活技能（独立进餐、愿意喝白开水、按次序穿脱衣服和鞋袜等）。

④喜欢参加体育活动，走路、跑步时动作自然、协调；具有基本的平衡能力，有一定的力量和耐力，手的动作灵活协调。

⑤学会保护五官，知道不用脏手擦眼睛，不将异物放进嘴、鼻子、耳朵。

⑥知道身体不舒服的时候告诉身边的成人，知道不做危险的事。

⑦知道外出时紧跟着成人，知道不接受陌生人给的东西，不跟陌生人走。

⑧能根据自己的兴趣选择游戏或其他活动，为自己的好行为或活动成果感到高兴。

⑨喜欢承担一些小任务，能够在成人的帮助下坚持做完一件事。

⑩知道父母的姓名，知道和自己一起生活的家庭成员及其与自己的关系，体会到自己是家庭的一员。

⑪感受父母和其他长辈对自己的爱，愿意和熟悉的长辈一起活动，认真听长辈讲话，亲近、信赖长辈。

⑫愿意与教师、同伴一起游戏。

⑬身边的人生病或不开心时表示同情。

⑭能在提醒下做到不打扰别人。

⑮喜欢上幼儿园，能说出自己的班级，知道自己是北师大实验幼儿园的小朋友。

⑯知道自己生活在北京，认识国旗，知道国歌。

（2）自然

①认识常见的动植物，能发现周围的动植物是多种多样的。

②爱护动植物，愿意参加给植物浇水、饲养小动物的活动，并获得相关的知识和经验。

③初步了解和体会动植物和人们生活的关系。

---

① 此处的领域目标是指北京师范大学实验幼儿园发展课程领域目标，余同。

④喜欢接触大自然，对周围的很多事物和现象感兴趣。

⑤感知四季明显的特征；初步了解刮风、下雨、下雪、雾霾等天气现象对自己生活和活动的影响，能在成人的提醒下采取必要的防护措施。

⑥对感兴趣的事物能仔细观察，并能发现其明显的特征。

⑦运用多种感官和动作去探索物体，感知并发现物体和材料的软硬、光滑与粗糙等特性。

⑧感知沙、水的特征，体验事物简单的量的特征。

⑨在生活和游戏中感受事物的数量关系，能通过一一对应的方法比较两组物体的多少。

⑩能用数词描述事物或动作，能手口一致地点数5个以内的物体，能按数取物，并说出总数。

⑪感知和区分物体的大小、多少、高矮、长短等量方面的特点，并能用相应的词表示。

⑫学习按物体的一个特征，进行简单的分类和排序。

⑬能感知物体基本的空间位置和方位，以自身为中心理解上下、前后、里外等方位词。

⑭感知和发现周围物体的形状是多种多样的，对不同的形状感兴趣，并能用自己的语言描述。

（3）社会

①认识周围的社会生活环境，能说出自己家所在街道、小区的名称。

②认识常见的交通工具。

③认识玩具、图书及学习工具并会正确使用和爱护它们。

④遵守游戏和日常生活中的规则，初步学会等待、轮流等。

⑤能正确称呼经常接触的成人，并使用简单的礼貌用语与他们打招呼。

⑥想加入同伴的游戏时，能友好地提出请求。

⑦与同伴发生冲突时，会寻求成人的帮助，能听从成人的劝解。

（4）文化

①知道与别人讲话时眼睛要看着对方，在成人的提示下会使用恰当的礼貌语言。

②知道春节、元宵节、中秋节等传统节日，在参与中感受节日氛围、了解文化习俗。

③在成人的帮助下，初步了解北京著名的风景名胜、独特物产等，萌发爱家乡的情感。

④喜欢跟读韵律感强的儿歌、童谣，能复述短小故事，初步感受文学语言的美。

⑤喜欢图画书，愿意观察画面，能说出画面中有什么，发生了什么事。

⑥喜欢自然、生活中美的事物，萌发初步的发现美的意识。

⑦喜欢听音乐或观看舞蹈、戏剧、绘画、雕塑等多种艺术形式的作品。

⑧经常自哼自唱、涂涂画画、粘粘贴贴并乐在其中；能用声音、动作、姿态模拟自然界的事物和生活情景。

二、9月目标与内容

（一）9月目标与周活动安排

1. 9月目标

（1）自我

①知道自己的姓名、性别，在老师的引导下能做简单的自我介绍。

②在老师的安抚下，逐步做到入园时不哭闹。

③在老师的鼓励下，愿意喝白开水，逐步建立自己取饭、独立进餐的意识。

④学会正确使用勺子；在成人提醒下能每餐后用清水漱口，学习正确的刷牙方法。

⑤愿意参加体育游戏，习惯排队走路，做到不掉队、不与他人碰撞；练习钻爬动作，提高动作的灵敏性、协调性。

⑥在教师的提醒下能做到饭前便后洗手，知道不把异物放进嘴巴、鼻子、耳朵里。

⑦户外活动时，知道紧跟着老师，不离开集体，不做危险的事。

⑧有大小便及身体不舒服的时候能及时告诉老师。

⑨喜欢老师，愿意和老师一起游戏，初步体验参与活动的快乐。

⑩能说出自己的班级和幼儿园的名字。

⑪参加升旗活动时能站好，不离开。

（2）自然

①喜欢观察，认识班级自然角的动植物。

②喜欢操作材料，在生活和游戏中初步感知物体的多少、大小、形状。

（3）社会

①知道自己家所在小区的名称。

②认识班级的玩具、图书，并知道它们所在的位置。

③认识自己的衣柜、鞋柜，知道自己的水杯、毛巾、拖鞋等用品的位置，并能按标志取放。

④逐步熟悉幼儿园一日生活流程及游戏规则。

⑤在成人的提示下能向老师等周围熟悉的人问好。

⑥与同伴发生冲突时，有初步的寻求老师帮助的意识。

（4）文化

①知道与别人说话时眼睛要看着对方，并能够应答。

②能参加幼儿园中秋节的系列活动，感受庆祝节日的快乐。

③喜欢听老师讲故事，学习一页一页翻看图书。

④喜欢唱歌，能跟随老师一起唱唱跳跳。

⑤愿意参与美术活动。

2. 9月周活动安排

本月建议开展的活动主题：中秋节主题。

周次	活动名称	活动目标	发展课程中的领域	对应的五大领域[①]	备注
第一周	我的名字	1. 知道使用礼貌用语打招呼。 2. 了解向别人介绍自己名字的表达方式。 3. 体验介绍自己名字的快乐。	自我	社会	详案一
	我们的娃娃家	1. 愿意在教师带领下参与娃娃家游戏活动。 2. 初步学习遵守简单的游戏规则。	自我 社会	健康 社会	
	班级里的玩具	1. 喜欢玩玩具，感受新玩具带给自己的快乐。 2. 知道新玩具的正确玩法，并能按正确的玩法进行操作。	社会	社会	
	我的一块小天地	1. 认识自己的衣柜、鞋柜。 2. 知道自己的水杯、毛巾等用品的位置。 3. 能按标志取放相关物品。	社会	社会	
	阅读《爱吃水果的牛》	1. 初步理解故事内容，知道水果、牛奶有营养。 2. 学说短句：小牛吃了××，挤出××味的牛奶。	文化	语言	
第二周	认识我的班级和幼儿园	1. 认识自己的班级和幼儿园，能说出名称。 2. 对幼儿园和班级产生积极的情感。	自我	社会	
	有趣的小勺游戏	1. 会使用小勺进餐，掌握基本的用餐方法。 2. 愿意操作小勺类玩教具。	自我	健康	

---

① 此处的五大领域依据为《幼儿园教育指导纲要（试行）》《3—6岁儿童学习与发展指南》，余同。

续表

周次	活动名称	活动目标	发展课程中的领域	对应的五大领域	备注
第二周	小手洗得真干净	1. 知道饭前便后要洗手。 2. 学会正确的洗手方法。	自我	健康	
	歌唱活动：干净的小手	1. 学习用自然、亲切的声音演唱歌曲。 2. 能用动作表现喜欢别人，体验与同伴一起表演唱的乐趣。	文化	艺术	详案二
	我会画画	1. 愿意用美工区的水彩笔、油画棒涂涂画画。 2. 初步学习美术活动的简单规则。 3. 体验美术活动的乐趣。	社会 文化	社会 艺术	
第三周	和赛赛一起学刷牙	1. 知道漱口、刷牙能保护牙齿，愿意刷牙。 2. 学习正确的刷牙方法。	自我	健康	详案三
	肚子里的故事	1. 通过倾听教师自编的故事，知道喝白开水对身体好。 2. 愿意喝白开水。	自我	健康	
	钻爬游戏	1. 通过游戏练习钻爬动作，提高身体灵敏性和协调性。 2. 喜欢并积极参加体育活动。	自我	健康	详案四
	阅读《好饿的小蛇》	1. 喜欢听故事，学说故事中的重复句。 2. 愿意观察画面并尝试表达。 3. 理解故事内容，感受幽默有趣的情节。	文化	语言	
	粘贴：美丽的花	1. 认识并学习使用粘贴工具。 2. 能在老师的鼓励下大胆创作。	文化	艺术	
第四周	【中秋节主题】做月饼	1. 学习制作月饼的方法。 2. 感受做月饼、吃月饼的快乐。 3. 感受节日的氛围。	自我 文化	健康 社会	
	【中秋节主题】欣赏故事表演《嫦娥奔月》	1. 愿意观看教师表演的故事《嫦娥奔月》，情绪较稳定。 2. 能初步理解故事大意。	自我 文化	健康 语言	
	【中秋节主题】各种各样的月饼	1. 通过观察了解月饼有不同的形状、大小。 2. 能进行初步的比较。	自然	科学	

续表

周次	活动名称	活动目标	发展课程中的领域	对应的五大领域	备注
第四周	【中秋节主题】阅读《月亮，生日快乐》	1. 能认真观察图画、倾听故事。 2. 初步理解故事内容。 3. 学说"XX，生日快乐！"	文化	语言	
	认识幼儿园吉祥物：奇奇、妙妙	1. 认识奇奇和妙妙的形象和名称。 2. 知道奇奇和妙妙是幼儿园的园庆吉祥物。 3. 初步了解奇奇和妙妙是由幼儿园的哥哥姐姐自己设计出来的。	文化	社会	

（二）9月活动详案

详案一

活动名称：我的名字（自我）

活动目标：

1. 知道用礼貌的方式打招呼。

2. 了解向别人介绍自己名字的表达方式。

3. 体验介绍自己名字的快乐。

活动准备：

经验准备：知道自己的名字。

物质准备：小熊手偶一个（或其他形象的手偶），《我的好朋友》音乐。

活动过程：

开始部分：教师出示小熊手偶，激发幼儿参与活动的兴趣

教师（模仿小熊的语气）：小朋友，你们好！（晃动手偶，向幼儿问好，重复几遍）

教师：小朋友们好！小熊想跟小朋友打招呼，当它来到你的面前时，请你用礼貌的方式跟它打招呼。（教师拿着手偶走到幼儿面前，鼓励幼儿说出"你好"；面对胆小、害羞的幼儿，可以鼓励他用挥挥手的方式表达）

基本部分：鼓励幼儿介绍自己的名字

教师（模仿小熊的语气）：刚才小朋友们都跟我打过招呼了，有的小朋友说"你好"，有的小朋友跟我挥挥手，你们真有礼貌！现在我来介绍一下我自己，我的名字是布布，你叫什么名字？（请幼儿自由回答）

教师：现在，布布要去找朋友了，看看它会找谁呢？

教师（模仿小熊的语气）：你好，我的名字是布布。你叫什么名字？（教师与几名幼儿进行互动，鼓励幼儿说出自己的名字，并观察幼儿互动时的不同表现）

教师：刚才布布去跟几个小朋友打招呼，有的小朋友说自己的名字时声音太小了，布布听不清楚，怎么办呢？（请幼儿自由回答）

小结：幼儿可以用大一点的声音说自己的名字。

教师：还有的小朋友可能不好意思，不说话，怎么办呢？（请幼儿自由回答）

小结：如果幼儿不好意思说，那就跟小熊挥挥手，再抱一抱吧。

教师：布布再去找几个小朋友打招呼，请你用礼貌的方式跟它打招呼，然后像它一样，介绍你自己。

教师：你好，我的名字是布布。（教师要注意给每一名幼儿表达的机会）

小结：向别人介绍自己名字的时候，首先要用礼貌用语"你好"，然后用合适的声音介绍自己的名字。

结束部分：跟随歌曲进行律动，巩固打招呼问好的方法

教师：布布请小朋友们听一首好听的歌曲《我的好朋友》。

歌词唱到"你好吗？我很好。你是谁？我是我"时，教师用手偶轮流跟每个幼儿问好，引导幼儿在轻松、欢快的律动中进行表达。

相关经验：

社会：愿意与老师互动。

活动评价：

1. 通过幼儿的回应（语言、动作）判断他是否知道礼貌的打招呼方式。

2. 通过语言判断幼儿是否会介绍自己的名字。

活动延伸与扩展：

1. 阅读相关图画书，比如，《你好》等。

2. 请家长在日常生活中鼓励幼儿用礼貌的方式与人打招呼，并介绍自己。

（李灵子）

> 详案二

活动名称：歌唱活动：干净的小手（文化）

活动分析：

歌曲《干净的小手》用亲切的歌词和旋律告诉幼儿要把小手洗干净，很好地将音乐与幼儿健康教育相结合，能让幼儿在轻松的歌唱活动中自然而然地知道洗手是一件有趣而快乐的事情。

活动目标：

1. 学习用自然、亲切的声音演唱歌曲。

2. 能用动作表现喜欢别人，体验与同伴一起表演唱的乐趣。

活动准备：

经验准备：学习过洗手的方法。

物质准备：歌谱。

活动过程：

开始部分：发声练习

发声练习：师生问好。

$$1=C\text{-}E\quad \frac{2}{4}\qquad \underline{1\ 2\ 3\ 4}\ |\ 5\quad -\quad |\ \underline{5\ 4\ 3\ 2}\ |\ 1\quad -\quad \|$$

师：小朋友们 好！　　　幼：X 老师您 好！

基本部分：学唱歌曲《干净的小手》

（1）学习演唱歌曲《干净的小手》。

①熟悉歌词。

教师：老师的手弄脏了，怎么办？可以怎样洗手呢？（如洗手心、手背、手腕等）

教师：（边做洗手动作，边加歌词念白）：洗呀洗（动作跟随固定节拍），洗手心（动作可以是无节奏的快洗）。洗呀洗（动作跟随固定节拍），洗手背（动作可以是无节奏的快洗）。

教师：手洗得这么干净，大家都喜欢，妈妈、爸爸和老师都喜欢你。

幼儿跟着老师边做动作边念唱歌词。

②学唱歌曲。

教师反复演唱歌曲，幼儿跟唱。

（2）律动游戏"干净的小手"。

教师：爸爸妈妈说喜欢你的时候会做什么动作？（抱抱、亲亲、给爱心、摸摸头等）

请幼儿两个人一组面对面站好，做律动游戏：唱到歌词"喜欢我"的时候，用一个动作表示喜欢；在"洗呀洗"后面的间奏处填充歌词做律动，比如，洗呀洗，洗手背，洗呀洗，洗手心。

（游戏可反复进行）

结束部分：分组演唱歌曲《干净的小手》

幼儿分组到前面表演歌曲《干净的小手》。

相关经验：

自我：知道手脏了要洗干净。

社会：了解表示喜欢的适宜方式。

活动评价：

1. 倾听幼儿能否用较自然的声音演唱歌曲。

2. 观察幼儿是否参与到律动游戏中，是否能用动作表示喜欢。

（吕　霞）

详案三

活动名称：和赛赛一起学刷牙（自我）

活动目标：

1. 知道漱口、刷牙能保护牙齿，愿意刷牙。

2. 学习正确的刷牙方法。

活动准备：

经验准备：有刷牙的经验。

物质准备：自编故事《赛赛的虫牙》、自制白板课件（可用图片代替）、牙刷、牙齿模型、歌曲《牙刷火车》。

活动过程：

开始部分：通过故事知道漱口、刷牙能保护牙齿

讲完自编故事《赛赛的虫牙》后教师提问：赛赛为什么会有虫牙？怎样才能不再有虫牙？（请幼儿表达）

教师：赛赛知道了漱口、刷牙能保护牙齿，就开始漱口、刷牙了，可是没过多长时间她又牙疼得直打滚。赛赛只好又去看牙医，牙医问了赛赛是怎么刷牙的，发现赛赛的刷牙方法不太正确，每颗牙齿刷的次数也不够，所以还是没有把牙齿刷干净。于是，赛赛就认真地跟医生学习了正确的刷牙方法。

教师：小朋友，咱们和赛赛一起学习刷牙吧！

基本部分：通过观察、模仿，学习正确的刷牙方法

（1）借助牙齿模型展示正确的刷牙方法。

教师扮演医生（或者请保健医生）示范刷牙的方法和步骤。

第一步：前面的门牙上下刷，刷十次。

第二步：牙侧面，打圈刷，刷十个圈圈。

第三部：上下咬合面，来回刷，刷十次。

（2）利用自制白板课件，请幼儿"帮赛赛刷牙"。

教师（播放课件）：你们看，这是赛赛的牙齿，牙缝里有曲奇饼干渣，我们一起用刚才学的方法帮赛赛刷牙吧。（出示4张不同角度的图片请幼儿模仿刷牙方法）

教师带领幼儿一边说，一边做刷牙的动作。（巩固刷牙方法）

结束部分：进一步激发幼儿刷牙的愿望

幼儿观看歌曲《牙刷火车》的视频，体会刷牙的乐趣。

教师鼓励幼儿认真刷牙：请小朋友把正确的刷牙方法教给爸爸妈妈！让我们每天认真刷牙，拥有健康的小白牙！

相关经验：

文化：能认真倾听故事《赛赛的虫牙》，了解故事内容。

活动评价：

通过幼儿对刷牙方法的口头表述和实际操作，了解幼儿对刷牙方法的熟悉程度。

活动延伸与扩展：

1. 过渡环节说一说刷牙的方法和步骤，并将刷牙方法和步骤与家长进行分享。
2. 鼓励幼儿在家认真刷牙（可由父母帮助指导）。

附原创故事

赛赛的虫牙

赛赛每天从幼儿园回到家都会打开自己的零食宝盒，享受美味的糖果和饼干。可每次吃完零食赛赛都不漱口，也不刷牙。

一天，赛赛正在开心地吃着糖果，突然感觉牙齿有点疼，于是她小心翼翼地又嚼了两下，牙齿更疼了，她疼得哇哇大哭起来。

妈妈带赛赛去看牙医，牙医用小镜子一看："呀，小朋友，你已经有虫牙了！"

赛赛问："医生，我怎么会有虫牙呢？"

牙医："你的牙齿上有好多的食物残渣，如果吃完食物不及时清洁口腔，就会有虫牙！"

赛赛惭愧地低下头，牙医见赛赛有些伤心便鼓励她说："没关系的，小朋友，从今天起少吃糖果和零食，吃完东西用清水好好漱口，每天晚上认真刷牙，就能保护你的小牙齿！"

赛赛下定决心以后一定要好好漱口，认真刷牙，赶走口腔里的食物残渣，不再有虫牙。

（王　峥）

详案四

活动名称：钻爬游戏（自我）

活动目标：

1. 通过游戏练习钻爬动作，提高身体灵敏性和协调性。

2. 喜欢并积极参加体育活动。

活动准备：

经验准备：有一定的钻爬经验。

物质准备：垫子、报纸、折叠椅、拱形门、彩虹隧道。

活动过程：

开始部分：热身

热身游戏：垫上奔跑

游戏玩法：将垫子铺成长长的一条路，幼儿有序在垫上奔跑。

规则要求：听到教师发出的指令开始跑；按照指定的路线跑回来。

基本部分：钻爬游戏

游戏1：火车开动

游戏玩法：将垫子铺成长长的"轨道"，幼儿扮火车，在"轨道"上爬行。

活动要点：第一，幼儿听到教师发出的指令开始在垫子上爬行。第二，幼儿可自行选择爬行的方式。第三，幼儿按照指定的路线跑回来。

游戏2：钻爬过山洞

游戏玩法：将垫子搭成长长的"山洞"，幼儿当"火车"，从"山洞"内钻爬出来。

活动要点：第一，教师提示幼儿在钻山洞时，身体趴得低才不会把山洞钻塌。第二，教师提示幼儿眼睛看好前方的路，快速地钻出。第三，教师要关注个别能力较弱的幼儿，给予适当鼓励与帮助。

游戏3：钻爬过隧道

游戏玩法：在垫子上放上拱形门、彩虹隧道、折叠椅，搭成长长的"隧道"，让幼儿钻爬过去。

活动要点：第一，教师鼓励幼儿大胆行进，必要时可以给予一定的帮助。第二，教师注意幼儿安全问题。第三，教师关注个别能力较弱的幼儿，给予适当鼓励与帮助。

结束部分：放松活动

教师简要点评活动中的情况，鼓励幼儿积极参加体育活动。

组织放松游戏。

相关经验：

社会：遵守体育游戏中轮流、等待等规则。

活动评价：

观察幼儿是否能够基本完成钻爬动作，遇到困难时是否能在教师的帮助下尝试克服困难。

（徐　超）

三、10月目标与内容

（一）10月目标与周活动安排

1. 10月目标

（1）自我

①知道自己的年龄，知道自己是小班的小朋友。

②和老师建立初步的依恋关系，入园后在老师的引导下能和爸爸妈妈说再见。

③在成人的指导下能按次序穿脱衣服和鞋袜，学习换鞋的方法。

④喜欢跟随音乐做操，学会几种简单的模仿性走步方法。

⑤有初步的饭前便后洗手的意识，学习使用纸巾擦嘴巴、鼻涕。

⑥不带小物件或其他危险物品来园。

⑦能根据自己的兴趣选择玩具、图书。

⑧知道国歌和园歌，初步感受升旗仪式的氛围。

⑨初步认识国旗，能说出国旗的名字。

（2）自然

①愿意观察幼儿园的植物、秋天丰收的果实，对小动物感兴趣。

②知道秋天来了，能运用多种感官感知、发现天气的变化。

③知道刮风、下雨等常见天气现象，能在成人引导下观察、感受不同天气的主要特征，简单表达自己关于天气现象的了解。

④感受气温的变化对自己生活的影响，在成人的提醒下，知道天冷要添加衣服。

⑤喜欢收集各种自然物，如树叶、树枝、果壳等，能运用多种感官感知物体的软硬、光滑、粗糙等，进行初步而简单的求同与分类，感受自然物的多样性。

（3）社会

①知道自己班级的位置，认识园内的户外场地到班级的路。

②能说出几种常见的交通工具，能说出自己乘坐过的交通工具的名称。

③知道班级部分活动材料的正确使用方法，能爱护它们。

④熟悉幼儿园一日生活流程，初步学会一个接一个排队、等待。

⑤能正确称呼经常接触到的成人，如叔叔、阿姨、爷爷、奶奶。

⑥想加入别人的游戏活动时，尝试用语言提出请求。

（4）文化

①能够跟老师、同伴打招呼，喜欢应答。

②在成人的提醒下，知道当别人在说话的时候，不打扰、不打断别人。

③喜欢看熟悉的、感兴趣的图画书，愿意学说儿歌、童谣。

④知道国庆这个节日，感受节日的快乐，并结合节日知道北京的天安门、故宫等名胜古迹。

⑤喜欢参加秋游活动，对大自然中的美好事物感兴趣。

⑥喜欢哼唱歌曲，会随音乐做简单的律动。

⑦愿意参加美术活动，喜欢涂涂画画。

2. 10月周活动安排

本月建议开展的活动主题：秋天主题。

周次	活动名称	活动目标	发展课程中的领域	对应的五大领域	备注
第二周	国旗和国歌	1. 初步认识国旗，知道中国的国旗是五星红旗。 2. 熟悉国歌旋律。	自我	社会	
	我会穿、脱衣裤	1. 学习穿、脱衣裤的方法。 2. 在成人指导下能整理、叠放衣物。	自我	健康	
	感知物体的软硬	1. 通过操作感知物体的软硬，并能用语言表达。 2. 知道保护自己不受到硬物的伤害。	自然 自我	科学 健康	详案一
	儿歌《天安门》	1. 理解儿歌内容，能完整朗诵儿歌。 2. 能结合生活经验表达对天安门的认识。	文化	语言	
	学唱园歌	1. 能初步跟唱园歌。 2. 知道升园旗时唱园歌。	自我 文化	艺术	
第三周	彩虹伞游戏	1. 通过游戏锻炼手臂力量及动作的灵敏性、协调性。 2. 愿意参与集体游戏，体验集体游戏的快乐。	自我	健康	详案二

续表

周次	活动名称	活动目标	发展课程中的领域	对应的五大领域	备注
第三周	【秋天主题】秋天来了	1. 知道秋天来了天气转凉，人们需要添加衣服。 2. 初步了解秋天到来树叶会变红、变黄。	自然	科学	
	【秋天主题】美丽的菊花	1. 知道菊花在秋天开放，感受各种各样菊花的美丽。 2. 能用简单的语言、绘画、粘贴等方式表现菊花。	自然 文化	科学 艺术	
	我们的大马路	1. 认识常见的交通工具。 2. 初步了解简单交通规则，萌发遵守交通规则的意识。	社会	社会	
	音乐律动《我爱我的小动物》	1. 学唱歌曲，声音自然。 2. 能跟随音乐模仿动物的形态做简单律动。	文化	艺术	
第四周	【秋天主题】秋天的礼物	1. 喜欢收集秋天的自然物。 2. 通过摆弄收集的自然物感知其明显的特征（外形、大小、颜色、手感等）。 3. 能发现自然物的相似之处，并进行初步的求同、分类。	自然	科学	
	【秋天主题】不同口味的水果	1. 运用多种感官感知几种常见水果的特点。 2. 愿意品尝各种口味的水果。	自我 自然	健康 科学	
	礼貌玩玩具	1. 愿意与同伴分享玩具。 2. 知道玩他人玩具要征得他人同意，学习等待。	社会	社会	
	游戏"坐火车"	1. 能说出句子"我是XX，我上车"。 2. 体验应答游戏的乐趣，喜欢应答。 3. 愿意与老师小朋友一起游戏。	社会 文化	社会 语言	详案三
	音乐游戏：小兔和狼	1. 能分辨A、B乐段中小兔和狼的音乐形象，并能跟随音乐做出相应动物的动作。 2. 体验角色扮演和参与音乐游戏的乐趣。	文化	艺术	详案四

（二）10月活动详案

详案一

活动名称：感知物体的软硬（自然、自我）

活动目标：

1. 通过操作感知物体的软硬，并能用语言表达。

2. 知道保护自己不受到硬物的伤害。

活动准备：

物质准备：托盘若干，毛球（软的物品）若干，方块积木（硬的物品）若干，神秘袋1个。

活动过程：

开始部分：由神秘袋引出活动

教师：今天老师带来一个神秘袋，请小朋友们摸一摸、捏一捏，猜猜是什么东西。

教师引导幼儿说说物体是软的还是硬的。

基本部分：幼儿通过操作感知物体的软硬

（1）请每个幼儿轮流操作神秘袋，伸手摸一摸，感受物体的软硬。鼓励幼儿说一说：你摸到的是什么？是什么感觉？

（2）将毛球（或其他软的物品）和积木（或其他硬的物品）放在托盘里，引导幼儿进一步感受软硬的特点。

教师：请小朋友轻轻捏一捏毛球，看一看，毛球发生变化了吗？请小朋友轻轻捏一捏积木，积木发生变化了吗？

小结：捏过之后，软的物体会变形，硬的物体不会。

（3）寻找教室里软的和硬的物体。

教师：这里有几个托盘，请小朋友在教室里找一个软的或硬的玩具，放到相应的托盘里。

结束部分：结合生活中的物品进行安全教育

教师：教室里还有一些比较大的、硬硬的、不方便挪动的物体，我们一起来找一找，摸一摸。

师生共同寻找教室里硬的设施设备，让幼儿用手摸一摸，感受硬度。

教师：如果小朋友不小心撞到了这些物体上会怎么样？要怎样做才不会撞到？

引导幼儿知道如何保护自己不受到硬物的伤害。

相关经验：

文化：用比较准确的语言描述软、硬物品的特征。

活动评价：

1. 通过幼儿的操作、语言判断其是否能区分物体的软硬。

2. 幼儿是否能说出一些不让自己受到硬物伤害的做法。

活动延伸与扩展：

户外活动开展躲避硬物体的游戏，回到家中寻找硬的物体并与家人分享保护自己的方法。

（陈晓宇）

详案二

活动名称：彩虹伞游戏（自我）

活动目标：

1. 通过游戏锻炼手臂力量及动作的灵敏性、协调性。

2. 愿意参与集体游戏，体验集体游戏的快乐。

活动准备：

经验准备：有参与集体游戏的经验。

物质准备：彩虹伞、西瓜球、轻缓的音乐。

活动过程：

开始部分：通过游戏"抖波浪"引入活动

教师：今天老师带小朋友们用彩虹伞做游戏，我们要玩的第一个游戏叫"抖波浪"。

游戏玩法：教师带领幼儿一起手持伞的边缘，听教师发出的指令，"起"伞往上，"落"伞往下，可共同抖动波浪。

规则要求：第一，幼儿听到教师发出指令后，才可以抖伞。第二，抖彩虹伞的幅度可随幼儿实际情况而定。

基本部分：彩虹伞游戏

游戏1：降落伞

游戏玩法：教师与幼儿手持伞边，听教师发出的指令，共同将伞高举、平举、低落。

规则要求：幼儿听到教师发出指令后才可以开始游戏。

游戏2：听信号找颜色

游戏玩法：幼儿坐在彩虹伞上，教师发出指令，幼儿按照指令爬到相应的颜色上。

规则要求：第一，幼儿听到教师发出指令后才可以到伞上找到相应的颜色。第二，在活动中教师提醒幼儿注意安全。

游戏3：彩色大转盘

游戏玩法：教师带领幼儿一起手持伞的边缘，听教师发出的指令，一起将彩虹伞朝一个方向转动；将伞在转的过程中做高举、平举、低落的动作。

规则要求：第一，幼儿听到教师发出指令后，才可以转伞。第二，在转伞的过程中，教师提醒幼儿注意安全。第三，转伞的过程中可顺时针转伞也可逆时针转伞。

游戏4：炒豆豆

游戏玩法：教师与幼儿手持伞边，在伞上面放上西瓜球，听教师发出指令后边抖伞边说儿歌，最后将"豆豆"倒出。

规则要求：第一，幼儿听到教师发出指令后才可以抖彩虹伞"炒豆"。第二，活动过程中，"炒豆"的幅度可随游戏的情况进行调整。

游戏5：切蛋糕

游戏玩法：教师与幼儿手持伞边，教师发布口令，喊"一"时，同时将伞往下放；喊"二"时，同时将伞往上举过头顶；喊"三"时，教师与幼儿同时将伞放下，用膝盖压住，使伞变成蛋糕形状，幼儿听到指令后爬到彩虹伞上将伞拍平。

规则要求：第一，幼儿听到教师发出指令后才可以进行活动。第二，在"切蛋糕"环节，教师提醒幼儿注意安全。

结束部分：放松活动

在轻缓的音乐下，幼儿躺在彩虹伞上，做一些放松动作。

相关经验：

文化（语言）：能跟随教师指令进行活动。

社会：幼儿在集体活动中初步体验伙伴间的相互配合。

活动评价：

观察幼儿是否能参与到游戏中，动作是否灵敏、协调。

附儿歌：

炒豆豆

炒豆豆，炒豆豆，大家一起炒豆豆，炒掉一个大豆豆。

（徐　超）

详案三

活动名称：游戏"坐火车"（社会、文化）
活动目标：

1. 能说出句子"我是XX，我上车"。

2. 体验应答游戏的乐趣，喜欢应答。

3. 愿意与老师小朋友一起游戏。

活动准备：

经验准备：会唱歌曲《我爱我的小动物》，熟悉歌词中几种小动物的走路形态和叫声。

物质准备：小猫、小羊、小鸡、小鸭四种小动物的图片（或头饰）；玩具方向盘。

活动过程：

开始部分：演唱歌曲《我爱我的小动物》

听音乐，师生共同演唱歌曲《我爱我的小动物》。

唱完歌曲，教师根据歌词内容依次出示小动物的图片（或头饰），并且以游戏的口吻说：今天老师邀请这些小动物来到班里，和小朋友们一起玩"坐火车"的游戏。

基本部分：通过扮演小动物玩游戏学习应答

（1）幼儿选择一个小动物图片（或头饰），并模仿这种小动物走路的样子和叫声。

（2）教师扮演司机，玩游戏"坐火车"。

教师（手持玩具方向盘）：今天老师扮演火车司机，邀请小动物坐火车，当我走到一个小动物的面前说"我的动物列车马上就要开了，我请小猫来坐车"，这个小动物就说"我是小猫喵喵喵"，然后跟在我的后面，邀请下一个小动物坐车。

小动物全部上车后，开火车一圈，教师停下说：我的火车到站了，所有的小动物请下车。

结束部分：听自己的名字进行应答

教师：这一次火车司机邀请小X班的小朋友排队上车。当我走到一个小朋友的面前说"我的火车马上就要开了，XX小朋友请上车"，XX小朋友就说"我是XX，我上车"。

直到所有小朋友上车后，开火车一圈，教师停下说：我的火车到站了，所有小朋友请下车。

相关经验：

自我：能说出自己的名字。

自然：巩固对常见小动物的认识。

活动评价：

1. 幼儿能否在教师说完"XX小朋友请上车"后说出"我是XX，我上车"。

2. 从幼儿的表情、专注度等判断幼儿是否喜欢参与游戏。

活动延伸与扩展：

1. 将动物列车换成水果列车、动画人物列车等内容，扩展幼儿的词汇量。

2. 等幼儿熟悉游戏内容后，幼儿可以轮流当列车司机。

（焦　杨）

详案四

活动名称：音乐游戏：小兔和狼（文化）

作品分析：

《小兔和狼》是一首节奏清晰、对比性较强的曲子。乐曲形象地将小兔子和大灰狼两个不同角色用跳跃和沉重两种不同的音乐表现出来，让幼儿在游戏情境中用身体动作来表现音乐，感受音乐游戏带来的乐趣。

活动目标：

1. 能分辨A、B乐段中小兔和狼的音乐形象，并能跟随音乐做出相应动物的动作。

2. 体验角色扮演和参与音乐游戏的乐趣。

活动准备：

经验准备：幼儿有模仿音乐形象的经验。

物质准备：音乐《小兔和狼》，小兔和狼的头饰。

活动过程：

开始部分：发声练习

跟随音乐模仿小兔行进跳。

发声练习。

$$1=C\text{-}E \quad \frac{2}{4} \quad |\ \underline{1\ 2\ 3\ 4}\ |\ 5\ -\ |\ \underline{5\ 4\ 3\ 2}\ |\ 1\ -\ \|$$

师：小 朋 友 们 好！　　幼：×老 师 您 好！

基本部分：分段播放音乐

介绍音乐名称，完整播放音乐。

教师：今天老师给小朋友带来一首音乐，名字是《小兔和狼》，请小朋友们认真听一听。

分段播放音乐，幼儿感受、分辨两段音乐的不同。

①播放A段音乐，幼儿感受乐曲的欢快、跳跃。

教师：你觉得这段音乐是森林里的兔子出来了，还是狼出来了？（鼓励幼儿表达）

再次播放A段音乐，鼓励幼儿扮演小兔子，随音乐做动作。

②播放B段音乐，幼儿感受乐曲的沉重。

教师：你觉得这段音乐是谁出来了？（鼓励幼儿表达）

教师：大灰狼出来是怎么走路的呢？请小朋友来学一学。（幼儿模仿大灰狼走路的样子）

教师：大灰狼出来了，小兔子会怎么做？（藏起来，悄悄地，不出声音）

完整播放音乐，跟随音乐做游戏。

教师扮演大灰狼，幼儿扮演小兔子，跟随音乐模仿相应动物角色的动作做游戏。

结束部分：分组扮演

幼儿分为两组，一组扮演小兔子，一组扮演大灰狼，随音乐做游戏。

两组交换角色，再次进行游戏。

相关经验：

自我：练习双脚连续跳。

活动评价：

1. 通过幼儿的回答判断幼儿能否分辨A、B乐段中小兔和狼的音乐形象。

2. 观察幼儿能否用动作表现小兔和狼的音乐形象，是否愿意参与游戏。

（张　研）

四、11月目标与内容

（一）11月目标与周活动安排

1. 11月目标

（1）自我

①在成人的引导下，敢于说出自己的想法与要求。

②情绪持续稳定，能情绪平稳地来幼儿园。

③学习穿脱外套、涂抹护肤霜的方法。

④知道不用手揉眼睛、抠鼻子，知道睡觉前要把小物品（饰品、小玩具）放在固定位置。

⑤在老师提醒下不去危险的地方，知道要在可以看到老师的安全场地活动。

⑥自己的好行为得到老师表扬会感到高兴。

⑦知道自己的家庭成员，并能在老师引导下做简单的介绍。

（2）自然

①愿意观察秋季常见的植物，能关注到其颜色、外形等典型特征。

②运用多种感官感知秋季的特征，感知室内与室外的温度差异，在成人的提醒下自己穿脱外套。

③感知雾霾的天气现象，并在成人的提醒下减少户外活动、外出配戴口罩。

④通过操作感知"1"和"许多"，在生活和游戏中学习手口一致地点数5个以内的物品。

⑤在游戏和生活中感知、认识圆形、正方形、三角形。

（3）社会

①熟悉幼儿园环境，知道教室内外的各个出入口。

②能说出常见交通工具的名称、用途。

③认识并熟悉班级大部分活动材料与图书，知道用完送回原处。

④能在成人的提示下，将废弃物扔到指定地点、便后冲水等。

⑤在老师的指引下能遵守简单的教室常规。

⑥能积极应答老师，能说出班级部分小朋友的名字。

⑦与同伴发生矛盾时，知道不动手打人，会寻求成人的协助。

（4）文化

①学习使用"请""谢谢""对不起""不客气"等生活中常用的礼貌用语。

②愿意跟读儿歌；能指认图画中感兴趣的人或物。

③喜欢参加集体音乐活动，能够从优美动听的音乐旋律中获得美的感受，初步感知对比鲜明的声音强弱、高低。

④认识常见打击乐器，学习正确的敲击方法。

⑤积极参与涂画、粘贴、拓印等多种美术活动，并在活动中有美的感受。

2. 11月周活动安排

本月建议开展的活动主题：秋天主题。

周次	活动名称	活动目标	发展课程中的领域	对应的五大领域	备注
第一周	一起来玩球	1. 掌握滚大皮球的方法，尝试抛球和拍球。 2. 喜爱参加玩球活动，发展动作的协调性和准确性。	自我	健康	
	【秋天主题】 南瓜	1. 通过观察了解南瓜的外部特征和内部结构。 2. 愿意用语言表达自己的发现。	自然	科学	详案一
	阅读《你别想让河马走开》	1. 能认真倾听故事、观察画面。 2. 学说礼貌用语"请……"。	文化	语言	
	【秋天主题】 歌唱活动： 小叶儿	1. 感受音的高低并能用相应的动作表示出来。 2. 学习用自然、柔和的声音演唱歌曲。	文化	艺术	详案二

续表

周次	活动名称	活动目标	发展课程中的领域	对应的五大领域	备注
第一周	装饰我的小汽车	1. 喜欢参加美工活动，初步了解拓印活动的常规。 2. 体验拓印活动的乐趣。	文化	艺术	
第二周	家庭树	1. 了解自己家的成员及其之间的关系。 2. 能较清楚地介绍自己的家人。 3. 萌发热爱家庭的情感。	自我	社会	详案三
	【秋天主题】秋天的树	1. 观察秋天的树的特征。 2. 运用粘贴、绘画等多种方式表现秋天的树。	自然文化	科学艺术	
	【秋天主题】秋天的服装	1. 知道秋天天气凉了，人们穿上了毛衣、外套。 2. 学习穿脱外套的方法。	自我自然	健康科学	
	【秋天主题】儿歌《片片飞来像蝴蝶》	1. 理解儿歌内容，感知彩色的树叶在风中纷飞的现象。 2. 愿意跟读儿歌。	自然文化	科学语言	
	有礼貌的佩奇	1. 在模仿、互动中学说"请帮我……""谢谢"等礼貌用语。 2. 初步了解在什么情况下使用以上礼貌用语。	文化	社会	详案四
第三周	保护五官	1. 观察了解五官的突出特征。 2. 初步知道保护五官的方法。	自我	健康	
	阅读《想吃苹果的鼠小弟》	1. 愿意观察画面，并能理解故事大意。 2. 初步了解书中几种动物的主要本领。	自然文化	科学语言	
	交通工具本领大	1. 认识常见的交通工具，了解其用途。 2. 能尝试用简单的语言表达。	社会	社会	
	【秋天主题】树叶拓印画	1. 对树叶拓印画感兴趣，学习树叶拓印的方法。 2. 能选择多种颜色拓印，发现用特殊材料进行创作的美感。	文化	艺术	
	【秋天主题】欣赏故事《拔萝卜》	1. 能认真倾听故事，理解故事内容。 2. 学说故事中的经典语言："XXX，快快来，快来帮我们拔萝卜。"	文化	语言	

续表

周次	活动名称	活动目标	发展课程中的领域	对应的五大领域	备注
第四周	快来拍球吧	1. 复习巩固5以内点数。 2. 能至少连续拍球5个。	自我 自然	健康 科学	
	手工：多彩的糖果	1. 能运用揉、团、搓、卷的方法进行手工创作。 2. 感知"1"和"许多"。	文化 自然	艺术 科学	详案五
	给垃圾筐宝宝"喂食"	1. 知道垃圾要放到垃圾筐或垃圾桶里。 2. 关注自己身边的环境，有初步的环保意识和行为。	社会	社会	
	【秋天主题】 故事表演《拔萝卜》	1. 能够根据故事情节模仿角色进行故事表演。 2. 体验故事表演的乐趣。	文化	语言	
	好玩的打击乐	1. 认识常见的打击乐器。 2. 学习正确的敲击方法。	文化	艺术	

（二）11月活动详案

详案一

活动名称：南瓜（自然）

活动目标：

1. 通过观察了解南瓜的外部特征和内部结构。

2. 愿意用语言表达自己的发现。

活动准备：

经验准备：已经初步观察了南瓜的外部。

物质准备：南瓜实物、小刀、报纸。

活动过程：

开始部分：通过看和摸感知南瓜的外部特征

教师出示南瓜，幼儿通过观察了解南瓜外部特征。

教师：你看到的南瓜是什么样子的？（鼓励幼儿表达）

幼儿通过触摸感受南瓜的外部特征。

教师：请小朋友们来摸摸南瓜，南瓜的外皮摸起来有什么样的感觉？（鼓励幼儿表达）

教师：你们猜一猜南瓜里面是什么颜色？什么样子？

基本部分：通过看、闻、摸感知南瓜的内部特征

教师切开南瓜，引导幼儿观察南瓜的内部结构。

教师：南瓜里面是什么颜色？和外皮的颜色一样吗？（这块厚厚的是南瓜的果肉）

教师：你还看到了什么？它们是什么样的？

教师拿着切开的南瓜走到幼儿身边：你们闻到了什么味道？

教师用勺子挖出瓜瓤和籽分给幼儿，引导他们进一步观察。

教师：请你来说说你发现了什么？

教师：你们知道这些白色的是什么吗？（它们是南瓜的种子）

教师：请小朋友把手里的南瓜种子放到前面，我们一起来数一数这个南瓜里有多少粒种子。

结束部分：讨论南瓜的吃法

教师：你们吃过南瓜吗？南瓜的哪一部分可以吃？可以做成哪些好吃的？

教师：你们愿意和大家一起用南瓜来做些好吃的吗？下次的活动我们就来一起试一试吧！

活动评价：

幼儿是否能认真观察并说出南瓜的特征。

活动延伸与扩展：

用南瓜做食物。

（杨　曦）

详案二

活动名称：歌唱活动：小叶儿（文化）

作品分析：

《小叶儿》是一首活泼有趣的歌曲，小叶子的音乐形象是小小的、可爱的，能够较好地调动起小班幼儿的学习热情。通过歌唱和音乐教具的辅助，幼儿能在游戏中感受到快乐。

活动目标：

1. 感受音的高低并能用相应的动作表示出来。
2. 学习用自然、柔和的声音演唱歌曲。

活动准备：

经验准备：知道秋天到了，叶子全变红、变黄，会落下来。

物质准备：红色、黄色纱巾，歌谱。

活动过程：

开始部分：发声练习

（1）师生问好。

$$1=C-E \quad \frac{2}{4} \quad \underline{1\ 2\ 3\ 4}\ |\ 5\ -\ |\ \underline{5\ 4\ 3\ 2}\ |\ 1\ -\ \|$$

师：小朋友们　好！　　幼：X老师您　好！

（2）发声练习：音高游戏。

教师弹奏6和6̣的长音，幼儿用"hu"来模仿音高，并能做出相应音高的蹲下和站立动作。配班老师轻轻将纱巾放到歌唱认真的幼儿头上。

要求：蹲下和站立时要尽量不让纱巾掉下来，声音要像纱巾一样轻柔。

基本部分：欣赏并学唱歌曲

（1）欣赏歌曲《小叶儿》，并做出相应的动作。

教师：秋天到了，树叶都变颜色了。请你仔细听我唱的歌曲里树叶都有什么颜色。树叶都飘到哪里去了？

幼儿一边听老师演唱，一边做出相应的动作：被唱到的颜色（幼儿头上纱巾的颜色）做出和曲子相对应的动作（天边：站立；海里：蹲下）。

（2）学唱歌曲《小叶儿》。

教师引导幼儿讨论：可以用什么样的声音来演唱。

提示：第1—3、6—8小节，要唱得欢快、轻巧，第4—5、9—10小节，要唱得轻柔、连贯。

（3）歌曲律动。

幼儿拿着纱巾边唱歌边自由随歌曲节奏律动，唱到第5小节时轻轻将纱巾抛起然后用手接住，唱到第10小节时轻轻将纱巾再抛起，身体随着纱巾飘落在地上，并保持落地造型不动。

结束部分：完整演唱歌曲

将纱巾揉成一团拿在手上当"话筒"，一起来演唱歌曲《小叶儿》。

活动评价：

1. 倾听幼儿能否清楚、自然地唱出歌曲《小叶儿》。

2. 观察幼儿能否拿着纱巾边唱边舞，并跟着歌词的变化而变换相应动作。

活动延伸与拓展：

变换歌词演唱：小叶儿还会飘到哪里去？你能唱出来给小朋友听吗？

（吕　霞）

详案三

活动名称：家庭树（自我）

活动目标：

1. 了解自己家的成员及相互之间的关系。

2. 能较清楚地介绍自己的家人。

3. 萌发热爱家庭的情感。

活动准备：

经验准备：有介绍自己的经验，知道如何做简单介绍；听过《家谱歌》。

物质准备：音乐《家谱歌》、家庭成员的照片、家庭树、大黑板。

活动过程：

开始部分：介绍自己的家人

引导幼儿介绍当天来到班级的家人。

教师：今天小朋友的爸爸或妈妈（姥姥、姥爷、爷爷、奶奶）也参加了我们的活动，请小朋友先来介绍一下陪你的家人，让我们也认识一下他们吧。

基本部分：制作"家庭树"，了解家庭成员之间的关系

教师引用《家谱歌》介绍"家庭树"。幼儿通过儿歌了解家庭成员之间的关系。（爸爸的爸爸是爷爷，爸爸的妈妈是奶奶，妈妈的爸爸是姥爷，妈妈的妈妈是姥姥……）

亲子制作"家庭树"。幼儿通过和家人一起制作家庭树，进一步了解家庭成员之间的关系。

结束部分：幼儿介绍亲子制作的家庭树

幼儿出示自己的"家庭树"，并介绍自己的家庭成员。

教师鼓励幼儿大胆表达。

相关经验：

文化（语言）：敢于在集体面前进行表达，并能倾听同伴的介绍。

活动评价：

通过幼儿的口头介绍，判断幼儿是否了解了家庭成员之间的关系。

活动延伸和扩展：

引导和鼓励幼儿将此次活动的经验运用到娃娃家游戏中。

资源利用：

建议此活动在家长开放日当天开展。

（王　蕊）

详案四

活动名称：有礼貌的佩奇（文化）

活动目标：

1. 在模仿、互动中学说"请帮我……""谢谢"等礼貌用语。

2. 初步了解在什么情况下使用以上礼貌用语。

活动准备：

经验准备：看过动画片《小猪佩奇》并认识里面的人物。

物质准备：佩奇一家玩偶、自编故事《好吃的蛋糕》。

活动过程：

开始部分：《好吃的蛋糕》故事引入

教师手拿玩偶讲故事《好吃的蛋糕》，幼儿听故事。

教师提问，引导幼儿关注故事里的礼貌用语。

主要问题：故事里都有谁？佩奇想吃蛋糕的时候，怎么和妈妈说的？佩奇想给弟弟要一块蛋糕的时候，怎么和妈妈说的？乔治也想吃一块蛋糕的时候，佩奇又是怎么和妈妈说的？

基本部分：学习使用礼貌用语

（1）扮演故事中的角色，学说礼貌用语。

一部分幼儿扮演佩奇，另一部分幼儿扮演乔治，教师扮演妈妈，模仿故事中的对话。

两部分幼儿互换角色，再次模仿故事中的对话。

（2）结合情境，交流什么时候用这些礼貌用语。

教师：什么时候我们需要说"请帮我……"呢？（幼儿表达）如果画画时贝贝够不到桌子上的彩笔，想请旁边的老师或小朋友帮忙递一下，可以怎么说呢？（请帮我递一下那支笔吧）老师或小朋友帮你递了笔，你应该说什么呢？（谢谢）

结束部分：结合生活经验巩固礼貌用语

教师：小朋友们，大家以前有没有说过"请帮我……""谢谢"？怎么说的？

小结：我们请别人帮忙的时候，要说"请帮我……"；别人帮助你做事情或者给了你玩具、好吃的，要说"谢谢"。

相关经验：

社会：学习在与人交往互动中使用恰当的语言。

活动评价：

观察、倾听幼儿是否能够在回答问题、模仿对话、自由表达中使用礼貌用语。

活动延伸与扩展：

在日常生活中引导、关注幼儿使用礼貌用语，并学习其他礼貌用语（"对不起""不好意思""请你让一让"等）。

附原创故事：

好吃的蛋糕

一天下午，佩奇和乔治在院子里玩耍，忽然飘来一阵阵香味。他们走进家里，看见妈妈端着一盘烤好的蛋糕，看起来真好吃，佩奇和乔治忍不住吞咽口水。佩奇有礼貌地问："妈妈，这个蛋糕看起来真好吃，我可以吃一块吗？""可以。"妈妈笑眯眯地说。佩奇又说："妈妈，请帮我再拿一块吧，我和弟弟一起分享。"最后，佩奇和乔治开心地一起对妈妈说："谢谢妈妈！"

（赵　妍）

详案五

活动名称：手工：多彩的糖果（文化、自然）

活动目标：

1. 能运用揉、团、搓、卷的方法进行手工创作。

2. 感知"1"和"许多"。

活动准备：

经验准备：幼儿有玩彩泥的经验。

物质准备：玩具小熊、各种糖果、糖果图片、彩色超轻黏土、短棒、糖纸、放"糖果"的盒子。

活动过程：

开始部分：情境导入，引出活动

教师（手持玩具小熊，以小熊的口吻和幼儿说）：小朋友们好！我是小熊，我在森林里开了一家糖果店，我想邀请小朋友和我一起做糖果。

基本部分：做"糖果"，感知糖果的多样

（1）欣赏各种糖果和糖果图片，感知糖果的多种多样。

教师引导幼儿观察糖果的颜色、形状、花纹等，鼓励幼儿用语言表达。

小结：糖果五颜六色的，有大有小，有各种各样的形状，棒棒糖就是圆圆的，有的糖果是用糖纸包装起来的……

（2）介绍制作"糖果"的材料和方法。

①教师示范"揉"和"团"的制作方法。

教师（一边做一边说）：请小朋友用彩色的超轻黏土来制作糖果。先选出你喜欢的颜色，取出一块，放到手心揉一揉、团一团，放到糖果纸里包装起来，一颗好看的糖果就做好啦！

②教师示范"搓"和"卷"的制作方法。

教师：在小熊糖果店里，棒棒糖特别受小动物的喜爱，所以需要很多的棒棒糖。做棒棒糖时，我们要先把揉成团的超轻黏土搓成一根长长的"绳子"，然后从"绳子"的一头开始，卷卷卷，卷成一只大蜗牛，再用短棒轻轻插进去。快看，我的棒棒糖就做好啦，你也快来试试吧！你有没有其他的方法？也可以试一试。

（3）幼儿自由创作，教师巡回指导。

教师鼓励幼儿大胆尝试，做自己喜欢的糖果。观察幼儿，对于制作有困难的幼儿给予个别指导。

教师要提醒幼儿糖果是用来游戏的，不可食用。

结束部分：欣赏做好的糖果，感知"1"和"许多"

教师请每个小朋友拿起一个"糖果"看一看、说一说，然后都放到一个盒子里。再请小朋友看一看盒子，知道盒子里有"许多"糖果。反复这个过程，并请幼儿说一说自己手里有几个糖果（1个），盒子里有多少糖果（许多），直到将做的所有糖果都放到盒子里。

活动评价：

1. 观察幼儿在做糖果时，是否能掌握各个动作，动作是否协调。

2. 观察幼儿能否准确说出"1"和"许多"。

活动延伸与扩展：

1. 生活区投放"包糖果"的教具。

2. 用做好的糖果玩分类、配对等游戏（根据形状、大小、糖纸颜色等）。

3. 可以玩"糖果店"的角色游戏。

（张文江）

五、12月目标与内容

（一）12月目标与周活动安排

1. 12月目标

（1）自我

①敢于用语言、表情或动作表达自己的想法和需求。

②情绪愉快，知道遇到事情找成人帮助，不哭闹。

③知道不挑食，自己收取餐具，初步形成餐后清理桌面的意识。

④能双脚灵活交替上下楼梯，学习沿着地面的直线或在较窄的低矮物体上走一段距离，锻炼身体平衡能力。

⑤能大致说出自己身体不适的部位。

⑥了解保暖的方法，学习自己塞衣服。

⑦知道出入幼儿园大门时拉着成人的手，外出走丢时，知道站在原地等待。

⑧能尝试展示自己的活动成果，感受分享的快乐。

⑨知道父母以及其他家庭成员的名字。

⑩喜欢同伴，愿意与同伴一起游戏。

⑪知道升旗的时候眼睛要看着国旗和园旗。

（2）自然

①爱护动植物，能观察和感知冬季周围环境中动植物的特征。

②能运用多种感官感知秋末冬初明显的季节特征，以及下雪的天气现象。

③喜欢参与食品制作活动，感知水、面、油等相关材料的软硬、光滑等显著特征。

④继续感知圆形、正方形、三角形，理解"1"和"许多"。

（3）社会

①认识幼儿园、家庭周边的环境。

②学习剪刀等工具的基本使用方法。

③知道幼儿园常用的安全规则，如上下楼梯等，在成人的提示下能遵守规则。

④集体活动中，能在成人的提醒下做到举手发言。

⑤与同伴发生冲突时，能听从老师的劝解。

（4）文化

①初步学习礼貌递交物品的方法，如剪刀、玩具、图画书。

②观看老师示范教具、同伴操作教具时能安静地坐在旁边，知道不打扰别人。

③知道新年（元旦），初步了解年的相关故事，在活动中感受节日氛围、体验节日习俗。

④喜欢阅读图画书，能够复述故事的主要情节，并乐在其中。

⑤了解与新年相关的简单歌曲，感知节奏的欢快，愿意跟唱及用身体动作表现歌曲内容。

⑥初步做到用自然的声音演唱，不喊唱。

⑦能够在成人的帮助下运用熟悉的材料进行简单的装饰活动，感受新年节日装饰的美。

2. 12月周活动安排

本月建议开展的活动主题：新年主题。

周次	活动名称	活动目标	发展课程中的领域	对应的五大领域	备注
第一周	我会塞衣服	1. 学习塞衣服的方法。 2. 感受独立做事的快乐和自信。	自我	健康	
	小汽车爬坡	1. 能平稳走过最高点距离地面15~20厘米的斜坡。 2. 通过游戏锻炼身体平衡能力。	自我	健康	
	勇敢的小松树	1. 观察了解松树叶子的特点。 2. 知道松树不怕寒冷、冬天叶子也是绿色的。	自然	科学	
	故事《小狐狸送被子》	1. 通过故事学习关心别人。 2. 了解各个小动物不需要棉被的原因。	自然 社会	科学 社会	
	韵律活动: 歌曲《小太阳》	1. 感受歌曲温馨的音乐旋律和温暖的歌词。 2. 模仿学习手腕花动作,能根据歌词做出相应的肢体动作。 3. 体验在音乐中舞蹈的快乐。	文化	艺术	详案一
第二周	蔬菜水果我爱吃	1. 知道蔬菜、水果有营养。 2. 爱吃各种蔬菜、水果,知道不挑食。	自我	健康	
	保暖方法多	1. 了解保暖的方法。 2. 初步建立保护自己的意识。	自我	健康	
	种蒜	1. 观察、比较蒜苗的生长变化。 2. 喜欢参与种植活动。	自然	科学	
	阅读《汤姆走丢了》	1. 能认真看图画、听故事,理解故事内容。 2. 知道外出时不离开成人,初步了解走丢后的求助方法。	自我 文化	健康 语言	
	【新年主题】 年的来历	1. 初步了解年的来历以及过年的几种习俗。 2. 能认真倾听和观看故事内容,愿意表达自己的想法。	文化	语言	详案二
第三周	猫捉老鼠	1. 能在走、跑的游戏中,平稳地控制自己的身体。 2. 初步建立游戏中遵守规则的意识。	自我 社会	健康 社会	
	【新年主题】 长长短短的拉花	1. 学习用套环连接粘贴的方法制作拉花。 2. 学习使用"开始找齐"的方法,进行长短比较。 3. 感受新年到来的喜庆气氛。	自然 文化	科学 艺术	
	装饰圣诞树	运用熟悉和喜欢的图形、材料装饰圣诞树图案。	文化	艺术	

续表

周次	活动名称	活动目标	发展课程中的领域	对应的五大领域	备注
第三周	【新年主题】剪窗花	1. 能运用多种方式剪出不同的窗花。 2. 感受迎接新年的快乐。	文化	艺术	
	【新年主题】歌曲《新年好》	1. 学唱歌曲,感受新年的欢乐气氛。 2. 能用自然的声音演唱歌曲。	文化	艺术	英国歌曲,杨世明译配
第四周	【新年主题】新年食品制作(饼干、麻花等)	1. 能在成人的帮助下参与新年食品制作活动。 2. 感知水、面、油等相关材料的显著特征。	自然	科学	
	小动物吃饼干	1. 通过一一对应的方式巩固对圆形、正方形、三角形的感知。 2. 喜欢参与集体游戏。	自然	科学	
	【新年主题】制作"鞭炮"	1. 学习"卷"的动作,尝试使用卷纸的方法制作"鞭炮"。 2. 进一步感知、理解"1"和"许多"。	自然 文化	科学 艺术	详案三
	【新年主题】制作糖葫芦	1. 通过观察了解糖葫芦的外形特征。 2. 学习用"搓""团"的方法制作糖葫芦。 3. 知道糖葫芦是北京的特色小吃。	文化	艺术	详案四
	【新年主题】新年庆祝活动	1. 愿意参加幼儿园、班级的新年庆祝活动。 2. 感受节日的喜庆气氛,体验新年的民俗。	文化	社会	

(二)12月活动详案

详案一

活动名称:韵律活动:歌曲《小太阳》(文化)

作品分析:

《小太阳》是一首风格温馨、曲调温柔的歌曲,适于小班幼儿倾听并跟随音乐做律动。

活动目标:

1. 感受歌曲温馨的音乐旋律和温暖的歌词。

2. 模仿学习手腕花动作,能根据歌词做出相应的肢体动作。

3. 体验在音乐中舞蹈的快乐。

活动准备:

经验准备:幼儿有音乐律动的经验,过渡环节听过《小太阳》。

物质准备：音乐《小太阳》（祝利作词，林德龙作曲）。

活动过程：

开始部分：完整欣赏歌曲《小太阳》

教师：有一首叫《小太阳》的歌曲，之前小朋友们听过，今天咱们试一试跟着这首歌做律动。先请你仔细听一听歌里唱了什么，想一想可以做什么动作。

听完音乐，请愿意分享的幼儿展示想到的动作。

基本部分：创编动作，跟随音乐做律动

（1）学习手腕花动作。

①教师示范手腕花动作。

教师：听这首歌老师也想到一个动作，分享给你们。请你们看看我做了一个什么动作？

播放音乐，教师只在歌曲的"晴天或雨天，平静的心情"和"雨过天晴，云朵更美丽"两句做手腕花动作。

教师：我的动作是什么样的？（鼓励幼儿尝试做一做）

教师：手指像小花瓣一样张开，手腕转动，这叫手腕花动作。手腕花要跟着音乐节拍来做，我们一起试一试吧！

②播放音乐，幼儿跟随音乐尝试做手腕花动作。

动作提示：外侧手高，内侧手低，双手五指张开，同时转动手腕，每拍转动一下手腕，转四次后换另一边。

（2）尝试根据歌词创编相应的肢体动作。

教师：刚开始小朋友在"也曾丢了玩具狠狠地哭泣"这句时做了哭的动作，那在"就像彩虹露出微笑的表情"时可以做什么动作呢？

教师与幼儿共同设计这两句歌词的动作，在设计动作时需要教师清唱带领幼儿熟悉动作。

教师：唱到"做一个勇敢的善良的小太阳，逆风去前方，挥舞飞翔的翅膀"时我们可以变成什么呢？（小鸟）

（3）完整表现韵律舞蹈。

教师与幼儿随音乐完整做律动，注意提示幼儿舞蹈动作要温柔舒展，表情要自然微笑。

根据幼儿兴趣和动作熟练程度可以反复进行。

结束部分：随音乐自然结束

跟随音乐《小太阳》，教师扮演太阳，幼儿扮演花朵，由太阳亲吻花朵（摸头），幼儿自然进入下一个活动环节。

相关经验：

自我：能够比较协调地跟随音乐做动作。

活动评价：

1. 观察幼儿是否能做出手腕花动作，是否能根据歌词做出相应的肢体动作。

2. 观察幼儿的情绪、状态是否积极快乐。

活动延伸与拓展：

尝试创编歌曲副歌部分的动作，编排好的舞蹈可作为班级过渡环节律动活动。

（许可艺）

详案二

活动名称：年的来历（文化）

活动目标：

1. 初步了解年的来历以及过年的几种习俗。

2. 能认真倾听和观察故事内容，愿意表达自己的想法。

活动准备：

经验准备：幼儿观察新年到来前身边环境的变化。

物质准备：《年的来历》课件。

活动过程：

开始部分：引发幼儿对年的关注

教师：新年马上就要到了，人们会贴红色的窗花、对联，过年的时候人们还喜欢穿红色的衣服、放鞭炮，你们知道为什么这些东西都是红色的吗？（鼓励幼儿表达自己的想法）

教师：老师这儿有一个关于年的故事，我们一起听听年是什么，为什么过年时会看到很多红色？

基本部分：播放课件，讲述"年"的来历

（1）介绍"年"的来历。

教师：很久很久以前，人们可没有过年这个习惯。每年的这个时候是人们最痛苦、最害怕的日子。这是为什么呢？（了解人们害怕的原因是怕"年"这个怪兽）

（2）继续看课件，了解人们战胜"年"的故事。

教师：看看是谁帮助了这些人？白胡子老爷爷是用什么办法对付"年"这个怪兽的呢？

结束部分：一起总结过年时的主要习俗

教师：怪兽"年"最害怕什么？（引导幼儿说出：红色、亮光、响声，所以白胡子老爷爷用穿红衣服、贴红对联、放爆竹、点灯的方法来对付它）

教师鼓励幼儿一起总结：从此以后，过年的时候，人们穿红衣服，贴红对联、红福字，放爆竹，亮着灯，一家人团聚在一起守岁。

相关经验：

文化：让幼儿初步了解红色代表着喜庆、祝福的含义。

活动评价：

1. 观察幼儿是否认真观看故事画面。

2. 通过幼儿的语言、动作了解幼儿对年的来历及习俗的认识。

活动延伸与扩展：

1. 班级开展关于年的主题活动。

2. 美术区域活动中带幼儿一起制作红色爆竹或拉花等装饰班级的环境。

3. 家长带幼儿了解不同地域过年的习俗，进一步丰富幼儿对年的了解。

（刘　宇）

详案三

活动名称：制作"鞭炮"（文化、自然）

活动目标：

1. 学习"卷"的动作，尝试使用卷纸的方法制作"鞭炮"。

2. 进一步感知、理解"1"和"许多"。

活动准备：

经验准备：听过《年》的故事，知道年害怕鞭炮的声音；有使用胶棒的经验。

物质准备：红色洒金纸、金色即时贴、胶棒、鞭炮图片、纸盒一个。

活动过程：

开始部分：通过回忆"年怕什么"引入活动

教师：年害怕的三样东西是什么？（红色、亮光、响声）

鼓励幼儿回答。

教师：年很害怕鞭炮，因为放鞭炮也有很大的响声。我们一起看看鞭炮是什么样的。

基本部分：学习制作"鞭炮"

（1）欣赏鞭炮图片。

教师："鞭炮"是什么样的？

鼓励幼儿用动作、语言表达。

（2）欣赏教师制作的"鞭炮"，学习制作"鞭炮"。

教师介绍制作"鞭炮"的材料及"鞭炮"的制作方法。

（3）幼儿自己制作"鞭炮"。

重点指导：卷"鞭炮"的方法。

结束部分：通过游戏"点烟花"进一步感知"1"和"许多"

（1）假想游戏"点烟花"。

教师：你手里有几个"鞭炮"？（1个）

教师：我们现在来玩一个游戏。

游戏玩法：幼儿每人拿一个自制的"鞭炮"，老师念咒语：嘛咪嘛咪吽——鞭炮变成小烟花，落到小盒子里了。

幼儿将手里的"鞭炮"放在盒子里。

教师：盒子里有多少"鞭炮"呢？（许多）

（2）根据幼儿的兴趣，重复游戏。

相关经验：

文化（语言）：在集体活动中能认真观看教师的展示，并回应教师的问话。

活动评价：

1. 观察幼儿是否会用卷纸的方法制作"鞭炮"。

2. 通过"点烟花"游戏中的互动回应，了解幼儿是否理解"1"和"许多"。

活动延伸与扩展：

根据幼儿的理解水平按大小、粗细等，对"鞭炮"进行排序，并将"鞭炮"挂起来装饰教室。

（邹晓燕）

详案四

活动名称：制作糖葫芦（文化）

活动目标：

1. 通过观察了解糖葫芦的外形特征。

2. 学习用"搓""团"的方法制作糖葫芦。

3. 知道糖葫芦是北京的特色小吃。

活动准备：

经验准备：有吃糖葫芦的经验。

物质准备：糖葫芦实物、糖葫芦图片、橡皮泥、彩泥、工具刀、木棒、泡沫盒。

活动过程：

开始部分：出示糖葫芦实物和图片，观察其外形特征

教师（出示糖葫芦）：小朋友们，这是什么？

教师：请你说一说糖葫芦是什么样子的呢？

幼儿自由表述，教师做小结。（关键词：圆，球状）

基本部分：学习用"搓""团"的方法制作糖葫芦

（1）教师介绍制作材料、工具及方法。

教师：小朋友知道了糖葫芦的样子，那我们今天自己动手做一串糖葫芦。

①介绍制作材料和工具。

②介绍制作方法：取泥—搓条—分泥—团成几个圆球或长条—用棒子依次穿过。

可以一边说儿歌，一边制作：搓搓搓，搓面条；拿起小刀切两半，左一半，右一半；用手团成圆球球（小长条）；一根棒子中间穿。

（2）幼儿制作糖葫芦，教师观察指导。

观察幼儿制作过程，进行有针对性的集体和个别指导。

结束部分：幼儿作品展示，知道糖葫芦是北京的特色小吃

幼儿将作品插在泡沫盒上进行展示，互相欣赏。

教师对糖葫芦做简单介绍：糖葫芦是北京的特色小吃，冬天的时候，北京很多地方都能看到卖糖葫芦的。

师生一起品尝糖葫芦（实物）。

相关经验：

自我：发展手部小肌肉群精细动作。

自然：通过点数糖葫芦练习5以内点数。

活动评价：

观察幼儿是否会用"搓""团"的方法制作糖葫芦。

（张　珺）

六、1月目标与内容

（一）1月目标与周活动安排

1. 1月目标

（1）自我

①愿意用语言、表情或动作表达自己的想法和需求。

②有较强情绪反应时，愿意听从成人的安抚。

③学习脱套头衣服，并尝试自己穿脱。

④能较好完成手膝着地爬的动作，手膝配合协调，能持续一段时间。

⑤能尝试原地旋转和单脚站立，学习平稳地走平衡木。

⑥学习保护眼睛的方法，不用手指、玩具、树枝等触碰眼睛。

⑦知道环境中存在不安全的事物，在提醒下能注意安全，不做危险的事情，如不摸电源、不攀爬窗户等。

⑧能根据自己的兴趣选择活动，开始有选择性地和环境材料互动，体验互动的乐趣。

⑨感受父母的爱，能认真听父母说话。

（2）自然

①进一步感知冬季的气候特征，愿意观察冬季常见的植物及其显著特征。

②在老师的带领下，愿意参加冻冰花的活动，感知冰的特征。

③通过操作、摆弄感知雪的特征，如温度、软硬、颜色等。

④能比较2~3个物体间的大小、长短。

（3）社会

①熟悉家庭周边的环境，能说出家附近的超市、饭店、商场等大型公共场所的名称。

②学习握笔的方法，初步养成有序摆放和安全使用材料的良好习惯。

③知道不经允许不能拿别人的东西，借别人东西要归还。

④能正确称呼经常接触到的人，并能主动问好。

⑤和同伴发生冲突时，能听从老师的劝解，并学会与同伴互相鞠躬道歉。

（4）文化

①知道在集体中不发出大的声音，有轻轻走路、说话、开门、关门的意识。

②喜欢听故事、儿歌，看图画书，理解其大意。

③学习简单的新年祝福语，初步了解新年的主要习俗和礼仪。

④喜欢欣赏歌谣、木偶剧、儿童剧、皮影戏等形式的艺术作品。

⑤能通过形象鲜明的音乐作品理解其主要内容，并尝试通过表情、动作等表达自己的感受。

⑥能运用自己喜欢的颜色和图形大胆地表现熟悉的事物。

2. 1月周活动安排

本月建议开展的活动主题：雪的主题。

周次	活动名称	活动目标	发展课程中的领域	对应的五大领域	备注
第一周	爱爬的小刺猬	1. 能够手膝着地向前爬，身体动作协调。 2. 喜欢参与活动，感受爬行游戏的乐趣。	自我	健康	详案一
	【雪的主题】下雪了	1. 初步感受雪的颜色、冰凉、可塑性等特性。 2. 欣赏、感受大自然的美，体验玩雪的乐趣。	自然 文化	科学 艺术	
	【雪的主题】雪人哪去了	1. 知道雪会融化成水，体验探究活动的乐趣。 2. 初步感知温度与雪融化的关系，建立冷热的概念。	自然	科学	

周次	活动名称	活动目标	发展课程中的领域	对应的五大领域	备注
第一周	【雪的主题】歌唱活动：冬	1. 能完整演唱歌曲，想象冬天雪花飞舞、堆雪人的欢乐情景。 2. 能唱准"哈哈哈哈"的同音反复，唱得跳跃有弹性。 3. 能用渐强的声音演唱最后三个"冬天来到了"。	文化	艺术	详案二
第二周	【雪的主题】故事《雪孩子》	1. 通过欣赏图书或动画片《雪孩子》理解故事内容。 2. 进一步了解雪会融化的特点。	自然 文化	科学 语言	
	【雪的主题】制作雪人	1. 学习用泥工的形式表现小雪人的特征。 2. 会揉大圆和小圆，并将其组合制作雪人。	文化	艺术	
	我叫轻轻	1. 知道要轻轻地走路、说话、开门、关门。 2. 能够积极参与集体游戏，体验游戏的乐趣。	文化	社会	详案三
	【雪的主题】诗歌《雪天的小鸟》	1. 愿意跟读诗歌，理解诗歌内容。 2. 感受诗化语言的美。	文化	语言	金波作品
第三周	【雪的主题】故事《冬天的小路》	1. 感知冬天雪景的美妙，感受小动物扫雪时的场景和扫雪后的快乐。 2. 理解和学说故事中的象声词和动词。	文化	语言	故事见附录
	【雪的主题】美术：下雪了	1. 尝试用撕贴、绘画的方式表现下雪的情景。 2. 体验美术活动的乐趣。	文化	艺术	
	冻冰花	1. 学习制作各种形态的冰花，初步感知水结冰的现象。 2. 喜欢观察、欣赏美丽的冰花。	自然	科学	
	看木偶剧	1. 喜欢欣赏木偶剧，理解其大意。 2. 体验观看木偶剧的乐趣。	文化	艺术	
第四周	动植物怎么过冬	了解周围几种动植物过冬保暖的方式。	自然	科学	
	参观超市	1. 知道超市或商店的名称，知道在超市需要遵守规则。 2. 能在参观超市的过程中使用文明礼貌用语。	社会 文化	社会 语言	

续表

周次	活动名称	活动目标	发展课程中的领域	对应的五大领域	备注
第四周	游戏：小老鼠上灯台	1. 能够合着拍子说出儿歌歌词。 2. 尝试根据老鼠、猫的形象创编动作，并能合着拍子进行表演。	文化	语言	
	好看的围巾	1. 观察围巾的色彩及装饰特点。 2. 能选择自己喜欢的图案，用粘贴或印章等方式装饰围巾。	文化	艺术	

（二）1月活动详案

详案一

活动名称：爱爬的小刺猬（自我）

活动目标：

1. 能够手膝着地向前爬，身体动作协调。

2. 喜欢参与活动，感受爬行游戏的乐趣。

活动准备：

经验准备：有手膝着地爬的经验。

物质准备：刺猬头饰每人1个、自制布织布水果、小刺猬上衣、地垫8个、拱形门4个、滚筒4个、轮胎8个、铃鼓1个、音乐《身体音阶歌》《萤火虫》。

活动过程：

开始部分：热身游戏

教师：我是刺猬妈妈，你们是我的宝宝小刺猬。今天天气真好！小刺猬们和妈妈一起到外面做游戏吧！

教师：我们先跟着音乐活动活动身体吧。

播放音乐《身体音阶歌》，带幼儿做热身活动，注意活动手腕、膝盖、脚踝和头部等部位。

基本部分：通过游戏练习手膝着地爬

（1）游戏"听鼓声爬爬爬"，练习手膝着地爬。

教师：刺猬姐姐要教我们一个游戏"听鼓声爬爬爬"，我们看看刺猬姐姐是怎么玩的。（请助理教师扮演刺猬姐姐）

教师：请小刺猬说一说刺猬姐姐是怎么爬的。（手、膝着地，眼睛向前看）

教师：请小刺猬们跟着刺猬姐姐一起玩这个游戏，鼓声停的时候小刺猬也停下，鼓声响起继续爬。（提醒幼儿与前面的小朋友保持一定的距离）

教师：小刺猬爬得可真快呀！妈妈都追不上你们了。

（2）游戏"小刺猬运果子"，巩固手膝着地爬的动作。

教师：小刺猬们要跟着妈妈去摘果子、运果子，刺猬妈妈为小刺猬做了一件上衣，请小刺猬穿上这件上衣，先练习一下怎么将果子背到身上。（幼儿尝试在垫子上滚动，粘上小果子）

教师：现在，刺猬妈妈要带小刺猬去摘香香甜甜的果子，好为冬天存储食物。我们要爬过小山洞（拱门——宽），钻过隧道（滚筒——窄），爬过小山（轮胎——不平），最后我们要爬上草地背上果子。我们每次运回一种水果，把不同颜色的果子放到相应的果篮里。（请刺猬姐姐做示范）

根据幼儿的兴趣可反复进行游戏。教师要关注幼儿爬的动作，根据幼儿的实际水平及时调整材料和活动难度。

结束部分：跟随音乐放松身体

教师总结：今天在刺猬宝宝的努力下我们运了很多果子，够我们过冬的了，刺猬宝宝们都累了，让我们一起来放松一下吧。

播放音乐《萤火虫》，带领幼儿进行放松活动。

相关经验：

自然：能按照颜色将果子分类放到果篮里。

音乐：根据击鼓的快慢有节奏地爬行。

作品评价：

1. 观察幼儿的爬行动作是否规范，并通过幼儿爬行的动作、速度等了解其身体的协调性。

2. 通过幼儿的表情、参与的积极性了解其是否喜欢参与活动。

（王佳宁）

详案二

活动名称：歌唱活动：冬（文化）

作品分析：

《冬》这首歌曲活泼又欢乐，歌曲结合雪花和孩子们游戏时的心情，细致描绘出了幼儿对冬天的喜爱之情，小班幼儿十分喜欢。

活动目标：

1. 能完整演唱歌曲，想象冬天雪花飞舞、堆雪人的欢乐情景。

2. 能唱准"哈哈哈哈"的同音反复,唱得跳跃有弹性。

3. 能用渐强的声音演唱最后三个"冬天来到了"。

活动准备：

经验准备：知道现在是一年四季里的冬季。

物质准备：歌曲音乐、小雪花图片。

活动过程：

开始部分：发声练习

发声练习：

$$1=C-E \quad \frac{2}{4} \qquad \underline{1\ 2\ 3\ 4}\ |\ 5\ \ -\ \ |\ \underline{5\ 4\ 3\ 2}\ |\ 1\ - \ \|$$
　　　　　　　　　　　　冬 天 来 到 了,　　冬 天 来 到 了。

基本部分：学唱歌曲《冬》

（1）欣赏歌曲《冬》,熟悉歌词。

教师：请小朋友仔细听一听,歌曲中都唱了冬天里的什么。

根据歌词幼儿描述冬天雪花飞舞和堆雪人的情景。

（2）在歌词"哈哈哈哈"处,幼儿做可爱的"雪娃娃"造型。

教师：雪花把我们都变成了雪娃娃,说到"雪娃娃呀"的时候,看看哪个雪娃娃的笑脸最可爱,能一边说"哈哈哈哈"一边做一个雪娃娃的造型动作。

（3）反复演唱、熟悉歌曲。

幼儿完整学唱歌曲,根据熟悉程度进行反复。

重点：用躲猫猫的情境引导幼儿用渐强的声音唱出歌曲最后一句三遍"冬天来到了"。

结束部分：游戏

游戏方式：歌曲前奏处幼儿拉成圆圈踮着脚尖学习雪花飞舞,唱歌处幼儿站好演唱歌曲,唱到"雪娃娃"时,教师随机点一名幼儿做出雪娃娃的造型和动作,其他幼儿学习模仿。最后一句通过肢体的变化（慢慢变高、慢慢缩小等）唱出渐强的声音变化。

相关经验：

自然：了解冬季下雪的季节特征。

活动评价：

1. 听声音判断幼儿能否唱准"哈哈哈哈"的同音反复,能否用渐强的声音演唱三个"冬天来到了"。

2. 观察幼儿能否随歌曲乐句愉快地做雪娃娃的动作。

（吕　霞）

详案三

活动名称：我叫轻轻（文化）

活动目标：

1. 知道要轻轻地走路、说话、开门、关门。

2. 能够积极参与集体游戏，体验游戏的乐趣。

活动准备：

经验准备：有参与集体游戏的经验。

物质准备：手偶小猫1个、小鸭2个、小羊1个。

活动过程：

开始部分：借助手偶表演引出主题

小猫：喵喵喵，小朋友们好！（小朋友向小猫问好）我叫轻轻，瞧我走路多轻，老鼠都没发现，一下就被我抓住了。

小鸭：嘎嘎嘎，小朋友们好！我们也叫轻轻，大家一起游戏，不吵不闹多快乐。

小羊：咩咩咩，小朋友们好！我也叫轻轻，每次我都轻轻开门、关门，妈妈说我有礼貌。

基本部分：初步了解为什么要轻轻地走路、说话、开门、关门

（1）讨论为什么走路、说话、开门、关门要轻轻。

教师：刚才你们看到了谁？（小猫、小鸭、小羊）他们为什么都叫轻轻？（幼儿回答）轻轻走路、轻轻说话、轻轻开门、轻轻关门好不好？为什么？

教师小结：大声说话、走路，重重开门、关门，这些声音让我们听了很不舒服，而且影响别人专心做事情。我们也要像这些小动物一样轻轻走路、轻轻说话、轻轻开门、轻轻关门。

（2）玩游戏"躲过大灰狼"，体验轻轻走路。

一名老师扮羊妈妈，另一名老师扮大灰狼，幼儿扮小羊。大灰狼背对着小羊在睡觉，小羊们一个个从大灰狼背后轻轻走过。如果发出较大响声，大灰狼就转身去抓小羊。

结束部分：提醒幼儿轻轻走路，活动自然结束

教师（扮演羊妈妈）：孩子们，大灰狼已经走远了，你们不用害怕了。快到妈妈身边来，让我数一数我的宝贝有没有少。你们可千万要学会轻轻走路，不能被大灰狼发现了。

相关经验：

文化：喜欢玩扮演游戏。

活动评价：

观察幼儿是否积极参与活动，在游戏中是否能控制脚步，轻轻走路。

活动延伸与扩展：

在平时的活动中注意观察和引导幼儿在室内轻轻地做事情。

（邓萍竹）

1月附录

冬天的小路

下雪了，下雪了。雪花飘啊飘，飘到大树上，大树好像穿上了羊皮袄；飘到屋顶上，屋顶好像盖上了大棉被；雪花飘到小路上，小路不见了。

大肥猪一摇一晃过来了，扑通，滑了一跤，痛得嗷嗷叫。小鸭子摇摇摆摆地走来了，哧溜，滑了一跤，痛得呷呷叫；小花狗蹦蹦跳跳跑来了，扑通，滑了一跤，抬起头来汪汪叫。小松鼠在树上急得吱吱叫："糟糕，真糟糕！小路不见了，大家快来扫雪呀！"

大肥猪用鼻子推呀推，小鸭子用嘴巴铲呀铲，小花狗用爪子扒呀扒，小松鼠用尾巴扫呀扫。不一会儿，就把雪扫得干干净净。啊，小路又出来了！

大肥猪晃晃脑袋："嗷嗷，累得我直喘气！"小鸭子拍拍翅膀："呷呷，我心里真高兴！"小花狗又跳又蹦："汪汪，谁也不会再摔跤。"小松鼠转起圈子："我们一起跳个舞，好不好？"

太阳出来了，小路晒干了。它们手拉手，高高兴兴地跳起舞来。

（出自《幼儿园综合课程教师用书　中班　上》，189页，

上海，上海科技教育出版社，2012。）

七、3月目标与内容

（一）3月目标与周活动安排

1. 3月目标

（1）自我

①能走到老师身边，主动表达自己的想法和需求。

②假期回来能开开心心上幼儿园，情绪稳定。

③初步学习拉拉链的方法。

④学习用单手自然地向前方做投掷动作，预备投时双脚能前后自然开立。

⑤知道打喷嚏和咳嗽时要捂嘴。

⑥能按照兴趣选择玩具和游戏，有固定喜欢的玩具和游戏并在活动中感受到快乐和满足。

⑦知道不吃陌生人给的东西，不跟陌生人走。

⑧能介绍自己的家人，感受自己是家庭的一员。

⑨同伴哭的时候，能用动作表示关心，如抱抱他。

（2）自然

①能运用多种感官感知春天的显著特征，产生自发探究的兴趣。

②愿意参加种植活动，对植物的显著变化好奇，喜欢观察。

③喜欢玩磁力玩具，感知磁铁吸铁的现象。

④在游戏和生活中学习根据物体的显著特征进行一一对应、排序、分类。

⑤感知和认识白天、黑夜、早上、晚上。

（3）社会

①知道常见生活用品的用途及与人的关系。

②能爱护图书，在成人的帮助下学习粘贴破损的图书。

③巩固班级规则，初步体验规则的意义。

④在教室中能用适宜的方式与别人打招呼。

⑤发生同伴冲突时，在他人提示下能相互谅解。

（4）文化

①能使用礼貌用语与经常接触的成人和同伴打招呼，愿意与人交流。

②了解元宵节的相关内容，体验包元宵的乐趣。

③知道"三八"妇女节是女性的节日，能在成人引导下向她们表达节日的祝福。

④喜欢听故事、儿歌，喜欢看图画书，并能跟读儿歌，复述熟悉的故事的一部分。

⑤能跟随音乐的节奏做律动进行自我表现。

⑥喜欢涂涂画画、剪剪贴贴，愿意操作常见的美术工具和材料并逐步掌握其用法。

2. 3月周活动安排

本月建议开展的活动主题：春天主题。

周次	活动名称	活动目标	发展课程中的领域	对应的五大领域	备注
第一周	我的家人	1. 能介绍自己的家人，说出主要成员的姓名和典型特征（职业、爱好等）。 2. 感受自己是家庭的一员。	自我	社会	
	【春天主题】 阅读《小种子，快长大》(蔬菜篇)	1. 喜欢观察画面，了解书中蔬菜种子的外形特征。 2. 能在与教师的互动中复述图书中的重复句。	自然 文化	科学 语言	
	我喜欢的玩具和游戏	1. 能说出自己喜欢的玩具和游戏及其玩法。 2. 在教师提醒下，能安静倾听并听懂他人的讲话。	社会	社会	
	规律排序	1. 在操作中掌握简单的ABAB规律排序。 2. 感受数学中的规律美，能比较清楚地表达自己发现的规律。	自然 文化	科学 艺术	详案一
	意愿画：我的假期	1. 能用简单的语言交流假期的主要活动。 2. 能大胆地用线条、简单图形表现假期生活。	文化	艺术	
第二周	不跟陌生人走	1. 通过教师自编故事知道不吃陌生人给的东西，不跟陌生人走。 2. 具有初步的自我保护意识。	自我	社会	
	【春天主题】 各种各样的种子	1. 愿意收集各种各样的种子，尝试对种子进行排序和分类。 2. 初步了解春天是种植的季节，愿意参与种植活动。	自然	科学	
	【春天主题】 诗歌《春天来了》	1. 能在感知春天显著特征的基础上理解诗歌内容。 2. 感受诗歌中象声词带来的韵律感，初步学习朗诵。	自然 文化	科学 语言	诗歌 见附录
	漂亮的手链	1. 知道三八节是妈妈、阿姨等女性的节日，能向她们表达祝福。 2. 运用规律排序的方法，用多种美工材料制作手链。	自然 文化	科学 艺术	
	音乐游戏：开汽车	1. 感受音乐活泼、欢快的情绪。 2. 能跟随音乐，运用多种肢体动作表现行进、停止。	文化	艺术	详案二

续表

周次	活动名称	活动目标	发展课程中的领域	对应的五大领域	备注
第三周	踩影子	1. 通过同伴相互踩影子、与教师互相踩影子练习四散跑。 2. 体验运动游戏的乐趣。	自我	健康	
	【春天主题】鸡毛菜发芽了	1. 初步了解小芽的基本构造（根、茎、叶）。 2. 喜欢观察，有照顾植物的意愿。 3. 体验种植活动的成就感。	自然	科学	
	图画书《抱抱》	1. 喜欢观察画面，并能用简短的语言表达自己的理解。 2. 感受故事情节的温馨与有趣，愿意模仿故事中的小动物与同伴拥抱。	自我 文化	社会 语言	
	白天和晚上	1. 感知和认识白天、黑夜、早晨、晚上。 2. 对时间特征感兴趣。	自然	科学	
	【春天主题】玉兰花开	1. 知道玉兰花是园花。 2. 能仔细观察玉兰花的形态，并用美术方式进行表现。	自然 文化	科学 艺术	
第四周	喜羊羊与灰太狼	1. 学习单手投掷动作。 2. 在投掷游戏中能平稳地控制自己的身体。 3. 感受运动游戏的快乐。	自我	健康	
	整理娃娃家	1. 能按照物品的用途、对应关系、大小、形状、材质等进行分类。 2. 愿意参加整理娃娃家的活动，体验自己做事的快乐和成就感。	自我 自然	社会 科学	详案三
	【春天主题】有趣的杨树花	1. 积极运用多种感官感知了解春天的植物。 2. 以多种形式（语言、动作、艺术等）自由表达自己的感受与发现。	自然 文化	科学	
	【春天主题】儿歌《杨树花》	1. 理解儿歌大意，愿意跟读儿歌。 2. 巩固5以内点数。	自然 文化	科学 语言	儿歌见附录
	有了它们真方便	1. 了解常见生活用品的名称和用途。 2. 感受生活用品给我们带来的方便。	社会	社会	

（二）3月活动详案

详案一

活动名称：规律排序（自然、文化）

活动目标：

1. 在操作中掌握简单的ABAB规律排序。

2. 感受数学中的规律美，能比较清楚地表达自己发现的规律。

活动准备：

经验准备：能区分生活中常见的量，如大小、长短、高矮等。

物质准备：自制白板课件，教师用串珠自制的手链，教具。

活动过程：

开始部分：展示幼儿前一天的规律排序手链作品，激发兴趣

教师把自制的手链拍成照片，放在课件中。

教师：这是老师做的一条手链，请小朋友仔细观察一下手链有几种颜色，这些珠子是怎么排列的。

小结：这串手链上的珠子是按照一个红色、一个粉色、一个红色、一个粉色有规律排序的。

基本部分：通过与白板课件的互动学习ABAB规律排序

（1）找一找它们的规律。

①按大小特征进行ABAB规律排序。

教师：这里应该是大草莓排队，还是小草莓排队？（大草莓）

小结：这些草莓是按照一个大一个小的规律排序的。

②按高矮特征进行ABAB规律排序。

教师：这里应该是高的人排队还是矮的人排队？（请幼儿来操作）

小结：这些人是按照一个高一个矮的规律排序的。

③按长短特征进行ABAB规律排序。

教师：这里应该是长积木排队还是短积木排队？（请幼儿来操作）

小结：这些积木是按照一个长一个短的规律排序的。

（2）规律排序不仅能看到还能听到。

①教师出示水果课件：这些苹果有几种颜色？它们是按照什么方法有规律排序的？（一个红苹果一个绿苹果的ABAB规律排序）

②玩游戏感受到的规律排序。

游戏规则：幼儿分两组，一组扮演红苹果，一组扮演绿苹果。"红苹果"拍手，"绿苹果"拍腿，玩游戏。

结束部分：引导幼儿关注生活和日常游戏中的规律排序

教师：在我们的生活中，有很多都是有规律的排序。比如，老师的这条裙子是按照白、黑、白、黑的规律来装饰的。一会儿小朋友可以在教室里找一找有没有按这样规律排序的物品。在生活区穿手链的时候，小朋友也可以按照规律排序来串。

相关经验：

自然：复习巩固对大小、高矮、长短等量的感知理解。

活动评价：

1. 通过幼儿的操作和语言判断幼儿是否掌握了简单的ABAB规律排序。

2. 倾听幼儿的语言，了解幼儿是否能感受规律美，是否能比较清楚地表达自己的发现。

活动延伸与扩展：

1. 生活区教具穿手链，幼儿按照ABAB规律进行穿珠。

2. 美工区装饰活动也可以运用规律排序。

资源利用：

活动前，可以让家长给孩子穿有ABAB规律排序图案的衣服。

（晋玉波）

详案二

活动名称：音乐游戏：开汽车（文化）

作品分析：

音乐《开汽车》具有稳定的节拍，旋律的行进和休止明显，旋律行进速度与幼儿行走时的速度相匹配。幼儿能够在倾听音乐中，感受到音乐稳定的行进，锻炼倾听能力和分辨能力。通过音乐游戏，能够较好地调动幼儿参与活动的热情，动静结合，感受音符时值。

活动目标：

1. 感受音乐活泼、欢快的情绪。

2. 能跟随音乐，运用多种肢体动作表现行进、停止。

活动准备：

经验准备：体验过音乐速度（快慢）变化的游戏活动。

物质准备：音乐《开汽车》。

活动过程：

开始部分：

（1）倾听音乐《开汽车》。

教师：今天老师又有一首有趣的音乐，让我们来听听音乐中有什么声音。（播放音乐）

（2）幼儿用声音模仿音乐中按喇叭的"滴滴——"声，鼓励幼儿使用自己的声音感知长音和停止。（播放音乐）

教师：你觉得音乐中是什么发出的声音？我们来学一学。（引导幼儿学学汽车喇叭"滴滴——"的声音）

基本部分：

（1）鼓励幼儿用自己的动作感知行进。（播放音乐）

教师：你觉得整首音乐一直在按喇叭吗？

教师：你觉得按喇叭前小汽车在做什么？我们一起来学一学。

重点指导：幼儿跟随音乐的节拍合拍地做开汽车的行进动作。

（2）引导幼儿感受音乐中停止的部分。（播放音乐）

教师：为什么要按喇叭？

教师：按喇叭时你要怎样做？（要停止）

（3）分组练习行进、停止。

教师：请男孩子扮演汽车司机，女孩子来看看哪个小司机能够遵守交通规则。

交换角色进行游戏。

（4）音乐游戏：开汽车。

教师：请小朋友找到一位小朋友当乘客，带着他去旅游。

全班幼儿共同玩"开汽车"游戏。（播放音乐）

提示幼儿合拍做动作，同时注意不要相互碰撞。

根据幼儿的兴趣可重复几次游戏。

结束部分：

教师小结：伴随着《开汽车》的音乐离开教室，自然结束。

活动评价：

幼儿能否跟随音乐，运用多种肢体动作表现行进、停止。

（杜　欣）

详案三

活动名称：整理娃娃家（自我、自然）

活动目标：

1. 能按照物品的用途、对应关系、大小、形状、材质等进行分类。

2. 愿意参加整理娃娃家的活动，体验自己做事的快乐和成就感。

活动准备：

经验准备：幼儿有玩娃娃家的经验。

物质准备：娃娃家（包括厨房、阅读区、卧室、玩具房四个区域）、娃娃家弄乱的照片和物品、地毯、一体机、轻音乐。

活动过程：

开始部分：

教师出示娃娃家物品无序乱放的图片。

教师：小朋友都喜欢在娃娃家玩儿，如果娃娃家这个样子你们感觉怎么样？（幼儿表达）

教师：你们喜欢干净整齐的家还是乱乱的家？（干净整齐的家）

教师：那这些弄乱的物品该怎么整理呢？

基本部分：

游戏一：按娃娃家的区域给物品分类

教师启发幼儿尝试按照物品的用途分类，并说一说分类理由。

教师将娃娃家的实际物品摆到地毯上：这些都是小宝宝玩的时候混在一起的，我们一起来给它们分分类。

核心提问：这个是什么？你觉得它应该放在娃娃家的哪里？为什么？

例如教师拿出一个锅问：

这个是什么？——这是一个锅。

锅一般放在哪里使用？——锅放在厨房。

为什么放在厨房？——因为炒菜时需要锅，在厨房里炒菜。

（其他物品的引导语同上，最后引导幼儿按用途将四个区域的物品分开摆放在地毯上。）

教师引导幼儿将所有物品按用途分类。

教师通过启发提问的方式带幼儿分了几样物品后，请小朋友们自己操作，把剩下的物品分完，要求每次取一件物品。

重点指导：按物品的用途进行分类。

游戏二：探索更多分类方式，比如按对应关系、大小、形状、材质等

（1）小结第一次分类游戏。

教师：我们已经把这些物品都分好类了，它们应该放在娃娃家的厨房、卧室、书房、玩具区。我们需要把它们送回娃娃家去。

（2）引导幼儿进一步给娃娃家的物品分类。

按物品对应关系分类。（教师拿起衣服）

提问：衣服放在卧室的哪里？——挂在衣架上。

按物品形状分类。（教师拿起一个圆形的盘子）

提问：这是一个圆形的盘子，厨房有各种形状的盘子，它放在哪里？——圆形的盘子放在圆形的盘子上面。

按物品大小分类。（教师拿起一本大书和一本小书）

提问：这些书要放在娃娃家的书房里，那书房里有大书和小书，它们应该怎么放？——大书和大书放在一起，小书和小书放在一起。

按物品材质分类。（教师拿起塑料玩具和木质玩具）

提问：玩具区有很多玩具，有的是塑料做的，有的是木头做的，有的是布做的，那这该怎么放？——塑料玩具放在一起，木质玩具放在一起，布做的玩具放在一起。

（3）幼儿将物品归位，分类摆放。

教师：小朋友们办法真多，现在我们行动起来，一起把它们送回去吧。

教师观察幼儿将物品归类的情况。

结束部分：

幼儿欣赏整理后的娃娃家，教师鼓励幼儿做力所能及的事情，感受其中的快乐。

教师：你们喜欢这样整齐的娃娃家吗？（幼儿回答）你们真的很能干！以后小朋友在娃娃家玩完后都可以像今天这样把物品摆放整齐。希望你们在家里也能把自己的玩具整理得这么整齐，做爸爸妈妈的小帮手。

相关经验：

自我：爱护教室环境，愿意为班级做力所能及的事情。

活动评价：

1. 观察幼儿是否参与到活动中。

2. 观察幼儿是否能根据教师提示的标准对物品进行正确分类。

活动延伸与扩展：

在日常区域活动时间，鼓励幼儿能将娃娃家及其他区域的玩具材料正确分类、归位。

（姚金利）

3月附录

春天来了

佟希仁

屋檐的流水，

滴答，滴答，

解冻的小河，

哗啦，哗啦，

水塘的小鸭，

呷呷，呷呷。

南来的大雁，

哏儿嘎，哏儿嘎。

他们都在说："春天来了！"

（出自《幼儿文学》，128页，北京，人民教育出版社，2005。）

杨树花

一根杨树花掉下来，好像毛毛虫在睡觉。

两根杨树花掉下来，好像毛毛虫伸懒腰。

三根杨树花掉下来，好像毛毛虫问你好。

四根杨树花掉下来，好像毛毛虫尾巴摇。

五根杨树花掉下来，好像毛毛虫在舞蹈。

根根杨树花掉下来，许多毛毛虫齐欢笑。

八、4月目标与内容

（一）4月目标与周活动安排

1. 4月目标

（1）自我

①能够向老师和同伴表达自己的想法和需求。

②情绪愉快，有安全感，建立和教师的依恋关系。

③学习系扣子，自己能做的事情愿意自己做。

④能双脚平稳地自然跳跃，双脚连续向前跳时动作比较连贯；学习蛙跳和单脚跳。

⑤在区域活动时，能专注做一件事情，表现出对活动的兴趣倾向。

⑥在老师的提醒下，能在固定的时间去擦拭自己的椅子。

⑦喜欢玩角色游戏，如在娃娃家中扮演爸爸、妈妈、宝宝等角色，体验家庭成员的角色分工。

⑧当同伴遇到困难的时候，能找成人帮忙。

⑨熟悉园歌的旋律，能跟唱园歌。

（2）自然

①关注春天的季节特征，对春天里植物发芽、开花等现象好奇，有观察的兴趣，产生对植物的关爱之情。

②乐于观察蚕、乌龟、鱼等小动物，对小动物有关爱之情。

③感知风、雾霾等自然现象，在成人的提醒下知道雾霾天气时应减少户外游戏，用佩戴口罩的方法保护自己。

④操作摆弄不同质地的球、轮胎、玩具车等，探究物体"滚"的运动方式。

（3）社会

①能坚持遵守游戏和日常生活中的规则，知道等待、轮流、共享的重要性。

②遇到困难、挫折能寻求成人的帮助。

③能帮助别人，感受互助的快乐，愿意承担小任务。

（4）文化

①需要打断别人时，能使用正确的礼貌用语，学习说"对不起，打扰一下"。

②结合阅读节活动，享受阅读的快乐，体验阅读的多种形式。

③在老师的带领下，喜欢参与故事表演活动，体验表演的乐趣。

④用自然的声音演唱，不喊唱。

⑤喜欢在生活中模仿事物的形象和动态，对熟悉的歌曲能用语言、动作表达自己的感受。

⑥能用简单的图形和喜欢的颜色表现熟悉的事物。

2. 4月周活动安排

本月建议开展的活动主题：春天主题。

周次	活动名称	活动目标	发展课程中的领域	对应的五大领域	备注
第一周	阅读《鳄鱼怕怕，牙医怕怕》	1. 喜欢观察书中的画面，尝试表达。 2. 知道漱口、刷牙能保护牙齿，巩固刷牙方法。	自我 文化	健康 语言	
	体育游戏：青蛙跳	1. 学习蛙跳的方法，并能连续向前跳。 2. 喜欢参与体育游戏，并体验扮演角色的乐趣。	自我	健康	详案一
	【春天主题】春天的毛毛雨	1. 能积极运用多种感官感知毛毛雨的特征。 2. 喜欢亲近自然。	自然	科学	

续表

周次	活动名称	活动目标	发展课程中的领域	对应的五大领域	备注
第一周	快乐小帮手	1. 通过帮助别人感受助人的快乐。 2. 能简单表达助人和被帮助的感受。	社会	社会	
	【春天主题】 歌唱活动： 春天来了	1. 能替换歌词并完整演唱歌曲，表达自己对春天的感知。 2. 在歌唱春天的活动中获得美的感受。	自然 文化	科学 艺术	详案二
第二周	小猫学本领	1. 能从20～30厘米的高处向下跳，锻炼腿部力量与平衡能力。 2. 锻炼勇敢、自信的品质。	自我	健康	
	我给幼儿园过生日	1. 了解过生日的物品准备及流程。 2. 愿意为幼儿园庆祝生日，感受过生日的快乐气氛。	自我 文化	社会	
	阅读《谁咬了我的大饼》	1. 在看图、倾听、猜想、模仿表达中理解故事内容，感受有趣的故事情节。 2. 在观察描述中丰富词汇；愿意重复故事中的对话，体验交流和表达的快乐。	文化	语言	
	美工：我设计的蛋糕	1. 初步感受蛋糕上各种图案、颜色的美。 2. 能运用绘画、粘贴等形式设计蛋糕图案。 3. 感受手工创作的乐趣，体验活动带来的快乐。	文化	艺术	
	歌唱活动： 生日快乐	1. 在欢快的氛围中学唱歌曲，能将歌词替换成幼儿园生日快乐。 2. 在创设给幼儿园过生日的情境中，感受歌唱活动带来的美好情绪。	文化	艺术	
第三周	送土豆	1. 练习双腿夹沙包向前行进跳。 2. 锻炼腿部肌肉力量，增强对身体运动方向和步幅的控制能力。	自我	健康	
	【春天主题】 小白菜和菠菜	1. 进一步学习照顾植物。 2. 在观察、比较中了解小白菜和菠菜的异同。	自然	科学	
	一起玩玩具	1. 能够用适宜的方式玩玩具。 2. 学习轮流、交换、共享等集体生活的规则。	社会	社会	

续表

周次	活动名称	活动目标	发展课程中的领域	对应的五大领域	备注
第三周	故事表演《棕色的熊，棕色的熊，你在看什么》	1. 喜欢听故事，学说故事中的重复性语言。 2. 尝试进行故事表演，体验表演的乐趣。	文化	语言	详案三
	【春天主题】歌唱活动《小燕子》	1. 能够记住歌词，合着拍子有感情地演唱。 2. 体验歌唱春天的快乐。	文化	艺术	
第四周	小老鼠找食物	1. 能双脚连续跳过圆圈和爬过山洞，发展动作协调性和灵活性。 2. 学习组合两种基本动作进行运动。	自我	健康	
	【春天主题】风车转转转	1. 感受风的存在，知道风能使风车转动。 2. 探究让风车转动的不同方法，体验探究的乐趣。	自然	科学	
	玩色活动：魔法星球	1. 能用手指画的形式创作自己的"星球"。 2. 愿意参与到玩色活动中，感受集体创作的乐趣。	文化	艺术	详案四
	故事表演：《小蝌蚪找妈妈》	1. 理解故事内容，熟悉故事情节。 2. 尝试进行故事表演。	文化	语言	
	音乐游戏：小猫钓鱼	1. 能够跟着音乐节奏做游戏。 2. 体验音乐游戏的乐趣。	文化	艺术	李永水作词，徐涛作曲

（二）4月活动详案

详案一

活动名称：体育游戏：青蛙跳（自我）

活动目标：

1. 学习蛙跳的方法，并能连续向前跳。

2. 喜欢参与体育游戏，并体验扮演角色的乐趣。

活动准备：

经验准备：幼儿有自发双脚跳的经历。

物质准备：荷叶垫每人1个。

活动过程：

开始部分：热身活动"青蛙宝宝做游戏"

教师（出示荷叶垫）：小朋友们看老师手中拿的是什么呀？这个是荷叶垫。现在小朋友们都变成小青蛙，请每只小青蛙找到一片小荷叶，然后跳到上面站好。

教师带领幼儿做热身游戏：抬抬头，看看天，和太阳公公问好（抬头）；低下头，看看美丽的草地，和小草问好（低头）；看看左边的小伙伴是谁打个招呼，再看看右边是谁打个招呼，和后面的老师打招呼（头部和手部）。闻一闻空气中有没有青草的味道（腰部）。空气真新鲜啊，让我们伸伸腰，长个大个儿，再伸一伸（伸展）。再来晒晒我们的小腿，蹲—起—伸伸腿—呱！蹲—起—伸伸腿—呱！（腿部）

基本部分：学习蛙跳

1. 学习青蛙跳。

教师：小朋友们知道小青蛙是怎么走路的吗？（跳）请小青蛙们在你的荷叶垫上跳一跳。

幼儿尝试青蛙跳，老师观察幼儿的动作姿势。

教师：老师发现xx这只小青蛙跳得特别好，我们一起来看看他/她是怎么跳的。（幼儿展示）

教师：我也来学一学蛙跳。（教师一边跳一边说动作：先要蹲下，两脚一起，向上一跳，轻轻落下）

鼓励幼儿按照教师的动作提示跳一跳。

2. 听音乐练习青蛙跳。

音乐响起，小青蛙从荷叶上跳到池塘里玩；音乐停止，小青蛙立刻从池塘里跳回到荷叶上。

反复几次。

3. 练习连续向前蛙跳。

教师：现在请小青蛙们跳到我们池塘的岸边，排成三排。我们排队从一个荷叶垫跳到另一个荷叶垫上。

三排荷叶垫之间的距离可以不同，根据幼儿跳的情况，教师引导幼儿挑战不同的距离，反复游戏，练习连续向前蛙跳。

结束部分：放松活动

教师：小青蛙们跳累了吧，让我们一起坐到荷叶垫上休息放松一下。我们一起伸伸腿，用小手拍拍腿，用小手轻轻地摸脚尖。

相关经验：

文化（音乐）：能根据音乐的起止来控制动作。

活动评价：

1. 观察幼儿蛙跳动作，了解幼儿是否先蹲下，再双脚同时离地、同时着地。

2. 观察了解幼儿是否主动参与游戏，是否能连续向前蛙跳。

活动延伸与扩展：

在户外活动时鼓励幼儿玩蛙跳的游戏，对动作不到位、不能连续跳以及速度慢的幼儿进行有针对性的个别指导。

（丁路路）

详案二

活动名称：歌唱活动：春天来了（自然、文化）

作品分析：

《春天来了》（金近词，马成曲）是一首欢快活泼的歌曲，歌词内容表达了春天到来后大自然中动植物的变化，结合幼儿对春天里动植物的观察，可以通过替换歌词，加深幼儿对春天的认识，在歌唱活动中获得美的感受。

活动目标：

1. 能替换歌词并完整演唱歌曲，表达自己对春天的感知。

2. 在歌唱春天的活动中获得美的感受。

活动准备：

经验准备：观察、发现了春天到来后身边动植物的变化；过渡环节听过歌曲《春天来了》。

物质准备：活动前幼儿与教师、家长找到有春天景物的照片，音乐《春天来了》。

活动过程：

开始部分：

师生问好。

$$1=C\text{-}E \quad \frac{2}{4} \qquad \underline{1\ 2\ 3\ 4} \mid 5 \quad - \quad \mid \underline{5\ 4\ 3\ 2} \mid 1\ - \parallel$$

师：小朋友们 好！　　　幼：X 老师您 好！

欣赏歌曲《春天来了》。

教师：小朋友们，你们听过这首歌吗？知道这首歌的名字吗？

基本部分：

①再次欣赏歌曲《春天来了》，熟悉歌词。

教师：请小朋友们再听一听，歌曲里都唱到了什么？

欣赏歌曲后，幼儿表达自己的想法。

②教师弹钢琴，幼儿演唱歌曲《春天来了》。

教师：请小朋友们试一试跟着琴声唱这首歌。

幼儿演唱不熟练的部分可以多练习几次，直到能完整演唱歌曲。

③欣赏有春天景物的照片，尝试替换歌词。

教师：春天到了，除了歌曲里唱到的，小朋友还发现了好多变化，我们一起来看看吧。

教师和幼儿一起看图片，感受春天的美。

教师：我们可不可以把小朋友找到的春天也唱出来呢？《春天来了》这首歌里面唱到了"蜜蜂蝴蝶都飞来"，我们试着把歌词改一改，改成我们发现的春天的样子，来唱一唱。

师生共同演唱替换歌词的部分。

结束部分：

完整演唱替换了歌词的歌曲。

相关经验：

自然：加深对春天大自然变化的感知。

活动评价：

1. 幼儿能否在教师的引导下替换歌词，表达自己对春天的感知。

2. 观察幼儿在活动中是否情绪愉悦。

（吴倩倩）

详案三

活动名称：故事表演《棕色的熊，棕色的熊，你在看什么》（文化）

活动目标：

1. 喜欢听故事，学说故事中的重复性语言。

2. 尝试进行故事表演，体验表演的乐趣。

活动准备：

经验准备：幼儿认识动物熊、鸟、鸭子、马、青蛙、猫、狗、羊、鱼。

物质准备：故事幻灯片、故事中的角色牌各5个、投影仪、小椅子。

活动过程：

开始部分：出示图片（棕色的熊），引出故事名称

利用幻灯片展示棕色的熊，并进行提问。

教师：今天老师带来了一位朋友，看看它是谁？

教师：是一只棕色的熊，你们猜猜它在干什么呢？

教师：让我们一起听一听这个故事《棕色的熊，棕色的熊，你在看什么？》

基本部分：熟悉故事，尝试表演

（1）和幼儿互动讲故事，熟悉故事内容。

①教师讲故事中的前两页。

教师：这是一只棕色的熊，我们一起问："棕色的熊，棕色的熊，你在看什么？"

教师：（模仿熊的口吻）我看见一只红色的鸟在看着我。

②鼓励幼儿猜测后面的故事角色。

教师：这是一只红色的鸟，我们问："红色的鸟，红色的鸟，你在看什么？"

教师：你们猜它在看什么？

（后面的内容依此类推……）

（2）复述故事，尝试表演。

①教师和幼儿一起复述故事。

教师：故事中出现了这么多动物，你们还记得棕色的熊看到了谁吗？

引发幼儿复述："棕色的熊，棕色的熊，你在看什么？我看见一只红色的鸟在看着我。"

教师：红色的鸟又看见了谁？

（后面的内容依此类推）

②请幼儿选择故事角色，佩戴角色牌，尝试表演故事。

首先，分发角色牌，幼儿自己认领故事角色。

教师：老师这里有许多故事中的小动物图片，你们想不想戴在自己的身上扮演小动物？每个角色要请几个小朋友，请愿意的小朋友举手。

其次，佩戴角色牌，讨论基本的表演方式。

教师：让我们来看看大家都扮演的是谁？棕色的熊在哪里？棕色的熊在哪里我们看得更清楚？（棕色的熊应该在前面）

最后，教师带领幼儿进行初步的故事表演。

教师：让我们一起问问棕色的熊："棕色的熊，棕色的熊，你在看什么？"

教师：接下来，该哪个小动物说话了？

后面内容依此类推，教师引导幼儿进行故事表演。

结束部分：换角色再次表演

教师：刚才的表演好玩吗？如果再重新表演一次，你还想扮演哪个动物？

更换角色，再次表演。

相关经验：

社会（规则）：能在游戏情境中，学习遵守游戏规则，做到等待、轮流。

文化（语言）：喜欢韵律感强的文学作品。

活动评价：

1. 倾听幼儿能否复述故事中的重复性语言。

2. 观察幼儿是否愿意参与表演。

活动延伸与扩展：

在表演区投放相关材料，幼儿可充分自由表演。

（王晓晔）

详案四

活动名称：玩色活动：魔法星球（文化）

活动目标：

1. 能用手指画的形式创作自己的"星球"。

2. 愿意参与到玩色活动中，感受集体创作的乐趣。

活动准备：

经验准备：幼儿有玩颜色的经历。

物质准备：手指画颜料、罩衣、水粉纸、黑卡纸、毛巾、放置毛巾的盆、胶带。

物质准备说明：教师需要提前为幼儿准备可以变出星球的魔法纸。魔法纸制作步骤：第一步，准备与黑卡纸同等大小的水粉纸（可以拼接），在水粉纸上掏出"星球"部分，先不撕掉，留作备用。第二步，将掏好星球的水粉纸用泥胶粘在黑卡纸上，再在黑卡纸除星球之外的位置布置上星星等需要的装饰，为课程最后的魔法做准备。第三步，幼儿集体创作结束后，施展魔法，将水粉纸除星球外的部分摘掉，集体作品呈现，魔法星球创作完成。

活动过程：

开始部分：游戏引入

教师：魔法魔法变变变，请你变成毛毛虫，毛毛虫跳一跳，毛毛虫转一转，毛毛虫跳到……魔法魔法变变变，请你变成大象，大象走一走，大象荡一荡，大象和身边的小朋友击个掌；魔法魔法变变变，请你变成大老虎，大老虎可以做什么动作呀？（与幼儿互动，将玩色技法蕴含在幼儿手部动作中）

教师：请小朋友们看看我们周围都有什么材料呀？（幼儿观察，教师介绍颜料）今天我们要用这些颜料玩儿一个游戏。

基本部分：创作

（1）以手指游戏的方式玩颜色。

①教师：魔法魔法变变变，请你变成毛毛虫，毛毛虫想要蘸颜料，毛毛虫想在纸上跳一跳。（引导幼儿做"点"的动作，幼儿自由想象，大胆表达）

教师：毛毛虫在纸上画出了什么图形呀？（与幼儿一起欣赏、分享"点"出的图案）

教师：毛毛虫还想在纸上画什么图形呢，快试一试吧。（幼儿点画）

教师：魔法魔法变变变，请你变成大象，大象想要蘸颜料，大象想在纸上走一走，大象要怎么走呢？（引导幼儿做"拍"的动作，幼儿自由想象，大胆表达）

教师：大象在纸上画出了什么图形呀？（与幼儿一起欣赏、分享"拍"出的图案）

教师：请大象们在纸上画出更多图形吧。（幼儿拍画）

教师：魔法魔法变变变，请你变成大老虎，大老虎想要蘸颜料，大老虎想在纸上走一走，大老虎的爪子怎么在纸上走呢？（引导幼儿做抓、挠的动作，幼儿自由想象，大胆表达）

教师：大老虎用爪子画出了什么图形呢？（与幼儿一起欣赏，分享抓、挠出的图案）

教师：大老虎还能在纸上画什么图形呢？（幼儿抓、挠作画）

（2）幼儿自由创作。

教师：请小朋友变成你喜欢的小动物，蘸上颜料在纸上走一走。一会儿来分享你用了什么方法。（幼儿自主绘画，大胆创作）

在创作的过程中，如果发现混色，可以请小朋友们分享是哪几种颜色混出的。

结束部分：欣赏作品

幼儿用毛巾把手擦干净，和老师一起坐到作品前面。（配课教师帮忙把画立在黑板前）

教师：我们的画有魔法哦。现在请小朋友们闭上眼睛，我们一起来数10个数，1、2……10。请睁开眼睛吧。（配课教师帮忙施展魔法——摘掉除星球外的水粉纸）

教师：我们的画变成了什么？

教师：你们觉得好看吗？

教师请幼儿分享：这一处是哪位小朋友画的呀？你用了什么方法？还有谁用了同样的方法呢？请小朋友们举手。（分别请几位小朋友分享）

教师小结幼儿创作的方法：我们今天玩颜色，小朋友们用了各种方法。（教师做动作，引导幼儿进行小结：有点一点的方法，有涂抹的方法，有用指甲抓的方法，还有用印的方法……）

相关经验：

文化（语言）：愿意用语言介绍自己的作品，能专心倾听他人的表达。

活动评价：

1. 通过观察幼儿的手部动作，了解幼儿是否掌握不同玩色技法。

2. 通过观察幼儿活动状态，了解幼儿是否积极参与活动。

活动延伸与扩展：

鼓励幼儿在美工区用这些方法创作其他内容的美术作品。

（宁　力）

九、5月目标与内容

（一）5月目标与周活动安排

1. 5月目标

（1）自我

①能主动表达自己的想法和要求。

②基本适应幼儿园生活，能快乐地参加游戏活动。

③能按次序穿脱衣服和鞋袜，并能简单地叠放衣物。

④在跑、爬等游戏中，能保持身体的平衡。

⑤参加地震、消防演习时，能在老师的带领下，从紧急出口撤离，保持情绪稳定。

⑥感受父母的爱，在成人提醒下知道不打扰父母休息。

⑦同伴生病或哭泣时，能表示关心。

⑧喜欢自己的班级，喜欢来幼儿园。

（2）自然

①喜欢观察班级自然角、幼儿园内常见动植物的变化，有自发探究的兴趣。

②能够运用多种形式（语言、动作、艺术等）表达自己在操作活动中的感受和发现。

③初步尝试用不同的方法移动物体，感知人对物体的作用方式，如推、拉等。

（3）社会

①认识常见的职业，例如，厨师、服务员、保洁、保安等，能模仿职业角色的行为，初步了解他们的工作内容。

②能主动把垃圾扔到垃圾桶；初步感知自己和环境的关系，具有照顾环境的意识。

③知道火警、急救、报警的电话号码，认识常见的安全标志。

④和同伴意见不一致的时候，能初步尝试自己解决。

（4）文化

①知道承认错误、不说谎、诚实守信是正确的行为。

②有初步的进餐礼仪意识，进餐时不大声喧哗。

③愿意听故事、看图画书，能发现、指认、讲述画面中感兴趣的人和物。

④知道母亲节，在老师的引导下学习用简单的方式（语言、音乐、美术）表达对妈妈的爱。

⑤知道"六一"儿童节是自己的节日，在丰富多彩的活动中感受节日的快乐。

⑥结合生活经验，能说出自己去过的北京的名胜古迹，如长城、颐和园等。

⑦对周围环境中和生活中色彩鲜明、形象突出的事物（生活用品、美术作品、环境景物等）感兴趣，并获得美的感受，愿意用表情、动作等表达对美好事物的亲近和喜爱。

⑧能够用好听的声音进行演唱，喜爱音乐活动。

2. 5月周活动安排

本月建议开展的活动主题：母亲节主题。

周次	活动名称	活动目标	发展课程中的领域	对应的五大领域	备注
第一周	持物跑	1. 能持物沿圆圈跑，锻炼持物调节身体重心的能力。 2. 发展腿部力量、身体的平衡与协调能力。	自我	健康	
	请让我来关心你	1. 知道当同伴生病或哭泣时可以去安慰。 2. 了解并模拟安慰同伴的行为方式，并有积极的情感体验。	自我 社会	社会	
	厨房老师辛苦了	1. 通过参观厨房，知道厨房老师每天给小朋友做好吃的饭菜很辛苦。 2. 尊重他们的劳动，懂得感谢。	社会	社会	
	音乐游戏：走路	1. 学唱歌曲，能跟随音乐模仿动物走路。 2. 在歌唱与律动中感受乐曲的跳音与连音。	文化	艺术	陈镒康词，苏勇、王平曲
	小相框	1. 欣赏生活用品中的装饰美，尝试运用多种方式装饰。 2. 感受相框图案的布局美，尝试将图案进行有规律的排列。	文化	艺术	
第二周	体育游戏：小老鼠吃蛋糕	1. 巩固手膝爬，学习手脚着地向前爬，动作自然协调。 2. 体验体育游戏带来的乐趣。	自我	健康	详案一

续表

周次	活动名称	活动目标	发展课程中的领域	对应的五大领域	备注
第二周	【母亲节主题】阅读《我妈妈》	1. 观察、理解画面表达的意思。 2. 结合生活经验感受妈妈对自己的爱。	自我 文化	社会 语言	
	【母亲节主题】我的妈妈最棒	1. 能用语言简单表达妈妈的本领，萌发爱妈妈的情感。 2. 尝试用不同的方式表达对妈妈的爱。	自我 文化	社会	
	【母亲节主题】画妈妈	1. 能自主选择美术工具画妈妈，表现出妈妈的主要特征。 2. 愿意介绍自己的作品。	文化	艺术	
	【母亲节主题】歌曲《我的好妈妈》	1. 尝试有感情地演唱歌曲。 2. 通过演唱歌曲表达对妈妈的爱。	文化	艺术	潘振声词曲
第三周	我去过的北京……	1. 能借助照片介绍自己去过的北京的风景名胜。 2. 萌发热爱家乡北京的情感。	自我	社会	
	观察小动物	1. 对身边的小动物感兴趣，能仔细观察它们，了解其外形特征。 2. 知道爱护小动物。	自然	科学	
	阅读《蚂蚁和西瓜》	1. 愿意观察画面细节，感受故事情节的趣味性。 2. 能用语言和动作表现故事中的情境。	文化	语言	详案二
	美丽的蝴蝶	1. 通过实物、标本、图片等感受蝴蝶的美。 2. 喜欢用印章、粘贴、绘画等方式装饰蝴蝶翅膀。 3. 学习运用对称的方式进行装饰，表现对称美。	自然 文化	艺术	
	歌唱活动：先有啥	1. 感受歌曲诙谐有趣的音乐风格。 2. 通过游戏熟悉歌词，能合着节拍较准确地演唱歌曲。 3. 体验在音乐中游戏的快乐。	文化	艺术	详案三
第四周	小蚂蚁运粮食	1. 愿意尝试多种运粮食的方法，体验人对物体的作用方式（推、拉等）。 2. 锻炼上肢力量及身体协调性。 3. 体验帮助他人的快乐。	自我 自然	健康 科学	详案四

续表

周次	活动名称	活动目标	发展课程中的领域	对应的五大领域	备注
第四周	欣赏水墨画《长城》	1. 喜欢观看作品中长而弯曲、粗细不一的线条，感受其富有变化的美。 2. 能用简单的语言、表情和身体动作表达自己的审美想象和愉悦的心情。	文化	艺术	吴冠中作品
	认识安全标志	1. 认识常见的安全标志，初步了解它们代表的含义。 2. 具有初步的安全意识。	社会	社会	
	故事《小黑捉迷藏》	1. 初步理解故事大意，感受故事情节的新奇有趣。 2. 尝试根据故事背景图大胆想象，并敢于表达自己的想法。	文化	语言	
	我们的节日	1. 知道六月一日是儿童节。 2. 了解幼儿园过节的主要活动内容。 3. 感受节日的快乐。	文化	社会	

（二）5月活动详案

详案一

活动名称：体育游戏：小老鼠吃蛋糕（自我）

活动目标：

1. 巩固手膝爬，学习手脚着地向前爬，动作自然协调。

2. 体验体育游戏带来的乐趣。

活动准备：

经验准备：幼儿有手膝爬的经验。

物质准备：蛋糕卡片若干（幼儿人数的2～3倍），分放在两个纸盒中，放置在终点；跨栏8个、山洞2个、垫子若干；欢快的轻音乐、音乐《宝贝乖乖睡》。

活动过程：

开始部分：情境引入，热身活动

教师扮演鼠妈妈：今天天气真好，小老鼠们快来和妈妈一起活动一下身体吧！看看哪只小老鼠身体最棒。

一边说儿歌一边做热身活动：小老鼠身体棒，伸伸胳膊举举高，转转脑袋摇一摇，弯弯身体扭一扭，踢踢腿来跳一跳。

基本部分：在游戏情境中锻炼爬行动作的协调性

（1）设置情境，熟悉场地。

教师：今天是小老鼠们的生日，妈妈为你们订了好吃的蛋糕，但需要你们自己取回来。我们一起来看看需要经过哪些地方呢？

带领幼儿观察、熟悉场地。

（2）巩固手膝爬。

介绍游戏规则：你们需要爬过垫子、钻过山洞，取一块"蛋糕"，然后从两侧跑回来把蛋糕放到篮子里。（重点：巩固手膝爬）

教师播放欢快的轻音乐，幼儿按照游戏规则进行活动，可以重复2～3次，教师重点观察幼儿爬行动作是否协调、灵活，需要时进行提示、指导。

（3）学习手脚爬行。

玩法1：切换情境，学习手脚爬行。

教师：路上多了许多障碍物，你们要怎么爬过去呢？

鼓励幼儿试一试，遇到障碍（跨栏）后手脚爬行。

根据幼儿动作的完成情况，决定教师是否示范，是否降低障碍物的高度。

玩法2：往返爬行。

幼儿熟悉玩法后，可引导幼儿往返取"蛋糕"，锻炼手脚爬行动作的协调性。

玩法3：幼儿自主游戏。

设置高度不同的障碍，幼儿自由选择爬行路线。

结束部分：放松活动

播放音乐《宝贝乖乖睡》。

教师带领幼儿一边说儿歌《吃蛋糕》一边做放松活动：小老鼠吃蛋糕，拿起蛋糕闻一闻，啊呜一口吃下去，左摇摇右晃晃，伸伸腿来弯弯腰，拍拍大腿和小腿。

相关经验：

社会：能遵守体育游戏中的规则。

活动评价：

在将跨栏作为辅助材料后，观察幼儿是否能够从手膝爬过渡到手脚爬，随着活动进展动作是否越来越协调。

活动延伸与扩展：

在户外活动中可以玩其他的爬行游戏以及多种动作的组合游戏，锻炼幼儿动作的协调性和身体的灵活性与平衡能力。

（田　丽）

详案二

活动名称：阅读《蚂蚁和西瓜》(文化)

活动目标：

1. 愿意观察画面细节，感受故事情节的趣味性。

2. 能用语言和动作表现故事中的情景。

活动准备：

经验准备：有观察蚂蚁的经验。

物质准备：图画书《蚂蚁和西瓜》的幻灯片。

活动过程：

开始部分：感知西瓜和蚂蚁的大小差异

教师播放《蚂蚁和西瓜》的幻灯片，通过提问激发幼儿阅读兴趣。

教师：在一个炎热的下午，不知道谁在草地上落下了一块大西瓜，这块西瓜好大好甜呀，你们猜猜这块大西瓜会被谁发现呢？

幼儿回答后，教师请幼儿观察画面：瞧！谁来了？(小蚂蚁)

教师：有几只小蚂蚁？(师生一起点数)

教师：西瓜和蚂蚁比一比，你们发现西瓜怎么样？蚂蚁怎么样？(感知大小)

教师：看到这块又香又甜的大西瓜，小蚂蚁们会怎么想，又会怎么做呢？

基本部分：仔细观察画面，感受故事的趣味性

(1) 引导幼儿观察画面，并用语言描述。

教师：小蚂蚁们坐在西瓜上开始吃西瓜，仔细看看，它们都是怎么吃的？

(引导幼儿观察：有一只小蚂蚁捧在手里吃，啊呜啊呜真好吃！有一只小蚂蚁趴在西瓜上啃了起来！还有一只小蚂蚁，伸出舌头满脸享受)

教师：小蚂蚁们很快就吃饱了，可是西瓜还剩那么多，这怎么办呢？

教师：戴帽子的小蚂蚁手指向远方，猜猜它在说什么？(幼儿回答)

(2) 引导幼儿观察画面细节，动脑思考如何搬西瓜。

教师：小蚂蚁想把西瓜搬回家跟好朋友一起分享。可是一只蚂蚁搬不动，嗨哟！两只蚂蚁也搬不动，嗨哟！四只蚂蚁还是搬不动。小蚂蚁是怎样搬西瓜的？请你来学一学它们的动作。(请幼儿仔细观察画面，模仿蚂蚁搬西瓜的动作)

教师：四只小蚂蚁都搬不动大西瓜，这可怎么办？如果你是小蚂蚁，你会想什么好办法？(鼓励幼儿表达)

教师：让我们看看小蚂蚁想出了什么办法。(戴着小黑帽的蚂蚁领着一大群蚂蚁来搬西瓜，可还是搬不动大西瓜)

教师：小蚂蚁还会想出什么办法呢？（幼儿自由发言）

教师：小蚂蚁和你们一样爱动脑筋。看看它们想出了什么办法。（请幼儿观察画面：蚂蚁是怎样分工合作的？一些蚂蚁做什么？另一些蚂蚁做什么）

结束部分：介绍故事名字，完整欣赏

教师：刚才这个有趣的故事，名字叫《蚂蚁和西瓜》，让我们再来完整地欣赏一遍吧！（教师完整讲述一遍故事）

教师提问：你觉得故事中哪个地方最有趣？

相关经验：

自然：了解蚂蚁的生活习性。

社会：了解蚂蚁的合作精神，初步体会到合作力量大。

活动评价：

1. 观察幼儿是否能用语言、动作表现故事情节和自己的猜想。

2. 通过幼儿的语言和动作，了解幼儿是否观察到画面的细节，是否感受到了故事情节的趣味性。

活动延伸与扩展：

1. 观察"蚂蚁工坊"，进一步了解蚂蚁的生活习性。

2. 在美工区画一画蚂蚁，鼓励幼儿表达。

资源利用：

1. 利用户外环境，教师提供放大镜等工具，请幼儿自主观察蚂蚁。

2. 倡议家长搜集有关蚂蚁的资料、图书，在幼儿园分享。

（金　菁）

详案三

活动名称：歌唱活动：先有啥（文化）

作品分析：

《先有啥》是一首曲调诙谐的歌曲，短小有趣，适于小班幼儿倾听和演唱。歌曲的歌词内容简单易懂，具有明显的重复特点，结合小班幼儿善于模仿的年龄特点，通过本次活动帮助幼儿感受歌曲的趣味性，体验在游戏中歌唱的快乐。

活动目标：

1. 感受歌曲诙谐有趣的音乐风格。

2. 通过游戏熟悉歌词，能合着节拍较准确地演唱歌曲。

3. 体验在音乐中游戏的快乐。

活动准备：

经验准备：幼儿在过渡环节中玩过游戏"先有啥"。

物质准备：钢琴伴奏、图谱。

活动过程：

开始部分：

（1）幼儿在钢琴伴奏《小星星》中搬好小椅子，唱《问好曲》。

$$1=C-E\ \frac{2}{4} \quad \overline{1\ 2\ 3\ 4}\ |\ 5 \quad - \quad |\ \overline{5\ 4\ 3\ 2}\ |\ 1\ - \ \|$$

　　　　　　 师：小朋友们 好！　　　　幼：X 老师您 好！

（2）发声练习：

$$1=C-E\ \frac{2}{4} \quad \overline{1\ 2\ 3\ 4}\ |\ 5 \quad - \quad |\ \overline{5\ 4\ 3\ 2}\ |\ 1\ - \ |$$

　　　　　　 小猫怎么 叫？　　　　　喵喵喵喵 喵

　　　　（小狗、小羊、小鸡、小鸭、青蛙……）

　　教师根据幼儿的声音状态适当提示与鼓励，如"把声音再开大一点点""你们的声音真好听""嘴巴张得圆圆的"，鼓励幼儿用自然饱满的声音来演唱歌曲。

基本部分：

（1）回顾儿歌游戏，完整欣赏歌曲。（第一遍音乐）

教师：你们还记得儿歌游戏"先有啥"怎么玩吗？

教师慢速说语词，与幼儿一起做动作复习歌词。

动作说明：

先有啥——两手摊开，肩膀微耸两下

是小鸡——两手食指拇指一起比三角形放在胸前

还是蛋——两手手臂举过头顶比成蛋形

先有啥，是蛋还是小鸡——同上一句，蛋形与三角形互换顺序

母鸡生下蛋——两手在身体两侧上下扇动再变成蛋形

蛋又孵出小鸡——蛋形变三角形

先有啥，是小鸡还是蛋——动作同第一句

教师：其实这还是一首歌，你们听一听它是怎么唱的。

教师清唱歌曲并做动作。

（2）通过拼图游戏熟悉歌词和旋律。（第二至第四遍音乐）

教师出示贴在黑板背面的拼图（拼图已经摆好第一行和第一列），示意图如下，图形上的彩色圆点为错误控制，教师讲解拼图规则。

教师：我这里有一个小拼图，每一行都有一个颜色标志，一会儿我们一边唱这首歌，一边请你来摆拼图，按照颜色提示来摆。

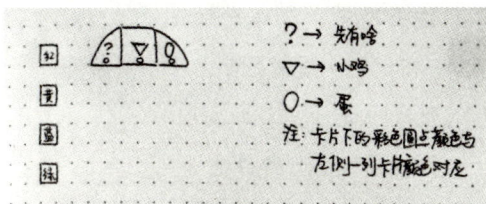

《先有啥》歌词拼图1

教师范唱，幼儿跟随唱，直至拼图拼完。

教师：拼图摆好了，你们发现上面有什么图？它代表什么呢？（问号代表"先有啥"；倒三角代表小鸡；椭圆形代表蛋）你能按照歌里唱的顺序来摆一摆吗？

（3）教师与幼儿共同慢速演唱歌曲，邀请没有摆拼图的小朋友调整拼图。（第五遍和第六遍音乐）

教师带领幼儿边唱边检查歌词的顺序，进行调整。完成调整后，发现变成了蛋的形状。

（4）教师钢琴伴奏，请幼儿一起看图谱演唱歌曲。（第七遍音乐）

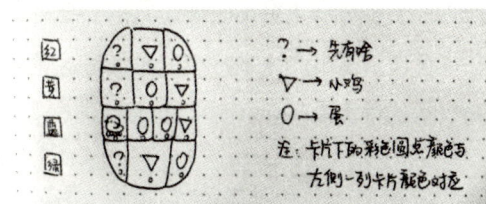

《先有啥》歌词拼图2

结束部分：

邀请小朋友上台演唱歌曲，试一试不看图谱能不能唱出来。（第八遍音乐）

活动评价：

1. 听声音判断幼儿能否合着节拍较准确地演唱歌曲。

2. 观察幼儿的表情判断其是否体验到音乐游戏的快乐。

活动延伸与拓展：

幼儿可以在之后的活动中尝试用问答式的轮唱方法演唱歌曲。

（许可艺）

详案四

活动名称：小蚂蚁运粮食（自我、自然）

活动目标：

1. 愿意尝试多种运粮食的方法，体验人对物体的作用方式。（推、拉等）

2. 锻炼上肢力量及身体协调性。

3. 体验帮助他人的快乐。

活动准备：

经验准备：有玩球、轮胎、跳袋的经验。

物质准备：热身音乐、放松音乐、轮胎、箱子、跳袋、小球（当作小蚂蚁的粮食）、即时贴小蚂蚁图案、小松鼠头饰。

活动过程：

开始部分：热身游戏

教师和幼儿贴上即时贴小蚂蚁图案，扮演小蚂蚁。

教师：小朋友们快看看，我是谁呀？（蚂蚁妈妈）现在蚂蚁妈妈要带着蚂蚁宝宝去做游戏啦。

教师播放热身音乐，带幼儿做热身游戏。

教师：我们玩了这么久，需要去找一些食物，把食物运回家里大家一起吃。

基本部分：幼儿扮演小蚂蚁用各种办法搬运粮食

（1）鼓励幼儿用身体的各部位尝试运粮食。（用手推、用脚踢等）

教师：小蚂蚁快来呀！妈妈发现这里有很多粮食，快把它们运回家吧！看看哪只小蚂蚁运的粮食最多。

幼儿自主选择用抱、手推、脚踢等方式将"粮食"（小球）运回家。

教师：小蚂蚁太棒啦！把所有的粮食都运完了，你们刚刚用了什么方法运粮食呀？（请幼儿分享）

小结：有的小蚂蚁是抱着粮食跑的，有的是用脚踢的，有的是用手推的……

（2）尝试借助轮胎、箱子、跳袋等工具材料通过推、拉等方式运"粮食"。

小松鼠（助理教师扮演）：咚咚咚，有人在家吗？请问你们能帮我运一下粮食吗？

蚂蚁妈妈（教师扮演）：小松鼠需要我们的帮助，我们一起帮帮它吧！

小松鼠：我有一些运粮食的工具"轮胎小车""小箱子""跳袋"……小蚂蚁们可以用这些工具把粮食送到我的家哦。

幼儿自由选择工具运送"粮食"，教师观察幼儿是否遇到困难。

教师：小蚂蚁们帮小松鼠把粮食运回了家，你们都用了什么方法？有没有遇到困难？

幼儿分享经验，师幼共同小结：有的小蚂蚁是推着走的，有的是拉着的；轮胎、纸箱里不能放太多的食物，不然会掉出来。

小松鼠：谢谢小蚂蚁帮我把粮食运回家！

（根据幼儿兴趣和实际运动量，决定是否继续增加小动物角色进行游戏）

结束部分：放松活动

教师：小蚂蚁们特别棒，运了很多粮食，都有些累了。让我们一起来放松一下吧。

教师播放音乐，幼儿自己以及相互捏捏胳膊、小腿、拍拍肩膀等，进行身体放松。

相关经验：

社会：同伴互助、合作、模仿学习。

活动评价：

1. 通过观察幼儿运粮食的过程，了解幼儿身体动作的协调性。

2. 观察幼儿是否尝试多种运粮方法，并通过幼儿的表情、动作、语言等了解幼儿是否体验到游戏的快乐。

活动延伸与扩展：

增加粮食的重量、体积，增加运粮食的难度；同时可以拓展游戏的趣味性，丰富情境等。

资源利用：

可以结合大型活动开展此游戏，如运动会、亲子游园，或结合运动健康日的区域体育游戏等。

（罗　浩）

十、6月目标与内容

（一）6月目标与周活动安排

1. 6月目标

（1）自我

①愿意与成人聊天，能互动回应，表达自己的想法。

②基本适应一日生活环节之间的转换，对活动转换的提示有积极的反应。

③知道离开集体时，要得到老师的允许。

④在走的游戏中，平稳地控制身体，保持身体的平衡。

⑤能坚持做完一件事或一个活动，感受独立做事的快乐和满足。

⑥能经常和爸爸妈妈交流，愿意和爸爸妈妈讲述自己在幼儿园的事。

⑦知道自己生活在北京，初步了解北京的著名建筑、特色小吃等。

（2）自然

①感知夏季的特征，以及下雨、打雷等自然现象，知道打雷下雨时减少外出。

②感受夏季动植物的多样性，喜欢观察，初步体会夏季与人们生活的关系（吃、穿、住、行）。

③喜欢玩沙、水，初步感知沙和水的特征。

④下雨后在老师的带领下，幼儿寻找蜗牛、蚯蚓等小动物，观察它们的外形特征，并在老师的引导下初步了解它们的生活习性，爱护小动物。

⑤喜欢操作纸、笔、颜料、泥、线等各种工具和材料，掌握它们的用途和使用方法。

（3）社会

①能说出自己家的地址，知道附近有哪些公共交通方式。

②认识常见交通标志，初步了解交通标志的意义。

③在提醒下，能遵守公共场所的规则。

④知道简单的对错，知道哪些是好的行为。

⑤认识经常接触的成人，感受他们对自己的爱，初步懂得尊重、感谢为自己服务的人。

（4）文化

①知道端午节，在参与活动的过程中初步感受端午节的文化习俗。

②喜欢听故事、说儿歌、看图画书并理解其大意，爱护图书。

③对生活中的各种声音感兴趣，尝试探索身体、自然界和乐器发出的声响，初步感知对比鲜明的强弱、高低、快慢，并从中获得美的感受。

④能通过命名、讲述等方法选择自己喜欢的颜色进行大胆的表现。

⑤有参与戏剧性表演活动的初步愿望，愿意观察、模仿与表现感兴趣的人和动物的动作和表情，并尝试加入自己的想象与创造。

2. 6月周活动安排

周次	活动名称	活动目标	发展课程中的领域	对应的五大领域	备注
第一周	能干的牙齿	1. 初步了解切牙和磨牙的功能。 2. 能用磨牙咀嚼食物，具有良好的进餐习惯。	自我	健康	
	好玩的水画	1. 能用海绵制成的吸水"笔"在室外（地上或墙上）作画。 2. 感知太阳晒过之后水画的变化。	自然文化	科学艺术	
	端午节	1. 初步了解端午节的习俗。 2. 喜欢和小朋友、老师一起玩玩，尝尝，看看，感受节日的快乐。	文化	社会	
	诗歌《要下雨了》	1. 理解诗歌内容。 2. 学习分角色朗诵诗歌。	文化	语言	

续表

周次	活动名称	活动目标	发展课程中的领域	对应的五大领域	备注
第一周	什么乐器在唱歌	1. 认识常见的乐器及外形特征。 2. 了解它们的演奏方法。	文化	艺术	
第二周	我的家在北京	1. 能说出自己家所在的小区名称。 2. 结合生活经验、图片、视频等，了解北京的特色（小吃、建筑等）。	自我 社会	社会	
	玩沙真有趣	1. 喜欢玩沙，初步感知沙的特性。 2. 知道不用脏手揉眼睛。	自我 自然	科学 健康	
	有趣的混色游戏	1. 认识三原色，喜欢玩混色游戏。 2. 通过玩色感知色彩混合的变化规律，体验探究的乐趣。	自然 文化	艺术 科学	详案一
	诗歌《滴答滴答》	1. 理解诗歌大意，能复述一部分。 2. 感知下雨的现象，获得美的感受。	文化	语言	诗歌见附录
	故事《蛤蟆吃西瓜》	1. 能认真倾听故事，感受幽默有趣的故事情节。 2. 初步体会蛤蟆爱动脑筋的形象特点及与同伴分享的快乐。	文化	语言	
第三周	收集线	1. 认识收集到的各种各样的线，感受线的多样性和典型特征。 2. 在观察、触摸的基础上能将收集的线进行分类和排序。 3. 初步体会线在人们生活中的重要作用。	自然	科学	详案二
	交通标志	1. 认识常见的交通标志，了解相关交通规则。 2. 知道从家到幼儿园的出行方式。	社会	社会	
	阅读《我爸爸》	1. 通过观察夸张、变形的画面，了解爸爸的本领。 2. 理解图画书内容，结合生活经验感受爸爸对自己的爱。	自我 文化	社会 语言	
	画爸爸	1. 能用简单的线条画出爸爸的外部轮廓。 2. 通过介绍作品，激发对爸爸的爱。	自我 文化	社会 艺术	

续表

周次	活动名称	活动目标	发展课程中的领域	对应的五大领域	备注
第三周	打击乐《萤火虫》	1. 用多种方式感受乐曲的固定节拍。 2. 模仿学习轻轻敲击撞钟的方法，尝试跟随固定节拍为乐曲伴奏。 3. 体验为歌曲伴奏的快乐。	文化	艺术	详案三
第四周	大脚娃娃	1. 在走的游戏中，能平稳地控制自己的身体。 2. 体验运动游戏的乐趣。	自我	健康	
	观察蜗牛或蚯蚓	1. 观察雨后的蜗牛或蚯蚓，了解其形态特征。 2. 能够在活动中爱护小动物。	自然	科学	
	儿歌《蜗牛变变变》	1. 理解儿歌内容，能替换儿歌中的食物和颜色进行仿编。 2. 体验仿编儿歌的乐趣和成就感。	文化	语言	详案四
	阅读《黄雨伞》	1. 喜欢观察画面，在配乐的衬托下理解故事情节。 2. 感受画面呈现的优美意境。	文化	语言	
	折纸：知了	1. 初步了解知了的外形特征。 2. 学习对角折、对边折的方法。	自然 文化	科学 艺术	

（二）6月活动详案

详案一

活动名称：有趣的混色游戏（自然、文化）

活动目标：

1. 认识三原色，喜欢玩混色游戏。

2. 通过玩混色感知色彩混合的变化规律，体验探究的乐趣。

活动准备：

经验准备：认识三原色，熟悉图画书《颜色的战争》。

物质准备：水粉颜料（三原色）、笔刷、大白纸、图画书《颜色的战争》、罩衣、涮笔筒、抹布。

活动过程：

开始部分：回忆《颜色的战争》故事内容

教师：小朋友还记得《颜色的战争》这本书讲的是什么故事吗？

教师：哪些颜色碰到一起就会出现一种新的颜色呢？

教师：我们今天也来玩这样的变色游戏。

请幼儿互相帮忙穿罩衣。

基本部分：在游戏中感知三原色两两混合的变化规律

（1）击掌变色游戏——单色混合。

教师：今天我们来玩一个"击掌变色"的游戏，你们想怎么玩？（鼓励幼儿表达自己的想法）

指导要点：击掌游戏就是在手掌上涂好颜色，两个不同颜色的手掌击掌出现新颜色。幼儿在一只手掌上涂好一种颜色后，先在一张大白纸上印手印，记录原始颜色；然后和好朋友击掌（也可以在自己另一只手涂不同的颜色，两只手击掌），击掌时要停一会，搓几下；击掌变色后再印到纸上，做一个变色的记录。

教师引导幼儿观察，说一说发现了什么。（两种颜色混合可以变出新的颜色：红色+黄色=橘色；红色+蓝色=紫色；黄色+蓝色=绿色）

（2）刷刷涂涂玩色——多色混合。

教师：我们的故事书中最后还变出一种什么颜色？

教师：今天我们像故事书中一样来在白纸上玩一次颜色，每个人可以扮演一种颜色，你想扮演什么颜色？

指导要点：准备好涮笔筒和清水，提醒幼儿混色后，再蘸颜料前要洗笔。

结束部分：展示幼儿混色游戏后的作品，巩固混色基本原理

教师：我们一起来看看击掌游戏中，我们发现了什么新的颜色。

教师：它们是怎么产生的？

教师：在刷刷涂涂游戏中，所有颜色混在一起发生了什么变化？

相关经验：

文化（美术）：认识红、黄、蓝、橙、绿、紫、棕等多种颜色。

活动评价：

1. 观察幼儿是否积极参与玩色游戏。

2. 幼儿是否能说出混色后出现的新颜色，对混色变化有关注。

活动延伸与扩展：

可以把混色游戏材料投放到区域活动中，让幼儿继续探索。

（王晓晔）

详案二

活动名称：收集线（自然）

活动目标：

1. 认识收集到的各种各样的线，感受线的多样性和典型特征。

2. 在观察、触摸的基础上能将收集的线进行分类和排序。

3. 初步体会线在人们生活中的重要作用。

活动准备：

经验准备：能区分物品的粗细、软硬等特征。

物质准备：幼儿和教师提前收集好的电话线、毛线、棉线、绳线、网线等。

活动过程：

开始部分：幼儿观察、认识收集到的线

教师：小朋友和爸爸妈妈、老师收集到许多线，我们一起来看看都是什么线。谁来介绍一下自己带来的线？

幼儿依次介绍带来的电话线、电源线、毛线、网线、棉线等。

基本部分：对线进行分类排序

教师：我们的生活离不开各种各样的线，有用于电器上的线，也有我们制作衣服用的线。小朋友带来这么多线，我们一起看一看、摸一摸，这些线是一样的吗？（不一样）

（1）幼儿人手一份材料，进行分类。

教师：现在请小朋友试一试给这些线分分类。

幼儿操作，教师观察。

请幼儿介绍他们是如何进行分类的。

（2）幼儿人手一份材料，进行排序。

教师：刚才我们将线分了类，我们再来给它们排排队。

幼儿操作，教师观察。

请幼儿分享介绍他们是如何排序的。

结束部分：鼓励幼儿在区域中继续探究

教师：老师把这些线放在益智区里，小朋友们可以在区域活动的时候继续分类和排序。

相关经验：

文化（语言）：用语言描述自己对线的感知和了解。

活动评价：

1. 根据幼儿的语言描述，了解幼儿是否感知到线的典型特征。

2. 观察幼儿是否能根据线的典型特征（长短、粗细、软硬）对其进行分类、排序。

活动延伸与扩展：

1. 将幼儿收集来的各种线放在益智区，进行分类、排序。

2. 放在美工区用于美术创作活动。

资源利用：

请幼儿在家收集生活中的线。

（滕　瑾）

详案三

活动名称：打击乐《萤火虫》（文化）

作品分析：

《萤火虫》是一首风格温馨、曲调温柔的歌曲，速度较缓慢，歌词内容简单易懂，旋律具有明显的固定节拍特点，适合小班幼儿体验敲击撞钟为乐曲伴奏。

活动目标：

1. 用多种方式感受乐曲的固定节拍。

2. 模仿学习轻轻敲击撞钟的方法，尝试跟随固定节拍为乐曲伴奏。

3. 体验为歌曲伴奏的快乐。

活动准备：

经验准备：幼儿学习过演唱歌曲《萤火虫》。

物质准备：音乐《萤火虫》，撞钟，纱巾。

活动过程：

开始部分：

（1）幼儿在钢琴伴奏《小星星》中搬好小椅子，与教师问好，进行简单的发声练习。

①问好曲。

$$1=C\text{-}E \quad \frac{2}{4} \qquad \underline{1\ 2}\ \underline{3\ 4}\ |\ 5\ -\ |\ \underline{5\ 4}\ \underline{3\ 2}\ |\ 1\ -\ \|$$

师： 小朋友们　好！　　　幼： X 老师您　好！

②发声练习：

$$1=C\text{-}E \quad \frac{2}{4} \qquad \underline{1\ 2}\ \underline{3\ 4}\ |\ 5\ -\ |\ \underline{5\ 4}\ \underline{3\ 2}\ |\ 1\ -\ \|$$

小猫怎么　叫？　　　喵喵喵喵　喵

（小狗、小羊、小鸡、小鸭、青蛙……）

教师根据幼儿的声音状态适当提示与鼓励，例如，把声音再开大一点点；你们的声音真好听，嘴巴张得圆圆的。

（2）复习歌曲。（第一遍音乐）

教师：你还记得我们学习的歌曲《萤火虫》吗？请你唱出这首歌，听到你的声音时，老师会把小纱巾轻轻放在你的头顶。戴上纱巾多美呀，我们把手放在身体两边，像小歌手一样美美的。

基本部分：

（1）用多种方式感受乐曲的固定节拍。（第二至第四遍音乐）

教师和幼儿每人一块纱巾盖在头上。教师清唱歌曲一遍，边演唱边掀起纱巾，和幼儿一起感受固定节拍。

教师：现在请你轻轻起立，和小纱巾一起跟着音乐跳个舞吧。

动作说明：音乐强拍掀起纱巾，弱拍放下纱巾。

教师：刚才小纱巾和你们玩得真开心，请你变个小话筒（把纱巾卷起握在手中），这次我们专心地唱歌，让小话筒把你的声音传出来喔。

（2）模仿学习轻轻敲击撞钟的方法，尝试跟随固定节拍为乐曲伴奏。（第五遍音乐）

教师：你们的歌声真动听啊！小撞钟听了好想给你们伴奏。请你们一个跟着一个把小纱巾送回小筐，拿起一对撞钟回到座位，轻轻地，让我发现不了小撞钟已经走了。

取放乐器常规：幼儿有序、轻声取放乐器。

认识撞钟，模仿学习正确的使用方法。

教师：这是撞钟，拿的时候，双手握住手柄，竖着拿好小撞钟，两个小撞钟轻轻碰一下。

尝试用固定拍为乐曲伴奏。

教师用动作带动幼儿跟随固定拍演奏，强拍重一点，弱拍轻一点。

幼儿分两组，一组演唱，一组为同伴伴奏。（第六遍和第七遍音乐）

教师：请唱歌的一组，拿起一个撞钟当小话筒，伴奏的小朋友跟着音乐为他们伴奏。

两组交换进行。

结束部分：

幼儿一边唱歌一边有序地一个跟着一个送乐器。（第八遍音乐）

活动评价：

1. 观察幼儿能否模仿学习轻轻敲击撞钟的方法。

2. 倾听幼儿能否跟随固定节拍为乐曲伴奏。

活动延伸与拓展：

幼儿可以在之后的活动中尝试用小手鼓和撞钟共同为歌曲伴奏。

（许可艺）

详案四

活动名称：儿歌《蜗牛变变变》（文化）

活动目标：

1. 理解儿歌内容，能替换儿歌中的食物和颜色进行仿编。

2. 体验仿编儿歌的乐趣和成就感。

活动准备：

经验准备：能说出常见水果、蔬菜的名称以及颜色。

物质准备：自制课件，自制透明蜗牛图片若干（一个大的，幼儿每人一个小的），常见水果、蔬菜（黄瓜、香蕉、苹果、葡萄等）的彩色图片若干。

活动过程：

开始部分：通过自制课件引出儿歌

教师播放课件，引导幼儿观察动画内容。

教师：小朋友们看一看这是谁？它在做什么？（小蜗牛，爬向草莓）

教师带领幼儿跟着动画说出儿歌《蜗牛变变变》。

基本部分：通过替换儿歌中的词语进行仿编

（1）引导幼儿重点关注儿歌中可以替换的食物和颜色。

教师：小蜗牛为什么变成红色了呀？为什么吃了草莓就变成红色了？

小结：因为蜗牛吃掉的草莓是红色的，所以变成了红蜗牛。

（2）教师操作教具，引导幼儿跟随教师仿编儿歌。

教师：今天我把这只小蜗牛请到班里来和大家做游戏，蜗牛特别爱吃水果和蔬菜，你们看一看蜗牛吃完每一种水果蔬菜会变成什么样？

教师一边操作教具，一边说儿歌：蜗牛蜗牛爬爬爬，一爬爬到黄瓜上，咔吧咔吧吃掉它。

然后问小朋友：小蜗牛变成什么颜色了？（幼儿：变成绿色了）

教师继续说儿歌：变成一只绿蜗牛，高高兴兴爬回家。

（3）幼儿每人一份教具（一张透明蜗牛图片，一张彩色水果或者蔬菜的图片），边操作边尝试仿编儿歌。

教师：请小朋友看看你手里拿的是什么蔬菜或者水果。什么颜色？请你和小蜗牛做游戏，一边做一边说一说自己编的儿歌。

教师进行观察和指导。

结束部分：分组分享仿编的儿歌

教师：现在请拿苹果的小朋友出来，大家一起说一说你们编的儿歌。

再请拿葡萄、香蕉、黄瓜的幼儿依次进行分享。

相关经验：

自然：认识常见的水果蔬菜及对应的颜色。

活动评价：

1. 通过幼儿的语言表达了解幼儿是否能够进行仿编。

2. 观察幼儿的表情和活动中的专注度，了解幼儿对活动是否感兴趣。

活动延伸与扩展：

1. 将教具投放到语言区，幼儿在区域活动时可以边操作边说儿歌。

2. 可以在户外、班级植物角等引导幼儿根据看到的事物随机进行仿编。

附儿歌：

蜗牛变变变

蜗牛蜗牛爬爬爬，

一爬爬到草莓上，

咔吧咔吧吃掉它，

变成一只红蜗牛，

高高兴兴爬回家。

（王春月）

6月附录

滴答滴答

乌云飘过来了，太阳躲起来了。滴答，滴答，下雨啦！

宝宝穿上红雨鞋，撑开绿雨伞，踢踏，踢踏，去赏雨。

宝宝伸出小手，和小雨点握握手。喔，小雨点是凉凉的呀！

柳枝随着风儿，在雨中飘呀飘；蝴蝶收起美丽的翅膀，在花瓣下躲雨。

咦，一只小猫来了，小猫是来赏雨的吗？

小雨点落入池塘里，在池塘里画圆圈：一个圆圈，两个圆圈，三个圆圈……噢，小雨点画了那么多的圆圈，数也数不清！

滴答，滴答，滴——答，雨——停——啦！啊，快看哪！那是什么呢？

那是彩虹呀！多么美丽的下雨天呀！

（选自：王文心：《滴答，滴答》，载《婴儿画报》，2003（11）下。）

十一、7月目标与内容

（一）7月目标与周活动安排

1. 7月目标

（1）自我

①愿意与成人、同伴交流自己的想法与要求。

②能耐心等待，在轮流使用玩教具时不着急、不发脾气。

③能够独立进餐、喝水、穿脱衣物等，自己能做的事情愿意自己做。

④在攀爬的游戏中，能平稳地控制身体，保持身体的平衡。

⑤知道出现刺耳的声音要捂耳朵，不对着别人的耳朵大叫。

⑥愿意当老师的小助手，感受劳动的快乐。

⑦喜欢来幼儿园，喜欢老师和同伴，基本适应幼儿园集体生活。

⑧家长讲话时能认真听，和家长形成信赖关系。

（2）自然

①进一步感知夏季的特征，通过观察动植物的变化、亲身体验等感知炎热的天气与人们生活的关系。

②喜欢、爱护小动物。

③感知沙、水、石的特性，在用不同容器（碗、杯子、桶等）反复操作的过程中体验简单的量的特征。

④通过感知、操作比较2～3个物体间显著的差异，如大小、长短、薄厚等。

⑤能按物体的某一特征进行分类，喜欢操作、摆弄成对的物体。

（3）社会

①认识从家到幼儿园的路，熟悉幼儿园周围的环境。

②知道简单的交通规则，在成人的引导下能遵守交通规则。

③初步学习人际交往的方法，有经常一起玩的同伴。

（4）文化

①结合季节或主题活动欣赏相关的童谣、故事、诗歌，愿意跟读韵律感强的儿童文学作品，感受文学作品的美。

②喜欢在生活中、游戏中模仿事物的形象和动态。

③能跟着音乐做律动，即兴表演，并享受自我表现的乐趣。

④喜欢操作熟悉的美术工具和材料，并能够运用多种材料进行美术表现。

2. 7月周活动安排

本月建议开展的活动主题：沙和水主题。

周次	活动名称	活动目标	发展课程中的领域	对应的五大领域	备注
第一周	【沙和水主题】好玩的沙	1. 初步感知沙松散、流动的特性。 2. 在用各种容器玩沙过程中体验量的特征。 3. 体验玩沙的乐趣。	自然	科学	
	【沙和水主题】沙子的秘密	1. 初步感知沙轻、细小、不溶于水等特性。 2. 能认真观察，感知和比较干沙与湿沙的不同。 3. 体验探究和发现的乐趣。	自然	科学	详案一
	【沙和水主题】好玩的水	1. 在游戏活动中，对水产生兴趣和探究的愿望。 2. 使用各种容器、工具玩水，感受水的特性。 3. 了解水对人和动植物的作用，萌发节约用水的意识。	自然	科学	
	美术欣赏《可爱的蓝色巴士》	1. 欣赏作品生动有趣的画面。 2. 能用动作、语言表达自己对作品的感受。	文化	艺术	贝勒兹马利哥作品
第二周	【沙和水主题】运水	1. 尝试徒手以及使用工具运水，体会水的流动性。 2. 在用各种工具运水的过程中体验量的特征。 3. 能够用较准确的语言表达自己的感受与体会。	自然	科学	
	【沙和水主题】谁能把水吸上来	1. 学习运用猜测、观察、记录等方法进行探索活动。 2. 体验探究的乐趣和成就感。	自然	科学	
	儿歌《伞儿伞儿撑起来》	1. 结合图片理解儿歌内容，学说儿歌。 2. 能够听指令做出相应的反应。	文化	语言	详案二
	好大的西瓜	1. 尝试运用蜡笔、水粉、手指点画等方式表现西瓜。 2. 初步感知两种材料不相融的特点，感受色彩的表现力。	文化	艺术	

续表

周次	活动名称	活动目标	发展课程中的领域	对应的五大领域	备注
第三周	小猴子上树	1. 学习攀登的方法，能在高1.5米左右的攀登架上爬上爬下，控制身体的平衡。 2. 知道攀登时保护自己和他人安全的方法，增强自我保护意识。	自我	健康	
	怎样才能凉快	1. 知道让身体凉快的方法。 2. 了解常见生活用品和人之间的关系。	自然 社会	健康 社会	
	还有谁要上车	1. 能理解故事大意，并学说重复性的话。 2. 愿意扮演故事中的角色进行游戏，体验共同游戏的乐趣。	文化	语言	详案三
第四周	意愿画 《我要上中班了》	1. 知道自己长大了，马上要成为中班小朋友。 2. 有学习新本领的愿望和信心，有自豪感。 3. 能用自己喜欢的绘画工具和方式进行创作。	社会 文化	社会 艺术	
	XX的鞋店	1. 能按物体的某一类特征分类。 2. 喜欢操作、摆弄成对的物体。	自然	科学	
	传话游戏	1. 能准确地听话并传达。 2. 感受集体游戏的快乐。	文化 社会	语言 社会	
	我说你做	1. 能够注意倾听他人讲话，并能做出相应反应。 2. 愿意与同伴互动，一起游戏。	社会 文化	社会 语言	
	石头变变变	1. 探究石头，感受石头的特征。 2. 尝试用喜欢的材料装饰石头。	自然 文化	科学 艺术	

（二）7月活动详案

详案一

活动名称：沙子的秘密（自然）

活动目标：

1. 初步感知沙轻、细小、不溶于水等特性。

2. 能认真观察，感知和比较干沙与湿沙的不同。

3. 体验探究和发现的乐趣。

活动准备：

经验准备：有玩沙的经历。

物质准备：玩沙工具一筐、水若干桶、吸管若干。

活动过程：

开始部分：通过"沙子宝宝的秘密"话题引出活动

教师：今天我们要和沙子宝宝交朋友。沙子宝宝和知道它秘密的小朋友玩得最开心。我们赶快一起去找沙子宝宝的秘密吧。

基本部分：借助各种工具探索、感知沙的特性

（1）借助工具玩沙，多感官接触、感受沙的特性。

用沙漏斗分离出小石子和细沙，并通过触摸、抓捏感受和体验沙细小的特点。

用吸管吹一吹干沙，体验沙轻的特点。

把筛出的细沙倒入水桶中，通过观察和搅拌了解沙不溶于水的特点。

指导重点：第一，引导幼儿积极参与活动，交流自己发现的沙子的秘密。第二，幼儿在玩沙的时候不要把沙子拿来扔，避免沙子飞到眼睛、鼻子、耳朵里，不用脏手揉眼睛。

（2）再次玩沙，感知干沙与湿沙的区别。

引导幼儿用水把沙浇湿，观察沙子遇水后的变化，用手分别捏一捏干沙和湿沙，感知它们不同的特点。（干沙轻，颜色浅，不易捏合；湿沙重，颜色深，易捏合）

（3）幼儿自由玩沙，体验干沙和湿沙的任意造型。

幼儿自由玩沙，用干沙和湿沙任意造型，发现湿沙易造型的特点。

结束部分：简单交流，收拾整理

鼓励幼儿说一说今天发现了沙子的哪些秘密以及玩沙的感受。

教师带领幼儿边说儿歌边将工具送回。"小水桶小水桶（替换不同的工具）爱游戏，快快藏起来，藏到什么地方去？藏回家里去！"

送完工具的幼儿到水池边，在老师指导下清洗小手小脚，穿好鞋袜。

相关经验：

自我：在玩沙的过程中能注意卫生安全。

文化（语言）：能用比较清楚连贯的语言分享自己的发现。

活动评价：

1. 观察幼儿是否参与到活动中，状态是否积极、快乐。

2. 根据幼儿的语言回应和探索方式，判断幼儿是否感受到了沙子的特性。

活动延伸与扩展：

户外活动时可以继续玩沙，进一步感知沙的特性，满足玩沙的兴趣。

（官建丽）

详案二

活动名称：儿歌《伞儿伞儿撑起来》（文化）

活动目标：

1. 结合图片理解儿歌内容，学说儿歌。

2. 能够听指令做出相应的反应。

活动准备：

经验准备：了解部分动物的行走方式。

物质准备：小兔、乌龟、青蛙等动物图片若干，雨伞一把。

活动过程：

开始部分：模仿小动物走路的样子

（1）引导幼儿模仿小动物走路的样子，激发学习兴趣。

教师：你喜欢哪些小动物？它们是怎样走路的？谁能来学一学？

鼓励幼儿模仿自己喜欢的小动物走路的样子。

教师：小兔（小青蛙、小袋鼠）是怎样行走的？

鼓励幼儿模仿小动物跳的样子。

教师：我们可以把这些会跳的动物叫"跳跳朋友"。

（2）引导幼儿说出有哪些动物是"跳跳朋友""飞飞朋友""爬爬朋友"。

基本部分：观察图片，学说儿歌

（1）教师引导幼儿顺序看图，逐句学说儿歌。

教师：小动物们玩得正高兴，突然天上发出了轰隆轰隆的声音，谁知道怎么了？

引导幼儿回答：轰隆轰隆打雷了。

教师：现在天气有什么变化？下雨的声音是什么样的？

引导幼儿回答：哗啦哗啦下雨了。

教师：下雨了我们可以怎么办？我们有了雨伞可以请谁来躲雨？

引导幼儿回答：伞儿伞儿撑起来，跳跳朋友请进来。

（2）引导幼儿再次观看图片，尝试完整朗诵儿歌。

（3）替换躲雨的小动物，引导幼儿朗诵儿歌。

教师：除了有"跳跳朋友"还可以请什么样的动物朋友到伞里来躲雨？

引导幼儿尝试替换小动物，完整地说出儿歌内容。

结束部分：幼儿扮演小动物，边做游戏边说儿歌

请幼儿自由选择扮演不同的动物朋友，做出相应动作。

师生一起说儿歌，当说到"伞儿伞儿撑起来"时，教师撑起雨伞，同时按儿歌句式向幼儿发出指令。如：教师给出指令"飞飞朋友请进来"，幼儿做出飞的动作，躲进伞中。

相关经验：

自然：了解动物的行走方式各不相同。

活动评价：

1. 通过幼儿的语言判断其是否能较连贯地朗诵儿歌。

2. 观察幼儿听到老师指令后的行为，判断其是否能听指令做出相应反应。

活动延伸与扩展：

教师可将儿歌中的动物朋友变换不同角色，或根据某种事物的属性（如：衣服颜色）等再次进行游戏，拓展幼儿的生活经验，巩固、加深幼儿对儿歌结构的整体印象。

附儿歌：

伞儿伞儿撑起来

轰隆轰隆打雷了，

哗啦哗啦下雨了，

伞儿伞儿撑起来，

跳跳朋友请进来。

（杨　曦）

详案三

活动名称：还有谁要上车（文化）

活动目标：

1. 能理解故事大意，并学说重复性的话。

2. 愿意扮演故事中的角色进行游戏，体验共同游戏的乐趣。

活动准备：

经验准备：会唱儿歌《火车开了》。

物质准备：小熊头饰一个，小兔子、小青蛙、小猪、小羊、小乌龟、小狗等动物头饰若干，小兔子、小青蛙、小猪、小羊、小乌龟、小狗、小熊等动物玩偶各一个，音乐《火车开了》，自制方向盘。

活动过程：

开始部分：听音乐开始活动

教师播放儿歌《火车开了》，请幼儿跟随音乐找到座位。

基本部分：幼儿听故事并学说重复性的话

（1）教师第一次讲述故事，并通过提问引导幼儿理解故事内容。

教师：故事里有哪些小动物？小动物们在做什么事？它们坐车高兴吗？你怎么知道的？你来学一学这个表情吧。

（2）师幼共同讲故事，引导幼儿学说重复性的话："等一等，我的朋友XX要上车。"

教师讲述，讲到小兔子对司机说："等一等，我的朋友……"，让幼儿说出"小青蛙要上车"。

教师讲述，讲到小青蛙对司机说："等一等……"，让幼儿说出"我的朋友小猪要上车"。逐步引导幼儿学说完整的重复性的话。

结束部分：扮演小动物进行游戏

一名教师扮演司机（小熊），一名教师扮演小兔子，幼儿戴头饰扮演不同的小动物。教师通过语言、表情与动作引导幼儿进行角色扮演。

教师提问：小兔子邀请谁上车了？它是怎么说的？小兔子邀请的时候，表情是怎么样的？小青蛙邀请谁上车了？它是怎么说的？（扮演小青蛙的幼儿，邀请戴小猪头饰的幼儿。教师注意引导幼儿做挥手动作和表情）

等所有的"小动物"上车后，扮演司机的教师说："大家快坐好，我们开车去游乐场了！"

在场地内开车一圈后，司机说："滴滴滴，游乐场到了，乘客们下车吧，我们下次再见！"

相关经验：

文化（语言）：在饰演小动物下车时，能使用礼貌用语：谢谢您！再见。

活动评价：

1. 通过倾听了解幼儿是否能学说重复的话。

2. 在表演环节关注幼儿的表情、参与度及主动性来判断其是否理解故事，是否愿意模仿与表现。

活动延伸与扩展：

在户外，可以由幼儿扮演包括司机在内的所有角色，继续玩此游戏。

（方　雪）

附故事

还有谁要上车

司机看看钟，开车时间到了："今天有谁要坐车？准备好就上来吧！"

小兔子来了，小兔子对司机说："等一等，我的朋友小青蛙要上车。"

小青蛙来了，小青蛙对司机说："等一等，我的朋友小猪要上车。"

小猪来了，小猪对司机说："等一等，我的朋友小羊要上车。"

小羊来了，小羊对司机说："等一等，我的朋友小乌龟要上车。"

小乌龟来了，小乌龟对司机说："等一等，我的朋友小狗要上车。"

小狗来了挤上车，司机说："大家快坐好，我们开车去游乐场了！"

嘟嘟嘟、滴滴滴、砰砰砰！

（根据李瑾伦的文字改编）

北京师范大学实验幼儿园 /主编

幼儿园管理与教师培养丛书

新手幼儿教师
课程实施手册

中班

Xinshou Youer Jiaoshi Kecheng
Shishi Shouce Zhongban

北京师范大学出版集团
BEIJING NORMAL UNIVERSITY PUBLISHING GROUP
北京师范大学出版社

图书在版编目（CIP）数据

新手幼儿教师课程实施手册．中班/北京师范大学实验幼儿园主编．—北京：北京师范大学出版社，2021.6（2023.1重印）
ISBN 978-7-303-26737-8

I. ①新… Ⅱ. ①北… Ⅲ. ①学前教育—教学参考资料 Ⅳ. ①G613

中国版本图书馆 CIP 数据核字（2021）第 011798 号

| 图 书 意 见 反 馈 | gaozhifk@bnupg.com 010-58805079 |
| 营 销 中 心 电 话 | 010-58805532 58808058 |

出版发行：北京师范大学出版社 www.bnup.com
　　　　　北京市西城区新街口外大街12-3号
　　　　　邮政编码：100088
印　　刷：保定市中画美凯印刷有限公司
经　　销：全国新华书店
开　　本：787mm×1092mm　1/16
印　　张：27
字　　数：560千字
版　　次：2021年6月第1版
印　　次：2023年1月第3次印刷
定　　价：108.00元（全三册）

策划编辑：罗佩珍　　　　责任编辑：郭　瑜
美术编辑：焦　丽　　　　装帧设计：焦　丽
责任校对：包冀萌　　　　责任印制：马　洁

编委会

丛书编委会主任：黄　珊

丛书编委会副主任：（按音序排序）

　　　　杜　军　高以华　孙秀莲　田瑞清　夏华颖　徐翠凤

　　　　徐兴芳

本书编委：（按音序排序）

　　　　丁　乐　董佑静　郭美娟　韩　丹　胡　玥　金　瑛

　　　　鞠　亮　李灵子　吕　霞　邱　守　荣柏莹　滕　瑾

　　　　王晓晔　卫　群　吴媛媛　谢红玉　熊庆华　杨　光

　　　　杨　曦　杨海燕　赵庆楠

光阴荏苒，百年有园。1915年4月16日，北京师范大学实验幼儿园的前身——北京女子师范学校附属蒙养园正式成立。在一百多年的发展中，北京师范大学实验幼儿园根植于北京师范大学百年人文沃土，广泛地吸收借鉴国内外学前教育精髓，潜心于专业研究、探索创新，成为国内著名的幼儿园，并多次向世界展示中国优质的学前教育。

重温历史，传承百年文化。百年来，北京师范大学实验幼儿园不断地传承、发展、创新，形成了厚重而独特的园所文化。首先是"蒙养百年，倡导开新"的文化理念、"以儿童为本"的教育理念以及"团结奉献、求实创新"的园风和"互敬互爱，健康成长"的园训；其次是崇尚学术和注重学习与研究的氛围以及规范的管理、科学的态度和开放的视野……一个世纪以来，北京师范大学实验幼儿园的园所文化不仅浸润、滋养了这里的教师和儿童，而且对不计其数前来学习的同行产生了巨大影响。

近十年来，国家对学前教育的发展越来越重视，出台的《国家中长期教育改革和发展规划纲要（2010—2020年）》《国务院关于当前发展学前教育的若干意见》《国务院关于加强教师队伍建设的意见》等一系列文件，让我们看到国家已将幼儿园的管理及教师队伍建设列为重要任务，对增加幼儿园数量与提高学前教育质量要求同等重视，也让我们对学前教育的未来更加充满信心。

与此同时，我们也看到在这个急速发展与变化的时代，幼儿园面临着教育需求、教育资源、教师质量、管理机制、课程改革等各方面的变化，还存在着幼儿园师资短缺、管理不到位、办学质量良莠不齐等现象，这都是办有质量的学前教育、促进幼儿健康快乐成长所面临的重要问题。

为此，我们怀着对学前教育炙热的情怀，愿为促进学前教育的优质均衡发展尽一己之力。我们集北京师范大学实验幼儿园的集体智慧，全方位梳理和总结了近些年在我园培训学习的众多同行感兴趣的内容，编纂了"幼儿园管理与教师培养丛书"，与广大同行交流分享。

本丛书内容涉及幼儿园的科学化管理、文化建设、课程建设、保教队伍建设、资源建设、环境创设以及幼儿园与家庭、社区的互动等各个方面，丛书旨在将先进的理论与我园的实践经验相结合，突出专业性、针对性、创新性和可操作性。若能为同行们在实践中提供参考与借鉴，解决在办园中遇到的一些实际问题，我们将备感欣慰。感谢北京

师范大学出版集团的大力支持和工作人员的辛勤劳动，使丛书得以呈现在大家面前。由于能力所限，有不足之处敬请提出宝贵意见。

木铎金声，悠悠绵长。2020年是北京师范大学实验幼儿园建园105周年，2022年是北京师范大学120年华诞。"幼儿园管理与教师培养丛书"也是我们献给幼儿园105周年园庆和北京师范大学120周年华诞的一份厚礼。

是为序。

黄　珊

2001年《幼儿园教育指导纲要（试行）》颁布以来，北京师范大学实验幼儿园（以下简称"我园"）在其精神指导下开始园本课程的研究和探索。"十二五"期间，我园完善了发展课程的结构（包括课程价值取向、理论基础、课程目标、课程内容、课程实施以及课程评价），明确了课程的总目标是"培养具有健康乐观（乐）、善良有爱（爱）、文明礼貌（礼）、好奇智慧（智）、诚信立美（美）等品质的儿童"，确定了具有中国特色的发展课程内容——自我、自然、社会、文化。与此同时，我园具有研究基础和丰富经验的成熟教师，也通过生活活动、区域活动、主题活动以及大型活动等途径实施发展课程，积累了丰富的优秀课程实践案例。

然而，近年来，为扩大优质教育资源的辐射面，我园陆续开办分园，新教师不断加入，教师队伍的年轻化给发展课程的有效实施带来了新的挑战。通过实践观察和问卷调查我们了解到，年轻教师（特别是教龄三年以下的新手教师）在实施发展课程的过程中遇到了一些问题，比如，如何通过具体的活动循序渐进地实现发展课程的目标？如何根据根据幼儿年龄特点制订适宜的活动目标、选择适宜的活动内容？如何书写活动计划？如何组织活动过程更有效？……老师们迫切希望能有一套课程实施手册帮助他们解决这些问题，提高他们实施课程的能力。因此，在"十三五"开局之年（2016年）我园启动了发展课程教师手册的编写工作，历时一年半编制了《北京师范大学实验幼儿园发展课程教师手册（试用版）》（包括小、中、大班共三册），2017年10月开始在全园试用。2018年7月，我园向教师征集了试用感受和意见。从教师的反馈中我们看到课程手册发挥了较好的作用。老师们说：手册的针对性、系统性强，每月活动具有层次性和递进性，能帮助他们更好地了解发展课程的体系；目标部分能帮助他们把握幼儿年龄特点，让新教师写活动计划时有了明确的目标和方向，避免了书写目标时不够准确的现象；活动详案对于他们设计活动过程有启发，其中指导语和关键提问特别好，解决了新教师不会提问的问题；主题活动部分可启迪他们融合各领域活动的思路，便于他们更容易地开展主题活动；成熟教师也可以借鉴其中的活动，还可以用其审视每个月的活动是否各领域均衡。老师们也提出了改进建议，比如：有些活动需要将目标再细化，增加优秀传统文化、数学、体育、安全教育等活动，等等。

结合教师的反馈和建议，我们进行修订，最终形成这套《新手幼儿教师课程实施手

册》，为便于使用，特做如下说明。

第一，这套手册的主要目的是帮助新手教师（教龄三年及以下）更好地实施课程，但是，教龄三年以上的教师也可将其作为实施课程的参考书，借鉴其中适合本班幼儿的课程内容。

第二，请先阅读第一部分"发展课程的价值取向与理论基础"和第二部分"发展课程的目标与内容"，以便更好地理解后面各年龄段的课程安排并规划课程。

第三，第三部分是所教年龄班的目标与活动安排。首先是年龄班的领域目标（即学年总目标），之后按月份呈现的是目标与周活动安排、活动详案及附录（有的月份没有附录则不呈现）。除去寒暑假（2月和8月），小班和中班各有10个月的目标与周活动安排，而大班因6月底毕业所以有9个月的目标与周活动安排。

第四，本手册中的"活动"是指有计划的教学活动。我们以表格的方式提供了每周可供选择的活动，列出了活动名称和目标，使用者可以根据幼儿园、班级的整体安排和本班幼儿的兴趣需要进行选择。

第五，每个活动都有对应的月目标，但有些月目标没有对应的教学活动，因为很多目标的实现并不单纯依赖于集体教学，日常生活环节、区域活动、户外活动、过渡环节都是很好的教育契机。

第六，在时间安排上活动尽量结合季节、节日、天气等因素，但使用者仍可根据实际情况调整活动开展的时间。例如，关于雪的活动，最好安排在实际下雪后开展。

第七，有些活动我们提供了详细的计划（即活动详案，在备注栏有"详案"字样），使用者可以参考详案来书写自己的活动计划。我们提供活动详案是希望授之以渔，帮助使用者举一反三，在活动组织过程中有自己的创新。

第八，北京师范大学实验幼儿园的课程是通过幼儿在园的一日活动来实施的，主要包括生活活动、区域活动、主题活动和大型活动四种类型。本手册提供的教学活动，有些与生活活动、大型活动紧密相关，有些可以在区域中开展，而有些活动是围绕一个主题，这些围绕一个主题的活动我们都在活动名称前进行了标注。新手教师可以从模仿这些主题活动开始，逐步过渡到与班级幼儿共同生成主题活动。

第九，活动中用到的部分故事、散文、歌曲等，我们在当月附录中进行了呈现。

这套手册是在《幼儿园教育指导纲要（试行）》和《3—6岁儿童学习与发展指南》的精神指导下，参考《幼儿园快乐与发展课程教师教学用书》（北京师范大学出版社）、《幼儿素质教育资源丛书：教师教育资源手册》（北京出版社）等书籍编写而成的，体现了我园发展课程"以儿童为本"的教育理念，凝聚了我园教师的课程实践经验和研究成果，希望对广大一线幼儿教师（特别是新手教师）及幼儿园课程管理人员有切实的帮助。最后，欢迎大家在使用过程中提出宝贵意见和建议，以便我们修改、完善。谢谢！

目　录

第一部分

发展课程的价值取向与理论基础

一、发展课程的价值取向

"以促进幼儿发展为根本，以提高教师素质为关键"是北京师范大学实验幼儿园园本课程的实质。一方面要促进幼儿发展。课程是幼儿园办园理念和教育目标的载体，学前儿童应该获得哪些发展和儿童能够获得怎样的发展，是对学前教育目标和功能的思考。基于幼儿教育的启蒙性、基础性、全面性，我们认为幼儿园课程应该以促进幼儿身体、认知、情感、人格的健康发展为根本。另一方面要促进教师的发展。因为教师是幼儿园教育理念的落实者、教育目标的实现者、课程的实施者，特别是在课程改革中，理念只是一种思想，需要通过教师创新性的实践才能具体化。教师是课程落实的关键，教师对课程理念的理解能力、实施能力直接影响着课程实施的效果。因此，我园将提高教师素质视为课程改革的关键，在实践中不断地通过教科研等多种途径提高教师专业素质，并以教师素质的提高推动和深化课程改革。

北京师范大学实验幼儿园发展课程的价值取向具体体现在以下几个方面。

（一）儿童是主动发展的个体，是课程的出发点和落脚点

"以儿童为本"教育理念的核心是尊重幼儿的主体性，促进其主动发展。主体性的本质内涵是指人作为主体的本质规定性，主要表现为自主性、能动性、创造性等。幼儿处于个体主体性发展的起始阶段，其主体性发展水平直接影响着以后主体性的发展。所以说，对幼儿进行主体性的培养是非常必要的。

基于北京师范大学实验幼儿园实践研究的开展，我们发现，3至6岁的幼儿都有自主学习的行为，主要包括以下三个方面：第一，幼儿能自发地在环境中与物质材料即玩教具或日常用品进行互动，他们在操作、摆弄玩具材料中发现物体本身的特征、物体之间的关系等。第二，幼儿能在自觉模仿他人中学习，比如，从模仿同伴的学习行为、模仿教师的行为中练习和巩固一些技能、经验。第三，是幼儿主动探究式的学习，即幼儿产生了新的疑问，于是主动对这个问题进行探究，他们通过亲自尝试、实验或者查找资料、寻求同伴或成人的帮助等途径来获得问题的答案，在这个过程中幼儿一直在主动地思考，同时也获得了多方面的锻炼。正是基于此，教师更加深刻地认识到幼儿是主动的

学习者，能够放手让幼儿进行自主探究学习。

因此，我们的课程必须关注幼儿的发展情况，将儿童的发展作为课程的出发点和落脚点。

（二）教育要为儿童的发展提供支持，教育要走在发展的前面

教育要走在儿童发展的前面，促进幼儿全面、充分、和谐的发展，而且这种发展应该能为幼儿将来的学习与发展奠定良好的基础，即有助于幼儿将来的可持续发展。教师必须参与到幼儿的学习过程中，以幼儿的最近发展区作为教师介入的空间。即教师的指导不仅要满足幼儿的现实需要，而且还要不断提出挑战性任务，有意识地激发、创造幼儿的学习需要，并为幼儿的学习提供支持，促使幼儿主动而有效地学习。

首先，在尊重幼儿主体性、促进幼儿主动发展方面，我们通过多种策略给予支持。

策略一：规划安全、丰富、有序、开放的物质环境。

策略二：营造平等、尊重、信任、友爱的心理环境。

策略三：引导幼儿主动与环境相互作用，积极参与教育活动。

策略四：为幼儿提供自主活动的空间与时间，让幼儿学习初步的自我管理。

策略五：选择灵活、多样的教学策略，促进幼儿主动学习。

其次，针对不同年龄阶段的幼儿，给予不同的支持策略。

适宜小班幼儿（3~4岁）的支持策略：①以活动区游戏为主要形式引导幼儿自发学习。②创设情境，运用游戏、音乐、故事等多种方式提高幼儿的学习兴趣。③积极引导幼儿运用多种感官学习。④为幼儿提供不同的方式表达自己的观察发现及想法。⑤运用具体形象的手段，如实物、图片等帮助幼儿学习理解语言、词汇。⑥日常生活中注意幼儿的随机学习，给以适时的鼓励和帮助。

适宜中班幼儿（4~5岁）的支持策略：①鼓励幼儿大胆、积极地进行探索学习。②间接地提醒、暗示幼儿如何与同伴交往，帮助幼儿理解、掌握与同伴交往的方法。③在环境中丰富材料，为幼儿提供有目的地进行探究活动的机会，以小组的形式深入指导幼儿的探究学习。④鼓励和支持幼儿用语言清晰、准确地表达学习活动。⑤提供丰富多样的活动内容和形式，帮助幼儿积累丰富的经验，培养解决问题的能力。

适宜大班幼儿（5~6岁）的支持策略：①肯定和鼓励幼儿大胆提出问题。②在活动中给幼儿充足的探究和实践机会。③鼓励幼儿之间的相互学习与合作，支持幼儿自己解决同伴交往问题。④在活动中帮助幼儿进行经验的总结、概括。⑤帮助幼儿养成良好的学习习惯，使其学会自我计划、安排学习活动。

（三）课程是教师与儿童共同建构的动态过程

北京师范大学实验幼儿园强调课程是教师与儿童共同建构的动态过程。这就意味着，课程既有计划性，又有生成性。美国幼教专家卡罗尔·科普尔在《生成课程》一书的前言中写道："生成强调了课程计划需要从班级里的儿童和成人的日常生活，特别是从儿童自己的兴趣中形成。"它提醒我们，儿童的自发性需要一个他们自由游戏和学习的空间，而课程则表明教师的存在、计划的存在。自发性和计划性是生成课程的两个侧面。在师生共同建构的课程中计划是弹性的，既让教师在规划课程时有一定的方向、目的，对接下来的活动有充分的准备，又让教师能够依据他们对儿童的了解和先前的经验考虑到儿童可能的兴趣、想法、行为等，对将要实施的课程提出种种假设，以便在课程实施的过程中教师既能够把握课程发展的方向、目的，又能灵活调整适应儿童的发展需要。

二、发展课程的理论基础

北京师范大学实验幼儿园发展课程的实践研究过程，是一个从模仿、借鉴到不断实践、不断创新的过程。在这一过程中，各种教育理论、实践方法对幼儿园的影响是深远的，对幼儿园的课程发展、教师专业指导发挥着至关重要的作用。

（一）杜威和陶行知的教育理论

杜威和陶行知在对传统的儿童教育进行批判的同时，结合本国的实际和本人的教育实践主张教学的中心由教师、课本、课堂转向儿童，主张解放儿童，教育内容与儿童生活紧密结合，儿童和教师共同参与教学过程。他们的教育理论对于改变传统意义上的"教师教，幼儿学"具有重要的意义。陶行知在杜威"教育即生活""学校即社会""从做中学"等思想的基础上，提出了"生活即教育""社会即学校""教学做合一"的教育思想，影响了北京师范大学实验幼儿园的一些理念和实践，比如，注重挖掘生活中的教育价值，教育活动生活化，关注教育活动中的师幼互动等。

（二）维果茨基的教育理论

维果茨基的高级心理机能理论和文化历史发展观不仅对苏联20世纪五六十年代的学前教育理论与实践产生了重要影响，而且对当今的心理、教育理论与实践依然具有巨大的影响。维果茨基教育理论对北京师范大学实验幼儿园的影响，一方面，体现在20世纪五六十年代全面学习苏联时期；另一方面，体现在20世纪90年代后的教育改革时期。

维果茨基理论对我国幼儿教育影响比较大的是他的最近发展区思想以及由此产生的支架教学实践。最近发展区指的是"实际的发展水平与潜在发展水平之间的差距。前者由儿童独立解决问题的能力而定，后者则是指在成人的指导下或是与能力较强的同伴合作时儿童能够解决问题的能力"。因此，教育不能只考虑儿童已经达到的水平，还要考虑他们在别人的帮助下能够达到的水平，也就是说，教育要走在发展的前面，引导发展。其中，教育对儿童的发展起到了"支架"的作用。

此外，维果茨基对游戏也提出了自己的理论："游戏为孩子创造了最近发展区。在游戏中，孩子总是表现得超越他的一般年龄，超越他的每日行动；在游戏中儿童似乎比自己高出一头。"正是基于对游戏作用的这种认识，苏联的学前教育非常重视游戏对儿童发展的作用，从20世纪50年代起这也影响到了北京师范大学实验幼儿园对游戏的重视和游戏活动在实践中的开展。

（三）以皮亚杰的认知发展理论为基础的建构主义理论

建构主义本质上是强调对人的主体价值的尊重，强调在学习过程中学习者积极主动的参与、自主学习和主动构建的重要性，以及教师在教育过程中起组织者、引导者、促进者的作用。根据建构主义理论，认知冲突是产生兴趣的深层原因，是促进幼儿认知水平发展的动力。因此，教师要激发幼儿学习中适度的认知冲突，将幼儿浅表的兴趣内化，使其逐步产生对活动过程的内在兴趣和动机，成为活动的主动参与者、探索者，从而实现儿童认知的发展。这就要求教师要了解幼儿已有的认知水平，提供的活动能引发幼儿的认知冲突，支持幼儿积极主动地建构新的认知水平。

皮亚杰的认知发展理论对我国幼儿园的影响，主要是通过高瞻课程产生的。它对在《幼儿园工作规程》颁布前后打破分科教学的单一模式、改善幼儿园的教育环境、提高幼儿学习的积极主动性等方面起到了积极的作用。这一理论及课程对北京师范大学实验幼儿园的影响是从20世纪90年代初对"幼儿和谐发展教育"的课题研究开始的，对幼儿园开放式活动区的开展、形成"儿童是主动的、有能力的学习者"的观念产生了积极的推动作用。

（四）蒙台梭利教育法

蒙台梭利教育法是一个比较完整的体系。其中，儿童观是其教育理论与实践的基础。蒙台梭利认为儿童具有天赋的"吸收性心智"和依次出现的内在需求（即各种敏感期），能够自发地、积极地吸收其周围环境中的一切印象，在适宜的环境中获得发展。因此，她提出必须为儿童提供一个"准备好的环境"，使儿童在这个环境中自由活动并能得到自由的发展。蒙台梭利强调，家长、教师、同伴和社会文化都是儿童成长的环

境。蒙台梭利对教师的作用也有不同以往的观点，她认为，教师是环境的提供者，是儿童学习的示范者、观察者、支持者和资源提供者。这些观点对于我们具有非常重要的借鉴意义，自1994年北京师范大学实验幼儿园开设蒙台梭利实验班至今（1923年国立北平女子师范大学附属蒙养园，即北京师范大学实验幼儿园的前身，开办了两个蒙台梭利实验班），一直指导着我们的教育实践。吸收和借鉴蒙台梭利教育的精华，避免其局限性，结合我们的情况创造性地进行教育实践，一直是我们不断探索的方向。

（五）瑞吉欧教育模式

以马拉古奇为代表的瑞吉欧教育者吸收了多个教育理论的思想精华，结合自己的实践再创造出了一种先进的教育模式。在学习瑞吉欧教育模式的过程中，人们认识到关键是要把握其"走进儿童心灵"的儿童观。正是在尊重儿童、相信儿童和为儿童发展创造条件的前提下，才有开放的生动活泼的教育实践。瑞吉欧认为，儿童有一百种语言，他们能够运用各种不同的象征语言和其他媒介来表达自己对世界的认识，包括运用绘画、动作、雕刻、构建、音乐等。瑞吉欧教育模式对北京师范大学实验幼儿园教育实践的直接影响主要体现在四个方面：一是采用弹性课程，从儿童的兴趣和需要出发生成课程；二是强调幼儿与环境的互动，瑞吉欧认为，开放的环境是幼儿园的第三位老师；三是创造机会并鼓励幼儿用多种形式进行表征；四是档案记录在教育中的运用，包括幼儿成长档案和教师教育教学档案。

（六）"做中学"科学教育模式

"做中学"科学教育模式是2001年我国教育部和科学技术协会共同开启的科学教育改革项目，北京师范大学实验幼儿园作为该项目的第一批实验基地，持续参与了五年的科学教育研究。"做中学"科学教育强调：在教师和儿童共同组成的学习环境中，让儿童像科学家一样亲历科学探究的过程。五年的"做中学"科学教育研究和实践，对北京师范大学实验幼儿园的课程产生了重要的影响，具体表现在以下几个方面：一是关注儿童日常生活中的科学学习契机，强调保护和支持儿童科学探究的兴趣；二是注重科学学习环境的创设，并鼓励和支持儿童自主探究；三是科学课程的内容得以拓展和细化，开发出一批经典的探究式科学教育活动案例；四是强调尊重儿童学习科学的特点、规律，给予儿童充分的探究时间和空间；五是重视儿童在科学活动中的多元表达和科学精神的培养；六是教师在科学教育研究中获得的专业能力迁移到了其他领域的课程实施中。

第二部分 发展课程的目标与内容

一、发展课程的目标

幼儿园课程目标是对幼儿在幼儿园阶段学习效果的预期。幼儿园课程目标具有一定的层次和结构。幼儿园课程目标的层次也称为纵向结构。

宏观目标——幼儿园课程总目标

中观目标——幼儿园课程具体目标

微观目标——{ 年龄阶段（学年）目标
　　　　　　 单元目标（时间单元或内容单元）
　　　　　　 具体教育活动目标

（一）总目标（宏观目标）

以《幼儿园教育指导纲要（试行）》和《3—6岁儿童学习与发展指南》中的五大领域目标为基础，借鉴我国优秀传统伦理"仁、义、礼、智、信"和公民层面的社会主义核心价值观"爱国、敬业、诚信、友善"中适宜幼儿年龄特点的部分，我们将发展课程的总目标定为：促进幼儿身体健康、情感态度、认知能力等各方面的发展，培养出健康乐观（乐）、善良有爱（爱）、文明礼貌（礼）、好奇智慧（智）、诚信立美（美）的儿童。

（二）具体目标（中观目标）

第一，初步养成健康的生活习惯和基本的安全意识与能力，喜爱运动并有良好的身体素质，爱劳动，愿意做力所能及的事，具有积极、乐观的态度。

第二，爱护动植物及环境，热爱身边的人和所属的团体，在共同生活中学习关心、互助、分享、合作、感恩、诚实、守信。

第三，初步了解并遵守日常生活中基本的社会行为规则，学习并运用文明礼仪，养成文明的行为习惯。

第四，愿意亲近自然及接触新事物，尝试发现事物间的异同与联系，有好奇心，具

有探究的兴趣与能力。

第五，喜欢美的事物，能够初步感受、发现、欣赏自然界，生活中及文化艺术中的美，并大胆尝试表现美。

（三）年龄段目标（详见后文各年龄段领域目标）

（四）单元目标（详见后文各年龄段月目标）

（五）具体教育活动目标（详见后文各年龄段周活动安排）

二、发展课程的内容

幼儿园的发展课程内容，可以从不同角度、依据不同标准进行分类。依据发展课程"以儿童为本"的理念与上述目标，发展课程的内容主要按照儿童的关键经验划分为：自我、自然、社会、文化。北京师范大学实验幼儿园发展课程的内容涵盖了四大领域，即自我、自然、社会、文化。其中，"自我"包含健康领域和部分社会领域的内容，"自然"包含科学领域中的科学和数学内容，"社会"包含社会领域的大部分内容，"文化"包含语言领域和艺术领域的内容。

（一）自我

自我，也称自我意识或自我概念，是个体对自身的认识和对自身周围世界关系的认识，是对自己存在的觉察。认识自己的一切，大致包括以下三方面的内容：一是个体对自身生理状态的认识和评价，主要包括对自己的体重、身高、身材、容貌和性别等方面的认识，以及对身体的痛苦、饥饿、疲倦等感觉。二是对自身心理状态的认识和评价，主要包括对自己的能力、知识、情绪、气质、性格、理想、信念、兴趣、爱好等方面的认识和评价，三是对自己与周围关系的认识和评价，主要包括对自己在一定社会关系中的地位、作用，以及对自己与他人关系的认识和评价。

个人自我，指向个体的特质、价值和能力，涉及自己的身体、性别、喜好、能力（能做或不能做）等方面，例如，我喜欢画画。

关系自我，指向亲密关系中的自我，涉及家庭成员、亲属及其与自己的关系。

社会自我，指向人际关系中的社会角色和名誉，涉及教师、同伴及身边其他经常接触的人及其与自己的关系，例如，我是大家都喜欢的小朋友。

集体自我，指向公共关系中人们所属的团体归类，将自己放在特定的团体中进行认识，例如，"我是北京师范大学实验幼儿园大一班的小朋友""我的家乡是北京""我

是中国人"等。

（备注：幼儿个体的运动、健康、情绪情感、社会适应等属于此部分）

（二）自然

植物：外形特征、结构、生长变化过程、生长环境（条件）、作用、多样性。

动物：外形特征、身体结构与功能、食性、生长变化过程、环境、繁殖、多样性。

物质材料：突出特性、在特定条件下发生的变化、作用。

自然现象：四季的明显特征、天气现象（晴、阴、雨、雪、风、霾等）。

数学：数与运算、规律与关系、量与计量、几何与空间、运用数学知识解决问题。

（三）社会

社会常识是社会生活中必须掌握且行之有效的知识，包括周围人文环境（公园、商店、邮局、医院、小学等）、日常用品、交通工具、生产工具等有关内容（说明：家庭和民族、祖国等放在"自我"中；节日放在"文化"中）。

社会规则是社会组织根据自身的需要而提出的、用以调节其成员的社会行为的规则。对于幼儿，主要包括生活和学习中的规则，如日常生活习惯、生活方式、学习态度与习惯等。

人际交往对幼儿来说主要指与家人、教师、同伴及身边经常接触的人的交往，涉及交往的情感态度、方法、能力等。

（四）文化

行为文化，指人的生活方式、实际行为、态度等，体现在人们的日常起居中，具有鲜明的民族特色、地域特色，它是成功交际重要的因素。

成就文化，指艺术和文学成就，它是狭义的文化概念。

（备注：文明的行为与礼仪主要在此部分中体现，同时，此部分也要体现中华优秀传统文化）

一、中班领域目标[①]

（1）自我

①知道自己的喜好和优点，喜欢自己。

②经常保持愉快的情绪，不高兴时能较快缓和。愿意向身边亲近的人表达自己的情绪。

③自己的事情自己做，有基本的生活自理能力，会用筷子，能自己穿脱衣服、鞋袜、扣钮扣、整理自己的物品等。

④积极参加各项体育活动，活动中具有一定的力量和耐力，能较灵活地控制身体运动的方向。

⑤知道日常生活中的安全常识，学会保护自己不受伤害。

⑥敢于尝试有一定难度的活动和任务，积极展示自我，养成自主、勇敢、自信等良好品质。有初步的责任感。

⑦感受父母对自己的爱，能体会到父母养育自己的辛劳，会用简单的方式表达自己对他们的爱。

⑧尊敬长辈，能用适宜的方式向长辈表达自己的愿望和想法。

⑨了解为幼儿园服务（厨房、保健室、安保等后勤部门）的老师们，知道他们的工作和自己生活的关系，知道感恩。

⑩愿意为集体做事情，喜欢担当值日生、小记者、播报员等角色任务，体验为集体和同伴服务的乐趣和成就感。

⑪喜欢自己所在的班级和幼儿园，积极参加集体活动，具有初步的集体荣誉感。

⑫知道自己是中国人，升国旗、奏国歌时能主动站好。

（2）自然

①能感知和发现动植物的生长变化及其基本条件。

②愿意参加种植和养殖活动，初步懂得关心、爱护动植物。

③初步了解人类生活与动植物的关系。

[①] 此处的领域目标是指北京师范大学实验幼儿园发展课程领域目标，余同。

④喜欢探索身边的物质材料，能对常见材料进行观察和比较，发现其相同和不同，并能用图画或其他符号进行记录。

⑤能感知和发现常见材料的溶解、传热等性质或用途。

⑥喜欢搜集各种自然材料，了解水、土、沙、石、木等自然材料的名称、属性及其与人类生活的关系，爱护环境、节约水电，有初步的环保意识。

⑦初步感知常用科技产品与自己生活的关系，知道科技产品有利也有弊。

⑧对自然现象的变化感兴趣。能感知与发现四季的明显特征，初步感知季节变化规律与人们生活的关系。

⑨愿意观察各种天气现象，了解雨、雪、风、雷、沙尘、雾霾等天气特征，了解其对人们生活的影响，知道在生活中采取相应的防护措施。

⑩喜欢在生活和游戏中感知、探究数的意义及作用。

⑪能感知和区分物体的粗细、厚薄、轻重等方面的特点，并能用相应的词语描述。

⑫能通过数数比较两组物体的多少。能通过实际操作理解数与数之间的关系。

⑬能够运用数词描述事物的排列顺序。

⑭能感知和发现常见几何图形的基本特征，并进行分类。

⑮能使用上下、前后、里外、中间、旁边等方位词描述物体的位置和运动方向。

（3）社会

①认识社区的基础设施，了解其用途，爱护公共设施。

②了解常见的交通工具（汽车、火车、飞机、轮船等）的特点和功能，能够遵守交通规则。

③认识生活中的日常用品（牙刷、毛巾、水杯、勺子、筷子等），并能够正确使用。

④在日常生活、游戏中体验规则的作用和意义，参与制定班级规则并能遵守。

⑤喜欢与同伴交往，学习简单的交往技巧。

⑥能注意到别人的情绪，有关心、体贴的表现。

⑦与同伴发生冲突时，能在成人的帮助下解决。

（4）文化

①了解日常生活中的基本礼仪，学习使用礼貌用语，举止文明、有礼。

②喜欢参加各种活动，在共同生活中合作乐群，诚实守信。

③对生活中常见的标志、符号感兴趣，知道它们表达一定的意义。

④喜欢欣赏优秀的儿童文学作品（诗歌、散文、故事等），感受文学作品的美，能够运用多种方式表达对文学作品的理解。

⑤反复看自己喜欢的图书，喜欢把听过的故事或看过的图书讲给别人听。

⑥欣赏自然界和生活环境中美的事物，能关注其声音、色彩、形态等特征，有初步的审美感受和欣赏能力。

⑦能欣赏自己喜欢的艺术作品，并能产生相应的联想和情绪反应。

⑧喜欢参加各种艺术活动，能够用自己喜欢的艺术方式表达自己的感受和想象。

⑨知道春节、元宵节、清明节、端午节、中秋节等是我国的传统节日，了解节日的由来及庆祝方式，体验中国传统节日文化。

⑩了解常见的传统手工艺品，体验画年画、捏面人、刺绣、泥塑等艺术创作活动的乐趣。

⑪知道中国的首都是北京，认识北京的名胜古迹、特色建筑，初步了解相关的文化、历史。

⑫初步了解世界上有其他的国家和民族，知道他们有着不同的肤色、语言，知道要尊重他们的文化习俗。

二、9月目标与内容

（一）9月目标与周活动安排

1. 9月目标

（1）自我

①喜欢幼儿园，能够较快地适应中班的生活，喜欢老师和同伴。

②自己的事情自己做，能够自己穿脱衣服、鞋袜，学习使用筷子，学习整理生活和学习物品，养成良好的生活卫生习惯。

③喜欢参加各项体育游戏，学做新操，能够跟随老师正确地做新操动作。

④走路动作自然，有精神，步幅均匀，摆臂自然，上下肢动作协调。

⑤能保持身体平衡，在游戏中平稳地走、跳。

⑥掌握纵跳触物的基本动作要领，发展动作的灵活性和协调性。

⑦知道户外活动的安全常规，能够在老师的提示下按正确的方法使用户外器材，保护自己和同伴的安全。

⑧遇到问题能够主动寻求老师的帮助，愿意与老师交流。

⑨在教师的指导下学习做值日生，体验为集体和同伴服务的乐趣与成就感。

⑩知道升旗时眼睛要注视国旗，能跟随学唱国歌、园歌。

（2）自然

①喜欢幼儿园内的各种植物，知道它们的名称，了解植物的多样性。

②知道秋天是丰收的季节，认识秋季常见的水果。

③爱护小动物，观察小动物的外部形态，在持续观察中感受小动物的成长，学习照顾小动物的方法，亲近小动物。

④认识制作月饼所需的材料，学习制作月饼的方法，体验月饼制作的乐趣。

⑤学习观察天气现象，能够在成人的指导下了解晴、阴、雨、霾等天气现象，尝试用绘画的方式记录天气。

⑥尝试用简单的图形、符号来记录自己感兴趣的事物。

⑦初步了解测量的方法，对测量活动感兴趣。

⑧知道星期的排列顺序，能联系自己的生活准确说出昨天、今天、明天是星期几。

⑨知道数量的多少不受排列方式的影响，初步有数量守恒的概念。

（3）社会

①在生活中认识常见的交通工具，如汽车、火车、飞机等，了解它们的特点以及与人们生活的关系。

②认识生活中常见的安全标志，初步了解其作用，有初步的安全意识。

③熟悉并遵守新班级的学习、游戏常规，感受规则的作用。

④认识新班级的新玩具，知道要爱护玩具、图书等。

⑤喜欢与同伴共同游戏，初步学习运用介绍自己、交换玩具等方式加入同伴游戏，体验和同伴游戏的快乐。

⑥与同伴发生冲突时，能在成人的帮助下和平解决。

⑦喜欢同伴，知道自己与别人不一样的兴趣、爱好和想法，并能大胆地运用语言表达自己的想法和感受。

（4）文化

①在日常生活中主动与老师、同伴打招呼，文明有礼。

②初步了解教师节的来历及意义，知道幼儿园各岗教师为小朋友付出的辛苦，知道感恩老师，并能用自己喜爱的方式大胆表达对教师的情感。

③知道中秋节是我国的传统节日，了解中秋节的由来及相关习俗，体验参加各项庆祝活动的快乐。

④喜欢听故事，看图画书，欣赏有关"中秋节"的文学作品，感受阅读的乐趣。

⑤喜欢画画及手工制作活动，能够大胆地发挥想象，进行表达（如与"教师节""月亮"主题相关的绘画及制作）。

⑥喜爱唱唱跳跳，喜欢欣赏优秀的音乐作品，感受音乐的强弱、快慢，音调的高低和音色的变化，丰富自己的审美体验。

2. 9月周活动安排

本月建议开展的活动主题：升班主题、中秋节主题、秋天主题。

周次	活动名称	活动目标	发展课程中的领域	对应的五大领域[1]	备注
第一周	【升班主题】我的新班级	1. 了解新班级的环境，知道班级物品摆放的位置和规则。 2. 愿意参与班级规则的制定，体验规则的作用。	社会	社会	
	【升班主题】我的好朋友	1. 能用简单的语言介绍自己的好朋友，分享和体验与朋友在一起的快乐。 2. 尝试制作小礼物，表达对朋友的喜爱。	自我社会	社会	
	【升班主题】我是小小值日生	1. 了解值日生工作，初步学习值日生工作的方法。 2. 愿意做值日生，体验为集体服务的快乐。	自我	社会	
	小小快递员	1. 熟练掌握倒车、转弯的骑车技能，提高动作的灵敏性。 2. 能按规则进行游戏，具备一定的安全意识。 3. 积极参与体育活动，体验体育游戏的快乐。	自我	健康	详案一
	量一量（身高）	1. 能与同伴一起讨论、探索测量的方法。 2. 对测量活动感兴趣，尝试用多种自然物进行测量。	自然	科学	
	老师我爱你	1. 认识幼儿园各岗老师，体会他们工作的辛苦。 2. 愿意用多种方式表达对老师的喜爱和感激之情。	社会	社会	
	诗歌《星星灯》	1. 能熟练、有感情地朗诵诗歌，感受诗歌中对教师的尊敬和热爱之情。 2. 愿意用自己喜欢的方式表达对教师的情感。	文化自我	语言社会	

---

[1] 此处的五大领域划分依据为《幼儿园教育指导纲要（试行）》《3—6岁儿童学习与发展指南》，余同。

续表

周次	活动名称	活动目标	发展课程中的领域	对应的五大领域	备注
第一周	送给老师的花	1. 尝试用绘画、拓印、折纸等多种方式制作"花束",表达对老师的感谢。 2. 喜欢参与美术活动,体验创作的乐趣。	文化	艺术	
	歌唱活动:找朋友1	1. 能用自然好听的声音演唱歌曲,表情自然,咬字清晰。 2. 熟悉歌词和旋律,体验共同歌唱、游戏的快乐。	文化 社会	艺术 社会	
第二周	小熊不刷牙	1. 通过观察画面,了解小熊从不要刷牙到爱刷牙的转变过程。 2. 知道坚持刷牙的重要性,养成爱刷牙的好习惯。	自我 文化	健康 语言	
	故事《会飞的抱抱》	1. 通过故事理解爱可以传递给他人。 2. 体会拥抱的温暖与幸福,了解多种表达爱的适宜方式。	社会 文化	社会 语言	详案二
	小蚂蚁搬豆豆	1. 能两人合作将球夹在胸前运到指定位置。 2. 喜欢和同伴游戏,体验合作的乐趣。	自我 社会	健康 社会	
	这样最安全	1. 知道不去危险的地方,有初步的安全意识。 2. 认识简单的危险信号和标识,不做危险的事。	自我	健康	
	今天星期几	1. 知道星期一到星期日的顺序。 2. 能准确说出昨天、今天和明天是星期几。	自然	科学	
	可爱的小兔子	1. 关心爱护小兔子,喜欢观察小兔子的外部形态。 2. 在喂养和照顾小兔子的过程中,知道小兔子的生活习性。	自然	科学	
	好朋友大考验	1. 学习用适当的方式表达对同伴的喜爱。 2. 感受同伴间友好相处的快乐。	社会	社会	
	歌唱活动:找朋友2	1. 复习歌曲,能跟随节拍与歌词做出相应的动作。 2. 能尝试替换歌词中的"敬个礼,握握手"。 3. 体验与同伴共同歌唱、游戏的快乐。	文化 社会	艺术 社会	

续表

周次	活动名称	活动目标	发展课程中的领域	对应的五大领域	备注
第二周	图画书《好饿的毛毛虫》	1. 理解故事内容，感知故事中毛毛虫变蝴蝶的过程。 2. 能用故事中的重复句式复述故事。	文化	语言	
第三周	【中秋节主题】中秋节	1. 了解中秋节的来历和相关习俗。 2. 知道中秋节是庆祝丰收、全家团圆的节日。	文化	社会	
	【中秋节主题】图画书《月亮的味道》	1. 在理解故事内容的基础上，能对故事情节展开想象，并清楚地表达自己的想法。 2. 体验书中动物们齐心协力，成功"吃到"月亮后的快乐心情。	文化	语言	
	【中秋节主题】月亮姑娘做衣裳	1. 理解故事内容，知道月亮每天都有变化。 2. 感受故事中优美的语言，能根据故事展开丰富的想象。	文化	语言	
	【中秋节主题】美食制作：月饼	1. 认识制作月饼所需的材料，学习制作月饼的方法。 2. 体验月饼制作的乐趣。	自然	科学	
	【中秋节主题】泥工：月饼	1. 尝试用团圆、按压的方法制作月饼，并能进行装饰。 2. 体验泥塑创作的乐趣。	文化	艺术	
	快乐小骑兵	1. 能持羊角球双脚连续向前跳。 2. 增强腿部肌肉力量，发展身体动作的协调性和平衡能力。	自我	健康	
	菊花	1. 用多种感官了解菊花的叶子、花、茎等的特点。 2. 通过搜集资料，了解菊花的作用。	自然	科学	
	可爱的小乌龟	1. 了解乌龟的外部形态及生活习性。 2. 尝试用图画或简单的符号做观察记录。 3. 喜欢观察小乌龟的生活习性，关心爱护小乌龟。	自然	科学	

周次	活动名称	活动目标	发展课程中的领域	对应的五大领域	备注
第三周	美工：菊花	1. 尝试用自己喜欢的美术方式表现菊花。 2. 愿意与同伴分享作品，体验不同美术形式的美。	文化	艺术	
第四周	【秋天主题】秋天的水果	1. 认识秋天常见的水果。 2. 知道秋天是收获的季节。	自然	科学	
	【秋天主题】有趣的果壳	1. 尝试用果壳粘贴的方式进行美术创作，感受以"点"造型的特点。 2. 喜欢利用自然物美化自己的生活。	文化	艺术	
	【秋天主题】美术欣赏：秋天的印象	1. 欣赏"秋天"主题大师画，了解作品的表现方法。 2. 感受秋季大自然的美及大师作品的艺术美。	文化	艺术	
	钻布袋	1. 探究与同伴合作钻布袋的方法。 2. 感受在解决问题时与同伴合作重要性，体验合作游戏的乐趣。	自我社会	健康社会	详案三
	怎么排都是5	1. 巩固5以内点数。 2. 知道物体数量的多少不受排列方式的影响，感受数量的守恒。	自然	科学	
	应该怎样说	1. 学习正确使用礼貌用语和交往语言。 2. 感受使用礼貌用语带来的快乐。	文化社会	语言社会	
	歌唱活动：猜豆豆	1. 感受歌曲欢快的旋律，学会演唱歌曲。 2. 在边唱边玩中，感受音乐游戏带来的快乐。	文化	艺术	详案四
	【秋天主题】绘画：多彩的秋天	1. 感受秋季植物色彩变化的美。 2. 感知三原色中任意两种颜色混合所发生的变化，尝试用多种色彩画出秋天的景色。	文化	艺术	
	绕口令《打醋买布》	1. 尝试正确发出平舌音醋和布，感受说绕口令的乐趣。 2. 能流利完整地说出绕口令。	文化	语言	

（二）9月活动详案

详案一

活动名称：小小快递员（自我）

活动目标：

1. 熟练掌握倒车、转弯的骑车技能，提高动作的灵敏性。

2. 能按规则进行游戏，具备一定的安全意识。

3. 积极参与体育活动，体验体育游戏的快乐。

活动准备：

经验准备：幼儿有骑三轮小铁车的经验，会转弯、倒车、停车。

物质准备：带斗三轮小铁车，用奶盒自制的不同颜色的快件，彩色房子标志，"快递公司"标牌，画有方向箭头的场地。

活动过程：

开始部分：做活动准备

准备活动：教师带领幼儿做热身操，重点活动四肢、手腕、踝关节和膝盖。

介绍游戏内容，激发幼儿参与的积极性。

教师：今天我们要当快递员，骑着小车去送货。在送货前需要小朋友考取"快递员骑行证"，小朋友有没有信心？

基本部分：通过游戏掌握安全骑行的方法

（1）骑行大通关。

①介绍游戏玩法。

教师：现在请你们每人骑一辆小车，取一个快件，送到快递公司。你们需要把小车从车库中倒出，沿箭头方向直行，转个弯，安全地把快件送到目的地，才能通过考试。引导幼儿重点关注骑行的安全问题。

②幼儿骑车，并按照"考核"项目完成任务，教师巡回观察与指导。

③教师引导幼儿共同讨论顺利考取骑行证的方法。

刚才在倒车时，你有没有遇到困难？谁有好的方法，请你分享一下。

转弯时，怎样不会把快件从车上掉下去？（引导幼儿关注骑车速度）

下车时，怎样保护自己的安全？（引导幼儿关注骑行环境）

④再次游戏，帮助幼儿通过练习提升动作经验。

（2）小小快递员。

①介绍游戏玩法。

教师：刚才小朋友们通过练习都顺利地拿到了快递员骑行证，现在请你们试一试在幼儿园里找到散落的"快件"，按照快件的颜色送到与它颜色对应的小房子里。

教师：这一次我们没有规定路线，谁来说一说怎样骑小车能保护自己和别人？

②幼儿分开游戏，教师观察指导。

注意难度增加后个别能力较弱的幼儿的活动情况，适当进行鼓励和帮助。

结束部分：小结活动，收整材料

（1）分享游戏的成果，肯定幼儿的进步。

教师：刚才小朋友们已经把所有的"快件"都安全地送到了目的地，没有一件送错，也没有发生一件交通事故，你们都是最棒的快递员！

（2）听音乐做腿部放松按摩。

（3）师生共同收拾场地，结束活动。

活动评价：

1. 观察幼儿是否能灵活地倒车、转弯。

2. 观察幼儿是否理解玩法、是否遵守游戏规则。

3. 观察幼儿在骑行过程中是否仔细观察周围的事物，关注安全。

（徐　超）

详案二

活动名称：《会飞的抱抱》（社会、文化）

活动目标：

1. 通过故事理解爱可以传递给他人。

2. 体会拥抱的温暖与幸福，了解多种表达爱的适宜方式。

活动准备：

经验准备：之前师生交流过关于"爱家人、爱老师、爱同伴"的话题。

物质准备：图画书《会飞的抱抱》的幻灯片、故事中人物的头饰。

活动过程：

开始部分：以问题引出故事，引发幼儿思考

教师：如果你特别想念一个人，这个人又不在你的身边，你会怎么做？

教师：你们刚才说的这些方式都可以把思念和爱传递给远方的亲人。那我们一起来看看小猪阿文用了什么方式表达对远方奶奶的爱。

基本部分：通过故事《会飞的抱抱》理解爱是可以传递的

（1）讲故事《会飞的抱抱》，并引导幼儿思考、交流。

教师一边播放图画书《会飞的抱抱》的幻灯片，一边完整讲述故事，并结合画面用肢体动作表现爱的传递。

以问题引发幼儿思考、交流：小猪阿文送给奶奶的生日礼物是什么？他是怎么送过去的？你们喜欢这样的礼物吗？和我们平时说的礼物有什么不一样？为什么说这个拥抱是会飞的？

（2）情境游戏：爱的传递。

幼儿自选故事中的人物，戴上头饰。

教师讲故事，幼儿模仿故事情节，玩情境游戏。

结束部分：分享感受，拓展经验

（1）鼓励幼儿分享听故事和情境游戏的感受，重点围绕会飞的抱抱、爱的传递。

（2）引导幼儿说一说：除了会飞的抱抱，还可以用什么样的动作表达爱？（幼儿可以做出相应的动作）

相关经验：

文化（语言）：能用语言表达自己的感受和想法。

活动评价：

1. 通过语言判断幼儿是否能理解爱可以传递给他人，以及是否了解多种表达爱的适宜方式。

2. 观察幼儿的表情、状态判断其是否体会到拥抱的温暖与幸福。

活动延伸与扩展：

1. 表演区：戴头饰表演故事《会飞的抱抱》。

2. 绘画区：用绘画表现爱的表达方式。

（赵　湘）

详案三

活动名称：钻布袋（自我、社会）

活动目标：

1. 探究与同伴合作钻布袋的方法。

2. 感受在解决问题时与同伴合作的重要性，体验合作游戏的乐趣。

活动准备：

经验准备：幼儿有钻的体验。

物质准备：小布袋12个（布袋两头镂空）、大布袋1个（布袋两头镂空）。

活动过程：

开始部分：利用布袋引发幼儿参与游戏的兴趣

教师：今天老师在户外场地上发现了一个新玩具，让我们看看它们是什么。（布袋）想一想这个布袋可以怎么玩呢？

基本部分：尝试并发现钻布袋的方法，体验合作的乐趣与力量

（1）单人游戏，初步感受钻布袋的困难。

游戏后发现问题并讨论：一个人钻布袋的时候有什么感受？钻布袋的时候你遇到了什么困难？你可以怎么解决？（引导幼儿说出在钻布袋时，身体各部分是如何配合的）

（2）双人合作游戏，体验互助。

游戏后发现问题并讨论：对比单人游戏，两个人钻布袋的感觉如何？遇到了什么困难？可以怎么解决？（引导幼儿感受和探索与同伴怎样合作可以使动作更加灵活、协调）

（3）三人合作，寻找合作方法。

游戏后讨论：三个人在一起钻的感觉怎么样？你们是怎么钻的？

结束部分：共同总结同伴合作的重要性

教师：我们今天玩的是什么游戏？我们玩了几次？一个人钻布袋的时候是什么感觉？两个人呢？三个人呢？

小结：原来有时候需要朋友之间互相帮助、团结合作，才能把事情做得更好，玩得更开心！

相关经验：

文化（语言）：能用完整连贯的语言讲述自己和同伴在游戏中遇到的困难及解决问题的方法。

活动评价：

1. 观察幼儿是否积极参与三次游戏。

2. 能否在活动中倾听和接纳同伴的意见和建议，并和同伴共同解决问题。

活动延伸与扩展：

教师与幼儿运用已有经验一起挑战钻大布袋，感受合作游戏的快乐。

（王　韫）

详案四

活动名称：歌唱活动：猜豆豆（文化）

作品分析：

《猜豆豆》的旋律简单，生动地表现了幼儿将小小的东西藏在手里和朋友玩游戏的情景。活动设计了"猜豆"的游戏，让幼儿在反复游戏的过程中，倾听、熟悉歌曲旋律，学会演唱歌曲，并鼓励幼儿在边唱边玩的过程中，大胆地用肢体动作、表情与同伴交流，体验结伴玩游戏的快乐。

活动目标：

1. 感受歌曲欢快的旋律，学会演唱歌曲。

2. 在边唱边玩中，感受音乐游戏带来的快乐。

活动准备：

经验准备：幼儿有参加音乐游戏的经验。

物质准备：两个碗，花生一颗，"宝石"一颗，黄豆、花生豆人手一颗，装饰有男孩和女孩头饰的小桶各一个。

活动过程：

开始部分：熟悉歌词内容

（1）师生问好。

1=C-E $\frac{2}{4}$　　|1 2 3 4|5　-　|5 4 3 2|1 -‖

师：小朋友们 好!　　幼：X 老师您 好!

（2）猜猜碗里的花生豆，熟悉儿歌内容。

教师：我的碗里有一颗好吃的花生，等音乐停下来时请你们猜猜看它在哪个碗里。

桌上倒扣两个碗，其中一个下面藏着花生，教师边说儿歌边按歌曲节拍不停地变换两个碗的位置，歌曲结束后让幼儿猜。

请会说儿歌的幼儿上来边说儿歌边做猜豆游戏。

基本部分：在游戏中学唱歌曲

（1）幼儿学唱歌曲。

猜猜拳头里的"宝石"，熟悉歌曲旋律。

教师：我不仅会说儿歌，还会唱出来，请你仔细听。

教师：我手里有一颗"宝石"，请你听着歌曲猜猜看它在我的哪只手里。

将"宝石"放在双手手心，教师边唱歌边按歌曲节拍摇晃"宝石"，歌曲最后一小节将两手分开，歌曲结束后猜猜"宝石"在哪只手里。

反复进行游戏，幼儿在游戏中跟随教师演唱歌曲。

（2）通过游戏熟悉歌曲。

①幼儿跟唱歌曲，玩猜"宝石"游戏。

教师：这次我要给已经会唱歌的小朋友一颗"宝石"，请他来给大家玩猜"宝石"游戏，没有"宝石"的小朋友请跟着一起拍手唱歌。（按歌曲节奏拍拍手）

②幼儿两两合作玩猜"宝石"游戏。

教师：请你找个朋友一起来玩猜"宝石"的游戏，有"宝石"的小朋友来摇"宝石"，没有"宝石"的小朋友来拍手猜，猜对了交换，猜错了继续游戏。

结束部分：完整演唱歌曲

教师带领幼儿完整演唱歌曲，还可以交换双手、做旋转双手等合拍动作来边唱歌边玩猜"宝石"游戏。

活动评价：

1. 通过表情、神态判断幼儿是否积极、愉快地参与音乐游戏。

2. 幼儿是否会演唱歌曲。

（李仲玲）

三、10月目标与内容

（一）10月目标与周活动安排

1. 10月目标

（1）自我

①知道自己在长大，能做更多的事情，有自信心。

②能够保持愉快的情绪，不高兴时能较快缓解。

③能自己收拾餐桌，养成良好的进餐习惯；知道各种食物都是有营养的，不挑食。

④有大小便自理的意识，学习大便后擦屁股的方法。

⑤能做自己力所能及的事情（如收拾玩具、擦拭桌椅等）。

⑥熟悉值日生的工作，能与同伴协商、分工，共同完成值日生的任务，有初步的责任感。

⑦排队走时能保持队形，能踏准节拍走；喜欢做操，动作到位、有力。

⑧喜欢玩球，拍球时动作连贯有节奏，能连续拍球15次以上。

⑨知道集体外出（如秋游）时的安全常识，如紧跟成人，不去危险的地方玩耍等。

⑩在教师的引导下，参与秋游活动计划的制订，能积极主动地表达自己的想法。

⑪能够用恰当的方式向长辈表达自己的愿望和要求。能够积极主动地与老师、同伴交流。

⑫知道自己是中国人，认识并尊重国旗、国徽。

（2）自然

①喜欢参与种植活动，认真观察植物的生长变化，初步了解植物生长的条件，在成人的指导下学习照顾植物。

②能用各种常见材料（纸、木、布、塑料、颜料、废旧材料等）和工具（剪刀、尺子、漏斗、筛子、各种容器等）进行简单的实验和探索，了解不同材料、工具的属性及功用。

③喜欢搜集各种自然物（如树枝、树叶、果壳等），学习按一种或两种维度进行分类，感受自然物的多样性。搜集各种丰收的农作物进行展览和探究活动，创设丰收角，体验农作物与人们生活的关系。

④对秋天的变化感兴趣，能连续观察秋季明显的变化（如秋天树叶、花、果实等），初步体验季节变化与人们生活的关系。

⑤能够在成人的指导下了解天气，了解温度及天气变化，并尝试用喜欢的方式记录天气，体验天气变化对动植物和人类的影响。

⑥初步了解圆形、半圆形、椭圆形、三角形、正方形等常见图形的特征。

⑦认读数字1~5，理解数量的实际意义，尝试使用表示"比较"的词汇（如更多、更少）。

（3）社会

①在日常生活中，认识常见的交通标志，能遵守简单的交通规则。知道要在成人的带领下过马路，不在马路上玩耍、乱跑。

②认识几种简单的棋：围棋、跳棋、飞行棋等，并学习简单的游戏玩法，初步懂得遵守棋类游戏的规则。

③在生活中，能够运用简单的规则评价自己和他人的行为，初步理解某些行为的对与错，做错了事及时改正。

④在老师的引导下，参与班级简单规则的制定，体验规则对班级游戏、生活的作用，初步有遵守规则的意识。

（4）文化

①知道基本的进餐礼仪，进餐时咳嗽、打喷嚏能捂着嘴，不对人。

②知道10月1日是国庆节即祖国的生日，初步了解国庆节的意义。

③知道北京是中国的首都，初步认识北京的名胜古迹。

④喜欢听儿童文学作品，如故事、诗歌，感受文学作品的美；学习复述故事，并能从中体会乐趣。

⑤喜欢画画、做手工，能够创作与"国庆"有关的作品。

⑥喜爱唱唱跳跳，知道我国是多民族国家，喜欢欣赏少数民族的舞蹈如蒙古族舞、维吾尔族舞等，并愿意进行模仿和表现，感受我国民族文化的多样性。

2. 10月周活动安排

本月建议开展的活动主题：国庆节主题、秋游主题、秋天主题。

周次	活动名称	活动目标	发展课程中的领域	对应的五大领域	备注
第二周	【国庆节主题】我是中国人	1. 知道自己是中国人。 2. 认识并尊重国旗、国徽。	自我	社会	
	【国庆节主题】国庆节	1. 知道10月1日是国庆节，即祖国的生日。 2. 愿意用多种形式庆祝祖国的生日，表达对祖国的热爱。	社会	社会	
	【国庆节主题】国旗多美丽	1. 认识国旗，知道国旗的颜色和图案。 2. 学唱歌曲，表达对祖国的热爱。	文化	艺术	常瑞作词，谢白倩作曲《国旗多美丽》
	【国庆节主题】国庆假期趣事	1. 知道国庆节的来历，喜欢国庆节的各种庆祝活动。 2. 喜欢将国庆节中的所见所闻与同伴分享。	社会文化	社会语言	
	进餐好习惯	1. 知道良好的进餐习惯有益身体健康。 2. 了解正确的进餐方法，养成良好的进餐习惯。	自我	健康	
	【秋天主题】萝卜和土豆	1. 能用对比观察的方法发现萝卜和土豆的不同，体验发现的乐趣。 2. 尝试用画图或简单符号记录自己的发现，并乐于主动分享。	自然	科学	
	图形变变变	1. 复习巩固常见图形的外形特征，感知图形在生活中的运用。 2. 能用图形进行组合拼摆，并乐意分享自己的发现。	自然	科学	详案一
	诗歌《吧喳—吧喳》	1. 根据诗歌中象声词所描述的声音进行大胆地想象，理解诗歌的内容和表现特点。 2. 体会和感受诗歌语言的趣味性和形象性。	文化	语言	诗歌见附录
	身体滚一滚	1. 尝试探索让身体滚动起来的方法，体验体育活动的乐趣。 2. 学习侧身翻滚的动作，提高身体的协调性。	自我	健康	详案二
第三周	【秋游主题】我的秋游计划	1. 学习和同伴共同制订秋游活动计划。 2. 根据计划进行秋游活动前的准备，体验自我服务的快乐。	自我社会	社会	

续表

周次	活动名称	活动目标	发展课程中的领域	对应的五大领域	备注
第三周	【秋游主题】使用旅行包	1. 了解旅行包的结构特征、种类和主要的功用。 2. 能够按照旅行包的结构特征，正确使用旅行包。 3. 自己整理秋游旅行包，有初步的自我服务意识。	自我自然	科学社会	
	【秋游主题】坐大巴车的规则	1. 通过讨论，了解坐大巴车的具体规则。 2. 以画宣传画的方式，提高安全文明乘车意识。	社会	社会	
	【秋游主题】绘画：快乐的秋游	1. 能运用绘画的方式表现自己秋游的经历和愉快的情感体验。 2. 乐于与同伴分享、讨论画作。	文化	艺术	
	我不跟你走	1. 知道不能轻信陌生人的话，不跟陌生人走。 2. 学习自我保护的方法，有初步的自我保护意识。	自我	健康	
	躲避大灰狼	1. 尝试跨越低矮的障碍物，落地时能做到屈膝缓冲。 2. 在游戏中遵守规则，有初步的安全意识。	自我	健康	
	砸核桃	1. 积极探索砸核桃的方法和适宜工具，体验探究的乐趣。 2. 在砸核桃的过程中，大胆提出问题，积极想办法解决。	自然	科学	
	生气了怎么办	1. 结合故事和自身经历了解"生气"的情绪表现，初步具有调节情绪的意识。 2. 了解调节"生气"情绪的常用方法。	自我文化	社会语言	详案三
	【秋天主题】散文《落叶》	1. 欣赏散文并从中获得美的感受。 2. 愿意用动作、绘画等方式表现散文中的内容。	文化	语言艺术	散文见附录
第四周	【秋天主题】秋天的树	1. 了解秋天来了，不同树木的叶子会变成不同的颜色。 2. 观察发现树木在秋天的生长过程。	自然	科学	

周次	活动名称	活动目标	发展课程中的领域	对应的五大领域	备注
第四周	【秋天主题】捡树叶——比较与排序	1. 喜欢收集秋季落叶，感受落叶的异同。 2. 尝试按落叶的薄厚、轻重等常见量进行分类、排序。	自然	科学	
	【秋天主题】树叶粘贴	1. 能用不同的叶子组合粘贴，大胆地表现物体的主要形象特征。 2. 学习正确使用乳胶的方法。 3. 发挥想象力和创造力，体验创作树叶粘贴画的乐趣。	文化	艺术	
	【秋天主题】诗歌《捡树叶》	1. 理解诗歌内容，体会诗歌中的动物和小朋友对树叶的喜爱和赞赏之情。 2. 尝试用诗歌中的句式进行仿编，乐于想象和表达。	文化	语言	诗歌见附录
	【秋天主题】保存树叶的方法	1. 探究保存树叶的最佳方法（快速风干）。 2. 愿意大胆猜想、积极验证，体验发现的乐趣。	自然	科学	
	【秋天主题】歌曲《秋天》	1. 感受歌曲欢快活泼的情绪，能用自然的声音有表情地演唱。 2. 通过歌曲感受秋天落叶的自然景色，喜爱秋天。	文化	艺术	
	好玩的球	1. 学习玩球的方法，能连续拍球，发展动作的协调性。 2. 喜欢玩球，愿意探索球的多种玩法。	自我	健康	
	食物的营养	1. 知道全面的营养对人健康成长的重要作用。 2. 养成不挑食的好习惯。	自我	健康	
	共同制定建构区的游戏规则	1. 能参与讨论，与大家共同制定出建构区的游戏规则。 2. 感知规则的重要性，增强遵守规则的自觉性。	社会	社会	详案四

（二）10月活动详案

详案一

活动名称：图形变变变（自然）

活动目标：

1. 复习巩固常见图形的外形特征，感知图形在生活中的运用。

2. 能用图形进行组合拼摆，并乐意分享自己的发现。

活动准备：

经验准备：幼儿对几种基本图形有一定的认识。

物质准备：摸箱1个（里面放长方形、正方形、圆形、半圆形、三角形等图卡），图形组合图片，轮船/小汽车/松树/风筝等物品图片，若干组与摸箱中形状一致的图形，装图形的器皿，胶棒，A4白纸等。

活动过程：

开始部分：玩"摸箱"游戏，命名图形

教师：这里有一个摸箱，里面藏着一些图形，我们来摸一摸、猜一猜里面有哪些图形。

教师：我摸到了一个有三条边、三个角的图形，是什么形状？（三角形）我们身边哪些东西是三角形的？

教师请幼儿摸图形。

关键提问：你摸到的是什么图形？为什么你觉得是这个图形？

请幼儿拿出来验证，并说一说身边哪些东西是正方形、圆形、半圆形的。

基本部分：在观察图片的基础上，用图形进行创意拼摆

（1）观察图形组合图片。

教师：这是什么？（房子）你在这个"房子"中发现了哪些图形？

教师：这是什么？（公交车）你在这个"公交车"中发现了哪些图形？

（2）出示生活中常见物品的图片，找出隐藏其中的图形。

教师：你能看出轮船/小汽车/松树/风筝是由什么图形组成的吗？

（3）幼儿自行创意拼摆，教师观察指导。

教师：现在请小朋友用你的图形来拼摆组合一个作品，看谁拼的和老师的不一样，和旁边小朋友的也不一样。

结束部分：分享作品，感受图形的组合和变化

请幼儿介绍自己的作品。重点引导：拼的是什么作品？用了哪些图形？

引导幼儿感受图形的组合与变化，例如：两个大小相同的正方形组合成长方形，两个大小相同的三角形可以组合成正方形或长方形。

相关经验：

自然：能在动手操作拼图的同时发现两种图形的组合关系。

活动评价：

1. 观察幼儿是否能辨别常见图形，并说出图形的主要特征。

2. 观察幼儿能否用常见图形进行组合拼摆，表现生活中常见的事物，能否用语言表达。

活动延伸与扩展：

1. 寻找生活里常见物体中的图形组合。

2. 开展图形组合创意添画活动。

（季亚明）

详案二

活动名称：身体滚一滚（自我）

活动目标：

1. 尝试探索让身体滚动起来的方法，体验体育活动的乐趣。

2. 学习侧身翻滚的动作，提高身体的协调性。

活动准备：

经验准备：有自由翻滚的经验。

物质准备：宽敞安全的室内场地，无纺布制成的各种果子，海绵垫。

活动过程：

开始部分：通过模仿游戏活动身体各关节

幼儿跟教师一起做游戏"动一动"，使身体各关节得到充分活动。

边说儿歌边做动作：头转转，肩绕绕，脚踏踏，屁股再来扭一扭。

基本部分：探索让身体滚动的方法

安全提示：幼儿的头、脚在一个方向，脱掉鞋。

（1）引导幼儿说出身体其他会转动的部位。

教师：刚才我们身体的各个关节都活动开了，今天我们要在这些垫子上用我们的身体一起翻滚、转动做游戏。

请幼儿在垫子上自由翻滚，感受身体滚动的乐趣。

（2）分享身体滚动的感受与动作技巧。

教师：你在垫子上滚的时候觉得难不难？

教师：你觉得身体的哪个部位在用力？（鼓励幼儿用语言和动作表达）

教师：怎样才能让我们的身体较快地侧身翻滚呢？

指导要点：双手并齐，放于身体两侧，双脚并拢。

集体游戏1——小刺猬背果子

规则：将垫子纵向连接成两列，幼儿分为两组，将"果子"散落在垫子上，请幼儿扮演小刺猬，用侧身翻滚的动作从起点翻滚到终点。看谁身上沾到的"果子"多（教师注意随时往垫子上添加"果子"）。

集体游戏2——滚坦克

规则：将垫子纵向连接成两列，将幼儿分为四组，于起点、终点位置迎面站好，请幼儿听口令用侧身翻滚的动作，从起点开始翻滚到终点进行接力，先做完动作的一队获得胜利。

结束部分：放松活动

幼儿坐下来进行放松活动，调整呼吸。

相关经验：

社会：能完成小组接力任务，有初步合作意识。

活动评价：

根据幼儿在游戏中翻滚动作是否流畅，来判断幼儿是否掌握了相关的动作技能。

资源利用：

建议家长在家中也可带幼儿进行相关游戏，提高幼儿身体的协调性。

（李菲菲）

详案三

活动名称：生气了怎么办（自我、文化）

活动目标：

1. 结合故事和自身经历了解"生气"的情绪表现，初步具有调节情绪的意识。

2. 了解调节生气情绪的常用方法。

活动准备：

图画书《我好生气》的幻灯片课件，生气表情的图片，圆形即时贴若干，油性记号笔自制快乐勋章一个。

活动过程：

开始部分：谈话引出主题

教师：小朋友们你们都快乐吗？我们每个人大多数时间是快乐的，但我们是不是也都有不高兴、不快乐、生气的时候呀？今天我们来听一个关于小兔子生气的故事。

基本部分：分享故事《我好生气》，讨论"生气"情绪的表现和调节方法

（1）讲述故事1至6页。

教师：小兔子都为什么生气？（回顾故事内容：因为有人取笑他；妈妈让他们收拾

屋子；他们正要到海边去游泳却下雨了；画画老是画不好……）

教师：谁来说说你生气的事？（请小朋友讲述自己生气的经历）

教师：生气对我们的身体好吗？

教师：生气对我们的身体特别不好，我们每个人都应该少生气，当我们生气的时候也应该想办法让自己不生气，谁有好办法呢？（鼓励幼儿积极想办法）

（2）第二段故事讲述。

教师：小兔子都用了什么办法让自己很快不生气了？

（离开让他生气的那个人；使劲吸气，大口吐气；骑自行车；做其他喜欢做的事；和好朋友说说，或者和妈妈说，让妈妈帮忙出主意；哭一会，也可以休息一会……）

（3）小结：解决问题。

教师（出示图片，提问）：这个小朋友特别喜欢骑车，但是今天户外活动的时候他没有骑到，车都被别的小朋友骑走了，他特别生气，你们能帮帮他，让他很快不生气吗？

和幼儿共同总结调节生气情绪的方法。

结束部分：制作快乐勋章

（1）出示自制好的快乐勋章，解释快乐勋章的含义。

教师：当我们生气的时候，看到快乐勋章就会想到今天我们说的生气有那么多对身体不好的地方，也会想到刚刚我们说到的那么多让自己不生气的办法，我们就可以用这些办法让自己很快不生气。也可以送快乐勋章给自己的亲人和好朋友，把不生气的办法告诉他们，让我们每一个人都有更多的笑脸，更多的快乐！

（2）鼓励幼儿利用圆形即时贴和记号笔制作快乐勋章，活动自然结束。

相关经验：

文化：能运用绘画进行表达。

活动评价：

通过幼儿的语言表达来了解幼儿是否理解"生气"的情绪表现及调节"生气"情绪的常用方法。

活动延伸与扩展：

1. 我来教你如何不生气——鼓励幼儿进行同伴和亲子互动，巩固对调节生气情绪办法的认识，促进同伴和亲子关系的良性发展。

2. 说说我不生气的事——引导幼儿在生活中运用所学方法管理自己的情绪。

3. 故事分享《菲菲生气了》《生气汤》等。

（荣柏莹）

详案四

活动名称：共同制定建构区的游戏规则（社会）

活动目标：

1. 能参与讨论，与大家共同制定出建构区的游戏规则。

2. 感知规则的重要性，增强遵守规则的自觉性。

活动准备：

经验准备：幼儿具有建构区的活动经验。

物质准备：教师根据幼儿在建构区不适宜行为画的图片，彩笔，纸张。

活动过程：

开始部分：出示在建构区活动中经常发生的幼儿不当行为的图片，引发幼儿讨论

教师：老师发现小朋友们都特别喜欢进建构区活动，但在活动的时候常会发生一些让人不开心的事情，老师把这些事情画了下来，请小朋友们看一看。

教师出示幼儿争抢进区、争抢积木、敲打栏杆、一次取很多积木、大声吵闹等不适宜行为的图片，幼儿观看。

教师：看完后，你有什么感受？

基本部分：针对不当行为，引导幼儿共同制定建构区的活动规则

（1）教师：刚刚小朋友们说了很多不应该在建构区出现的事情，那我们应该怎么做？

围绕不适宜的行为讨论该怎么解决这些问题，幼儿可以配合用动作表达。

通过绘画的方式，将建构区的活动规则表现出来。

（2）教师：刚刚小朋友们一起开动脑筋，想出了很多解决问题的办法。我们可以把这些办法作为建构区的游戏规则，怎么能让小朋友们玩的时候就能看到这些办法呢？（画出来贴在建构区）

幼儿分成不同的小组，每组幼儿围绕一个规则绘画。

将每组幼儿绘画的规则张贴在一张大纸上。

教师：请小朋友们看一看大家画的规则，能不能看出来是什么意思？

结束部分：形成"班级公约"，成为全体幼儿共同遵守的规则

总结大家共同制定的建构区规则，并张贴在建构区的明显位置，设定为"班级公约"，请全班小朋友签名（盖名章）。

相关经验：

文化（美术）：能用简单的图画表现建构区游戏规则。

活动评价：

观察、倾听幼儿是否能参与讨论并绘制建构区的规则。

活动延伸与扩展：

及时发现和肯定幼儿遵守建构区游戏规则的行为，进行正强化。

（石晓堂）

10月附录

吧喳——吧喳

[英]里弗茨著　韦苇译

穿上大皮靴在林子里走，

吧喳——吧喳！

"笃笃"听见这声音，

就一下躲到了树枝间。

"吱吱"一下蹿上了松树，

"蹦蹦"一下钻进了密林。

"叽叽"嘟一下飞进绿叶中，

"沙沙"哧一下溜进了黑洞。

全都悄没声儿蹲在看不见的地方，

目不转睛地看着"吧喳——吧喳"越走越远。

（出自梅子涵：《太阳送我彩色笔》，47页，杭州，浙江文艺出版社，2011。）

落　叶

大树是妈妈，小树叶是她的孩子。

春天，小树叶只是绿绿的嫩芽。夏天，小树叶已长大了，在火辣辣的阳光下为人们撑起一把大伞，送来一片片阴凉。秋天到了，小树叶由绿变黄，一个个好像穿着金黄裙子的小姑娘，挽着大树妈妈在秋风中翩翩起舞。

一天，一阵秋风吹来，小树叶告别了大树妈妈。小树叶不停地翻动着身子，飘呀飘，飘到屋顶上，屋顶变得金黄。飘到小河里，水面上像飘动着小船。飘到草地上，草地上像多了一层软软的地毯。飘到大树妈妈脚下，大伙儿抱成一团，好像在说："妈妈，天气渐渐冷起来了，我们给您焐焐脚，让您暖暖和和好过冬。"

小树叶在秋风中飘呀飘，飘向四面八方，一个个都安下了家。他们心里还惦记着大树妈妈，盼望大树妈妈明年春天生出许多小娃娃。

（出自《幼儿园快乐与发展课程教师教学用书　中班　上册》，130页，北京，北京师范大学出版社，2008。）

捡树叶

一片片的树叶儿，

落到地面——

小蚂蚁捡起一片：

它是我的雨伞；

小刺猬捡起一片：

它是我的蒲扇；

小山羊捡起一片：

它是我的饼干；

小朋友捡起一片：

它是我的书签……

大家捡树叶，

捡得多欢喜！

四、11月目标与内容

（一）11月目标与周活动安排

1. 11月目标

（1）自我

①经常保持愉快的情绪，知道用适当的方式表达自己的感情和需要。

②愿意收拾和整理玩具或生活物品，保持环境的整洁有序。

③学习擤鼻涕的正确方法，知道打喷嚏、咳嗽时捂住口鼻，有良好的个人卫生习惯。

④跑步时能够曲臂迈大步，能较灵活地控制跑步的速度和方向，上下肢动作较协调。

⑤了解简单的消防安全知识，知道不玩火柴和打火机，不摸电源插座。

⑥知道自己在班级值日中所承担的任务（如，打扫自己的卫生区、照看植物等），在成人的引导下及时完成自己的任务。

（2）自然

①发现深秋时节天气及动植物的变化（天气变冷、大树落叶、动物冬眠）等，感受季节变化与动植物及人们生活的关系，体验发现的乐趣。

②乐于参与种植活动，关心爱护植物，学习给植物浇适量的水，能够正确地照顾植物。

③能够关心班级饲养的小动物，并对饲养的小动物感兴趣，愿意学习有关小动物习

性的相关知识。

④感知和体验一些天气现象，如雨、风、沙尘、雾霾等天气特征，了解其对人们生活的影响，知道在生活中采取相应的防护措施。

⑤好奇、好问，对身边常见的事物、现象感兴趣，愿意猜想，喜欢探究，并运用图画、符号、表述等形式交流探究的过程和方法。

⑥能认识与自己的生活密切相关的科技生活用品（微波炉、榨汁机、烤箱等），并初步知道这些用品与人们生活的关系。

⑦感受1~10数字与数量的对应关系，能手口一致地点数10以内的数。

⑧认识5以内的相邻数。

（3）社会

①知道自己生活的小区的名字，知道自己家的门牌号。

②认识日常生活中的特种车辆，知道其名称和特征。

③遵守一日生活常规，区域游戏时能够自主遵守规则，知道维护区域活动规则，如角色区游戏的规则。

④在游戏中学习简单地与人交往的技能（如在角色游戏中学习与不同角色的人交往的方法与技能）。愿意倾听并接受同伴或教师的建议。

⑤喜欢与同伴一起游戏，感受与同伴交往的乐趣，喜欢交朋友。

⑥理解体验他人的心情，学习关心他人的方法。

（4）文化

①了解基本的礼貌用语，愿意用礼貌用语与人交流。

②理解"约定"，能够在生活中初步遵守"约定"。

③喜欢听儿童文学作品（如故事、散文等），欣赏与"秋天"有关的文学作品，感受文学作品的美。愿意反复阅读自己喜爱的图画书，并能复述自己喜欢的故事。

④喜欢秋天，欣赏秋天大自然的美，感受关于"秋天"的艺术作品的美。

⑤喜欢画画、折纸、捏泥等活动，能够大胆想象，创作与"秋天"有关的艺术作品。

⑥喜爱唱唱跳跳，欣赏有关秋天的音乐作品，在成人的引导下创编有关秋天主题的舞蹈，能用自己喜爱的方式表达对音乐的理解。

2. 11月周活动安排

本月建议开展的活动主题：秋季自然物主题。

周次	活动名称	活动目标	发展课程中的领域	对应的五大领域	备注
第一周	【秋季自然物主题】捡树枝，比树枝	1. 喜欢收集树枝，观察不同树枝的自然特征。 2. 知道树枝对大树的作用，能将自己的发现与同伴交流。	自然	科学	
	【秋季自然物主题】多种多样的树枝	1. 尝试将收集的树枝进行分类，并能说出分类的理由。 2. 在比较中能运用正确的形容词，如长短、粗细等，描述树枝的特点。 3. 喜欢观察、对比多种树枝，感受其不同特点。	自然	科学	
	【秋季自然物主题】树枝变变变	1. 感知树枝的自然特征，能根据树枝特征借形想象并创作。 2. 喜欢参加立体创作活动，感受艺术作品的美。	文化	艺术	详案一
	有用的鼻子	1. 学会擤鼻涕的正确方法，知道打喷嚏、咳嗽不对人，形成良好的个人卫生习惯。 2. 了解鼻子的重要作用，学习保护鼻子的基本方法。	自我	健康	
	老狼老狼几点了	1. 能在一定范围内四散追逐跑，会主动避让，保护自己。 2. 能根据指令迅速反应，动作敏捷灵活。	自我	健康	
	特种车	1. 认识几种特殊功用的车（救护车、洒水车、消防车等）。 2. 了解特种车辆的特征及用途。	社会	社会	
	关心生病的好朋友	1. 学习关心他人的方法，关心生病的小朋友。 2. 感受关心、帮助他人给自己带来的快乐。	社会	社会	

续表

周次	活动名称	活动目标	发展课程中的领域	对应的五大领域	备注
第一周	音乐律动：落叶	1. 感受三拍子乐曲的旋律特点。 2. 能够用身体造型表达对音乐的感受，体验音乐游戏的快乐。	文化	艺术	沈百英作词，汪玲作曲
	歌唱活动： 小白船	1. 感受三拍子乐曲柔美、悠扬的旋律。 2. 学唱歌曲，能用柔和自然的声音演唱。	文化	艺术	
第二周	【秋季自然物主题】 我和树叶做游戏	1. 能结合自己的生活经验展开想象，尝试用树叶玩各种游戏。 2. 感知树叶的自然美，体验玩树叶的乐趣。	自然	艺术	
	丢手绢	1. 了解丢手绢的游戏规则，能够遵守规则，喜欢和同伴一起游戏。 2. 能够快速地绕圈奔跑，锻炼敏捷的反应能力。	自我	健康	
	我的家在这里	1. 能说出自己家的门牌号，了解门牌号的实际意义。 2. 能说出自己家小区的名字。	自我 社会	社会	
	周末有约	1. 能和同伴协商制订周末旅游计划。 2. 知道自己与别人有不同的兴趣爱好，懂得尊重别人的意见。	社会	社会	
	绘画：天空中的云朵	1. 感受秋日天空中不同形态、色彩云朵的美。 2. 尝试在大的纸张上使用多种工具材料与同伴合作表现天空中的云朵。	文化 社会	艺术 社会	
	我会榨果汁	1. 了解蔬菜或水果从固体到液体的变化过程，了解榨汁机的功能。 2. 感受科技给人们生活带来的方便和好处。	自然	科学	
	我排队，等一等	1. 结合日常生活理解"排队""等待"的重要性。 2. 通过情境体验排队等待的好处，增强遵守规则的意识。	社会	社会	

续表

周次	活动名称	活动目标	发展课程中的领域	对应的五大领域	备注
第二周	律动《有洞的音乐》	1. 熟悉音乐旋律，了解乐句和休止的特点，能用恰当的动作表达音乐的行进与休止。 2. 能尝试创编动作表现乐句，提高音乐感受力和身体动作的控制力。 3. 感受音乐欢快的情绪，体验音乐活动的乐趣。	文化	艺术	详案二
	诗歌《会走路的小松树》	1. 感受诗歌中比喻的修辞手法。 2. 喜欢欣赏并朗读、表演诗歌内容。	文化	语言	诗歌见附录
第三周	纸盘大变身	1. 尝试用纸黏土、彩纸、毛根等材料与纸盘进行组合，做出立体的作品。 2. 在艺术创作活动中体验操作的乐趣，感受成功的喜悦。	文化	艺术	详案三
	文明小队员	1. 在自主户外运动游戏中文明有礼，能够主动与老师、同伴打招呼。 2. 活动中遇到问题能够用礼貌的语言主动寻求他人帮助。	文化自我	社会	
	天气不好怎么办	1. 了解不同的天气现象，如雨、风、沙尘、雾霾等。 2. 懂得一些天气不好时的防护措施，有简单的自我保护能力。	自然	科学健康	
	自然角中的种植	1. 在种植活动中探究植物生长所需要的条件。 2. 喜欢种植活动，愿意将自己的发现与他人分享。	自然	科学	
	数的邻居	1. 认识5以内的相邻数。 2. 喜欢玩相邻数的游戏，感知相邻数的意义。	自然	科学	

续表

周次	活动名称	活动目标	发展课程中的领域	对应的五大领域	备注
第三周	小晗和明明	1. 知道同伴"不小心"的过失行为是可以原谅的。 2. 知道朋友之间要宽容、谅解，学会体会他人的感受，体验同伴友好交往的快乐。	社会	社会	
	欣赏雕塑： 《鸟的爱抚》	1. 感受米罗作品中简洁、抽象的造型美和欢快、鲜明的色彩美。 2. 尝试用多种自然材料拼搭、组合，再现作品的艺术风格，体验艺术创作的乐趣。	文化	艺术	
	图画书： 《小刺猬的麻烦》	1. 阅读图画书，体会小刺猬的烦恼。 2. 能够仔细观察画面，理解故事内容和情节，并学会关爱他人。	文化 社会	语言 社会	
	即兴表演 《小星星》	1. 尝试创编出符合歌曲内容、情绪和节奏的优美动作。 2. 喜欢表演活动，感受即兴表演的快乐。	文化	艺术	
第四周	安全防火我知道	1. 知道不玩打火机、火柴，不触碰火源、电源，知道火的危害，有基本的防火常识。 2. 知道119是火警电话，会正确拨打电话求救，有初步的自我保护能力。	自我	健康	
	奇妙的数字	1. 感受1~10数字与数量之间的对应关系，初步理解10以内数的实际意义。 2. 巩固点数的方法，能按一定顺序手口一致地点数10以内的数。 3. 喜欢参与数学活动，在操作中体验探索的乐趣。	自然	科学	详案四

续表

周次	活动名称	活动目标	发展课程中的领域	对应的五大领域	备注
第四周	闯关取宝	1. 巩固走、跑、爬的能力。 2. 掌握双脚向前跳的技巧，发展动作的灵敏性和协调性。 3. 喜欢玩闯关游戏，大胆挑战、不怕困难。	自我	健康	
	小动物找家	1. 综合运用点数、相邻数以及分类、排序等经验解决一些游戏中的问题。 2. 能够积极动脑，体验数学游戏的快乐。	自然	科学	
	我的区域我做主	1. 能够和同伴一起协商、制定游戏规则。 2. 喜欢区域活动并能遵守区域游戏规则，体验规则的重要性。	社会	社会	
	约定	1. 初步理解"约定"的含义，知道说话要算数。 2. 能够在成人的引导下遵守约定，并体验遵守约定的快乐。	文化	社会	
	即兴演奏节奏乐《小星星》	1. 能够全拍地即兴演奏。 2. 能够正确地使用乐器，养成有序收放乐器的好习惯。 3. 感受参加节奏乐活动的乐趣。	文化	艺术	
	舞蹈《拾豆豆》	1. 学习汉族舞蹈，感受汉族舞蹈动作特点。 2. 尝试用动作表现音乐的力度变化和情感。	文化	艺术	李如会作词，颂今编曲
	儿歌《小蚂蚁坐大船》	1. 感受儿歌"大小对比"的诙谐有趣。 2. 能有意识地调整语气、语调，表现儿歌的趣味性。	文化	语言	儿歌见附录

（二）11月活动详案

詳案一

活动名称：树枝变变变（文化）

活动目标：

1. 感知树枝的自然特征，能根据树枝特征借形想象并创作。

2. 喜欢参与立体创作活动，感受艺术作品的美。

活动准备：

经验准备：幼儿有捡树枝的经验，有玩彩泥的经验。

物质准备：树枝若干、白乳胶、纸条、彩泥、水彩颜色、毛笔、树枝的作品图片若干。

活动过程：

开始部分：欣赏图片，激发幼儿制作的兴趣

教师：图片上这些物品是用什么材料制作的呢？

教师：你最喜欢哪一个？为什么？

基本部分：探究材料，自主创作

（1）幼儿摆弄树枝，教师引导幼儿联想。

教师：今天我们来用树枝进行制作，你可以做小动物，也可以做人。请你看一看手里的树枝像什么。

教师引导幼儿摆弄自己手里的树枝，从各个不同的角度观察树枝像什么。

（2）观察感受彩泥和树枝不同的材质特点。

①感受不同材质的特点。

树枝（颜色较单一；上面有自然的纹理；粗糙；有一定的硬度；易折断）

彩泥（色彩丰富；鲜艳；可揉软；可塑性比较强）

②感知树枝和彩泥的不同作用。

树枝可用来做什么？（四肢、犄角、头发）

彩泥可用来做什么？（身体，可以用来连接树枝）

③出示教师做好的小动物，引导幼儿观察树枝及彩泥的用处。

（3）幼儿用树枝和彩泥进行创作。

①教师介绍材料。

②幼儿创作，教师观察指导。

重点指导：树枝的连接。

结束部分：分享交流

引导幼儿从自己作品的创意、连接方法等向同伴介绍。

相关经验：

文化（语言）：幼儿能比较清楚地介绍自己的作品。

活动评价：

1. 通过语言了解幼儿是否能感知和表达树枝与彩泥的不同特征。

2. 通过作品了解幼儿是否能根据树枝特征借形想象进行创作。

（张　舟）

详案二

活动名称：律动《有洞的音乐》（文化）

作品分析：

这首乐曲情绪欢快，节奏感强，旋律重复，休止特点突出，有感染力，很适合幼儿倾听。音乐立即反应游戏不仅能提高幼儿的自控力，还可以提高幼儿的音乐感受力、表现力。

活动目标：

1. 熟悉音乐旋律，了解乐句和休止的特点，能用恰当的动作表达音乐的行进与休止。

2. 能尝试创编动作表现乐句，提高音乐感受力和身体动作的控制力。

3. 感受音乐欢快的情绪，体验音乐活动的乐趣。

活动准备：

经验准备：幼儿有一定的合拍做律动经验。

物质准备：《有洞的音乐》。

活动过程：

开始部分：问好与发声练习

（1）入场：幼儿听音乐《落叶》来到活动室。

（2）师生问好：

$$1=C\text{-}E \quad \frac{2}{4} \quad | \, \underline{1\ 2\ 3\ 4} \, | \, 5 \quad - \, | \, \underline{5\ 4\ 3\ 2} \, | \, 1 \ - \, \|$$

师：小朋友们　好！　幼：X 老师您　好！

基本部分：熟悉乐曲，创编动作

（1）初步感受音乐，了解音乐的行进和休止。

请幼儿倾听《有洞的音乐》。

教师：听完这个音乐，你有什么感觉？

重点：引导幼儿发现音乐中间有停顿，不发声的地方即休止，介绍音乐《有洞的音乐》。

（2）再次感知音乐的休止部分，尝试跟随音乐做律动。

教师：每次休止多长时间不发声？（幼儿再次听音乐，确认拍数）

重点：引导幼儿注意倾听休止的拍数，数出来或默数1、2、3、4。

听音乐模仿老师的动作，休止处要注意控制动作，停止不动4拍。（播放音乐）

教师：老师在什么时候换动作？

重点：引导幼儿倾听，发现音乐有变化时表示这一句结束，一个乐句换一种动作，休止时动作停，再响起时继续前面的动作。

幼儿完整听音乐跟随老师做律动。

重点：引导每次音乐休止时静止不动，再响起时有节奏地律动，新乐句出现时观察模仿新动作，提示幼儿模仿并注意倾听。

（3）以闯关游戏的方式跟随音乐做动作。（播放音乐两次）

规则：请幼儿轮流尝试当小队长带领集体做动作，音乐停大家都静止不动就算过关；没有控制好还在动的表示掉进洞里，即闯关失败。

提示：教师观察幼儿在活动中的表现，并给予适当的支持与指导。

结束部分：在游戏中体验乐曲的欢快情绪

幼儿再次轮流当小队长听音乐做律动，当过小队长的幼儿离开活动场地，活动自然结束。

相关经验：

社会：喜欢和同伴一起配合做音乐游戏，感受一起游戏的快乐。

活动评价：

1. 幼儿能否听辨并找到音乐的规律，休止时静止不动。

2. 幼儿能否听辨并区分乐句，有规律地创编动作。

活动延伸与扩展：

美术表征：听音乐作画。

（王伟莹）

详案三

活动名称：纸盘大变身（文化）

活动目标：

1. 尝试用纸黏土、彩纸、毛根等材料与纸盘进行组合，做出立体的作品。

2. 在艺术创作活动中体验操作的乐趣，感受成功的喜悦。

活动准备：

经验准备：幼儿有用纸盘进行装饰画或手工制作活动的前期经验。

物质准备：大小不同的纸盘、不同颜色的纸黏土、辅助材料（各色卡纸、毛根、不同颜色的即时贴、丝带、瓶盖、透明胶带、双面胶等）。

活动过程：

开始部分：出示活动材料，引发幼儿兴趣

（1）引导幼儿观察各种材料，激发幼儿用纸盘进行手工制作的愿望。

教师：小朋友们，你们看这是什么？

教师：如果给你一个纸盘，你能让它立起来吗？

请个别幼儿尝试让纸盘立起来。

（2）出示纸黏土，引导幼儿观察材料的使用。

教师：如果加上纸黏土，可以让纸盘立起来吗？

请个别幼儿尝试，其他小朋友看看他是怎样做的。

基本部分：鼓励幼儿发挥想象力，有创意地创作作品

（1）引导幼儿讨论纸盘与纸黏土组合可以变成什么。

教师提问：你们可以让纸盘和纸黏土组合变成一个立体的东西吗？可以变成什么呢？你们想动手把纸盘变成可以立住的东西吗？

（2）幼儿创作，教师观察指导。

①出示辅助材料，并逐一介绍。

教师：除了纸黏土，我还为你们准备了很多材料，希望它们也能帮助你们将作品立起来。

②提出制作中的注意事项。

教师：做之前我们先想好要做什么东西、需要多大的纸盘，再动手制作。

（3）教师及时启发幼儿，为幼儿提供必要的支持。

结束部分：纸盘变身展览会

（1）带领幼儿将制作的纸盘作品布置成"纸盘大变身"展览会，每一个幼儿都是自己作品的讲解员，鼓励幼儿积极地向同伴讲解自己的作品，以及制作方法。

（2）鼓励幼儿用欣赏的眼光发现别人作品的优点，相互学习和交流，让幼儿获得更多有益的经验，同时提升自身的表达、评价等能力。

相关经验：

自我：展览中幼儿能够积极大胆地向同伴讲解自己的作品以及制作方法。

活动评价：

观察幼儿是否能积极动脑尝试运用各种方法使纸盘立起来，是否具有一定的造型能力。

活动延伸与扩展：

收集各种不同的制作材料投放进美工区中，根据幼儿的需要随时进行制作活动。

（卫　群）

详案四

活动名称：奇妙的数字（自然）

活动目标：

1. 感受1～10数字与数量之间的对应关系，初步理解10以内数的实际意义。

2. 巩固点数的方法，能按一定顺序手口一致地点数10以内的数。

3. 喜欢参与数学活动，在操作中体验探索的乐趣。

活动准备：

经验准备：认识数字1～10；会认读普通骰子。

物质准备：骰子（1～6）1个、骰子（1～10）6个、小圆片若干、小布袋6个、玩具6盒、双格小碟6个、数字卡片12套、图卡6套（图片上物品排列位置随意）、地毯7块、撞钟（注：材料数量匹配的是12名幼儿）。

活动过程：

开始部分：复习对1～10数字的认识

教师：这些数字你们认识吗？（出示1～10的数字卡）它是几？

教师：今天我们要和这些数字一起玩游戏。

基本部分：玩数字游戏，感受数与量的关系

游戏1：掷骰子游戏——感受1～10数字与数量之间的对应关系

（1）认识十面骰子。

教师：大家还记得骰子吗？它有几个面？掷骰子的最大数字可以是几？

教师：我这里有一种新的骰子，你们看看有什么发现？

教师：数一数，它有几个面？它的名字叫十面骰子，我们今天要用十面骰子做游戏。

（2）邀请另一位教师，共同演示游戏玩法。

①一个人掷骰子，两个人分别点数，然后分别取对应的数字卡片摆出来。

②两人分别取和数字相同的数量。

③都取完后，一组小朋友互相验证，并获得一个闯关圆片。

④换另一个人掷骰子，步骤同前面三步。

（3）幼儿两人一组玩游戏，教师观察指导。

重点关注：幼儿所取数字和数量是否正确。

游戏2：抽卡游戏——能从上到下或从左到右，手口一致逐一点数，不漏数、不跳数、不重复数。

教师：这里有一个神秘袋，里面装了很多漂亮的图片，接下来我们来玩一个游戏，你从神秘袋中抽出来的图片上有几个物品，就请你找到对应的数字卡片。

幼儿操作，教师观察：幼儿是否能按一定顺序手口一致地正确点数。

结束部分：统计闯关的次数，再次巩固数与量的对应关系

教师：现在游戏结束，请将你得到的小圆片摆出来，数一数你一共闯了几次关，并把对应的数字摆在旁边。完成后可以和你身边的小伙伴分享一下。

活动经验：

社会：能与同伴轮流合作完成游戏，愿意遵守游戏规则。

活动评价：

1. 观察幼儿选择的数量与十面骰子显示的数字是否一致。

2. 观察幼儿是否能按一定顺序手口一致地点数10个以内的物品。

（姚金利）

11月附录

会走路的小松树

薛卫民

美丽的森林里，

走出淘气的小花鹿，

它的两个犄角，

绑着两棵小树。

小树摇一摇，

小鹿走一步；

小树摇两摇，

小鹿走两步。

活泼的小山羊，

告诉跳跳的小白兔：

"快看，快看，

快看会走路的小松树！"

（出自张春明：《名家童诗》，72～73页，北京，中国人口出版社，2011。）

小蚂蚁，坐大船

小蚂蚁，坐大船，顺着溪流驶向前。

要问大船有多大？原来是片小花瓣。

（出自《幼儿园快乐与发展课程教师教学用书　中班　上册》，

179页，北京，北京师范大学出版社，2008。）

五、12月目标与内容

（一）12月目标与周活动安排

1. 12月目标

（1）自我

①愿意参加幼儿园的各项活动并保持愉快的情绪，积极、大胆地展现自我。

②体验"长大一岁"的成就感，积极参加展示活动，体验"我能、我会、我真棒"的成就感，形成积极的自我认识。

③尊敬长辈，愿意与长辈交流。

④保持活动环境的整洁有序，养成良好的公共卫生习惯。

⑤双脚连续跳时动作连贯，立定跳远起跳时双臂能有意识地摆动，落地时能主动屈膝缓冲；掌握跨跳、单脚连续跳、蹲（跪）撑跳、协同跳等动作。

⑥积极参加冬季锻炼，不怕寒冷，在运动中增强体质，增强对寒冷环境的适应能力。

⑦有初步的自我保护意识。认识生活中危险的地方或危险的物品，如电源、开水、坚硬物等，知道它们的危害。知道危险来临时如何躲避或呼救。

⑧主动帮助老师及同伴整理户外、区域等玩具，愿意为集体或同伴做事情。

⑨知道中国是一个多民族国家，知道自己的民族。

（2）自然

①观察植物在冬季里的明显变化，认识落叶树和常绿树。

②认真观察自然角中植物和动物的生长，记录它们的生长过程并向同伴分享自己的发现。

③认识身边的科技生活用品，如声控开关、自动门等。知道这些科技用品对人们生活的作用。

④在日常生活中对比发现四季的不同，体验春、夏、秋、冬明显的季节特征，知道人们通过增减衣服适应季节的变化。

⑤巩固10以内的物体的点数，并用记录的方式表现点数的过程。

⑥理解数字的含义，会用数字表示物体的数量，有初步的数量对应概念。

（3）社会

①认识小区周围环境中的设施如公园、超市、医院等，了解小区设施与人们生活的关系，并知道爱护周围的环境。

②积极参加庆祝新年自选游艺活动，遵守游艺规则。

③积极主动与同伴交往，学习商讨与合作，表达自己的想法并想办法解决问题。

④能够在教师的指导下大胆地与其他老师、小朋友交流，如新年时给各岗老师送祝福等。

⑤喜欢参加幼儿园的各种活动，在共同生活中初步体验合作、分享的快乐。

⑥学习认真倾听成人或同伴的表达，知道尊重他人的意见或想法。

（4）文化

①日常生活中保持衣服穿戴整齐，主动使用礼貌用语，举止文明、有礼。

②了解与年相关的传统文化习俗，喜欢参加新年活动，体验新年庆祝活动的乐趣。

③喜欢阅读中国经典图画书，感受我国经典儿童文学作品的美。

④喜欢欣赏我国民间艺术作品，如年画、剪纸、泥人等，愿意尝试多种艺术表现形式，体验创作的乐趣。

⑤了解一些少数民族的传统风俗，知道要尊重他们的习俗；欣赏我国各民族的表演作品，感受不同表演作品的情绪情感，能用自己喜欢的方式创意表达。

⑥感受新年音乐和舞蹈喜庆、热闹的特点，愿意参加新年唱歌、跳舞等表演活动。

2. 12月周活动安排

本月建议开展的活动主题：新年主题。

周次	活动名称	活动目标	发展课程中的领域	对应的五大领域	备注
第一周	【新年主题】新年活动畅想	1. 了解班级及幼儿园新年系列庆祝活动，对新年活动充满期待。 2. 知道新年的意义，感受节日的快乐气氛。	文化	社会	
	【新年主题】十二生肖	1. 了解十二生肖及排列顺序。 2. 能够围绕"生肖"这一话题积极思考，表达自己的想法。 3. 喜欢听传统文化故事，对传统文化感兴趣。	文化	社会	
	歌唱活动：粗心的小画家	1. 理解故事并记忆歌词，感受歌词的幽默与滑稽。 2. 学会用赏识的态度评价同伴的表演。	文化	艺术语言	许浪作词，韩德常作曲

续表

周次	活动名称	活动目标	发展课程中的领域	对应的五大领域	备注
第一周	【新年主题】剪窗花	1. 认识窗花，知道窗花是我国的传统手工艺术。 2. 尝试用对折剪和镂空的方法制作窗花。 3. 喜欢探索和创新，感知窗花的结构和艺术美。	文化	艺术	详案一
	运萝卜	1. 尝试双脚连续侧跳，落地较轻。 2. 能不怕寒冷、积极勇敢地参加体育活动。	自我	健康	
	小熊商店	1. 巩固手口一致地点数10以内的物体，说出总数。 2. 用记录的方式表达点数的过程。	自然	科学	
	春夏秋冬	1. 了解春夏秋冬季节的不同特征，能结合自己的生活经验描述当前季节的特征。 2. 能够在成人的指导下根据季节的变化调整作息，增减衣服等。	自然	科学	
	有问题，大家帮	1. 会寻求帮助，也乐于关心和帮助别人。 2. 能够围绕特定问题与同伴一起想办法，尝试解决生活中出现的问题。	社会	社会	
	我的爷爷奶奶（姥姥姥爷）	1. 感受爷爷奶奶（姥姥姥爷）对自己的关爱和照顾。 2. 尊重、关心长辈，感恩他们为自己成长付出的辛苦。	自我	社会	
第二周	音乐欣赏：糖果舞会	1. 愿意倾听音乐，能用肢体动作区分两段不同力度的音乐。 2. 喜欢用肢体动作表现作品中特有的音乐形象，增强音乐感受力。	文化	艺术	详案二

续表

周次	活动名称	活动目标	发展课程中的领域	对应的五大领域	备注
第二周	唐装欣赏	1. 知道唐装是中国的一种服饰，发现唐装喜庆的特点。 2. 尝试用绘画、手工制作及装饰的形式表达对规律美的理解。	文化	艺术	
	【新年主题】制作灯笼	1. 了解灯笼的外形及构造，能够尝试运用各种材料制作灯笼。 2. 知道新年挂灯笼的习俗，感受节日的快乐气氛。	文化	艺术	
	我是运动小健将	1. 感受并说出运动前后身体的变化，知道运动能使身体暖和起来。 2. 初步体验运动的益处，懂得冬季要积极参加体育锻炼。	自我	健康	
	好玩的布袋	1. 能动作协调地双脚套袋连续跳。 2. 能利用袋子进行多种游戏，体验合作玩布袋游戏的乐趣。	自我社会	健康社会	
	植物生长日记	1. 喜欢种植，观察并记录植物的生长过程。 2. 能用连贯完整的语言讲述自己的发现。	自然文化	科学语言	
	分糖果	1. 理解数字的含义，会用数字表示物体的数量。 2. 巩固数量对应的概念。	自然	科学	
	关心朋友	1. 学会理解和体验他人的心情，会用适宜的方法关心别人。 2. 喜欢结交朋友，体会与同伴交往的快乐。	自我社会	社会	
	故事《小猪盖房子》	1. 认真倾听故事，理解故事情节。 2. 模仿故事中的角色对话，喜欢表演。	文化	语言	

续表

周次	活动名称	活动目标	发展课程中的领域	对应的五大领域	备注
第三周	【新年主题】节日的装饰	1. 能选择自己喜欢的装饰材料布置新年环境。 2. 感受新年红火、热闹的装饰气氛，体验节日的快乐。	文化	艺术	
	【新年主题】美术欣赏：杨柳青年画	1. 感受杨柳青"娃娃"题材年画中欢乐、喜庆、吉祥的寓意。 2. 愿意表达自己对作品的独特理解和感受。 3. 喜欢参与美术欣赏活动，体验艺术创想的乐趣。	文化	艺术	详案三
	【新年主题】我们一起来舞龙	1. 了解舞龙独特的动作特点，尝试与同伴一起协作舞龙。 2. 体验传统舞龙的乐趣，感受舞龙的热闹氛围。	文化	社会	
	【新年主题】打击乐《咙咚锵》	1. 感受音乐作品欢快、热闹的旋律特点，获得愉悦和美的体验。 2. 能够按简单的固定节奏型为乐曲做即兴伴奏，具有初步的协调配合能力。	文化	艺术	
	北风爷爷你吹吧	1. 能不怕寒冷，积极参加体育活动。 2. 一定范围内较灵活地往返跑，追逐时能较灵活地躲闪，能遵守游戏规则。	自我社会	健康社会	
	冬季植物大发现	1. 观察、比较冬季室内外植物生长变化的特征。 2. 体验季节变化与植物的关系。	自然	科学	
	班级公约	1. 在教师的引导下能发现游戏中的行为问题，愿意主动解决问题，约定游戏规则。 2. 愿意遵守规则，知道游戏规则对自己和他人都有好处。	社会	社会	

续表

周次	活动名称	活动目标	发展课程中的领域	对应的五大领域	备注
第三周	热热闹闹的小区	1. 了解小区及周边的环境，并能向他人介绍小区的主要设施和周边环境。 2. 爱护小区设施与环境，做文明小主人。	社会	社会	
	图画书《幸福的大桌子》	1. 能仔细观察画面，联系故事内容积极思考，大胆表达自己的理解。 2. 体验全家团聚的幸福，珍惜和家人在一起的时光。	文化 自我	语言 社会	
第四周	【新年主题】 包饺子	1. 能发现乐曲中欢快和舒缓的节奏变化，并尝试跟随音乐进行韵律表演。 2. 能用各种身体动作表现包饺子的情节，大胆创新。 3. 愿意参加集体韵律活动，感受音乐律动的快乐。	文化	艺术	
	【新年主题】 制作邀请卡	1. 知道邀请卡的意义，能用完整的语句介绍自制的邀请卡。 2. 能用自己喜欢的方式设计邀请卡，有一定的美感。	文化	艺术 语言	
	【新年主题】 送邀请卡	1. 能够用清晰、完整的语言大胆表达"邀请"和"祝福"。 2. 体验主动邀请他人的快乐与自信。	社会 文化	社会 语言	
	【新年主题】 快乐的新年游艺会	1. 能自主选择新年游艺活动并遵守活动规则。 2. 在自主游艺活动中遇到问题能寻求帮助。 3. 体验新年庆祝活动的乐趣。	社会 文化	社会	
	【新年主题】 少数民族服装秀	1. 了解不同少数民族服装的特点。 2. 愿意用少数民族服装装扮自己，大胆展示。	文化	艺术	

续表

周次	活动名称	活动目标	发展课程中的领域	对应的五大领域	备注
第四周	给幼儿园的老师拜年	1. 能用自己喜欢的方式给老师拜年，表达对老师的感谢和祝福。 2. 能够在拜年活动中体验中国传统年文化，感受节日的欢乐氛围。	文化	社会	详案四
	我是安全小卫士	1. 认识生活中危险的物品，如电源、开水、煤气等。 2. 知道不随意触碰危险物品，如遇危险能及时向成人求助，学习自我保护的方法。	自我	健康	
	常绿树与落叶树	1. 能运用观察与比较的方法辨别日常生活中的落叶树和常绿树。 2. 了解常绿树和落叶树的基本特征，发现它们的不同，知道季节变化对落叶树与常绿树的影响。	自然	科学	
	【新年主题】图画书《团圆》	1. 能细致观察画面，通过讨论、猜测等多种方式理解图画书内容，感受主人公的心理变化，理解"团圆"的意义。 2. 喜欢阅读，感受阅读的乐趣。	文化	语言	

（二）12月活动详案

详案一

活动名称：剪窗花（文化）

活动目标：

1. 认识窗花，知道窗花是我国的传统手工艺术。

2. 尝试用对折剪和镂空的方法制作窗花。

3. 喜欢探索和创新，感知窗花的结构美和艺术美。

活动准备：

经验准备：幼儿有使用安全剪刀的经验。

物质准备：班级的窗户贴上窗花，红色宣纸、安全剪刀、压花器等。

活动过程：

开始部分：欣赏窗花，了解窗花的来历

教师：看到窗户上的这些窗花，你的心里有什么感受？（美、喜庆、热闹、暖洋洋的……）

教师：你还在哪儿见过窗花？什么时候会贴窗花？

教师：小朋友们知道为什么我们中国人过年的时候要贴窗花吗？我们一起来听一个有关窗花的故事吧。

基本部分：探索窗花的制作方法，并尝试自己动手剪窗花

（1）引导幼儿观察四瓣花的窗花，通过讨论了解窗花对称和镂空的外形特点。

教师：这幅窗花有几个花瓣？它们的形状一样吗？

教师小结：图案上下或左右一样我们可以称之为对称。

教师：花瓣上的图案是怎么做出来的呢？它跟我们平时画上去的图案有什么不一样？（图案是空的，被剪掉了）

（2）尝试剪出轴对称图形。

教师：怎样在一张纸上剪出两个一样的图形？

发给每个小朋友一张纸，请小朋友自己来试试看。

教师：请你来试一试，一会儿和大家分享一下你是怎么做出对称的图形的。如果失败了也没有关系，说说自己遇到了哪些困难。

幼儿动手操作，教师重点观察幼儿遇到了哪些困难，以及是如何想办法解决问题的。

分享制作对称图形的方法。

教师：你遇到了哪些困难？

教师：谁制作成功了和大家分享一下，你是怎么做的，用了哪些方法？（对折、画出一半的图案或剪出外形）

教师根据幼儿掌握的情况，示范用将纸对折剪出对称图形的方法。

（3）尝试剪出中心对称图形。

教师：这一次请你试一试将纸对折再对折，剪出图形，打开看看有什么不同。

教师小结：将纸对折两次后，我们会剪出上下左右都一样的四个图形。

（4）尝试对窗花进行镂空装饰。

教师：请你在刚才剪的窗花上试着剪一些小图案，或用压花器压一些花，打开看看会有什么效果。

（5）幼儿自主剪窗花。

教师重点指导：幼儿剪窗花时是否运用对称和镂空，如遇到问题可进行指导。观察幼儿使用剪刀的情况，注意安全。

结束部分：装饰教室，分享作品

请幼儿将自己的作品贴在教室的新年主题墙面上，装点教室环境。

幼儿自由分享，感受窗花热闹喜庆、丰富多样的美感。

相关经验：

自我：在积极思考和动手操作中，体验成就感并建立自信。

文化：喜欢用自己创作的美术作品装扮自己的生活环境。

活动评价：

1. 观察幼儿是否能剪出对称和镂空的窗花。

2. 观察幼儿是否积极参与活动，遇到问题是否能寻求解决办法。

活动延伸与扩展：

在区域活动中运用剪纸的技能进行多种多样的窗花制作。

附故事

窗　花

相传，尧在位7年，有一种属于凤凰一类的吉祥而罕见的鸟叫鸢鹐鸟，它年年飞到都邑栖息生活。由于鸢鹐的到来，麒麟吓地跑到大泽的草丛里，不敢出来；鸱枭逃到了荒无人烟的森林中，瑟瑟发抖。从此，人们过上了安居乐业的太平日子。后来，不知为什么，鸢鹐不再飞来了，凶禽猛兽又重新出现在都邑，四处横行危害人们的生命安全。大家都感到很失望。

当时有个折支国，听说尧民十分崇敬鸢鹐鸟，鸢鹐鸟又不知飞往哪里去了，就主动献来一种"重明"鸟。因为这种鸟每一只眼内都有两个瞳孔，所以又叫"重睛"。"重明"的形体很像公鸡，鸣叫的声音又十分像凤凰，人们都认为它是一种吉祥的神鸟。刚献来的时候，它的羽毛已经全部脱落，但它用肉翅照样飞翔。"重明"十分凶猛，能够追赶猛虎，并勇敢地进行搏斗，老虎也常常成为"重明"的美味佳肴。自从有了"重明"，凶禽猛兽和妖魔鬼怪都不敢出来危害百姓了。

百姓十分崇敬"重明"，对它爱护有加，每天都用美玉磨成细粉，做成流质饲料喂它。"重明"有时一年几次飞临，有时几年也不飞来。为吸引"重明"能经常飞来为民除害辟邪，百姓都把门户打扫得干干净净，为它准备停落栖息的场所。但是，月月等，年年盼，"重明"一次也不飞来了，老百姓为此十分忧虑，怕那些凶禽猛兽邪魔外祟重新为害，各家各户都在动脑筋想办法，有的铸金鸟，有的刻木鸡，悬在窗户上。说来也真灵验，凶禽猛兽和妖魔鬼怪见了这些木鸡金鸟，以为是"重明"又飞回来了，都吓得魂飞魄散，飞快地逃往远方，躲藏起来。于是，百姓都在妖魔鬼怪集中出来作恶的新年期间，在窗户上悬挂着栩栩如生的金鸟木鸡。

时间一长，逐渐演变成一种民间习俗，每年的正月初一，家家户户都或刻或画金鸟木鸡，贴挂在窗上。至隋唐时期，剪纸雄鸡取代了古代的金鸟木鸡，贴在窗上，就是后来的窗花了。

（谢红玉）

详案二

活动名称：音乐欣赏：糖果舞会（文化）

作品分析：

《舒伯特军队进行曲》和《萨沙》是两段强弱力度不同的音乐，能够带给幼儿强烈的听觉刺激。幼儿通过欣赏音乐和肢体表达，用自己的方式去表现和创造美，能丰富音乐的想象力和创造力。

活动目标：

1. 愿意倾听音乐，能用肢体动作区分两段不同力度的音乐。

2. 喜欢用肢体动作表现作品中特有的音乐形象，增强音乐感受力。

活动准备：

经验准备：幼儿对物体的软、硬特征有一定的感知经验。

物质准备：两段不同力度的音乐（《舒伯特军队进行曲》《萨沙》），糖果先生和糖果小姐形象图片、面具、纱巾、帽子。

活动过程：

开始部分：音乐导入，吸引幼儿的注意力

幼儿听音乐有节奏地行走进入音乐教室，行进过程中能跟随音乐做肢体动作。

基本部分：倾听音乐，并用肢体动作表现音乐作品

第一遍听音乐，自由表达自己的感受。

教师：听到这两段音乐，你有什么样的感受？

第二遍听音乐，幼儿自由使用肢体动作表达对音乐旋律的理解。

教师：我们再来听一次音乐，这次请你一边听音乐一边做动作。

第三遍听音乐，用肢体探索、创意表现糖果先生和糖果小姐。

教师：今天我们去糖果城堡里，那里要举办一场盛大的舞会，里面有很多糖果先生和糖果小姐。

教师：你们看这是谁呀？（糖果先生）这个呢？（糖果小姐）

教师：现在请你们来听一听哪一段音乐是糖果先生在跳舞？（硬硬的）哪一段音乐是糖果小姐在跳舞？（软软的）

教师播放第一段音乐，幼儿倾听。

教师：你们觉得这是谁在跳舞？是怎样跳的？（幼儿用肢体动作表达）

教师播放第二首音乐，幼儿倾听。

教师：这又是谁在跳舞呢？是怎样跳的？（幼儿用肢体动作表达）

幼儿扮演糖果先生或糖果小姐，举办糖果舞会，一起随音乐跳舞。

教师：现在我们和糖果先生、糖果小姐一起跳舞好吗？请你们把自己打扮成糖果先生或者糖果小姐，想一个和别人不一样的动作来跳舞。（请幼儿选择面具、纱巾、帽子）

教师交替播放两段音乐，请幼儿区分不同的音乐形象。鼓励幼儿用不同的创意肢体动作表现糖果先生和糖果小姐。

结束部分：收整材料

收整活动道具，幼儿跟随音乐进入下一个环节。

相关经验：

自我：锻炼肢体动作的协调性。

活动评价：

1. 观察幼儿能否区分两段力度不同的音乐。

2. 观察幼儿能否用肢体动作表现音乐形象。

活动延伸与拓展：

在表演区继续开展"音乐舞会"，以丰富幼儿对音乐的感受力。

（梁朝霞）

详案三

活动名称：美术欣赏：杨柳青年画（文化）

活动目标：

1. 感受杨柳青"娃娃"题材年画中欢乐、喜庆、吉祥的寓意。

2. 愿意表达自己对作品的独特理解和感受。

3. 喜欢参与美术欣赏活动，体验艺术创想的乐趣。

活动准备：

经验准备：新年系列活动的开展。

物质准备：杨柳青年画（娃娃主题）、相机、中国结、福字、灯笼、年俗挂件（金鱼、葫芦、鞭炮）等。

活动过程：

开始部分：观看画展，激发幼儿欣赏兴趣

（1）参观年画画展，引发幼儿兴趣。

教师：今天老师带小朋友们参观一个我们班里的小画展，在欣赏时请小朋友们看看

这些画上都画了什么。

（2）幼儿自由欣赏，教师耐心倾听幼儿的讲述，让幼儿充分表达。

教师：你最喜欢哪一幅？为什么？

基本部分：欣赏年画，感受年画独特的造型、颜色和寓意

（1）集体讨论，引导幼儿了解年画的特点及要表现的含义。

教师：刚才小朋友们都发现这些画上有很多可爱的小孩儿，他们有什么特点？（胖胖的、笑眯眯的、扎着小辫儿，引导幼儿从造型上感受年画欢乐、稚拙的美）

教师：这些画中都用到了哪些颜色？（红、黄、橘、蓝、绿，色彩鲜亮、明快）这些颜色给你什么感觉？（引导幼儿从色彩上感受年画丰富、热闹的氛围）

教师：这些小娃娃都在做什么？（抱着金鱼、拿着花、吹着乐器等）你能学学他的样子吗？你能猜猜人们为什么要画小娃娃做这些事吗？

教师引导幼儿从寓意上理解年画喜庆、吉祥的特点。（对于中班的幼儿，教师可以不把年画固定的寓意传递给幼儿，如"年年有鱼"中鱼与余同音，表达丰收、富足的愿望。如果幼儿对作品的理解与创作意图不一致，教师应给予幼儿充分的想象空间，肯定幼儿个性化的理解和表达）

（2）小结年画的特点。

教师：因为这些画能给人一种欢乐、喜庆的感觉，所以我们中国人很喜欢在过年的时候把这些画贴在屋里装饰环境。这些画还有一个好听的名字叫"年画"。年画中鲜艳的颜色、圆润的线条，还有小娃娃们生动的表情和动作，能给人们在新的一年里带来喜庆、吉祥、欢乐的气氛，也传递了人们的美好愿望。

结束部分：鼓励幼儿自选材料，模仿创作属于自己的吉祥"年画"

（1）出示材料，激发幼儿的表现欲望。

教师：这里有很多过年时我们用的代表喜庆、吉祥的东西，请你选一件自己喜欢的，摆一个你觉得最开心、最可爱的动作，我们来拍一张属于咱们班的"年画"合影。

（2）鼓励幼儿多变换造型，教师可以多拍摄几张。

（3）在班级电视上分享，请幼儿说说自己选的材料和摆的动作，鼓励幼儿说一句吉祥话，表达祝福。

相关经验：

文化（语言）：能用完整的语言在集体面前大胆表述自己的想法。

文化（艺术）：通过欣赏年画、自选年俗物件拍照、说吉利话，感受中华优秀传统文化的元素。

活动评价：

1. 从幼儿的语言表达判断其能否感受到年画的主要特征。

2. 观察幼儿是否愿意在镜头前大胆表现，表达祝福。

活动延伸与扩展：

1. 鼓励幼儿在美工区创作娃娃题材的年画，装扮教室。

2. 创设摄影区，投放道具，鼓励幼儿互相拍摄单人"年画"表达美好祝愿。

（胡　玥）

详案四

活动名称：给幼儿园的老师拜年（文化）

活动目标：

1. 能用自己喜欢的方式给老师拜年，表达对老师的感谢和祝福。

2. 能够在拜年活动中体验中国传统年文化，感受节日的欢乐氛围。

活动准备：

经验准备：生活中时常与老师打招呼；了解拜年活动的意义及不同的拜年形式；会说祝福语。

物质准备：各种彩色纸、剪刀、水彩笔、毛笔、墨、黑卡纸、乐器、表演服装等。

活动过程：

开始部分：讨论给谁拜年、怎样拜年

（1）讨论拜年的对象，并能够理解老师在各个岗位的辛苦。

教师：新年快到了，我们可以给幼儿园的老师拜年，表达祝福和感谢，你想给哪些老师拜年呢？为什么？

教师引导幼儿思考并发现幼儿园有很多工作岗位上的老师，都是可以拜年的对象。

（2）引导幼儿回忆并说出拜年的不同方式。

教师：我们拜年的方式都有哪些呢？（打电话、发微信、面对面说祝福语，也可以写福字，还可以用表演节目的形式送祝福）

基本部分：分组做拜年前的准备

（1）鼓励幼儿选择自己喜欢的方式拜年。

教师：拜年的形式有这么多，那你想用什么样的方式给老师拜年呢？

教师小结：可以分工合作，有制作贺卡的，有讨论表演节目的，还有写福字、说祝福语的。

（2）分组为拜年做准备。

制作贺卡组：引导幼儿欣赏贺卡，了解贺卡上的元素。

教师：贺卡怎么做呢？看看贺卡上都有什么呢？（图案、送贺卡对象的称呼、祝福语、送贺卡的人的名字）

表演节目组：引导幼儿说出自己想要表演的节目，并提供物质支持，帮助幼儿实现自己的想法。

教师：你们想给老师表演什么节目？唱歌还是跳舞？你需要准备哪些东西？是否需要老师的帮忙？（音乐、服装、道具）

写福字、说祝福语：引导幼儿了解对不同岗位的老师可以说哪些祝福语，并能够大胆表达。

教师：小朋友们在美工区都写过福字，可以把你的福字装裱一下，也可以自己再写一个。送福字的时候我们要对老师说哪些祝福语呢？

教师：我们说祝福语的时候要注意哪些事项呢？（声音洪亮、微笑、说完要鞠躬）

结束部分：教师分组带领幼儿到各个部门去拜年

（1）引导幼儿了解给老师拜年的时候要做哪些事情。（问好、自我介绍、说明来意）

（2）鼓励幼儿大胆地与老师互动。

（3）集体分享：请幼儿说说自己给老师拜年的感受。

相关经验：

文化（节日）：知道拜年的一些礼仪，拜年时与他人沟通能文明有礼。

社会：能够积极与同伴分工合作。

活动评价：

1. 观察幼儿在拜年的准备活动中是否积极参与。

2. 拜年时幼儿是否能够大胆地表达自己的祝福。

活动延伸与扩展：

鼓励幼儿回家用多种多样的方式给家人拜年。

（石　娜）

六、1月目标与内容

（一）1月目标与周活动安排

1. 1月目标

（1）自我

①有比较强烈的情绪反应（如生气或兴奋）时，能在成人提醒下逐渐平静下来。

②知道健康食品的种类，有良好的饮食习惯。

③保持个人和生活场所的整洁和卫生，形成爱清洁、讲卫生的好习惯。

④投掷时挥臂速度较快，出手方向能保证向前上方投出，投掷时上下肢用力比较协调。

⑤在外出活动中，不离开成人的视线，学习与成人失散时的求救方法，有自我保护

意识。

⑥在新年活动中，用适宜的方式对家长、幼儿园老师表示感恩，感谢他们为自己的成长付出的辛苦。

（2）自然

①观察并感知小动物在冬天的生活习性，初步了解动物冬眠的特点。

②运用比较的方法进行科学探究，感受比较的过程和结果。

③喜欢参与冻冰花活动，观察冰块结冰和融化的过程，了解水和冰相互转化的温度条件。

④感知冬季的季节特征，了解雪的基本特征。

⑤认识时间，知道周、月、年的时间概念。

⑥喜欢磁铁游戏，知道磁铁吸铁的属性，发现磁铁两极相吸相斥的现象，能运用磁铁的属性解决生活中的问题。

（3）社会

①认识生活中常见的标志，简单了解其意义和用途，遵守基本的社会规则。

②对同伴所说的故事或话题感兴趣，能够积极主动地参与讨论。

③能够邀请同伴一起游戏，共同完成任务，体验合作的乐趣。

④在日常生活与角色游戏中学习与人交往的技能，体验与人交往的乐趣。

（4）文化

①喜欢听故事，读图画书，能讲简短的故事，欣赏与"冬天"有关的文学作品，感受文学作品的美。

②感受雪天的自然美，能够通过画画、做手工等方式来表现自然界和生活中的美。

③喜爱唱唱跳跳，并能从中获得乐趣。

④初步了解世界上其他国家和民族，知道他们有着不同的肤色、体态、服饰、语言和风俗，懂得尊重他们的文化习俗。

2. 1月周活动安排

本月建议开展的活动主题：雪花主题。

周次	活动名称	活动目标	发展课程中的领域	对应的五大领域	备注
第一周	多种多样的表情	1. 能分辨高兴、生气、伤心、害怕等基本表情，并能结合生活经验，讲出自己的情绪体验。 2. 初步学习调整不良情绪的方法，感受积极的情绪体验。	自我	社会	
	【雪花主题】如果我是……	1. 欣赏诗歌，感受诗歌中语言的美，能完整朗诵。 2. 尝试用诗歌的结构和词汇进行仿编活动。	文化	语言	诗歌《如果我是一片雪花》（金波）
	【雪花主题】怎样让雪化得快	1. 通过实验了解雪融化需要的条件。 2. 通过对比实验、记录，寻找让雪快速融化的方法。	自然	科学	
	美丽的冰花	1. 能用自己喜欢的颜色、装饰物等材料制作冰花。 2. 喜欢制作冰花实验，在实验中发现冰的特性。 3. 喜欢利用身边的自然物制作手工艺品，美化自己的生活。	文化 自然	艺术 科学	
	接力赛跑	1. 了解接力赛跑的规则，能够在活动中遵守规则，掌握接力赛跑的方法。 2. 喜欢跑步活动，体会规则在体育活动中的意义。	自我 社会	健康 社会	
	五彩的烟花	1. 感受烟花的美，尝试用多种材料创作立体烟花。 2. 感受并发现不同材料和工具表现出来的不同效果，喜欢动手创作。	文化	艺术	
	天气预报	1. 了解符号代表的天气，用简单的符号记录天气的变化。 2. 学习用简单的统计方法记录一周的天气情况。	自然	科学	

续表

周次	活动名称	活动目标	发展课程中的领域	对应的五大领域	备注
第一周	【雪花主题】即兴表演《堆雪人》	1. 能根据歌词做相应动作。 2. 尝试创编符合歌曲特点的不同"雪人"的动作。 3. 喜欢参与即兴表演活动，感受艺术创想的乐趣。	文化	艺术	方林作词，韩德常作曲
第二周	整齐的阅读区	1. 讨论并制定图书区的规则，体会规则在活动中的意义。 2. 能按共同制定的规则正确收放图书。	社会	社会	
	蒜苗放在哪里长得快	1. 初步了解冬天蒜苗在温度高的地方长得快。 2. 观察记录温度并建立初步的温度概念。	自然	科学	
	各种各样的植物在哪里长得快	1. 感知在土里和水里的洋葱、胡萝卜等植物生长速度的差别。 2. 知道植物的生长需要一定的条件。	自然	科学	
	比一比	1. 能对3~4个物体进行比较、排序。 2. 能恰当地使用"更"和"最"表示事物量的差异。（更长、更短、更大、更小等）	自然	科学	
	小乌龟冬眠日记	1. 了解乌龟在冬天的生活习性，知道乌龟在冬天会冬眠。 2. 喜欢观察、记录，并有一定的持续性。	自然	科学	
	我喜欢和朋友玩	1. 讲述自己或同伴喜欢玩的游戏。 2. 体验与同伴游戏的快乐，获得合作游戏的经验。	社会 文化	社会 语言	
	音乐游戏：碰碰车	1. 喜欢伴随音乐做出走、跑、停的动作，理解休止的意思。 2. 感受模仿开汽车游戏的乐趣，在活动中专注、投入。	文化	艺术	

续表

周次	活动名称	活动目标	发展课程中的领域	对应的五大领域	备注
第二周	【雪花主题】奇妙的雪景	1. 尝试用油画棒、水粉作画,感受色彩的表现力。 2. 感受两种材料不相溶的特点和水油分离的奇妙效果。	文化	艺术	
第三周	我是小小报告员	1. 喜欢发言,在众人面前声音自然、洪亮。 2. 能清楚地介绍当天的食谱,激发同伴主动进餐的兴趣和愿望。	自我 文化	语言	
	小猴运桃	1. 能持物在窄道上行走和踩着一定间距排列的材料行走。 2. 勇敢克服困难,体验挑战的乐趣。	自我	健康	
	图画书《和平是什么?》	1. 知道世界上有不同的国家和民族,他们有不同的肤色、语言等。 2. 懂得尊重世界上不同国家和民族的人和他们的文化习俗。	自我 文化	社会	
	挂彩旗	1. 感知10以内数的守恒(不受大小、排列的影响)。 2. 运用绘画或装饰的形式表达对规律美的理解。	自然	科学	
	磁铁的相吸相斥	1. 发现磁铁两极相吸相斥的现象,并尝试运用磁铁的这一现象解决问题。 2. 喜欢动手操作,对磁铁探究活动感兴趣。	自然	科学	详案一
	歌唱活动:小木桶	1. 唱准附点节奏,探索"咦"的语气,提升歌唱表现力。 2. 能用自然好听的声音学唱,体验音乐合作游戏的乐趣。	文化	艺术	
	【雪花主题】欣赏《雪中的布列塔尼村庄》	1. 感受画面素净的色彩美。 2. 能根据作品表现的场景大胆想象,感受冬日雪景里的温暖。 3. 尝试用适宜的材料表达自己喜欢的"冬日景象"。	文化	艺术	保罗·高更作品

周次	活动名称	活动目标	发展课程中的领域	对应的五大领域	备注
第三周	年夜饭	1. 知道年夜饭蕴含着"团圆"的寓意。 2. 知道要吃健康的食物，有健康饮食的意识。	自我 文化	健康 社会	
第四周	打击年兽	1. 练习正面挥臂投远动作，发展投掷能力。 2. 能上下肢协调用力，增强肩、臂等部位肌肉力量。	自我	健康	
	纸的特性	1. 通过操作实验，探究纸的属性。 2. 感知纸的轻薄、易撕的特性。	自然	科学	
	各种各样的纸	1. 感知纸的材质与用途的关系。 2. 尝试根据纸的用途进行分类，收整班级美工区。	自然	科学	
	按量的差异进行排序	1. 正确感知10以内的数量，并能按数量的多少排序。 2. 理解序数的含义和规律。	自然	科学	
	城市里的标志	1. 认识一些常见的标志（停车场、安全出口、禁止吸烟、有电危险……），知道这些标志代表的含义。 2. 知道标志是城市生活中不可缺少的符号，给人们生活带来方便，有遵守社会规则的意识。	社会	社会	
	泥工：福娃	1. 了解人的身体结构，学习用团圆、搓、捏等方法大胆造型。 2. 愿意动手操作，喜欢泥塑活动。	文化	艺术	
	韵律活动：送蛋糕	1. 感受音乐高低音的变化及活泼俏皮的风格。 2. 能够感受音乐的固定节拍，随音乐的变化表现相应的动作，体验音乐游戏的快乐。	文化	艺术	详案二
	故事《萝卜回来了》	1. 理解故事的情节线索，感受好朋友互相关心的温暖。 2. 能够大胆地模仿故事中人物的语言、动作，愿意尝试合作表演。	文化	语言	

（二）1月活动详案

详案一

活动名称：磁铁的相吸相斥（自然）

活动目标：

1. 发现磁铁两极相吸相斥的现象，并尝试运用磁铁的特性解决问题。

2. 喜欢动手操作，对磁铁探究活动感兴趣。

活动准备：

经验准备：认识磁铁，知道磁铁吸铁的特性。

物质准备：条形磁铁若干、磁力小车、磁力套环、磁力扣。

活动过程：

开始部分：创设游戏情境，引发幼儿探究磁铁游戏的愿望

教师：小朋友们，这里有一些玩具，看看都有什么。它们是什么样子的？

教师：小朋友们都来玩一玩，看看会发现什么。

教师：为什么会这样呢？

基本部分：磁力棒游戏，发现磁铁的两极，并探索两极的相吸相斥特性

（1）引导幼儿观察磁力棒，并发现磁力棒的两极。

教师：这块磁铁是什么样子的？

教师：磁铁的两端有什么不同？

教师：磁铁的两端也叫磁铁的两极，红色的一端叫"北极"，蓝色的一端叫"南极"。

（2）幼儿探究磁铁两极相吸相斥的现象。

教师：现在老师给每位小朋友两块条形磁铁玩一玩，一会儿跟大家说一说你有什么发现。

幼儿玩磁铁，分享发现。

关键提问：两块条形磁铁，有的吸在了一起，有的怎么也不能吸在一起。什么颜色的能相吸？什么颜色的不能呢？

教师：原来条形磁铁，相同颜色的两端不能吸在一起，我们可以称为相互排斥。

结束部分：磁铁游戏，进一步感受磁铁相吸相斥的特性

教师：托马斯小车开到半路没有油了，我们用条形磁铁把托马斯小车送回加油站去加油吧。（幼儿运用磁铁探索送小车的方法，教师观察指导）

教师：你是用什么方法把小车送回加油站的呢？

教师：为什么能吸回来呢？（托马斯小车的一端和磁铁的颜色不一样，异极相吸）

教师：为什么能推回加油站呢？（托马斯小车的另一端和磁铁的颜色一样，同极相斥）

小结：今天，小朋友们不仅认识了磁铁的N极、S极两个磁极，还发现了不同磁极在一起能相互吸引，相同磁极在一起相互排斥。小朋友还用磁铁的相互吸引和相互排斥把托马斯小车送回加油站，太棒了！

相关经验：

文化（语言）：能较完整、清晰地表达自己的发现和想法。

活动评价：

1. 观察幼儿在活动中是否积极参与并探索。

2. 观察幼儿在活动中是否能用磁铁两极相吸相斥来解决问题。

活动延伸与扩展：

在区域活动中投放多种磁铁游戏材料，鼓励幼儿继续探究磁铁的玩法并分享自己的发现。

（孙晓兰）

详案二

活动名称：韵律活动：送蛋糕（文化）

作品分析：

《高人和矮人》是一首速度适中且有趣活泼的音乐，音乐借助不同乐器的音域、音色特点，通过不同的乐器演奏出不断变化的旋律。高的音调活泼俏皮，低的音调诙谐幽默。本次活动通过创设小鹿杏仁儿和哈尼熊给好朋友送蛋糕的游戏情境，引导幼儿在多次倾听和欣赏之后，结合动作表现和游戏，进一步感受音乐的变化。

活动目标：

1. 感受音乐高低音的变化及活泼俏皮的风格。

2. 能够跟随音乐的固定节拍，随音乐的变化表现相应的动作，体验音乐游戏的快乐。

活动准备：

经验准备：学过歌曲《小鹿杏仁儿》，有用动作表现音乐的经验。

物质准备：钢琴，音乐《高人和矮人》《小鹿杏仁儿》，小鹿杏仁儿、哈尼熊、蛋糕图片。

活动过程：

开始部分：问好与发声练习

幼儿跟随音乐有序进入音乐教室，搬小椅子坐好。

问好与发声练习：教师弹奏音阶与幼儿问好，帮助幼儿放松声带。

复习歌曲《小鹿杏仁儿》。

基本部分：创设情境，欣赏音乐并做出相应的动作

导入：创设小鹿杏仁儿和哈尼熊给好朋友送蛋糕的情境，调动幼儿参与活动的热情。

教师：今天小鹿杏仁儿要带着哈尼熊一起给好朋友送蛋糕，他们俩一个在前一个在后，一起翻过山坡。

第一遍完整倾听音乐，根据音乐的变化区分小鹿杏仁儿和哈尼熊的形象。

教师：小鹿杏仁儿和哈尼熊出发了，山路很长，他们跟着音乐走啊走啊。

教师：请你来听一听，音乐中什么地方是杏仁儿在走，什么地方是哈尼熊在走。

教师：音乐变成什么的时候又是杏仁儿在走路呢？那哈尼熊呢？

第二遍倾听音乐，跟随音乐的变化做出与角色相匹配的动作。

教师：当音乐是杏仁儿在走的时候，请你做一个动作告诉我：当音乐是哈尼熊在走的时候，请你做一个不同的动作告诉我。

第三遍倾听音乐，借助小鹿杏仁儿和哈尼熊的图片，理解音乐的变化顺序。

教师：他们俩走啊走啊，一个在前面，一个在后面。

教师：谁先走的呢？

第四遍倾听音乐，跟随音乐的固定节拍，随音乐的变化做出相应的动作。

教师：小鹿杏仁儿包里面装着蛋糕呢，我们动作要慢。

教师：小熊走路也是慢慢的、笨笨的。

音乐游戏：第五遍倾听音乐，师幼分角色共同进行追逐游戏。

教师：走着走着，他们俩迷路了，找不到对方了，怎么办呢？

教师：最后他们终于找到了对方，开心地拥抱在一起！

结束部分：在音乐游戏中收整材料

游戏结束，教师小结，幼儿跟随音乐送椅子。

教师：小鹿杏仁儿和哈尼熊走啊跳啊，虽然很累，但是一直没有放弃，终于到达了山顶，跟好朋友们一起享用了美味精致的蛋糕。

活动评价：

1. 幼儿能否在感受固定节拍的基础上根据音乐的变化做出相应的动作。

2. 幼儿能否区分小鹿杏仁儿和哈尼熊的音乐形象。

（娄天馨）

七、3月目标与内容

（一）3月目标与周活动安排

1. 3月目标

（1）自我

①认识身体特征，有初步的保健常识，爱护并保护自己的五官。

②能较快地适应新学期的幼儿园生活，发现自己的成长和进步，经常保持愉快的情绪；能在成人的提示下控制自己的情绪和行为。

③有良好的饮食习惯，学习使用筷子吃饭，进餐时保持桌面、地面的干净整洁。

④具有良好的卫生习惯和生活自理能力，巩固正确的洗手、洗脸、刷牙、漱口等盥洗方法。

⑤能够根据指令简单地变换队形，并能在行进中保持队形，踏准节拍，自然协调地行进走。

⑥喜欢做新操，动作准确、到位。

⑦熟练掌握正、侧面钻的动作；手脚、手膝爬时动作灵活，初步掌握匍匐爬行动作。

⑧注意交通安全，不在马路上玩耍、乱跑，走人行道或靠路边行走。知道要在成人的带领下过马路，离开幼儿园大门时拉着家长的手。

⑨主动照顾自然角的动植物，较好地完成值日生的任务，有责任感。

（2）自然

①喜欢种植活动，探索正确的种植方法和步骤，在对比种植和观察中，验证发现植物生长所需要的基本条件（水、空气、阳光、土壤等）。

②认真观察并细心照顾自己种植的植物，及时浇水，定期记录植物的生长变化。在种植中感知植物有生命、会生长。

③学习运用图案、符号、数字等方法进行科学记录，并分享自己的发现。

④感知风的存在，了解风与人们生活的关系。

⑤能够观察发现事物的特征，找出事物间的相同特征和不同特征，并尝试按特征进行分类。

（3）社会

①观察发现班级教室中的变化，认识班级的新玩具，知道爱护玩具及图书等。

②认识几种常见的职业，了解职业相关的工作内容，如医生、厨师、售货员、教师等，尊重他们的劳动。

③熟悉新学期的生活、游戏常规，愿意参与班级生活、游戏等常规的制定并能遵守班级常规。

④积极参加集体活动，能够主动与老师、同伴进行交流，如寒假旅游、过年的经历等。

⑤喜欢结交新朋友，体验与同伴友好交往的快乐，愿意合作。

（4）文化

①了解日常生活中的基本礼仪，能够用适宜的方式与客人老师打招呼。

②初步理解"诚实"的含义。在日常生活中犯错时能承认错误，会说"对不起"。

③知道元宵节是我国的传统节日，了解元宵节的由来及其文化习俗。

④知道三八妇女节的意义，能够运用自己喜爱的方式大胆地向周围的女性长辈（妈妈、奶奶、姑姑、阿姨等）表达关心与关爱。

⑤喜欢欣赏优秀的儿童文学作品，喜欢讲故事，并能够在教师的指导下仿编诗歌。

⑥喜欢画画、折纸、捏泥等各项艺术创作活动，愿意用美的作品表达自己的情感，如在三八妇女节给妈妈、奶奶做礼物等。

⑦喜欢欣赏优秀的音乐作品，进一步感受音乐的强弱、快慢，音调的高低和音色的变化，并能以自己喜欢的方式大胆地进行音乐表现与创造，获得愉悦和美感。

2．3月周活动安排

本月建议开展的活动主题：三八妇女节主题、春天主题。

周次	活动名称	活动目标	发展课程中的领域	对应的五大领域	备注
第一周	元宵节	1. 了解元宵节的习俗，知道元宵节是中国的传统节日。 2. 喜欢参加元宵节活动，感受元宵节的欢乐气氛。	文化	社会	
	包元宵	1. 学习包元宵的方法，感受自己动手做美食的成功和愉悦。 2. 体验元宵节的快乐。	文化	社会	
	【三八妇女节主题】三八妇女节	1. 知道3月8日是"国际妇女节"。 2. 能够用语言等方式向妈妈、阿姨等表达祝福与爱。	文化社会	语言社会	
	【三八妇女节主题】装饰礼物盒	1. 学习用毛线缠绕礼物盒的方法来做装饰，掌握打结的基本方法。 2. 能自己装饰礼物盒，感受动手操作的乐趣。	文化	艺术	

续表

周次	活动名称	活动目标	发展课程中的领域	对应的五大领域	备注
第一周	【三八妇女节主题】小记者	1. 学习用采访的方式向身边女性提问并做记录。 2. 感受身边女性对自己的爱，并尊重、关爱她们。	文化 社会	语言 社会	
	龟兔比赛	1. 能单脚、双脚行进跳，手脚着地爬。 2. 动作较灵活、协调，并遵守游戏规则。	自我	健康	
	餐前值日生	1. 愿意与大家一同讨论并确定餐前值日内容，学做餐前值日的方法。 2. 感受值日生工作的重要，喜欢服务他人。	自我	社会	
	【春天主题】种植	1. 知道春季是一个植物生长发芽的季节。 2. 坚持观察记录植物的生长变化过程，喜欢种植活动。	自然	科学	
	我为大家来搬床	1. 学习与同伴相互配合、共同搬床的方法。 2. 体验为集体服务的快乐，获得成就感。	社会 自我	社会	
第二周	阅读图画书《快乐是什么》	1. 能认真倾听故事，感受故事中人物的快乐情绪。 2. 愿意在集体面前分享自己的快乐经历，乐于表达。	自我 文化	社会 语言	
	坦克车	1. 能协调、灵活地手膝着地爬，发展动作的灵敏性。 2. 能控制并带动纸箱前行，体验运动的快乐。	自我	健康	
	分类游戏	1. 发现物品的共同特征，尝试按两到三个维度进行分类。 2. 喜欢分类活动，在活动中积极尝试与思考。	自然	科学	

周次	活动名称	活动目标	发展课程中的领域	对应的五大领域	备注
第二周	制作文明标语牌	1. 知道生活中常用的文明用语及意义。 2. 能够结合生活经验，尝试设计文明标语。 3. 乐于分享、表达和交流自己的创作成果，对创作活动感兴趣。	社会 文化	社会 语言	
	一句神奇的话	1. 初步判断某些行为的对与错，做错了事能承认并愿意改正。 2. 知道道歉的含义，了解"对不起"的运用场合。	文化	社会	
	【春天主题】迎春花和连翘	1. 通过对比观察发现迎春花和连翘的相同与不同之处。 2. 尝试用绘画、彩泥等各种方式进行记录，并能与同伴分享。	自然 文化	科学 艺术	详案一
	美术欣赏《女人和鸟》	1. 感受作品色彩、造型的独特风格。 2. 喜欢欣赏较抽象的作品，大胆表达自己的审美想象。	文化	艺术	米罗作品
	【春天主题】歌唱活动：春天和我捉迷藏	1. 理解歌词含义，感受歌曲欢快、俏皮的情绪。 2. 通过"猜猜是谁唱的回音"的游戏，熟悉歌曲旋律。 3. 能用自然的声音演唱歌曲，体验集体歌唱的乐趣。	文化	艺术	胡敦骅作词，贾金喜作曲
	【春天主题】美术：迎春花和连翘	1. 尝试用绘画、剪贴等多种方式表现迎春花。 2. 大胆作画，体验美工活动的快乐。	文化	艺术	
第三周	好玩的轮胎	1. 大胆探索轮胎的多种玩法，体验创造性游戏带来的乐趣。 2. 发展跑、跳、平衡等基本技能，锻炼身体的协调性和灵敏性。	自我	健康	详案二

续表

周次	活动名称	活动目标	发展课程中的领域	对应的五大领域	备注
第三周	故事《小河马的烦恼》	1. 喜欢听故事，理解小马的前后心情变化。 2. 学习发现自己的长处，有自信。	自我 文化	健康 语言	作者 胡佳蕾
	我爱整洁	1. 学习简单的收整方法，保持生活环境整洁有序。 2. 养成物归原处、爱整洁的良好生活习惯。	自我	社会	
	【春天主题】 我会照顾植物	1. 知道照顾植物的基本方法（定期浇水、晒太阳）。 2. 爱护植物，有爱心，初步具有照顾植物的责任意识。	自然	科学	
	找好朋友	1. 学习概括图形的两个特征，并按物体的两个特征分类。 2. 能较完整地讲述自己的操作活动过程和结果。	自然	科学	
	安全伴我行	1. 了解红绿灯等常见的交通信号灯和安全出行的方法。 2. 遵守交通规则，有自我保护的安全意识。	社会	健康 社会	
	我的自画像	1. 能够在观察的基础上，用绘画的形式表现自己的外貌特征。 2. 感受自己的成长变化，懂得欣赏自己。	自我 文化	健康 艺术	
	故事《金色的房子》	1. 理解故事内容，能完整、连贯地复述故事对话。 2. 知道同伴间要相互帮助、友好相处。	社会 文化	社会 语言	
	【春天主题】 歌唱活动：春雨沙沙	1. 熟悉歌曲旋律与节奏，能根据图谱理解并记忆歌词内容。 2. 能用自然好听的声音学唱新歌，感受种子出土发芽的喜悦和春雨悄悄下的意境。	文化	艺术	详案三

周次	活动名称	活动目标	发展课程中的领域	对应的五大领域	备注
第四周	打喷嚏	1. 知道唾液飞沫里含有许多病菌，容易传播疾病，初步理解个人卫生和公共卫生的关系。 2. 知道打喷嚏时避开他人，用臂弯捂住口鼻，养成良好的个人卫生习惯。	自我	健康	
	风中的旗子	1. 对风的现象感兴趣，在游戏中感知风的存在。 2. 主动搜集各种材料，积极探索制造风的方法。 3. 愿意将自己的发现与同伴分享，体验探究和发现的快乐。	自然	科学	详案四
	风是我们的朋友	1. 了解风的用途以及与人们生活的关系。 2. 掌握在一定风力下保护自己的简单方法。	自然	科学	
	分一分	1. 能够按照不同的标准将生活中的物品进行多角度分类。 2. 引导幼儿用多种方式交流、分享分类的方法与结果。	自然	科学	
	幼儿园的安全标志	1. 认识生活中常见的安全标志，知道安全标志的意义。 2. 了解幼儿园安全标志的作用，为班级和幼儿园不同的场所设计适宜的安全标志。	社会	社会	
	诗歌《云彩和风儿》	1. 朗诵诗歌，感受诗歌的意境和韵律美。 2. 发挥想象力和创造力，仿编诗歌。	文化	语言	诗歌见附录
	有礼貌的小朋友	1. 感受礼貌用语给人与人之间的交流带来的愉快体验。 2. 知道在不同场合恰当使用礼貌用语。	文化	社会	

续表

周次	活动名称	活动目标	发展课程中的领域	对应的五大领域	备注
第四周	音乐游戏：碰碰车	1. 尝试用声势或脚步有节奏地表现音乐的行进与停止。 2. 在游戏中能创造性地表现碰碰车的造型，感受音乐游戏的快乐。	文化	艺术	
	泥塑——碗	1. 结合碗的功用了解和感知碗的结构及造型特点。 2. 尝试用压、捏等塑形方法表现碗"凹进去"的造型特点。 3. 喜欢玩泥，享受塑形的乐趣。	文化	艺术	详案五

（二）3月活动详案

详案一

活动名称：迎春花和连翘（自然、文化）

活动目标：

1. 通过对比观察发现迎春花和连翘的相同与不同之处。

2. 尝试用绘画、彩泥等多种方式进行记录，并能与同伴分享。

活动准备：

经验准备：有对迎春花和连翘连续的观察和认识；会使用常用工具（如放大镜）进行观察。

物质准备：放大镜、记录纸、笔。

活动过程：

开始部分：激发幼儿观察的兴趣

教师和幼儿一起"带着小任务"去观察迎春花和连翘。

教师：比一比迎春花和连翘有哪些地方一样，哪些地方不一样。

基本部分：对比观察，发现迎春花和连翘的异同

幼儿自主观察。

（1）比较迎春花和连翘不一样的地方。

引导幼儿从花瓣的形状、颜色、大小、数量、气味、花蕊等方面对比不同。

借助放大镜等工具进行近距离的观察。

教师用相机将幼儿的发现以特写的方式拍照记录。

（2）找出迎春花和连翘一样的地方。

引导幼儿从花瓣的形状、颜色、花蕊等方面进行对比观察。

教师用相机将幼儿的发现以特写的方式拍照记录。

结束部分：自己尝试记录观察结果

（1）分享梳理观察的结果。

回班后，请幼儿根据照片说一说迎春花和连翘的异同，一起进行梳理。

（2）尝试用美工或其他形式将自己的观察结果记录下来，如绘画、彩泥等。

相关经验：

文化（语言）：愿意用语言表达、交流自己的观察结果。

活动评价：

1. 观察幼儿是否积极参与观察，是否能运用对比的方法探究迎春花和连翘的异同。

2. 通过观察了解幼儿是否能用美术的方式再现观察结果。

（张　静）

详案二

活动名称：好玩的轮胎（自我）

活动目标：

1. 大胆探索轮胎的多种玩法，体验创造性游戏带来的乐趣。

2. 发展跑、跳、平衡等基本技能，锻炼身体的协调性和灵敏性。

活动准备：

经验准备：能双脚连续跳。

物质准备：每人一个轮胎，宽敞的场地。

活动过程：

开始部分：运用轮胎进行热身运动

教师带领幼儿利用轮胎做各种热身运动：站在轮胎上蹲起，单脚跨迈轮胎。

基本部分：多种方法玩轮胎

（1）进行集体游戏。

玩法1："S"弯绕桩跑。

规则：将轮胎纵向排成两列，每个轮胎间隔50厘米，幼儿从起点开始绕轮胎跑到终点。

指导要点：听到教师发出的指令才可从起点奔跑。能绕轮胎跑成曲线。按照指定的路线跑回。

玩法2：跳轮胎。

规则：将轮胎纵向连接排列成两行，幼儿从起点开始双脚跳到下一个轮胎里，跳跃行进。

指导要点：双脚并齐连续跳跃。

玩法3：轮胎小人。

规则：将轮胎散放在场地上，幼儿站在轮胎上，听教师口令做蹲、起动作，保持身体平衡。

指导要点：平衡能力不太好的幼儿，可将胳膊打开，辅助保持身体平衡。

（2）自由玩轮胎，并交流玩法。

教师：除了刚才的玩法，请小朋友开动脑筋，想一想还有哪些方法玩轮胎。

幼儿分散自由探索轮胎的玩法，教师巡回观察，适当指导。

指导要点：鼓励幼儿运用多种运动技能玩轮胎，也可以两个小朋友一起玩轮胎。

请幼儿（体现走、跑、跳、平衡等技能）将自己的玩法进行展示。

结束部分：放松，收整轮胎

（1）教师总结活动情况，肯定幼儿积极参与游戏。

（2）做放松活动，调整呼吸。

（3）收整轮胎。

相关经验：

社会（规则）：能遵守体育游戏中的轮流、等待规则。

活动评价：

1. 观察幼儿是否能尝试多种方法玩轮胎。

2. 观察幼儿在活动中玩轮胎的动作，判断幼儿身体动作是否协调、灵敏。

活动延伸与扩展：

户外活动时，继续鼓励幼儿探索轮胎的多种玩法。

（李菲菲）

详案三

活动名称：歌唱活动：春雨沙沙（文化）

作品分析：

歌曲《春雨沙沙》（许锐作词，王大荣作曲）简短好听，歌词形象易懂。结合春天的季节特点和班级近期开展的种植活动，本活动可以让幼儿在游戏互动中丰富歌唱经验，提高歌唱表现力。

活动目标：

1. 熟悉歌曲旋律与节奏，能根据图谱理解并记忆歌词内容。

2. 能用自然好听的声音学唱新歌，感受种子出土发芽的喜悦和春雨悄悄下的意境。

活动准备：

经验准备：知道图谱的作用，有看图谱记歌词的经验。

物质准备：歌谱、钢琴、图谱。

活动过程：

（一）开始部分：发声练习

（1）师生问好。

$$1=C\text{-}E \quad \frac{2}{4} \quad \overline{1\ 2\ 3\ 4} \mid 5 \quad - \quad \mid \overline{5\ 4\ 3\ 2} \mid 1\ -\ \|$$

师：小 朋 友 们　好！　　幼：X 老 师 您　好！

（2）复习歌曲《小燕子》，增强歌唱表现力。

基本部分：学唱歌曲

（1）在图谱帮助下记忆歌词，熟悉歌曲旋律。

教师：小朋友们，你们听过雨的声音吗？（请幼儿用声音模仿下雨的声音）

教师：那你们知道春天下的雨叫什么吗？（春雨）

①老师弹钢琴示范唱。

教师：老师带来了一首新的歌曲，请你仔细听，能不能听到春雨的声音是什么样的。

②借用图谱来熟悉歌词内容。

教师：从歌曲里你听到了什么？

教师跟随幼儿说的歌词内容呈现图谱，有节奏地带幼儿说歌词。

③幼儿再次倾听歌曲，记忆歌词内容。

教师：下春雨了，你猜猜谁会特别开心？

教师：你听到种子说了些什么？

教师跟随幼儿说到的内容，完整呈现图谱，有节奏地带幼儿说准歌词。

介绍歌曲名称：这首歌的名字叫《春雨沙沙》。

（2）学唱歌曲，探索"哎呀呀"的语气并用双手拍节奏。

①教师边唱边用动作表演（幼儿倾听、观看）：现在我边唱边做动作。

②请跟我一起做一做（幼儿倾听并做动作）。

③请跟着我一起边唱边做（幼儿做动作、跟唱）。

④ "哎呀呀" 是什么意思？我们应该用什么语气说呢？（开心、兴奋）

引导幼儿用兴奋的语气说一说 "哎呀呀"。（说出 "哎" 字的重拍音）

⑤带着开心的情感和兴奋的语气唱歌。

教师：《春雨沙沙》这首歌中的小种子开心吗？请带着开心的情感来唱歌，把兴奋的语气 "哎呀呀" 唱出来。

（3）在合作中进一步学唱歌曲，体验歌唱游戏的快乐。

两人边唱边游戏：两个人面对面，一人当春雨，另一人当小种子。

两名幼儿一起唱歌，"春雨" 幼儿做下雨洒水动作，"小种子" 幼儿蹲在土里慢慢长大，"春雨" 看看最后 "小种子" 都长成了什么样子。

两人交换角色边唱边游戏。

结束部分：尝试改编歌曲结尾处的歌词演唱

教师：除了小种子还会有谁从土里出来？（结合班级种植区请幼儿大胆表达，如蒜苗、花生等）

幼儿替换最后一句中 "我" 的歌词（蒜苗、花生等熟悉的能发芽的种子），边做动作边唱出来。

相关经验：

自然：巩固对春季特征的认识。

活动评价：

1. 幼儿能否使用兴奋、激动的语气，唱出歌曲中的 "哎呀呀"。

2. 幼儿能否记住歌词，合着拍子有感情地演唱。

（王　铮）

详案四

活动名称：风中的旗子（自然）

活动目标：

1. 对风的现象感兴趣，在游戏中感知风的存在。

2. 主动搜集各种材料，积极探索制造风的方法。

3. 愿意将自己的发现与同伴分享，体验探究和发现的快乐。

活动准备：

经验准备：在户外玩风的游戏。

物质准备：彩带、厚薄不同的书本、扇子、纸片、粗细不同的吸管、托盘、奶盒、纱巾、玩具、电动风扇、旗子。

活动过程：

开始部分：观看国旗飘动视频，激发幼儿对风的兴趣

教师：你发现了什么？

教师：旗子为什么在动？是谁的力量？（风）

教师：风还能做什么？

基本部分：幼儿大胆尝试，探索制造风的方法

（1）创设情境，激发幼儿探究的兴趣。

教师：教室里面的小旗子，也想和外面的国旗一样飘动起来，你有什么方法呢？

教师：你这种方法要用到什么材料呢？

（2）引导幼儿认识并寻找制造风的材料。

教师：这里有很多材料，我们一起来认识一下。

（材料区有扇子、书本、气球、吸管、电动风扇等）

教师：请小朋友在材料区和教室里寻找制造风的各种材料。

（3）鼓励幼儿大胆尝试制造风，教师巡回指导。

教师：你制造出风了吗？是怎么制造出来的？

教师：你制造的风让小旗子飘起来了吗？

（4）引导幼儿用科学记录的方式将探究过程记录下来。

教师：请小朋友把自己制造风的过程记录下来。

结束部分：引导幼儿分享自己的探索过程，体验成功的快乐

教师：你的探索成功了吗？请把你制造风的过程向同伴讲一讲。

相关经验：

文化：运用绘画的方法记录自己的发现。

活动评价：

1. 通过幼儿选择和使用材料的情况，判断幼儿是否在活动中积极思考，乐于探究。

2. 观察幼儿是否能用适宜的方法制造风。

（瞿　露）

详案五

活动名称：泥塑——碗（文化）

活动目标：

1. 结合碗的功用了解和感知碗的结构及造型特点。

2. 尝试用压、捏等塑形方法表现碗"凹进去"的造型特点。

3. 喜欢玩泥，享受塑形的乐趣。

活动准备：

经验准备：幼儿有玩泥的经验，会揉、搓、捏、拧、团泥等。

物质准备：黄泥若干，泥工板每人一个，碗若干，原始人河边喝水图片、泥碗图片、古代有圈足的碗图片，背景音乐。

活动过程：

开始部分：故事情境导入活动主题——碗

（1）故事导入，引发兴趣。

教师：在很久以前，有一个原始人口渴了，来到小河边喝水，他身边什么都没有，怎么喝到河里的水呢？

（2）看图猜想，引出主题——碗。

教师：看看这个原始人是怎么喝到水的。请幼儿模仿原始人用手捧着喝水的动作。

教师：有一天这个原始人在玩泥巴，玩着玩着就做出来一个东西，很像他自己双手捧在一起的样子，你能猜出来这个东西是什么样的吗？

教师：看看他做出了什么？这个东西现在我们都叫它"碗"。

基本部分：感知、欣赏碗的基本造型特征，尝试用泥巴制作表现

（1）观察碗的图片和实物，感知碗的基本外形特征。

出示泥碗的图片与幼儿常用碗对比观察，发现碗的圈足。

教师：现在我们还在用碗，碗的样子也越来越精致。图片里的碗与幼儿园吃饭用的碗哪里不一样？你能猜一猜圈足有什么作用吗？（让碗更稳，好拿，防烫）

将盘子与碗做实物对比观察，发现碗"凹进去"的基本造型。

教师：盘子与碗相比，有什么相同，有什么不同呢？为什么要"凹"进去很多？

将杯子与碗做实物对比观察，发现碗有饱满的弧线、撇口较大等特征。

教师：杯子跟碗相比，有什么相同，有什么不同呢？为什么碗口会更大呢？

（2）幼儿观察碗，进一步感知碗的特征。

教师：这里有很多碗，请小朋友们选你喜欢的碗摸一摸，轻轻地拿到你的面前，小心别把它打破了。

教师：双手捧着摸一摸，把手伸到碗的里面摸一摸。

还可以请幼儿交换摸一摸、看一看，欣赏不同的碗的造型和花样。

（3）幼儿尝试用泥巴制作碗，在亲手操作的过程中加深对碗造型特征的感知和理解。

①教师提出制作建议，播放背景音乐，幼儿自主穿罩衣。

教师：想不想做一个自己喜欢的碗呢？想一想，怎样才能让泥巴"凹下去"，成为碗呢？

②幼儿自取泥巴，开始制作。

观察幼儿用泥及造型经验，针对幼儿不同的表现鼓励幼儿尝试，并提供适宜的支持，例如：尝试用手掌压、转圈捏的方法等，或引导他观察同伴、观察实物或者老师示范等。

③引导幼儿思考并尝试，如何能让碗的弧线更圆滑、碗口更平、圈足平稳等。

结束部分：欣赏作品，同伴分享经验

（1）幼儿逐渐完成作品，师幼共同欣赏作品。

提示幼儿不要打扰没完成的小朋友，鼓励幼儿用发现美的眼光去欣赏。

（2）教师从不同角度鼓励幼儿分享。

教师：你用了什么动作来帮助你做出碗这个造型？

教师：你遇到困难了吗？怎么解决的？

相关经验：

自我：不怕失败，能主动重新开始，反复探索泥塑方法。

社会：对碗这个生活用品的功能有进一步的了解。

活动评价：

1. 从幼儿观察后的语言表达判断其能否发现、准确描述碗的基本造型特点。

2. 在幼儿制作过程中，观察幼儿是否能不断尝试，最终达到自己满意的造型效果。

活动延伸与扩展：

区域活动中，继续玩泥，尝试创作不同物体的形态特征。

（李　丽）

3月附录

云彩和风儿

李亚楠改编

天上的云彩多有趣，天上的风儿真能干。

吹呀吹，云彩变成小帆船，竖起了桅杆，扬起了风帆，小白船，飘呀飘，飘到远方看不见。

吹呀吹，云彩变成大狮子，躬起了身子，张开了大口，狮子吼呀吼，吓得小羊都逃散。

吹呀吹，云彩变成胖娃娃，头戴小帽子，身穿围兜儿，跑来跑去，围着太阳公公闹着玩。

天上的云彩真有趣，天上的风儿真能干！

（出自《幼儿园快乐与发展课程教师教学用书　中班　下册）》，
39页，北京，北京师范大学出版社，2010。）

八、4月目标与内容

（一）4月目标与周活动安排

1. 4月目标

（1）自我

①关注自己的情绪，能以合理的方式表达自己的情绪，保持愉悦的心情。

②喜欢和老师、同伴、家长共同参加春游，体验大型集体活动的快乐。

③积极参与春游活动相关的讨论，为春游活动做准备，具有自我服务能力。

④知道爱惜粮食，养成不挑食、不浪费粮食的好习惯。

⑤喜欢各项体育运动，能积极参与各项体能锻炼，体能测试达标。

⑥能够听指令变换方向跑，掌握圆圈跑、往返跑、持物跑和接力跑的方法；与其他幼儿赛跑和追逐游戏时能成功地协调空间，提高动作灵活性及快速反应能力。

⑦能记住父母和幼儿园的名字、家庭住址和电话号码，外出时跟紧成人，不乱走，找不到大人时，知道找工作人员或民警帮忙。

⑧知道各项户外器械的正确使用方法，不做危险的动作。

⑨配合医护人员接受体检，愿意接受疾病的预防和治疗。

（2）自然

①观察自然角中各种植物的根、茎、叶的不同，学习运用对比的方法进行观察和记录，向同伴分享自己的发现。

②喜欢饲养蜗牛、蚕等，学习照顾它们的方法。

③喜欢玩颜色游戏，在调色、褪色等颜色游戏中，进行猜想验证，观察和对比，发现颜色变化的规律。

④能发现春季的明显特征，春暖花开、树木复苏、动物苏醒等。

⑤感知和体验春季典型的天气现象（风、雾霾）等，初步体验天气变化对人们生活的影响。

⑥认识序数第一到第十，理解序数的含义，感受序数在生活中的用处。

（3）社会

①认识幼儿园图书馆或班级中的图书角；学习并遵守图书馆或图书角中的规则，喜欢读书。

②熟悉五子棋、飞行棋等简单棋类游戏的玩法，下棋时能遵守游戏的规则，感受规则在游戏中的作用。

③积极与同伴交往，能简单地评价自己和他人的行为。

④愿意分享、合作，能尝试自主解决游戏及生活中出现的问题。

（4）文化

①喜欢参与为幼儿园庆祝生日的相关活动，了解幼儿园的园史，认识园徽、园花，会唱园歌。

②初步了解清明节的由来及习俗。

③进一步认识北京的名胜古迹、人文景观、特色建筑，初步了解其相关的文化、历史故事。

④喜欢和成人、同伴一起走进大自然，感受春天的景色美，并表达自己的感受。

⑤喜欢阅读图画书，在多样化的阅读节活动中感受阅读的乐趣。

⑥欣赏与"春天"有关的文学作品，感受文学作品的美，学习续编故事、儿歌。

⑦能结合故事、诗歌等儿童文学艺术作品，在老师的指导下确定表演主题，进行大胆表演，感受与同伴共同表演的乐趣。

⑧喜欢画画、捏泥、折纸等各项艺术表现活动，能够大胆表现"春天"。

2．4月周活动安排

本月建议开展的活动主题：春天主题、幼儿园生日主题、蜗牛主题。

周次	活动名称	活动目标	发展课程中的领域	对应的五大领域	备注
第一周	【春天主题】诗歌《春天》	1. 感受诗歌的优美和欢快情绪，能完整连贯有感情地朗诵。 2. 初步尝试仿编，能模仿诗歌的语言描述春天。	文化	语言	诗歌见附录
	【春天主题】美术欣赏《春如线》	1. 能够表达对画面的体验和感受，体验画面的意境美。 2. 感知画家运用点、线绘画的艺术风格。 3. 感受大自然的美，喜欢参加艺术活动。	文化	艺术	吴冠中作品
	切西瓜	1. 能灵活、自然地曲线跑，协调地控制身体重心。 2. 遵守集体游戏规则，体验同伴合作游戏的乐趣。	自我社会	健康社会	
	蜗牛和乌龟	1. 观察蜗牛和乌龟的外形特征，发现它们身上的线条、图案的特点。 2. 尝试运用简单的线条和图形为蜗牛和乌龟画装饰画，体验装饰的乐趣。	自然文化	科学艺术	

周次	活动名称	活动目标	发展课程中的领域	对应的五大领域	备注
第一周	小朋友排排队（无范例排序）	1. 观察、比较5个小朋友的高矮，能按高矮顺序排序。 2. 能说出高矮排列的顺序。 3. 5人一组，协商并尝试按顺序排队。	自然	科学	
	【春天主题】清明节	1. 初步了解清明节的由来及习俗。 2. 知道清明节是纪念先人的日子，也是出游踏青的好时节。	文化	社会	
	修补图书	1. 分析损坏图书的原因，学习修补图书的方法。 2. 喜欢图书，有爱护图书的意识。	社会	社会	
	即兴表演《郊游》	1. 能按歌曲的情绪和歌词内容即兴表演，手脚配合协调、动作合拍。 2. 尝试演奏即兴表演的乐器，体验演奏的快乐。	文化	艺术	
	【幼儿园的生日主题】"百年有园"的故事	1. 喜欢听幼儿园的园史故事，了解百年幼儿园丰富多彩的生活。 2. 能认真观察，并围绕园史照片内容进行讨论。 3. 喜欢自己所在的班级和幼儿园，能与他人分享自己在幼儿园生活中的快乐故事。	自我文化	社会	详案一
第二周	【春天主题】春天的花园	1. 知道春天是百花盛开的季节，感知花朵色彩的丰富，感受春天的美丽。 2. 尝试用纸团拍画的方式表现春天的花朵。	文化自然	艺术科学	
	【春天主题】瓶子上的春色	1. 尝试用各种彩泥在瓶子上进行创作，表达自己对春天的感受和认识。 2. 在同伴相互交流分享中，积极思考如何解决制作中的问题。	文化	艺术	
	【春天主题】音乐欣赏《春》	1. 尝试听辨童声及成人男、女声的不同音色。 2. 能听懂歌词并感受歌曲的民歌风格。	文化	艺术	李勤作词，汪铃作曲

续表

周次	活动名称	活动目标	发展课程中的领域	对应的五大领域	备注
第二周	【春天主题】命题画——春天	1. 欣赏春天，大胆表达自己对春天的感受。 2. 运用多种美术工具和材料表现自己眼中的春天。	文化	艺术	
	【春天主题】桃花、玉兰花开了	1. 认识桃花、玉兰花，了解它们的主要特征。 2. 知道它们都是春天的花。	自然	科学	
	小动物去游乐场	1. 认识序数第一、第二、第三，初步理解序数的含义。 2. 能积极动脑思考，帮助小动物按顺序上车。 3. 喜欢在生活中用数学解决问题。	自然	科学	
	【幼儿园的生日主题】幼儿园的生日	1. 体验参与"生日庆祝"活动的幸福与快乐。 2. 通过了解园史，提高对幼儿园的认同感，增强归属感。	自我文化	社会	
	【幼儿园的生日主题】幼儿园快乐的事	1. 通过多种形式，表达、表现自己在幼儿园快乐的事。 2. 在讨论中，进一步加深喜爱班级、幼儿园的积极情感。	自我文化	社会	
	无字图画书《小鸡和狐狸》	1. 喜欢阅读无字图画书，能借助场景图，了解故事内容和情节的变化发展。 2. 能较细致地观察画面，尝试使用恰当的词汇和体态动作表达自己对画面的理解。 3. 有浓厚的阅读兴趣，能完整地讲述故事内容。	文化	语言	详案二
第三周	【蜗牛主题】蜗牛是什么样子的	1. 通过细致的观察，了解蜗牛的身体特征和行动方式。 2. 喜欢围绕蜗牛的话题展开猜想和讨论。	自然	科学	

续表

周次	活动名称	活动目标	发展课程中的领域	对应的五大领域	备注
第三周	【蜗牛主题】蜗牛生活在哪里	1. 通过观察，了解蜗牛的生活环境。 2. 喜欢观察蜗牛。	自然	科学	
	【蜗牛主题】蜗牛喜欢吃什么	1. 在持续的喂养中认真观察、记录，发现蜗牛的饮食习性。 2. 养成持久观察研究的态度，敢于表达自己的发现。	自然	科学	
	【蜗牛主题】蜗牛的食物和粪便	1. 观察了解蜗牛的排泄与食物的特殊关系。 2. 培养幼儿在实验过程中的对比观察能力。	自然	科学	
	小羊快跑	1. 掌握单脚起跳和单脚落地的跨跳动作，能跨跳过40～50厘米宽的平行线。 2. 能动作比较协调地进行跨跳，发展弹跳能力。	自我	健康	
	参观图书馆	1. 知道图书馆是社区公共资源，里面的图书需要借和还，知道爱护图书。 2. 在图书阅读中熟悉"借"与"还"的流程，喜欢图书借阅活动。	社会	社会	
	我是故事大王	1. 敢于在集体面前讲故事，对"故事大王"活动感兴趣。 2. 能认真倾听他人讲述，做一个有礼貌的倾听者。	文化	语言	
	图画书《彩虹色的花》	1. 喜欢阅读，理解故事内容及情节。 2. 能完整连贯地复述故事中的对话。	文化	语言	

续表

周次	活动名称	活动目标	发展课程中的领域	对应的五大领域	备注
第三周	韵律活动：顽皮的小手套	1. 初步感知乐曲的旋律和结构，尝试用身体表现出各种小手套的造型。 2. 通过观察和模仿，能够和同伴合作进行音乐游戏，体验合作游戏的快乐。	文化	艺术	详案三
第四周	捉松鼠	1. 听信号在一定范围内四散追逐跑，动作协调，发展追逐与躲闪的动作技能。 2. 能够遵守游戏规则，具有一定的规则意识。	自我 社会	健康 社会	
	从不同方向数	1. 学习序数第六至第十，从不同方向描述物体的位置。 2. 感受"序数"在生活中的作用。	自然	科学	
	我们一起来对应	1. 能发现物品之间的关系，并根据其关系进行对应。 2. 体验观察发现生活中对应事物的乐趣。	自然	科学	详案四
	图画书《好朋友》	1. 学习童话中对话式的语言，能专注倾听。 2. 发现故事中的对应关系，能根据故事中的语言形式进行初步的仿编。	文化	语言	
	我和朋友在一起	1. 喜欢和好朋友在一起，知道与朋友友好交往的方法。 2. 体验和好朋友交往与游戏的快乐。	社会	社会	
	我会下棋	1. 喜欢与同伴一起玩棋类游戏。 2. 遵守游戏规则，理解规则在棋类游戏中的作用。	社会	社会	

周次	活动名称	活动目标	发展课程中的领域	对应的五大领域	备注
第四周	《彩虹色的花》道具制作	1. 能主动搜集材料，与同伴分工合作制作表演道具。 2. 在制作过程中能积极思考，尝试解决问题。	文化	艺术	
	故事表演《彩虹色的花》	1. 与同伴协商、分工，确定故事表演中的角色。 2. 体验与同伴合作表演的乐趣。	文化	语言	
	我爱北京	1. 知道北京的风景名胜。 2. 能用自己喜欢的方式表达对北京的爱。	文化	社会	

（二）4月活动详案

详案一

活动名称："百年有园"的故事（自我、文化）

活动目标：

1. 喜欢听幼儿园的园史故事，了解百年幼儿园丰富多彩的生活。

2. 能认真观察，并围绕园史照片内容进行讨论。

3. 喜欢自己所在的班级和幼儿园，能与他人分享自己在幼儿园生活中的快乐故事。

活动准备：

1. 经验准备：幼儿参与过庆祝同伴生日的活动，能理解生日的意义；知道幼儿园的生日。

2. 材料准备：幼儿园老照片、采访老教师的录像、园史画册。

活动过程：

开始部分：导入主题，激发幼儿听园史故事的兴趣

教师：小朋友们，你们现在几岁了？

教师：你们知道咱们幼儿园多少岁了吗？一起来看看幼儿园三岁时的样子。（展示1918年老照片）在这张照片中，你看到了什么？照片上的小朋友在干什么？老师在干什么？他们开心吗？为什么？

出示幼儿园里最年长的段老师的工作照片：你们猜猜照片上的这位段老师今年多少岁了？

教师：段老师今年100岁了，她非常喜欢我们小朋友，你们想不想看看100岁的段老师？想不想听听她要和你们说什么呢？

播放采访段老师的视频，感受段老师和幼儿园深厚的感情以及对小朋友的喜爱之情。

基本部分：欣赏不同时期的照片，感受快乐的幼儿园生活

（1）教师依次播放幼儿户外游戏、生活自理、参与劳动、图书馆游戏、外出游玩等老照片，启发幼儿观察并讨论。

教师：照片中的小朋友和老师在做什么？你从哪里看出来的？他们的心情是什么样的？你是怎么知道的？如果是你，你的心情会是什么样的呢？

教师小结：这些老照片都是以前的小朋友在幼儿园开心地游戏、学习和生活，他们还能为自己、为别人做很多事情。

（2）通过欣赏不同时期师幼互动的照片，体验幼儿园生活的快乐。

播放老师和以前中班小朋友的照片，感受幼儿园快乐的集体生活。

教师：你们发现照片上有谁啊？知道我们在做什么吗？

播放现在小朋友开心地游戏照片，引导幼儿讲述快乐的幼儿园生活。

教师：照片上有谁？你们在做什么？你们在幼儿园生活得开心吗？

教师：除了照片上这些开心的游戏，你们还有其他快乐的事情吗？跟我们分享一下。

结束部分：通过小结提升幼儿的经验

教师小结：不管是以前的小朋友和老师，还是今天的小朋友和老师，在幼儿园里的生活都是幸福快乐的！因为这里是我们共同的乐园。

相关经验：

自然（数学）：初步感受时间的流逝。

活动评价：

1. 观察幼儿能否专注倾听园史故事，能否积极表达对园史图片的观察发现。

2. 了解幼儿能否用比较完整的语句讲述在幼儿园的快乐事情。

活动延伸与扩展：

1. 带领幼儿参观园史文化墙，寻找文化墙上的快乐故事。

2. 将园史画册放在图书区供小朋友欣赏，并鼓励幼儿把自己知道的幼儿园百年故事讲给家人听。

（黄　珊）

详案二

活动名称：无字图画书《小鸡和狐狸》（文化）

活动目标：

1. 喜欢阅读无字图画书，能借助场景图，了解故事内容和情节的变化发展。

2. 能较细致地观察画面，尝试使用恰当的词汇和体态动作表达自己对画面的理解。

3. 有浓厚的阅读兴趣，能完整地讲述故事内容。

活动准备：

经验准备：幼儿有阅读无字书的经验。

物质准备：《小鸡和狐狸》幻灯片课件，《小鸡和狐狸》图画书人手一本，投影仪，电脑。

活动过程：

开始部分：欣赏图书封面，引发阅读兴趣

幼儿观察封面，了解故事的名字，猜测故事内容。

教师：你可以说一说这个封面告诉了我们一些什么吗？

基本部分：欣赏故事，了解故事情节的发展

（1）幼儿阅读幻灯片课件，初步了解故事内容。

教师：故事发生在哪里？故事里有谁？发生了什么事情？

（2）引导幼儿在阅读中发现故事发生的线索。

教师：熊、兔子、公鸡追狐狸时经过了哪些地方？

（3）在阅读中，引导幼儿讲述大熊、兔子、公鸡追赶狐狸时的经历。

教师：大熊它们是怎样救小鸡的？你从哪里看出来的？

（4）引导幼儿用语言和动作表达在树林里、小山上、大海上小鸡和狐狸相处时的样子，发现小鸡和狐狸关系的变化。

教师：大熊它们追得真累啊，那么，狐狸和小鸡呢？（引导幼儿用丰富的词汇形容小动物追跑的状态）它们是怎样的呢？你能学一学它们的样子吗？

（5）在观察画面时发现造成误会的原因，引导幼儿思考怎样做可以避免这个误会。

结束部分：集体阅读图书

引导幼儿给好朋友讲述。

相关经验：

社会：能向同伴讲述故事，认真倾听同伴讲述。

活动评价：

1. 从幼儿的语言中了解其是否观察到画面的细节。

2. 观察了解幼儿是否能完整地讲述故事内容。

活动延伸与扩展：

1. 将此故事讲述给家人或同伴。

2. 鼓励感兴趣的幼儿自制一本无字图画书。

（韩　丹）

详案三

活动名称：韵律活动：顽皮的小手套（文化）

作品分析：

这是一首曲调活泼生动、节奏感强的乐曲。韵律活动能够让幼儿提高观察力和模仿力，感受合作带来的乐趣和成就感。

活动目标：

1. 初步感知乐曲的旋律和结构，尝试用身体表现出各种小手套的造型。

2. 通过观察和模仿，能够和同伴合作进行音乐游戏，体验合作游戏的快乐。

活动准备：

经验准备：有一定的肢体表现力。

物质准备：音乐《闲聊波尔卡》、小椅子。

活动过程：

开始部分：故事引入

教师：老奶奶开了一家针织店，里面有各种样式的小手套。针织店有一个秘密，每到午夜12点的时候小手套们就会偷偷跑出去跳舞，还会摆漂亮的造型。这一天，小手套们又商量着去跳舞呢，但是可千万不能被老奶奶发现。

教师：针织店里藏着一个什么秘密呀？（鼓励幼儿大胆表达）

教师：现在老师的手变成了两只小手套，看看小手套们是怎么跳舞的呢？

基本部分：熟悉乐曲旋律和结构，尝试用身体摆出小手套的造型

（1）感知与熟悉乐曲，初步尝试做动作。

教师跟随音乐，用双手扮成小手套进行舞蹈、摆造型。（音乐第一段）

教师：你们看到小手套是怎么跳舞的呀？它都做了什么动作？

鼓励幼儿大胆表达，教师用语言和动作引导幼儿回忆小手套跳舞的场景。

教师：小手套一开始在货架上是什么样子的？然后它做了什么？（第一只小手套跑出去）跑出去以后怎么样呢？（摆造型）第二只小手套做了什么？（也跑出来了）然后呢？（也摆了一个造型）摆了一个什么样的造型？（跟第一只一样的造型）

跟随音乐，教师加入语词提示，带领幼儿玩音乐游戏。（音乐第一段）

教师提示语："准备出发""第一只小手套出发""摆造型""第二只小手套出发""摆一个一样的造型""好朋友,拍拍手,真开心,真开心""还没有醒,再来一次"。

教师:两只小手套是好朋友,你们听到它们在跳舞的时候做了什么动作呀?(好朋友,拍拍手,真开心,真开心)

教师:我们一起来试试吧!(引导幼儿根据语词提示做小手套跳舞的动作)

设计造型动作。跟随音乐完整进行游戏,幼儿边说语词边设计动作。(完整音乐)

教师:请你想一想,再玩的时候你要给你的小手套摆一个什么样的造型?(鼓励幼儿表达)

教师:这一次玩的时候可以加入你们自己想摆的造型,别忘记第二只小手套的造型要和第一只小手套的造型一样哦!

跟随音乐,幼儿自由设计手套造型进行游戏。(完整音乐)

教师:这一次小手套要改变他的路线了,我们要从这里出发(肩膀)。

教师与幼儿起立做动作,改变出发路线,一同玩音乐游戏(完整音乐)。

合作进行音乐游戏。(完整音乐)

(1)教师邀请幼儿合作用身体摆造型。

教师:小手套们玩得开心吗?我们这次来玩一个更有意思的游戏!现在,老师把自己的身体变成第一只小手套。我想邀请第二只小手套,谁想来?(邀请一位小朋友)

教师面向被邀请的小朋友:一会摆造型的时候,你要跟我一样,因为第二只小手套要模仿第一只小手套的动作,准备好了吗?

教师小结合作游戏成功的方法。

教师:我们两只小手套配合得怎么样?有没有发现其实对第二只小手套来说有一点难度。XXX刚才跑到前面去做了什么事情?(幼儿回答)对啦!因为他要观察,第一只小手套做的是什么样的动作,要跟他做一样的动作。

(2)两组幼儿合作,跟随音乐用身体摆造型。

教师:这两只小手套配合得默不默契?他们哪里做得好?

教师:老师想问一问,一共有几组小手套出去跳舞了?每一组都跳舞了吗?第几组没有跳舞?我们一起来听听看。

幼儿两两结对,一同参与音乐游戏。(完整音乐)

结束部分:回顾并总结游戏经验

教师引导幼儿分享今天都变成了哪些可爱的小手套?为了不让老奶奶发现,大家是怎么做的?

相关经验:

自我:能比较灵活地控制身体动作。

社会:能与同伴合作进行表演。

活动评价：

1. 观察幼儿是否能根据音乐节奏，区分小手套"跳舞""造型"和"跑"。

2. 观察幼儿能否创编小手套的动作，并模仿同伴的动作。

活动延伸与拓展：

1. 制作小手套的衣服，进行表演。

2. 延伸成为班级律动。

（王　铮）

詳案四

活动名称：我们一起来对应（自然）

活动目标：

1. 能发现物品之间的关系，并根据其关系进行对应。

2. 体验观察发现生活中对应事物的乐趣。

活动准备：

经验准备：对物体间的关系有一定的生活经验。

物质准备：幻灯片课件（猴子—香蕉，小鸡—虫子，猫—鱼，狗—骨头），5个圆圈，5块布，1个神秘袋（牙膏1个—牙刷6个、小鼓1个—鼓槌6个、衣架1个—衣服6件、画笔1支—绘画纸6张、碗1个—勺子6个），藏宝图（铅笔、橡皮、油画棒、水彩笔、纸、簸箕、双响筒、小鼓、鼓棒、衣服、衣架）。

活动过程：

开始部分：引导幼儿发现事物间简单的相互关系

教师出示幻灯片，引导幼儿认真观察。

教师：左边的格子里都有什么？（猴子、小鸡、猫、狗）

教师：右边的格子里都有什么？（骨头、鱼、虫子、香蕉）

教师：你觉得左边和右边的图片中，哪些是有关系的？它们之间是什么关系？

基本部分：引导幼儿从众多的物品中，发现事物间的相互关系并进行对应

教师：地上有五个圆圈，看一看圆圈内有什么。（牙膏、画笔、小鼓、衣架、碗）

教师出示神秘袋（里面放牙刷、画纸、鼓槌、衣服、勺子），请幼儿摸出一件物品并对应。

教师：我这里有个神秘袋，请你摸出一个物品，说一说你摸的是什么，可以跟圆圈中的哪种物品对应，为什么。

教师：请把你摸到的物品放到对应的圆圈里。

结束部分：在教室中寻找有对应关系的物品

教师：咱们教室里其实也有很多物品是有对应关系的，请你找到两个有对应关系的物品。

幼儿分散寻找。

教师：说一说，你找到了哪两个物品，它们之间是怎样的关系呢？（如牙刷与牙杯、水彩笔与水彩笔盒等）

小结：今天，小朋友们认识了很多物品，并知道了物品之间的关系，还能将有关系的物品进行对应。非常棒！

活动评价：

1. 根据幼儿找到对应物品的速度、语言表达的情况等，判断幼儿是否掌握了物品的对应关系。

2. 根据幼儿在班级找宝藏的情况，判断幼儿对生活中物品间关系的熟悉情况。

活动延伸与扩展：

引导幼儿在日常生活中发现更多的物品间的关系，进行对应。

（田倍倍）

4月附录

春 天

丁 曲

春天是什么？

小鸭子说：

"春天是欢腾的小河。"

小蜜蜂说："春天是香甜的花朵。"

小山羊说："春天是绿色的草坡。"

啊，春天——

给大家带来欢乐！

（出自《中国儿童歌谣500首》，82页，西安，未来出版社，1990。）

九、5月目标与内容

（一）5月目标与周活动安排

1. 5月目标

（1）自我

①喜欢丰富多彩的幼儿园生活，心情愉快。

②能独立、有序地穿脱衣服和鞋袜，并整理好放在指定的位置。

③学会收拾和整理玩具物品，不乱扔废弃物，不随地吐痰，不乱写乱画，保持环境的整洁。

④喜欢各项体育运动，在熟练拍球的基础上学习抛接球，玩球时注意躲避，有安全意识。

⑤了解周围环境中不安全的事物，不做危险的事，不动热水壶，不玩火、电，不攀爬阳台、窗户等，遇到危险会躲避，会大声呼喊求救。

⑥知道保护眼睛的正确方法，预防弱视、斜视、近视等，爱护眼睛。

⑦了解父母的职业，知道父母工作的辛苦。

⑧了解与自己关系密切的社会服务机构和职业，尊重工作人员的劳动，珍惜劳动成果，感恩他们为自己生活带来的便利。

⑨积极参加庆祝六一的大型游艺活动，能根据自己的喜好自主选择或结伴参加活动，体验成就感。

（2）自然

①了解不同土壤的用途。在种植活动中，感受土壤对植物的重要性。

②在饲养蚕的过程中观察蚕的变化，了解蚕的生长变化过程。

③认识常见的科技产品，学习简单操作常用的生活科技用品，如录音机、电子白板、一体机等，体验科技与人们生活的密切关系。

④巩固认识几何图形，能够运用图形关系解决生活和游戏中的问题。

⑤能认读数字1～10，能够在生活中运用数字，感受数字的作用。

⑥喜欢数学游戏，学习在日常生活中将物品分类，感受数学在生活中的有用和有趣。

（3）社会

①在游戏中模拟某种职业，如在角色区中扮演消防员、飞行员、医生等，进一步了解职业在社会中的作用。

②认识几种消防器材，丰富消防安全知识，初步学习消防安全逃生的方法。

③积极主动与同伴交往，初步学会互助与合作，能尝试解决游戏及生活中出现的问题。

④在义卖活动中了解世界上有许多需要帮助的人，愿意用自己力所能及的方式帮助他人，初步感受帮助他人的快乐。

（4）文化

①了解日常生活中的基本礼仪，喜欢使用礼貌用语，举止文明、有礼。

②喜欢听儿童文学作品，阅读图画书，学习仿编故事、儿歌，感受文学作品的美。

③知道母亲节的由来和意义，能够用自己喜爱的方式大胆表达对妈妈的爱。

④知道六一儿童节的意义，喜欢参加各项庆六一活动，感受节日的快乐。

⑤喜欢画画、捏泥、做手工等各项艺术表现活动，能够表现有关"母亲节"主题的作品。

⑥喜爱唱唱跳跳，欣赏有关"妈妈""六一"的儿歌、音乐作品等，并能够进行大胆的表现，感受庆祝节日的快乐。

2. 5月周活动安排

本月建议开展的活动主题：劳动节主题、我爱妈妈主题、爱心义卖主题、快乐六一主题。

周次	活动名称	活动目标	发展课程中的领域	对应的五大领域	备注
第一周	彩虹伞	1. 锻炼上肢力量及走跑钻爬的能力，提高动作的灵敏性、协调性。 2. 能通过合作完成游戏，体验集体游戏的快乐。	自我	健康	
	【劳动节主题】为我们工作的人	1. 初步知道五一国际劳动节的意义。 2. 了解常见的职业及其主要特征。 3. 具有尊重各行业劳动者的意识。	文化	社会	
	【劳动节主题】我们爱劳动	1. 认识幼儿园里为自己服务的人，知道尊重他们和珍惜他们的劳动成果。 2. 爱劳动，有为他人服务的愿望。	自我	社会	
	【劳动节主题】音乐欣赏《劳动狂想曲》	1. 欣赏音乐，通过拖地、刷马桶、擦玻璃等特定情境感受ABC三段曲式结构，尝试用动作表现出来。 2. 体验在情境中表演的快乐。	文化	艺术	

续表

周次	活动名称	活动目标	发展课程中的领域	对应的五大领域	备注
第一周	【劳动节主题】护绿小使者	1. 了解草坪与人们生活的关系。 2. 知道保护草坪的方法，不乱扔垃圾，爱护周围环境。	社会	社会	
	认识消防器材	1. 认识几种消防器材，丰富消防安全知识。 2. 初步学习安全逃生的方法。	社会	社会	
	有趣的石头画	1. 喜欢利用石头作画。 2. 根据石头原有的形状进行想象，拼贴、添画出有趣的画面，发展想象力。	文化	艺术	
	【劳动节主题】诗歌仿编《早晨，我看见》	1. 了解诗歌的内容和语言表达方式，感受诗化语言的美。 2. 能结合生活经验仿编诗歌，并喜欢朗诵诗歌。	文化	语言	诗歌见附录
	【劳动节主题】打击乐器演奏《劳动狂想曲》	1. 复习律动，能用动作来区分音乐的ABC三段。 2. 探索三种乐器的发声方法，并将乐器的音色与故事情节和音乐匹配。 3. 体验打击乐演奏的乐趣。	文化	艺术	
第二周	【我爱妈妈主题】阅读《我妈妈》	1. 仔细观察图片，理解故事中妈妈对孩子的爱。 2. 能够结合生活经验大胆表达,感受母爱的温暖。	自我文化	语言	
	【我爱妈妈主题】我和妈妈的故事	1. 能完整连贯地讲述自己和妈妈之间的故事。 2. 体验生活中妈妈对自己的爱。	自我文化	社会	
	【我爱妈妈主题】诗歌《梳子》	1. 理解诗歌内容，感受诗歌富有想象力的语言特点。 2. 尝试用诗歌的结构和语言表达自己的想法。	文化	语言	作者谢武彰

续表

周次	活动名称	活动目标	发展课程中的领域	对应的五大领域	备注
第二周	【我爱妈妈主题】妈妈的一天	1. 感受妈妈的辛苦和妈妈对自己的爱。 2. 能将观察记录和同伴进行分享。 3. 愿意用自己的方式表达对妈妈的爱。	自我文化	社会	详案一
	【我爱妈妈主题】画妈妈	1. 能用绘画的方式表现妈妈的主要特征。 2. 能画出简单的场景或进行简单的装饰。	文化	艺术	
	有趣的抛接球	1. 初步掌握自抛自接球和两人近距离抛接球的动作要领。 2. 发展动作的准确性和协调性，体验合作游戏的乐趣。	自我	健康	详案二
	看谁长得快	1. 通过种植活动初步感受不同土壤（黄土、沙土、营养土、水晶土等）的特点。 2. 大胆推测在不同土壤中植物的生长速度，并通过持续的观察、记录进行验证。	自然	科学	
	《100层的巴士》	1. 在用小图形拼大图形的过程中，感知图形间的关系。 2. 能用清楚简洁的语言表述拼图的结果，体验图形拼搭活动的乐趣。	自然	科学	详案三
	猜猜我有多爱你	1. 能根据画面复述故事中的对话，进一步理解故事内容。 2. 倾听妈妈对自己爱的表达，感受妈妈的爱。 3. 大胆表达自己对妈妈的爱。	自我文化	语言	详案四
第三周	【爱心义卖主题】需要帮助的小朋友	1. 知道社会中有些小朋友需要关心和帮助（孤儿、残疾儿童）。 2. 能够用绘画、语言的形式表达对他们的关爱。	社会	社会	

周次	活动名称	活动目标	发展课程中的领域	对应的五大领域	备注
第三周	【爱心义卖主题】义卖物品分类	1. 了解搜集到的义卖物品的名称、玩法、功能等。 2. 能根据义卖物品的特征，进行多角度的分类。	自然	科学	
	【爱心义卖主题】义卖物品标价	1. 在生活和游戏中感知数字和价格的意义。 2. 尝试根据玩具的新旧、好玩程度等维度进行分类、标价。 3. 增强与同伴之间相互沟通、合作的意识，体验活动的乐趣。	自然 社会	科学 社会	
	【爱心义卖主题】爱心义卖	1. 了解义卖时使用的语言，能积极主动地进行买、卖。 2. 在义卖过程中，遇到问题能想办法解决。	社会	社会	
	体育游戏：大青虫	1. 能灵活、协调地按照规定路线调整方向走。 2. 能与同伴相互配合、行动一致，体验同伴合作的快乐。	自我	健康	
	爱护眼睛	1. 了解眼睛的重要性，知道保护眼睛的简单方法。 2. 学习正确的书写姿势和阅读姿势，增强保护眼睛的意识。	自我	健康	
	饲养蚕宝宝	1. 在持续的观察中了解蚕的生长变化过程。 2. 会用简单的图画或符号为蚕宝宝写成长日记。	自然	科学	
	折纸：小飞机	1. 喜欢折纸活动，学习沿中心线折、对角折等折叠方法。 2. 尝试用不同的方法折飞机，发展小肌肉动作的灵活性。	文化	艺术	

续表

周次	活动名称	活动目标	发展课程中的领域	对应的五大领域	备注
第三周	欣赏《诞生日》	1. 感受作品的鲜艳色彩。 2. 尝试从作品中寻找色彩和情感的关系，并大胆表达自己对作品的理解。	文化	艺术	米罗作品
第四周	【快乐六一主题】我们的节日	1. 知道"六一"是全世界小朋友的节日。 2. 积极参加各项"六一"庆祝活动，感受节日的快乐。	文化	社会	
	【快乐六一主题】《六一的歌》	1. 能用轻松、明亮的声音表现歌曲欢快、活泼的情绪。 2. 学唱十六分音符及间奏。 3. 体验节日的快乐。	文化	艺术	陈镒康作词，李以作曲
	【快乐六一主题】"快乐六一"亲子嘉年华	1. 能与爸爸妈妈协商，一起制订活动计划，体验亲子游戏的快乐。 2. 积极、主动地参与各项嘉年华活动，感受节日的快乐。	自我文化	社会	
	【快乐六一主题】快乐自助餐	1. 知道自助餐的进餐礼仪，做到按需取食，文明进餐。 2. 能均衡选择各种食物，学习食物搭配。	自我文化	健康社会	
	金鸡独立	1. 能较平稳地单脚站立。学会控制自己的动作。 2. 能遵守游戏规则，体验共同游戏的乐趣。	自我	健康	
	快来帮助小猴子	1. 能认真观察图片，讲述故事内容。 2. 知道遇到危险要躲避，了解相应的求救方法。	自我	语言	
	可爱的小动物	1. 尝试用立体圆雕的方式塑造自己喜欢的小动物，表现动物的外形、神态等基本特征。 2. 能将自己的作品与同伴分享，表达对小动物的喜爱之情。	自然文化	科学艺术	

周次	活动名称	活动目标	发展课程中的领域	对应的五大领域	备注
第四周	音乐游戏：噜啦踢踏	1. 感受音乐节奏的变化并能够用肢体动作来表现。 2. 在节奏游戏中感受音乐带来的快乐和自信。	文化	艺术	详案五
	欣赏《牵牛花》	1. 欣赏作品中牵牛花简洁、生动的造型美和红花墨叶的色彩美。 2. 喜欢欣赏水墨画，感受其独特的艺术风格。	文化	艺术	齐白石作品

（二）5月活动详案

详案一

活动名称：妈妈的一天（自我、文化）

活动目标：

1. 感受妈妈的辛苦和妈妈对自己的爱。

2. 能将观察记录和同伴进行分享。

3. 愿意用自己的方式表达对妈妈的爱。

活动准备：

经验准备：阅读过关于妈妈的图画书，在家中对妈妈的一天进行了观察记录。

物质准备：记录表、铅笔。

活动过程：

开始部分：谈话引出

教师：上个周末我们都做了小小观察员，对妈妈一天做的事情进行了观察和记录。今天我们来分享一下你的妈妈一天都做了哪些事情。

基本部分：分享、讨论妈妈的一天，感受妈妈的辛苦

（1）幼儿分组进行分享，教师进行观察指导。

重点引导：幼儿按事情发生顺序轮流分享，其他幼儿认真倾听。

（2）集体讨论，引导幼儿关注妈妈的辛苦。

教师：分享完妈妈的一天，你们有什么感受呢？

教师：妈妈的一天是怎样的一天呢？

教师：现在你们有什么感谢妈妈或关心妈妈的话想对妈妈说吗？

重点：引导幼儿感受妈妈的辛苦，思考自己可以帮她分担些什么。

结束部分：鼓励幼儿制订"爱妈妈"计划

教师：一会儿区域活动的时间，小朋友可以在记录表中画下想对妈妈说的话和自己想帮妈妈做的事。

相关经验：

文化：能认真倾听，轮流发言。

活动评价：

1. 观察幼儿能否在同伴面前用流畅的语句进行分享。

2. 通过幼儿的语言表达了解其是否体会到妈妈的辛苦和对自己的爱。

活动延伸与扩展：

1. 开展"我为妈妈做点事"的活动。

2. 用绘画的方式记录妈妈的点滴生活，汇集成自制图画书《妈妈的生活》。

资源利用：

在幼儿对妈妈的一天进行观察前，教师与幼儿的妈妈们进行沟通，帮助妈妈了解活动目的，以取得更好的活动效果。

附表：

妈妈，我想对你说
妈妈，我想帮你做

（黄　蕊）

详案二

活动名称：有趣的抛接球（自我）

活动目标：

1. 初步掌握自抛自接球和两人近距离抛接球的动作要领。

2. 发展动作的准确性和协调性，体验合作游戏的乐趣。

活动准备：

经验准备：幼儿有玩球的经验，能将球向上抛起。

物质准备：篮球每人1个，球筐4个，小猪头饰每人1个，韵律操音乐。

活动过程：

开始部分：热身活动

教师和幼儿每人一个球听音乐做球操，结合节奏做滚球、拍球等动作。

幼儿自由玩球，教师提醒幼儿尝试用多种方法玩球。

基本部分：抛接球游戏

（1）学习自抛自接球。

教师示范，讲解抛接球要点：双手拿球往上抛，看准球，双手接住。

幼儿分散练习抛接球，提醒幼儿寻找空的场地，观察指导幼儿掌握正确、安全的方法。

（2）游戏"你抛我接"。

①两名教师示范互相抛接球。

教师：刚才老师的手是怎么拿球的？在抛接球时，怎样才能使球不掉在地上？

教师边示范边讲解动作要领：五指分开，双手持球，抛向对方；抛球时上肢挥动、抖腕向前上方用力抛出球；接球时注意力集中，伸出两手随时迎球，观察球的飞行方向，准确接住球。提醒幼儿注意安全，抛球时不要抛到对方的头部。

②幼儿自由结伴练习，教师观察指导。

③圆圈抛接球：幼儿站成一个大圆，教师站在圆圈中间，边喊幼儿的姓名边向他（她）抛球，被喊到的幼儿接住球，迅速站到中间喊另外一名幼儿的姓名并向他（她）抛球，然后回原位。第二名幼儿接住球后再循环游戏。

（3）游戏：猪小弟运西瓜。

教师介绍游戏规则：幼儿分成人数相等的四队。每队排头听信号从球筐里取出一个球当"西瓜"，转身抛给第二名幼儿，依次抛到最后一名幼儿，该幼儿接球并将球放到队尾的球筐里。最快将"西瓜"运完的队伍获胜。若球没接住，则必须重新抛接，再向后传。

根据幼儿的活动量和兴趣，做游戏2至3次。

结束部分：放松整理

教师带领幼儿进行放松运动，重点放松手臂和腿。

师幼共同收拾整理器材。

相关经验：

自我：锻炼手眼协调和身体的灵活性。

社会：能遵守游戏规则，同伴之间能互相配合。

活动评价：

观察幼儿是否能够动作协调地抛球、接球。

（邓萍竹）

详案三

活动名称:《100层的巴士》(自然)

活动目标:

1. 在用小图形拼大图形的过程中,感知图形间的关系。

2. 能用清楚简洁的语言表述拼图的结果,体验图形拼搭活动的乐趣。

活动准备:

经验准备:阅读过图画书《100层的巴士》和《图形星的怪样王国》,知道基本图形的特征。

物质准备:每人一辆图形巴士车和一套几何图形卡片(1个正方形巴士车厢,1/2车厢大小的长方形若干,1/4车厢大小的正方形若干,1/2和1/4车厢大小的三角形若干),巴士车幻灯片课件。

活动过程:

开始部分:情境引入,观察并猜测车厢几何图形之间的关系

教师拿一辆图形巴士车:我们坐着100层巴士车到百货商场了。请小朋友看一看商场里都有哪些图形,同种图形的大小一样吗?

教师:请你猜一猜,这些几何图形跟巴士车厢之间有什么样的关系?

基本部分:鼓励幼儿尝试用小几何图形拼大正方形

(1)请幼儿尝试选用同样形状的图形,拼入大正方形里。

教师:商场里的图形也想参加100层巴士车的大冒险,于是他们排着队来到了车站,看一看第三层的车厢是什么形状? 如果用同一种图形把车厢装满,可以怎么装?

幼儿操作材料,进行车厢拼装。

师幼共同交流、讨论拼装情况。

◆ 教师出示长方形、正方形。

教师:这是什么图形? 你用了几个装满车厢?

还有图形想上车,哪种图形可以把这个车厢装满呢?

◆ 出示三角形。

教师:这是什么图形? 你用了几个? 把车厢刚好填满了吗?

教师:你选用的是什么图形? 用了几个?

引导幼儿观察发现:两个一样大小的长方形可以拼出一个大正方形;四个一样大小的小正方形可以拼成一个大正方形,两个一样大的三角形可以拼出一个大正方形。

(2)幼儿自主拼搭大正方形,教师观察指导。

教师:车子越开越远,车厢也越来越高,下一站是摩天大楼站,巴士车的高度已经超过了最高的摩天大楼，可是，百货商场的图形还有没上车的，请小朋友们一起来帮忙，让100层巴士车搭建起来。

出示巴士车材料，教师介绍规则：请小朋友开着自己的巴士车（提前在巴士车车窗贴好幼儿的照片），把巴士车的每节车厢都装满，这一次请你试着挑战用四个三角形和其他图形组合的方式填满车厢。

教师重点指导：引导幼儿在拼摆时关注图形边缘关系，会调整三角形方向完成拼摆。指导幼儿边对边，角对角粘贴。

结束部分：分享自己的巴士车

教师：车厢全部装满后，将自己的巴士车停放到车站，和好朋友说一说自己的车厢是怎么拼成的。

活动评价：

1. 幼儿是否对拼搭活动感兴趣，能否积极参与活动。

2. 幼儿是否能用合适的图形拼出大正方形并用语言清楚地表达。

活动延伸与扩展：

1. 在图形车厢内标注数字，幼儿根据提示的数字找出相应的图形进行拼摆。

2. 挑战用1/8三角形和多种图形组合的方式拼出大正方形。

附原创故事：

100层的巴士

100层巴士的乘客们乘着热气球开始了新的冒险。热气球飘呀飘，来到了图形星球，乘客们遇见了怪样国王。怪样国王听了100层巴士的故事，也想参加大冒险，可是热气球已经满员了，这可怎么办？

怪样国王一听，这好办，我们图形星球最多的就是图形，我们重新搭一辆双层巴士车就好了。大大长长的长方形说："大巴士需要一个大大长长的车厢，我来最合适。"圆形忍不住了，跳出来说："大巴士怎么可以少了我圆形的车轮子呢。"椭圆形说："我来做车灯最合适。"小长方形有点疑惑地说："小小的我来做什么最合适呢？"三角形跳出来说："尖尖的我做门把手最牢固了，我可以和小长方形一起合作做一个最坚固的车门。"很快，在图形的帮助下，新的巴士车搭好了，乘客们高高兴兴地上了车。

巴士车开始新的冒险。巴士车开到了百货商场，百货商场的图形们都拼命地往外看这辆奇特的巴士车，乘客们也看着百货商场的图形客人，百货商场的图形有哪些呢？我们一起来说一说。

百货商场的图形们也想参加100层巴士的大冒险，纷纷来到车站，准备上车，有好多好多的图形呀，请谁先上车呢？

乘客们越来越多了，我们只好请小朋友一起来帮忙让100层的巴士车搭建得更高。

（赵　妍）

详案四

活动名称：猜猜我有多爱你（自我、文化）

活动目标：

1. 能根据画面复述故事中的对话，进一步理解故事内容。

2. 倾听妈妈对自己爱的表达，感受妈妈的爱。

3. 大胆表达自己对妈妈的爱。

活动准备：

经验准备：阅读过图画书《猜猜我有多爱你》，熟悉其中的内容和语言。

物质准备：《猜猜我有多爱你》幻灯片课件，高楼、大海、火车、星星、围巾等图片，录音笔，妈妈给幼儿录的表达爱的语言。

活动过程：

开始部分：回顾故事《猜猜我有多爱你》

出示《猜猜我有多爱你》的封面。

教师：这是什么故事？还记得故事里讲的是谁和谁的故事吗？

根据画面提示，尝试复述故事中的对话。

教师：故事中的大兔子与小兔子都说了什么话，我们一边看图一边来讲一讲。

基本部分：倾听妈妈对自己爱的表达，初步尝试表达自己对妈妈的爱

（1）出示录音笔，倾听妈妈爱的表达。

教师：老师这里有一支录音笔，录音笔里也装了满满的爱，我们来仔细听一听是来自谁的爱。

教师：你听出这是谁的声音了吗？是谁的妈妈？妈妈说她对你的爱像什么一样？

教师：听了妈妈的话后，你有什么感觉？

（2）出示图片，启发幼儿模仿小兔子的语言表达自己对妈妈的爱。

教师：这里有几张图片，你能像小兔子那样用图片上的物品来形容一下你对妈妈的爱是什么样子的吗？（引导幼儿完整表述）

教师：想一想你还能用哪些话说出你对妈妈的爱。

结束部分：利用录音笔记录幼儿对妈妈爱的表达

教师：想好的小朋友可以说一说，老师用录音笔录下你对妈妈说的话，让妈妈来听一听你有多爱她。

提示：请幼儿大声表达，其他幼儿安静倾听。

相关经验:

自然:加深对长短、高低、远近等概念的认知。

活动评价:

1. 观察倾听幼儿是否能复述故事中的对话。

2. 观察幼儿是否能用与故事相似的语言、动作表达对妈妈的爱。

活动延伸与扩展:

1. 将幼儿的录音播放给家长听。

2. 引导幼儿用多种方式表达自己对妈妈及其他长辈的爱。

（李　爽）

详案五

活动名称:音乐游戏:噜啦踢踏

作品分析:

《噜啦踢踏》是一首节奏感比较鲜明的曲子,中间的旋律会有明显的变化,容易激发幼儿随音乐做动作的兴趣。在音乐的提示下,结合老师提供的故事角色,幼儿可以创编相应的动作来表现。

活动目标:

1. 感受音乐节奏的变化并能够用肢体动作来表现。

2. 在节奏游戏中感受音乐带来的快乐和自信。

活动准备:

经验准备:幼儿有做律动的经验。

物质准备:音乐《快乐巴士》《噜啦踢踏》、录音机、手偶。

活动过程:

开始部分:发声练习

（1）跟随《快乐巴士》律动走进音乐教室。

（2）发声练习:用"问好歌"的方式来进行发声练习,并相互打招呼。

1=C-D $\frac{4}{4}$

```
3 3 3  3 4 5 | 2 2 2  2 3 4 | 3 1· 3 5· | 3 1· 2 1· ‖
师:小朋友 早上好!幼:X老师 早上好,齐:大家 都早,大家 都早。
```

基本部分：熟悉音乐，并用动作表现节奏的变化

（1）出示手偶，认识音乐形象"噜啦""踢踏"，尝试用两种不同的动作表现。

教师：今天老师请来两个朋友，第一个朋友叫噜啦，噜啦有一个代表性动作——拍手，请小朋友们看到她就拍两下。第二个朋友叫踢踏，她的代表性动作——转手，当你们看到她时就做"转手"动作两下。

请幼儿尝试跟随教师出示的手偶用动作表现"噜啦""踢踏"。

（2）播放音乐，幼儿根据音乐节奏的不同，分别做出"噜啦""踢踏"的相应动作。（播放音乐第一遍）

（3）引导幼儿用不同动作表现音乐的间奏处。（播放音乐第二遍）

教师：中间的一段音乐很特别，可以怎么表现呢？（可以原地小碎步跺脚或拍肩）

（4）引导幼儿创编"噜啦""踢踏"不同的表现动作。（播放音乐第三、第四遍）

例如：噜啦——拍肩、跺脚

踢踏——跺脚、点头

（5）请幼儿合拍地用动作完整表现音乐。（播放音乐第五遍）

结束部分：自信、快乐地参与音乐活动

幼儿在音乐中表现出自己创编的动作，自然进入下一个活动环节。

相关经验：

自我：在活动中锻炼身体动作的协调性。

活动评价：

1. 通过幼儿的动作了解其能否识别两种不同的音乐节奏。

2. 观察幼儿能否根据音乐节奏的变化做出不同的动作。

（李仲玲）

5月附录

早晨，我看见

早晨，

我看见——

送奶的叔叔，

用力地骑车，

把一箱箱牛奶送进人家。

早晨，

我看见——

售票员阿姨，

用力地擦车，

把公交车擦得又明又亮。

早晨，

我看见——

邮递员叔叔，

迎着第一道阳光，

带着大大的邮包，

穿过大街小巷。

早晨，

我看见——

采购员阿姨，

拉着菜、急匆匆，

走进幼儿园。

早晨，

我看见——

许多许多的人，

为了大家，

开始了忙碌的一天。

（出自《幼儿园快乐与发展课程教师教学用书　中班　下册)》，

128～129页，北京，北京师范大学出版社，2010。)

十、6月目标与内容

（一）6月目标与周活动安排

1. 6月目标

（1）自我

①能用适宜的方式表达自己的情感和需要；能关注别人的情感和需要。

②能主动喝足量的水，养成自觉饮水的好习惯。

③能独立正确地盥洗，随时注意保持个人卫生。

④积极参加体育运动，能原地纵跳触物，脚蹬地有力，体验跳跃运动的快乐。

⑤活动中能回避危险，保护自己。

（2）自然

①搜集多种多样的石头，发现石头的异同，感受石头的多样性。

②对溶解现象感兴趣，寻找能在水中溶解的物质，并探究让物质迅速溶解的多种方法，体验探究的乐趣。

③能在日常生活中发现影子及其变化，喜欢玩影子游戏。

④喜欢玩泥，探索和泥的适宜方法，了解泥巴的基本属性。

⑤能够手口一致地点数10以内的数，理解10以内数的实际意义及量的守恒。

（3）社会

①认识社区，了解社区中的设施及功能，能向同伴介绍自己的社区。

②认识常见的交通标志，了解其含义并知道遵守交通规则。

③理解并遵守日常生活中基本的社会行为规则，学会简单评价自己和他人的行为。

（4）文化

①喜欢听儿童文学作品，阅读图画书，欣赏有关"爱"的文学作品，感受文学作品的美，尝试创编故事。

②知道端午节是我国的传统节日，简单地了解端午节的由来及传统习俗。

③了解父亲节的由来，能够运用自己喜爱的方式大胆表达对爸爸的爱。

④喜欢画画、捏泥、做手工等各项艺术表现活动，能够运用废旧材料进行创作。

⑤喜爱唱唱跳跳，能随音乐自由地模仿、律动和简单的舞蹈，进行即兴表演。

2. 6月周活动安排

本月建议开展的活动主题：我爱爸爸主题、有趣的伞主题。

周次	活动名称	活动目标	发展课程中的领域	对应的五大领域	备注
第一周	摘果子	1. 能原地纵跳触物，手臂摆动自然，脚蹬地有力。 2. 喜欢参加体育游戏，有规则意识。	自我 社会	健康 社会	
	图画书《鳄鱼怕怕　牙医怕怕》	1. 能结合画面细节和故事内容理解鳄鱼和牙医各自害怕的原因。 2. 尝试用对话、表演的方式复述故事，表现鳄鱼和牙医紧张、害怕的心情。 3. 知道爱护牙齿的重要性，增强早晚刷牙、饭后漱口的意识。	自我 文化	健康 语言	详案一

续表

周次	活动名称	活动目标	发展课程中的领域	对应的五大领域	备注
第一周	溶解小实验	1. 通过实验初步感知物体的溶解现象。 2. 实验中发现溶解的基本条件，并大胆猜想和验证。	自然	科学	
	大小池塘里的鱼	1. 在游戏中理解10以内数量的守恒。 2. 喜欢点数，能够手口一致地点数10以内的数。	自然	科学	
	讲文明的好孩子	1. 了解公共场所行为规则的内容及意义。 2. 在日常生活中，遵守规则，做文明的小朋友。	社会	社会	
	挂香包	1. 知道端午节有挂香包的习俗，初步了解香包的功用及制作材料。 2. 会看示意图制作香包，感受自制香包的快乐与成就感。	文化	艺术	详案二
	诗歌《小雨点》	1. 尝试理解作品表达的情感，体验诗歌语句中的韵律美。 2. 能完整连贯、有感情地朗诵诗歌，想象作品描绘的情境。	文化	语言	诗歌见附录
	吹点创意画：五彩的世界	1. 能够运用吹画与点画相结合的方式进行创作。 2. 感受运用各色水彩颜料吹画带来的乐趣。	自我文化	艺术	
	端午节	1. 了解端午节的意义，知道端午节是中国的传统节日。 2. 喜欢参加各种庆祝端午节的活动，感受节日的快乐气氛。	自我文化	社会语言	
第二周	【我爱爸爸主题】父亲节	1. 了解父亲节的来历，体会爸爸对自己、家庭、社会的辛苦付出。 2. 对爸爸充满感激、尊敬和爱的情感。	自我文化	社会	
	【我爱爸爸主题】采访爸爸	1. 增加对爸爸的了解，理解爸爸的辛苦，感受爸爸的爱。 2. 尝试根据"采访"内容设计问题，锻炼表达能力与沟通技巧。	自我文化	社会语言	

续表

周次	活动名称	活动目标	发展课程中的领域	对应的五大领域	备注
第二周	【我爱爸爸主题】夸夸我的好爸爸	1. 感受爸爸对自己的爱，增进爱爸爸的情感。 2. 能使用流畅的语言表达自己的想法。	自我文化	语言社会	详案三
	【我爱爸爸主题】画爸爸	1. 在绘画中表达对爸爸的爱。 2. 能画出爸爸的典型特征。	文化	艺术	
	【我爱爸爸主题】仿编诗歌《爸爸的爱》	1. 熟悉诗歌内容，初步掌握诗歌的结构。 2. 尝试仿编诗歌，能将自己的感情融入诗歌之中。 3. 体验和爸爸在一起愉快、安全、甜蜜的感觉。	自我文化	语言社会	详案四
	给狗熊喂食	1. 练习正面挥臂，能上下肢协调用力地抛掷。 2. 锻炼肩、臂等部位肌肉的力量和目测的准确性。	自我	健康	
	神奇的石头	1. 喜欢搜集各种石头，在玩石头中了解石头的基本特征。 2. 对比发现石头的相同与不同，了解石头的功用。	自然	科学	
	我家在这里	1. 感知家和学校位置的关系。 2. 学习绘制从家到幼儿园的简易地图，并向别人介绍自己的地图。	社会	社会	
	【我爱爸爸主题】歌唱活动：我有一个好爸爸	1. 学唱歌曲，感受歌曲中拟声词的特点。 2. 体会歌曲诙谐幽默的风格，尝试仿编部分内容。 3. 感受爸爸在自己成长中的辛劳付出，萌发爱爸爸的情感。	文化	艺术	诸葛怡作词，刘伟光作曲
第三周	【有趣的伞主题】诗歌《伞》	1. 了解伞的形状特征。 2. 完整、有节奏地朗诵诗歌，根据诗歌内容进行联想和想象，体会诗歌表达的优美意境和句式结构。	文化	语言	诗歌见附录

续表

周次	活动名称	活动目标	发展课程中的领域	对应的五大领域	备注
第三周	【有趣的伞主题】故事《送你一把伞》	1. 理解故事内容，复述故事对话。 2. 愿意与别人交流自己的感受，体验帮助他人的快乐。	文化	语言	故事见附录
	【有趣的伞主题】怕水的伞	1. 认识伞的材料和防水性能的关系。 2. 学习用比较的方法观察事物。	自然	科学	
	【有趣的伞主题】彩绘伞	1. 学习并掌握彩绘伞面的技巧。 2. 体验合作彩绘伞的乐趣，能遵守共同创作的规则。	文化	艺术	
	好玩的影子游戏	1. 对影子的变化感兴趣，了解自己和影子之间的关系。 2. 在影子游戏中，初步感知光和影子的关系。 3. 愿意分享、交流自己的发现，感受探究影子的乐趣。	自然	科学	
	嘘！仔细听	1. 知道交流时要认真倾听，懂得尊重别人。 2. 体会倾听的重要性。	文化	语言	
	参观邮局	1. 通过参观邮局知道邮局的作用。 2. 知道信件、包裹的流通过程，了解邮递员的工作，体会他们的辛苦。	社会	社会	
	水墨画《睡莲》	1. 欣赏睡莲，体验作品的色彩、构图美。 2. 喜欢探索水墨画的工具、材料，对点染画法感兴趣。	文化	艺术	
	歌唱活动：胆小鬼	1. 理解并记忆歌词内容，能够唱准歌曲中的休止符，能清唱回音。 2. 喜欢并能欢快地歌唱，声音自然好听。	文化	艺术	周保平作词，孟卫东作曲

续表

周次	活动名称	活动目标	发展课程中的领域	对应的五大领域	备注
第四周	勇敢的战士	1. 能用单手向前上方做用力挥臂肩投的动作。 2. 具有勇敢、不怕困难的学习品质。 3. 与同伴积极合作，体验共同游戏的快乐。	自我	健康	
	和泥	1. 感知土和水的多少与泥巴干稀之间的关系。 2. 喜欢玩泥巴，探索各种玩法。	自然	科学	
	电话号码连连看	1. 能手口一致地点数10以内的物体，说出总数，并能用数字表示物体的数量。 2. 能够根据点数的结果将数、量一一对应。	自然	科学	
	交通标志	1. 认识常见的交通标志，知道各种交通标志的名称、图案及意义。 2. 知道遵守交通规则。	社会	社会	
	歌唱活动：睡吧，小宝贝	1. 感受摇篮曲优美、柔和、安静的歌曲风格。 2. 能尝试用温和、轻柔的声音演唱摇篮曲。	文化	艺术	申芳作词，鲁祖兴作曲
	韵律活动：我是草原小骑手	1. 尝试运用蒙古族舞蹈基本动作表现小骑手的快乐生活。 2. 感受乐曲欢快的旋律，体验随音乐舞蹈的乐趣。	文化	艺术	详案五
	图画书阅读《鸭子骑车记》	1. 认真倾听故事，理解故事内容及情节。 2. 仔细观察画面，想象故事中小动物们对鸭子骑车的不同想法，并能用比较准确的语言表达。 3. 感受鸭子骑车的快乐心情，尝试续编故事。	文化	语言	

续表

周次	活动名称	活动目标	发展课程中的领域	对应的五大领域	备注
第四周	有趣的版画	1. 尝试在吹塑纸上根据画面内容套印不同颜色，边缘清晰、色彩均匀。（先从造型简单、色块较大的作品尝试） 2. 感受版画转印的神奇效果，体验版画创作的快乐。 3. 能耐心、细致地坚持完成自己的创作。	文化	艺术	
	下雨的时候	1. 能利用各种美术工具和材料，表现下雨的情景。 2. 能用完整连贯的语言讲述美工制作的过程。	文化	艺术	

（二）6月活动详案

详案一

活动名称：图画书《鳄鱼怕怕　牙医怕怕》（自我、文化）

活动目标：

1. 能结合画面细节和故事内容理解鳄鱼和牙医各自害怕的原因。

2. 尝试用对话、表演的方式复述故事，表现鳄鱼和牙医紧张、害怕的心情。

3. 知道爱护牙齿的重要性，增强早晚刷牙、饭后漱口的意识。

活动准备：

经验准备：幼儿有刷牙经验，知道牙医的工作。

物质准备：图画书《鳄鱼怕怕　牙医怕怕》幻灯片课件、儿童牙刷、牙齿模具。

活动过程：

开始部分：观察封面，大胆想象

教师出示《鳄鱼怕怕　牙医怕怕》封面，引出图画书。

教师：你们看，这幅图上有谁？（鳄鱼和牙医）

教师：牙医手里拿的是什么？他要干什么？

教师：鳄鱼的心情会是什么样的？为什么？

基本部分：在倾听和表达中了解故事情节，感知故事人物的心理状态

完整讲述故事《鳄鱼怕怕　牙医怕怕》，初步了解故事内容。

关键提问：故事中有谁？发生了一件什么事情？鳄鱼的牙齿治好了吗？为什么故事的名字是《鳄鱼怕怕　牙医怕怕》？鳄鱼和牙医分别害怕什么？

教师再次讲述故事，引导幼儿在讨论中感知鳄鱼和牙医害怕的情绪和语言特点。

关键提问：鳄鱼要去看牙医，心情怎么样？（引导幼儿体会人物心理状态）鳄鱼害怕时的话要怎样说？（请幼儿表现一下鳄鱼的表情和语言）牙医要给鳄鱼治牙了，心情怎么样？牙医害怕时的话要怎样说？（请幼儿表演一下牙医的表情和语言）

说明：教师引导幼儿用恰当的语气和表情表达鳄鱼和牙医紧张害怕的心情。

幼儿分组、分角色讲述故事，体验重复的语言风格。

教师：小朋友们分成两组，分别是鳄鱼组和牙医组，我们一起来表演一下。

教师引导幼儿在讲述中，运用恰当的表情、语气、语调表达鳄鱼和牙医害怕紧张的情绪。

结束部分：知道认真刷牙的重要性

关键提问：

（1）故事的最后，为什么鳄鱼和牙医都说"明年我真的不想见到他了"？

（2）怎样做，鳄鱼和牙医才不会再见面？

（3）爱护牙齿，我们应该怎样做？

相关经验：

自我：在欣赏故事中，感受两个角色的不同情绪和心理状态。

活动评价：

1. 通过幼儿的语言表达了解其是否知道故事中鳄鱼和牙医害怕的原因。

2. 观察幼儿是否能用生动的语气、表情和动作表现鳄鱼和牙医紧张、害怕的心情。

活动延伸与扩展：

1. 在图书区投放图画书《鳄鱼怕怕　牙医怕怕》，满足幼儿反复阅读的兴趣。

2. 在表演区投放相关道具，可供幼儿在区域中分角色表演故事。

3. 在盥洗室呈现正确刷牙和漱口步骤图，便于幼儿复习和了解。

（梁春芳）

详案二

活动名称：挂香包（文化）

活动目标：

1. 知道端午节有挂香包的习俗，初步了解香包的功用及制作材料。

2. 会看示意图制作香包，感受自制香包的快乐与成就感。

活动准备：

经验准备：参加过端午节活动，对端午节的相关习俗有一定感情经验。

物质准备：制作香包所需的材料（香料、丝质小彩包等），制作各种香包的图片一张，做好的香包若干个，民间音乐。

活动过程：

开始部分：欣赏香包及香包图片，了解挂香包的用途，激发自制香包的兴趣

教师：你见过香包吗？我们一起来看看几种香包。

教师：端午节人们为什么要挂香包？（"挂香包"是端午节的一种风俗，端午节挂香包，传说有避邪驱蚊虫、点缀装饰的用途。）

教师：端午节快到了，小朋友们想不想自己做个香包？

基本部分：自制香包

（1）教师介绍制作香包的材料：香料和布袋。

教师：做香包需要哪些材料？我们一起来看一下。

教师：你想做一个什么香味的香包？

（2）出示香包制作图，请幼儿观察制作图。

①教师引导幼儿学看制作图，重点引导幼儿关注图的顺序号。

教师：这是香包的制作图，怎么看这幅图呢？

教师：每幅图下的数字序号代表什么？

②教师按照制作图步骤示范制作香包，请幼儿边看边说出制作香包的方法。

（3）播放音乐，幼儿自制香包，教师观察指导。

教师重点指导幼儿的制作顺序，帮助有需要的幼儿。

结束部分：大家一起"挂香包"

（1）幼儿把做好的香包挂在胸前或是喜欢的地方（女孩子的辫子上、衣服纽扣上、腰带上……）。

（2）幼儿欣赏他人制作的香包，向同伴介绍自己使用的香料，互相闻一闻香包的味道，体验自制香包的快乐与成就感。

相关经验：

自然：认识常见的几种香料（如菊花、玫瑰花、桂花等）。

文化（艺术）：感受丝布包这种传统饰品的花纹和美感。

活动评价：

1. 观察幼儿是否能按制作图的步骤自制香包。

2. 活动中幼儿是否积极参加，做好香包后是否有愉悦的情绪表现。

活动延伸与扩展：

1. 将材料投放到区域中，鼓励幼儿制作香包送给家人和朋友，表达端午节的关爱。

2. 增加相关的区域材料：嗅觉活动分辨香料、香包纹样配对等。

（张　铃）

详案三

活动名称： 夸夸我的好爸爸（自我、文化）

活动目标：

1. 感受爸爸对自己的爱，增进爱爸爸的情感。

2. 能使用流畅的语言表达自己的想法。

活动准备：

经验准备：阅读过图画书《我爸爸》，知道爸爸的职业及爱好。

物质准备：图画书《我爸爸》中与角色相关的图、爸爸的照片、展板。

活动过程：

开始部分：回忆图画书《我爸爸》

教师：这本书讲了什么？

教师：你们最喜欢书中什么样的爸爸？为什么？

引导幼儿简单回忆故事情节，根据幼儿的讲述，教师出示相应图片。

基本部分：在有关爸爸的交流话题中体会爸爸的爱

（1）展示爸爸的照片，引导幼儿介绍爸爸的职业及爱好。

教师：谁能来介绍一下你的爸爸是做什么工作的？他喜欢做些什么样的事情？他有什么样的本领让你觉得爸爸特别棒？

指导要点：可以从爸爸的职业、工作内容引导幼儿讲述，也可以从爸爸的兴趣、爱好进行讲述。教师应事先对爸爸们的职业有相关的了解，在幼儿讲述时，适时进行引导。

（2）讲述爸爸对自己的照顾，萌发对爸爸的爱。

教师：在家里爸爸都会怎样照顾你？

你最喜欢和爸爸一起做什么事？为什么？

指导要点：可以对生活中的情境、特殊事件（游戏、生病等）进行重点讨论。

结束部分：鼓励幼儿运用多种方式表达对爸爸的爱

教师：在《我爸爸》这本书里，小男孩怎么表达自己对爸爸的爱？

教师：我们可以用什么样的方式来表达对爸爸的爱呢？

相关经验：

社会：了解部分职业及主要工作内容。

活动评价：

1. 根据幼儿是否能讲出爸爸的职业、爱好，判断幼儿对爸爸是否了解。

2. 根据幼儿的语言判断幼儿是否感受到爸爸的爱，是否愿意表达对爸爸的爱。

活动延伸与扩展：

鼓励幼儿在区角活动中，运用多种方式（绘画、手工）表达对爸爸的爱。

鼓励幼儿用实际行动（拥抱、做爸爸的小帮手、关心爸爸等）表达对爸爸的爱。

（卫 群）

详案四

活动名称：仿编诗歌《爸爸的爱》（自我、文化）

活动目标：

1. 熟悉诗歌内容，初步掌握诗歌的结构。

2. 尝试仿编诗歌，能将自己的感情融入诗歌之中。

3. 体验和爸爸在一起愉快、安全、甜蜜的感觉。

活动准备：

经验准备：熟悉诗歌《爸爸的爱》。

物质准备：幻灯片课件（与诗歌内容配合的图片），相关图片（网络），轻柔的背景音乐。

活动过程：

开始部分：复习诗歌内容，熟悉诗歌的结构

（1）播放背景音乐和课件，复习诗歌。

教师：又一次听到诗歌，你有什么感觉？

（2）逐幅出示图片，分析诗歌的结构。

教师：这幅图中爸爸的爱都藏在了哪里？

教师：诗歌是怎么表达的？

基本部分：尝试仿编诗歌

（1）请幼儿结合自己的生活经验，说一说爸爸的爱。

教师：爸爸做的哪些事情让你觉得他很爱你呢？

（2）鼓励幼儿尝试根据诗歌结构进行仿编。

教师：你能用像诗歌一样的语言把爸爸对你的爱说出来吗？（鼓励幼儿自由表达，教师帮忙归纳和提炼）

重点指导：引导幼儿根据谈话内容尝试仿编诗句，教师记录幼儿仿编的诗句。

结束部分：朗诵仿编的诗歌，体会创作的快乐和成就感

教师朗诵幼儿仿编的诗歌，鼓励幼儿一起朗诵，体会创作的快乐和成就感。

活动评价：

通过幼儿仿编的诗句了解幼儿是否掌握了诗歌的结构，是否将自身的感情融入了诗句当中。

活动延伸与扩展：

1. 将仿编诗歌的内容画下来，送给爸爸。

2. 录制幼儿朗诵仿编诗歌的视频，给爸爸观看。

（石晓堂）

详案五

活动名称：韵律活动：我是草原小骑手（文化）

活动分析：

《我是草原小骑手》这首曲子民族特点突出，乐曲旋律也很欢快，听起来有一种在内蒙古的大草原上骑着骏马奔腾的感觉，会让幼儿听到音乐不由自主地就想跟着跳舞。

活动目标：

1. 尝试运用蒙古族舞蹈基本动作表现小骑手的快乐生活。

2. 感受乐曲欢快的旋律，体验随音乐舞蹈的乐趣。

活动准备：

经验准备：幼儿有跳集体舞的经验，也能创编简单的律动动作。

物质准备：蒙古族人们在草原骑马的视频，教师自编的一段表现"草原小骑手"的舞蹈。

活动过程：

开始部分：视频导入，吸引幼儿的注意力

（1）观看蒙古族人们在草原骑马的视频。

（2）师幼交流对蒙古族的印象和了解，引发幼儿对骑马动作的关注。

教师：小朋友知道这是哪个民族吗？（蒙古族）中国是一个多民族的国家，许多蒙古族百姓生活在草原上，擅长骑马。你们有没有骑过马？谁能来学一学骑马的动作？

（3）请幼儿再次观看视频，重点引导幼儿观察骑马的动作，如勒马绳、扬鞭、身体颠簸等动作。

基本部分：感受与欣赏乐曲，学习蒙古族舞蹈动作

（1）欣赏第一乐段，引导幼儿能合着音乐节奏做出提压腕动作。

第一乐段——用提压腕动作表现。（播放第一乐段）

教师：现在小骑手们正骑在马背上，手里勒着马的缰绳。你们看老师是怎么勒缰绳的，跟我来学着做一做。

听第二乐段，引导幼儿用扬鞭、挥鞭动作表现。（播放第二乐段）

教师：现在我们来听第二乐段，这一段里小骑手们在马背上扬鞭。马跑得快了，小骑手的身体也颠簸起来。请你跟着音乐表现一下在马背上扬鞭、身体颠簸的动作。

欣赏第三乐段，用单手提压腕原地转圈动作来表现。（播放第三乐段）

教师：这里的音乐有变化，动作也变了。请你想象一下自己骑在马背上转圈是什么样子，试着做一做这个动作。

继续欣赏第四乐段，用耸肩的动作来表现。（播放第四乐段）

教师：马儿跑得越来越快，你被颠得晃动着身体，跟着老师一起来表演一下。

（教师带领幼儿一起做耸肩的动作）

听第五乐段，重复前面学到的扬鞭、挥鞭动作来表现音乐。（播放第五乐段）

欣赏第六乐段，请幼儿用提压腕、抬腿跳来表现音乐。（播放第六乐段）

教师：第六乐段就是结束舞蹈的地方，现在我们一起用力拉紧缰绳让马儿停住，你来试着表演一下。

（2）师幼一起随音乐串联所有动作，完整表现舞蹈（2~3遍）。

表演过程中教师有意识地示范正确的蒙古族舞蹈基本动作，注意将集体示范与单独指导相结合。

结束部分：分组表演，相互欣赏

幼儿分组表演，互为演员和观众，大家在欣赏中互相学习与评价，完善自己的动作。

相关经验：

自我：能够动作协调地跳舞。

文化：感受蒙古族音乐、舞蹈的特点。

活动评价：

观察幼儿是否能做出蒙古族舞蹈基本动作，是否能随着音乐比较协调地进行舞蹈。

活动延伸与拓展：

编排好的舞蹈可以作为班级过渡环节的律动。

（李仲玲）

6月附录

小雨点

唐鲁峰

小雨点，

沙沙沙，

落在花园里，

花儿乐得张嘴巴。

小雨点，

沙沙沙，

落在鱼池里，

鱼儿乐得摇尾巴。

小雨点，

沙沙沙，

落在田野里，

苗儿乐得向上拔。

（出自《幼儿园课程实验教材·教师用书　大班·学前班（下学期）》，

189页，北京，中国和平出版社，1999。）

伞

丁　曲

公路边的大杨树，

是小喜鹊的伞；

水塘里的大荷叶，

是小青蛙的伞；

山坡上的大蘑菇，

是小蚂蚁的伞……

下雨了，

大家都有一把伞。

（出自《中国儿童歌谣500首》，179页，西安，未来出版社，1990。）

送你一把伞

梅花鹿今天自己到森林里去玩，玩了一会儿，忽然天空下起了雨。糟糕！梅花鹿没有带伞，正想着，小蚂蚁举着小草伞走过来说："送你一把伞。"小蚂蚁的伞太小会漏雨。

小青蛙举着瓜的叶子跳过来说："送你一把伞。"瓜的叶子有缝隙会漏雨。

小白兔举着胡萝卜叶子蹦过来说："送你一把伞。"胡萝卜叶子太小，一会儿就漏雨了。

小狗举着小花儿伞跑过来说："送你一把伞。"打着，打着，小花儿伞漏雨了，梅花鹿跑了出来。

小熊举着大大的荷叶伞走过来说："送你一把伞。"小熊的伞很重，举着，举着，就举不动了。

小狐狸举着蘑菇伞跑过来说："送你一把伞。"小狐狸的伞不大不小正合适。

下雨天互相帮助，真快乐！

（出自《幼儿园快乐与发展课程教师教学用书 中班 下册》，

210页，北京，北京师范大学出版社，2010。）

十一、7月目标与内容

（一）7月目标与周活动安排

1. 7月目标

（1）自我

①知道健康与饮食的关系，喜欢吃健康食物。知道夏天降温避暑的常用方法，出汗后不贪凉，及时补充水分。

②学习正确的坐姿、站姿、握笔姿势及阅读姿势，有良好的行为习惯。

③喜欢运动，主动探索运动器械的多种玩法，体验多种运动器械游戏的乐趣，动作协调、灵活。对炎热和日晒有一定的适应能力。

④了解夏季自我保护的基本常识，遇到危险时，知道躲避，会呼喊求救。

⑤在升班典礼活动中，用自己喜欢的方式表达对班级教师及幼儿园各部门教师的感恩。

（2）自然

①了解夏季的主要特征，知道夏季炎热、多雨等天气特点。

②运用多种方式交流、分享自己的探究过程及方法。在老师的引导下，学习小组讨论、小组探究的方法，有合作意识和能力。

③喜欢玩水，在运用不同工具运水的活动中，探索适宜的运水工具，体验水的流动性、浮力等现象。

④喜欢玩沙游戏，在运用不同材料玩沙的活动中，体验干沙的流动性及湿沙的可塑性。

⑤探索测量的多种方法，能用自然物首尾相连进行非标准化测量。学习识读温度计。

（3）社会

①认识生活中常见的标志，简单了解其意义和用途，并遵守基本的社会规则。

②熟悉自己家到幼儿园的路线，了解小区周围的环境并知道爱护环境。

③乐意与不同的同伴游戏，在班级中有较多的玩伴，能够与同伴互助、合作和分享，并能尝试解决问题。

（4）文化

①能主动参与各项活动，感受集体生活、游戏的乐趣，体验合作乐群、诚实守信的快乐。

②喜欢听故事，读图书，能够复述自己喜欢的故事，并在老师的指导下进行故事创编。

③能从周围环境和感兴趣的事物中发现美，并用语言、动作、表情表达自己的感受和想象。

④喜欢画画、捏泥、做手工等各项艺术表现活动，继续运用废旧材料进行创作。

⑤喜爱唱唱跳跳，能随音乐自由模仿、律动和简单的舞蹈，表现自我。

2. 7月周活动安排

本月建议开展的活动主题：好玩的水主题。

周次	活动名称	目标	发展课程中的领域	对应的五大领域	备注
第一周	少吃冰激凌	1. 知道贪吃冷饮对身体的不利影响。 2. 懂得少吃冷饮、多喝水，知道防暑降温的健康方式。	自我	健康	
	跳房子	1. 喜欢纸棍游戏，愿意探索纸棍的多种玩法。 2. 掌握双脚跳跃的正确方法，能够双脚向不同方向跳。 3. 在不同方向的跳跃游戏中锻炼身体的灵活性。	自我	健康	详案一

续表

周次	活动名称	目标	发展课程中的领域	对应的五大领域	备注
第一周	【好玩的水主题】玩水真快乐	1. 在玩水游戏中，体验水的透明、流动等特性。 2. 体验戏水活动的乐趣。	自然	科学	
	【好玩的水主题】运水	1. 了解水流动、没有固定形状的特性。 2. 能根据水的特性选择适宜的运水工具，解决生活中的实际问题。	自然	科学	
	【好玩的水主题】玩纸船	1. 通过对比实验，发现蜡纸船不容易沉的特性。 2. 尝试制作蜡纸船，体验探索的乐趣。	自然	科学	详案二
	争做文明小天使	1. 了解小宣传员的工作内容，制作文明宣传卡。 2. 尝试向周围人宣传文明行为，语言表达完整、清晰。	社会文化	社会语言	
	仿编诗歌《雨》	1. 欣赏诗歌，并完整地朗诵，体验诗歌的语句和情境的优美。 2. 会仿编诗歌，乐意与人分享。	文化	语言	诗歌见附录
	夏天的树林	1. 尝试运用手掌画、纸团拓印、点彩画等不同的方式表现夏天茂密的树林。 2. 体验创作的乐趣，愿意与同伴分享自己的创作。	文化	艺术	
第二周	过生日	1. 积极参加生日庆祝活动，体验集体庆祝生日的快乐。 2. 体验同伴相互关心和集体生活的温暖。	自我	社会	
	夏天真热	1. 知道夏天温度很高，容易给人身体带来不适。 2. 了解消暑的简单方法，知道保护自己。	自然自我	健康科学	
	声音从哪里来	1. 喜欢玩声音的游戏，在游戏中寻找声音产生的原因。 2. 在自制乐器的过程中知道物体的振动产生声音。	自然	科学	

续表

周次	活动名称	目标	发展课程中的领域	对应的五大领域	备注
第二周	天气变化我知道	1. 讨论不同季节带给人们的各种变化和感受。 2. 知道在不同的天气变化中的安全措施，有初步的自我保护意识和能力。	自然 自我	健康 科学	
	歌唱活动：摸耳朵	1. 熟悉歌曲旋律，掌握歌词，能唱准休止符和附点节奏。 2. 尝试改编歌词及动作进行歌唱游戏。 3. 感受与同伴互动合作游戏的乐趣。	文化	艺术	杨春华作词，冯奇作曲
	诗歌《家》	1. 完整地朗诵诗歌，体验诗歌中家的意义。 2. 感受诗歌的语言和节奏美，创编诗歌，并向同伴讲述。	文化	语言	诗歌见附录
	未来的家	1. 能大胆想象、设计未来的家。 2. 能用绘画的方式把自己设计的家表现出来，构图较清晰、合理。	文化	艺术	
	花瓶中的向日葵	1. 通过观察自制向日葵，感受向日葵的色彩、造型之美。 2. 欣赏《向日葵》的画面构图、造型，能运用动作、语言等表达对画面的理解。 3. 在插花时能考虑向日葵的造型美，体验艺术创作的乐趣。	文化	艺术	详案三
第三周	爱护眼睛	1. 简单了解患红眼病的症状和原因，知道治疗、预防和隔离的方法。 2. 学习保护眼睛的知识，养成良好的卫生习惯。	自我	健康	
	我们可以这样玩儿	1. 能探索运动器材的多种玩法。 2. 知道出汗后需要休息一会儿，对日晒有一定的适应能力。	自我	健康	
	幼儿园的植物	1. 关注幼儿园里的植物，知道其名称，有爱护植物的意识。 2. 感受身边美好的环境和事物带来的愉悦的情感体验。	自然 社会	科学 社会	

续表

周次	活动名称	目标	发展课程中的领域	对应的五大领域	备注
第三周	奇妙的温度计	1. 认识温度计，知道温度的高低对应生活的暖冷。 2. 在操作中感知温度的变化，建立温度的概念，了解温度变化与自身生活的关系。	自然	科学	
	测量	1. 对测量感兴趣，学习自然测量的方法。 2. 能用自然物首尾相连进行非标准化测量，体验动手测量身边物体的乐趣和作用。	自然	科学	
	歌唱活动：听雨	1. 熟悉歌曲，能用自然好听的声音唱歌。 2. 尝试用断顿与跳跃的歌声表现雨的快慢。 3. 体验不同的歌唱表现形式，喜欢参加歌唱活动。	文化	艺术	姜燕词曲
	我眼中的夏天	1. 能观察到夏季的植物、食物、人体及环境的各种变化。 2. 能用自己喜欢的美术材料表达自己的发现。	自然文化	科学艺术	
	创意扇子制作	1. 通过收集扇子，了解扇子的基本构造、材质、形状等特点。 2. 能够运用各种材料进行扇子的创意制作。	文化自然	艺术科学	
第四周	我长大了	1. 通过与小时候的照片对比，感受到自己的成长，体会成长的快乐。 2. 乐于与同伴分享成长中有趣的故事。	自我	社会	
	玩沙子	1. 了解干沙的流动性、湿沙的可塑性。 2. 体验干沙和湿沙的区别并阐述自己的发现。	自然	科学	
	多种多样的叶子	1. 能运用多种感官观察和比较不同植物的叶子。 2. 能运用完整连贯的语言讲述自己的发现。	自然	科学	

续表

周次	活动名称	目标	发展课程中的领域	对应的五大领域	备注
第四周	生活中的标志	1. 认识生活中常见的标志，了解其意义。 2. 能遵守基本的社会规则。	社会	社会	
	音乐欣赏《四小天鹅舞曲》	1. 感受音乐活泼、轻快的风格特点。 2. 欣赏芭蕾舞视频，模仿并创编舞蹈动作。	文化	艺术	
	名画欣赏《圣马迪拉莫海景》	1. 欣赏作品，感受画面呈现出的动感与壮阔，体会画家对自然界的崇拜之情。 2. 尝试用多种色彩叠加的方式绘画，体验色彩探索的乐趣。	文化	艺术	凡·高作品
	创作画：鸡冠花写生	1. 感受鸡冠花花冠与叶片的造型特点，尝试用水墨画的方式表现。 2. 能用浓淡墨表现叶片，画出不一样的墨色。 3. 喜欢探究水墨画工具材料特点，对笔法、墨法的变化感兴趣。	文化	艺术	
	美丽的扇子	1. 运用自己喜欢的图案、线条和色彩在扇形底面上进行装饰。 2. 将纹样进行有规律的排列，感受均衡、有序的装饰美。	文化	艺术	

（二）7月活动详案

详案一

活动名称：跳房子（自我）

活动目标：

1. 喜欢纸棍游戏，愿意探索纸棍的多种玩法。

2. 掌握双脚跳跃的正确方法，能够双脚向不同方向跳。

3. 在不同方向的跳跃游戏中锻炼身体的灵活性。

活动准备：

经验准备：玩过图形游戏，玩过地面上的跳房子游戏。

物质准备：纸棍若干，空旷的场地，音乐及播放器。

活动过程：

开始部分：热身活动

做身体各部位的热身准备活动。

针对脚腕和膝盖进行重点锻炼。

基本部分：学习跳跃的正确方法，体验游戏的乐趣

（1）教师示范，幼儿观察跳跃的正确方法，重点观察幼儿屈膝落地的动作。

教师：跳跃的时候准备动作是什么？

教师：跳跃以后的身体动作是什么样的？

（2）运用纸棍练习双脚连续跳。

引导幼儿将纸棍平行原地放下，进行连续向前跳跃练习。

教师：每个小朋友把纸棍排在一起，我们可以怎么跳呢？

教师引导幼儿练习跨纸棍连续往前跳跃的具体方法。

教师：请小朋友们分成两组，我们来一个跳纸棍比赛吧。

教师引导幼儿在比赛中遵守规则，体验体育活动竞赛游戏的乐趣。

幼儿转身与纸棍方向平行，教师示范侧跳，引导幼儿观察侧跳的方法。

教师：侧跳的时候准备动作是什么？

教师：跳跃以后的身体动作是什么样的？

教师引导幼儿学习往右、往左侧跳的不同方法。

游戏"跳房子"，练习往前、往左、往右不同的方向跳跃的方法。

教师：有一个很好玩的游戏，名字叫——跳房子，需要我们大家一起努力才可以完成。请用你们手里的纸棍组成不同图形的房子。

教师引导幼儿认识不同图形的纸棍房子：三角形、正方形、长方形。

幼儿分成两组，在地面用纸棍搭建跳的格子，尝试双脚向不同方向跳格子，提醒幼儿屈膝轻轻落地。

结束部分：自由组合玩纸棍游戏

幼儿自由组合进行搭建图形，然后双脚或单脚跳跃、游戏。

相关经验：

自然：能用纸棍搭出想要的图形。

社会：愿意与同伴共同游戏，能遵守游戏规则。

活动评价：

1. 观察幼儿在向不同方向跳跃时动作是否协调。

2. 观察幼儿是否积极参与游戏。

活动延伸与扩展：

通过各种游戏熟练掌握向左、向右连续侧跳，提高速度。

（刘萌萌）

详案二

活动名称：玩纸船（自然）

活动目标：

1. 通过对比实验，发现蜡纸船不容易沉的特性。

2. 尝试制作蜡纸船，体验探索的乐趣。

活动准备：

经验准备：在玩水时感知过物体沉浮的现象。

物质准备：蜡笔、涂蜡和不涂蜡的纸船若干、棋子若干、每组一个大水盆（2~3人为一组）、毛巾、两张报纸（一张用蜡笔涂好，一张没有涂好）、小吸管若干、碗。

活动过程：

开始部分：玩纸船，引出探究问题

自由玩船，引发幼儿兴趣及思考。

教师：今天老师带来了很多小船，我们要在船上运送货物，让它在水上航行。

幼儿自由选择一条纸船在水上开。

提示幼儿注意观察小船在水里的时间，及时发现沉下去的船。

教师：你们的小船怎么了？哪种小船开得时间长，还浮在水面上？哪种小船沉下去了？

基本部分：通过对比实验，发现普通纸和蜡纸的不同特性

（1）对比实验，找出原因。

教师：为什么白色的纸船沉下去了，绿色的纸船没有沉下去，还浮在水面上？

请小朋友们摸一摸两种不同的纸张谈谈感受。

教师：原来小船沉浮的秘密在制作小船的纸上。老师这里有两张纸，一张纸像小船的船身一样涂了蜡，另一张没有涂。

（2）在纸上做滴水小实验。

教师：你发现了什么？哪种纸吸水？哪种纸不吸水？不吸水的纸上有什么？（蜡）

（3）幼儿分享实验结果，教师小结。

小结：通过实验我们发现普通的纸能吸水，所以纸船在水里很快吸饱了水就沉了下去。但是蜡不吸水，所以在纸上涂上一层蜡就像给纸船穿上了一件雨衣，蜡把水和纸隔离开，使船能够浮在水面上。

结束部分：制作不会下沉的蜡船，感受制作的乐趣

（1）制作蜡船。

这里还有一些没有涂上蜡的小纸船。请你们帮忙用蜡笔给他们涂上好看的"雨衣"，让它们能浮在水面上。幼儿动手制作小蜡船，教师指导幼儿均匀涂色，将船底也涂满蜡。

（2）再来玩玩纸船。

教师：小蜡船做好了，我们继续来完成刚刚没有完成的运货任务吧！

幼儿自由玩制作好的小蜡船，体验成功的快乐。

相关经验：

自我：是否能用客观、积极的心态对待实验过程和结果。

活动评价：

1. 幼儿是否认真观察并积极参与讨论和探究活动。

2. 幼儿是否能通过观察、讨论了解蜡纸不吸水的特性并运用到纸船游戏中。

活动延伸与扩展：

鼓励幼儿搜集不同的材料制作纸船，观察比较哪种材料的纸船开得时间最长。

（张珊珊）

详案三

活动名称：花瓶中的向日葵（文化）

活动目标：

1. 通过观察自制向日葵，感受向日葵的色彩、造型之美。

2. 欣赏《向日葵》的画面构图、造型，能运用动作、语言等表达对画面的理解。

3. 在插花中能考虑向日葵的造型美，体验艺术创作的乐趣。

活动准备：

经验准备：了解向日葵的外形特征和形态，用手工粘贴的形式制作过向日葵。

物质准备：名画图片、幻灯片课件、制作的向日葵若干、花瓶、幼儿制作的道具。

活动过程：

开始部分：观察向日葵，激发幼儿欣赏和创作的兴趣

教师引导幼儿观察单株的向日葵。

教师：请每个小朋友拿一株自制向日葵，说说向日葵是什么样子的。

教师引导幼儿观察花瓶中的向日葵。

教师引导小朋友将向日葵插入一个大花瓶中。

教师：请大家绕着花瓶走一走，找一找你喜欢哪个角度的向日葵。

基本部分：欣赏《向日葵》，认识凡·高

（1）出示《向日葵》（1888），着重观察作品中向日葵的颜色与形态。

教师：你看到了什么？（向日葵、花瓶、桌布……）

教师：画面中的向日葵是什么样子的？

教师：向日葵是什么颜色的？

教师：你喜欢这幅画吗？感觉怎么样？为什么？

（2）通过动作的表现，感受向日葵的不同形态。

教师：你最喜欢哪一朵花？它在花瓶里是什么样子的？

教师：你能用动作表现出来吗？（请幼儿自由表现）

（3）通过观察与动作表现，加深对向日葵形态的认识。

出示大花瓶背景板，邀请两位小朋友表演向日葵在瓶中的样子，大家猜他表演的是哪一朵花。

教师：他们表现的是哪朵花？你是怎么看出来的？

教师：为什么有的花冠会低下来？

（4）出示凡·高画像，介绍画家凡·高及作品名称。

《向日葵》是凡·高在法国南部创作的，南方的阳光也让他感受到了生命的热情，所以黄色的向日葵花瓣让凡·高感受到生命的激情和温暖。

结束部分：拼插向日葵花束，体验艺术创作的美

幼儿将自己制作的向日葵花束插在花瓶中，进一步感受向日葵在花瓶中的形态。

教师小结：今天小朋友们欣赏了向日葵，发现了向日葵的美丽，认识了法国著名画家凡·高和他创作的名画《向日葵》，并且和同伴一起在花瓶中插了美丽的向日葵花束。之后我们可以把花瓶中的向日葵画出来。

相关经验：

自然：认识向日葵的外形特征、结构、生长环境等。

活动评价：

1. 通过观察幼儿对向日葵的观察和讲述，判断幼儿是否能发现向日葵的美。

2. 通过幼儿欣赏名画《向日葵》中的动作、语言的表达，判断幼儿是否理解名画的色彩、构图和造型。

3. 通过幼儿拼插向日葵花束，判断幼儿是否能体验艺术作品的美。

活动延伸与扩展：

画一画向日葵。

（孙　宁）

7月附录

雨

雨点落在树枝上，树枝乐得弯了腰。

雨点落在小河里，小河乐得画圆圈。

雨点落在雨伞上，雨伞乐得啪啪响。

雨点落在屋顶上，屋顶乐得唱着歌。

雨点落在小朋友们的头上，小朋友们乐得笑哈哈。

（出自《幼儿园快乐与发展课程教师教学用书　中班　下册》，

249页，北京，北京师范大学出版社，2010。）

家

深深的大海是鱼儿的家，

黑黑的云朵是大雨的家，

密密的森林是小鸟的家，

红红的花朵是蝴蝶的家，

快快乐乐的幼儿园是小朋友的家。

（出自《幼儿园快乐与发展课程教师教学用书　中班　下册》，

260页，北京，北京师范大学出版社，2010。）

北京师范大学实验幼儿园 /主编

幼儿园管理与教师培养丛书

新手幼儿教师
课程实施手册

大班

Xinshou Youer Jiaoshi Kecheng
Shishi Shouce Daban

北京师范大学出版集团
BEIJING NORMAL UNIVERSITY PUBLISHING GROUP
北京师范大学出版社

图书在版编目（CIP）数据

新手幼儿教师课程实施手册．大班/北京师范大学实验幼儿园主编．—北京：北京师范大学出版社，2021.6（2023.1重印）

ISBN 978-7-303-26737-8

Ⅰ．①新… Ⅱ．①北… Ⅲ．①学前教育—教学参考资料 Ⅳ．①G613

中国版本图书馆 CIP 数据核字（2021）第 011788 号

图书意见反馈 gaozhifk@bnupg.com 010-58805079
营销中心电话 010-58805532 58808058

出版发行：北京师范大学出版社 www.bnup.com
　　　　　北京市西城区新街口外大街12-3号
　　　　　邮政编码：100088
印　　刷：保定市中画美凯印刷有限公司
经　　销：全国新华书店
开　　本：787mm×1092mm　1/16
印　　张：27
字　　数：560千字
版　　次：2021年6月第1版
印　　次：2023年1月第3次印刷
定　　价：108.00元（全三册）

策划编辑：罗佩珍　　　　　责任编辑：郭　瑜
美术编辑：焦　丽　　　　　装帧设计：焦　丽
责任校对：包冀萌　　　　　责任印制：马　洁

编委会

　　光阴荏苒，百年有园。1915年4月16日，北京师范大学实验幼儿园的前身——北京女子师范学校附属蒙养园正式成立。在一百多年的发展中，北京师范大学实验幼儿园根植于北京师范大学百年人文沃土，广泛地吸收借鉴国内外学前教育精髓，潜心于专业研究、探索创新，成为国内著名的幼儿园，并多次向世界展示中国优质的学前教育。

　　重温历史，传承百年文化。百年来，北京师范大学实验幼儿园不断地传承、发展、创新，形成了厚重而独特的园所文化。首先是"蒙养百年，倡导开新"的文化理念、"以儿童为本"的教育理念以及"团结奉献、求实创新"的园风和"互敬互爱，健康成长"的园训；其次是崇尚学术和注重学习与研究的氛围以及规范的管理、科学的态度和开放的视野……一个世纪以来，北京师范大学实验幼儿园的园所文化不仅浸润、滋养了这里的教师和儿童，而且对不计其数前来学习的同行产生了巨大影响。

　　近十年来，国家对学前教育的发展越来越重视，出台的《国家中长期教育改革和发展规划纲要（2010—2020年）》《国务院关于当前发展学前教育的若干意见》《国务院关于加强教师队伍建设的意见》等一系列文件，让我们看到国家已将幼儿园的管理及教师队伍建设列为重要任务，对增加幼儿园数量与提高学前教育质量要求同等重视，也让我们对学前教育的未来更加充满信心。

　　与此同时，我们也看到在这个急速发展与变化的时代，幼儿园面临着教育需求、教育资源、教师质量、管理机制、课程改革等各方面的变化，还存在着幼儿园师资短缺、管理不到位、办学质量良莠不齐等现象，这都是办有质量的学前教育、促进幼儿健康快乐成长所面临的重要问题。

　　为此，我们怀着对学前教育炙热的情怀，愿为促进学前教育的优质均衡发展尽一己之力。我们集北京师范大学实验幼儿园的集体智慧，全方位梳理和总结了近些年在我园培训学习的众多同行感兴趣的内容，编纂了"幼儿园管理与教师培养丛书"，与广大同行交流分享。

　　本丛书内容涉及幼儿园的科学化管理、文化建设、课程建设、保教队伍建设、资源建设、环境创设以及幼儿园与家庭、社区的互动等各个方面，丛书旨在将先进的理论与我园的实践经验相结合，突出专业性、针对性、创新性和可操作性。若能为同行们在实践中提供参考与借鉴，解决在办园中遇到的一些实际问题，我们将备感欣慰。感谢北京

师范大学出版集团的大力支持和工作人员的辛勤劳动，使丛书得以呈现在大家面前。由于能力所限，有不足之处敬请提出宝贵意见。

　　木铎金声，悠悠绵长。2020年是北京师范大学实验幼儿园建园105周年，2022年是北京师范大学120年华诞。"幼儿园管理与教师培养丛书"也是我们献给幼儿园105周年园庆和北京师范大学120周年华诞的一份厚礼。

　　是为序。

黄　珊

　　2001年《幼儿园教育指导纲要（试行）》颁布以来，北京师范大学实验幼儿园（以下简称"我园"）在其精神指导下开始园本课程的研究和探索。"十二五"期间，我园完善了发展课程的结构（包括课程价值取向、理论基础、课程目标、课程内容、课程实施以及课程评价），明确了课程的总目标是"培养具有健康乐观（乐）、善良有爱（爱）、文明礼貌（礼）、好奇智慧（智）、诚信立美（美）等品质的儿童"，确定了具有中国特色的发展课程内容——自我、自然、社会、文化。与此同时，我园具有研究基础和丰富经验的成熟教师，也通过生活活动、区域活动、主题活动以及大型活动等途径实施发展课程，积累了丰富的优秀课程实践案例。

　　然而，近年来，为扩大优质教育资源的辐射面，我园陆续开办分园，新教师不断加入，教师队伍的年轻化给发展课程的有效实施带来了新的挑战。通过实践观察和问卷调查我们了解到，年轻教师（特别是教龄三年以下的新手教师）在实施发展课程的过程中遇到了一些问题，比如，如何通过具体的活动循序渐进地实现发展课程的目标？如何根据幼儿年龄特点制订适宜的活动目标、选择适宜的活动内容？如何书写活动计划？如何组织活动过程更有效？……老师们迫切希望能有一套课程实施手册帮助他们解决这些问题，提高他们实施课程的能力。因此，在"十三五"开局之年（2016年）我园启动了发展课程教师手册的编写工作，历时一年半编制了《北京师范大学实验幼儿园发展课程教师手册（试用版）》（包括小、中、大班共三册），2017年10月开始在全园试用。2018年7月，我园向教师征集了试用感受和意见。从教师的反馈中我们看到课程手册发挥了较好的作用。老师们说：手册的针对性、系统性强，每月活动具有层次性和递进性，能帮助他们更好地了解发展课程的体系；目标部分能帮助他们把握幼儿年龄特点，让新教师写活动计划时有了明确的目标和方向，避免了书写目标时不够准确的现象；活动详案对于他们设计活动过程有启发，其中的指导语和关键提问特别好，解决了新教师不会提问的问题；主题活动部分可启迪他们融合各领域活动的思路，便于他们更容易地开展主题活动；成熟教师也可以借鉴其中的活动，还可以用其审视每个月的活动是否各领域均衡。老师们也提出了改进建议，比如：有些活动需要将目标再细化，增加优秀传统文化、数学、体育、安全教育等活动，等等。

　　结合教师的反馈和建议，我们进行修订，最终形成这套《新手幼儿教师课程实施手

册》，为便于使用，特做如下说明。

第一，这套手册的主要目的是帮助新手教师（教龄三年及以下）更好地实施课程，但是，教龄三年以上的教师也可将其作为实施课程的参考书，借鉴其中适合本班幼儿的课程内容。

第二，请先阅读第一部分"发展课程的价值取向与理论基础"和第二部分"发展课程的目标与内容"，以便更好地理解后面各年龄段的课程安排并规划课程。

第三，第三部分是所教年龄班的目标与活动安排。首先是年龄班的领域目标（即学年总目标），之后按月份呈现的是目标与周活动安排、活动详案及附录（有的月份没有附录则不呈现）。除去寒暑假（2月和8月），小班和中班各有10个月的目标与周活动安排，而大班因6月底毕业所以有9个月的目标与周活动安排。

第四，本手册中的"活动"是指有计划的教学活动。我们以表格的方式提供了每周可供选择的活动，列出了活动名称和目标，使用者可以根据幼儿园、班级的整体安排和本班幼儿的兴趣需要进行选择。

第五，每个活动都有对应的月目标，但有些月目标没有对应的教学活动，因为很多目标的实现并不单纯依赖于集体教学，日常生活环节、区域活动、户外活动、过渡环节都是很好的教育契机。

第六，在时间安排上活动尽量结合季节、节日、天气等因素，但使用者仍可根据实际情况调整活动开展的时间。例如，关于雪的活动，最好安排在实际下雪后开展。

第七，有些活动我们提供了详细的计划（即活动详案，在备注栏有"详案"字样），使用者可以参考详案来书写自己的活动计划。我们提供活动详案是希望授之以渔，帮助使用者举一反三，在活动组织过程中有自己的创新。

第八，北京师范大学实验幼儿园的课程是通过幼儿在园的一日活动来实施的，主要包括生活活动、区域活动、主题活动和大型活动四种类型。本手册提供的教学活动，有些与生活活动、大型活动紧密相关，有些可以在区域中开展，而有些活动是围绕一个主题，这些围绕一个主题的活动我们都在活动名称前进行了标注。新手教师可以从模仿这些主题活动开始，逐步过渡到与班级幼儿共同生成主题活动。

第九，活动中用到的部分故事、散文、歌曲等，我们在当月附录中进行了呈现。

这套手册是在《幼儿园教育指导纲要（试行）》和《3—6岁儿童学习与发展指南》的精神指导下，参考《幼儿园快乐与发展课程教师教学用书》（北京师范大学出版社）、《幼儿素质教育资源丛书：教师教育资源手册》（北京出版社）等书籍编写而成的，体现了我园发展课程"以儿童为本"的教育理念，凝聚了我园教师的课程实践经验和研究成果，希望对广大一线幼儿教师（特别是新手教师）及幼儿园课程管理人员有切实的帮助。最后，欢迎大家在使用过程中提出宝贵意见和建议，以便我们修改、完善。谢谢！

目 录

一、发展课程的价值取向

"以促进幼儿发展为根本，以提高教师素质为关键"是北京师范大学实验幼儿园园本课程的实质。一方面要促进幼儿发展。课程是幼儿园办园理念和教育目标的载体，学前儿童应该获得哪些发展和儿童能够获得怎样的发展，是对学前教育目标和功能的思考。基于幼儿教育的启蒙性、基础性、全面性，我们认为幼儿园课程应该以促进幼儿身体、认知、情感、人格的健康发展为根本。另一方面要促进教师的发展。因为教师是幼儿园教育理念的落实者、教育目标的实现者、课程的实施者，特别是在课程改革中，理念只是一种思想，需要通过教师创新性的实践才能具体化。教师是课程落实的关键，教师对课程理念的理解能力、实施能力直接影响着课程实施的效果。因此，我园将提高教师素质视为课程改革的关键，在实践中不断地通过教科研等多种途径提高教师专业素质，并以教师素质的提高推动和深化课程改革。

北京师范大学实验幼儿园发展课程的价值取向具体体现在以下几个方面。

（一）儿童是主动发展的个体，是课程的出发点和落脚点

"以儿童为本"教育理念的核心是尊重幼儿的主体性，促进其主动发展。主体性的本质内涵是指人作为主体的本质规定性，主要表现为自主性、能动性、创造性等。幼儿处于个体主体性发展的起始阶段，其主体性发展水平直接影响着以后主体性的发展。所以说，对幼儿进行主体性的培养是非常必要的。

基于北京师范大学实验幼儿园实践研究的开展，我们发现，3至6岁的幼儿都有自主学习的行为，主要包括以下三个方面：第一，幼儿能自发地在环境中与物质材料即玩教具或日常用品进行互动，他们在操作、摆弄玩具材料中发现物体本身的特征、物体之间的关系等。第二，幼儿能在自觉模仿他人中学习，比如，从模仿同伴的学习行为、模仿教师的行为中练习和巩固一些技能、经验。第三，是幼儿主动探究式的学习，即幼儿产生了新的疑问，于是主动对这个问题进行探究，他们通过亲自尝试、实验或者查找资料、寻求同伴或成人的帮助等途径来获得问题的答案，在这个过程中幼儿一直在主动地思考，同时也获得了多方面的锻炼。正是基于此，教师更加深刻地认识到幼儿是主动的

学习者，能够放手让幼儿进行自主探究学习。

因此，我们的课程必须关注幼儿的发展情况，将儿童的发展作为课程的出发点和落脚点。

（二）教育要为儿童的发展提供支持，教育要走在发展的前面

教育要走在儿童发展的前面，促进幼儿全面、充分、和谐的发展，而且这种发展应该能为幼儿将来的学习与发展奠定良好的基础，即有助于幼儿将来的可持续发展。教师必须参与到幼儿的学习过程中，以幼儿的最近发展区作为教师介入的空间。即教师的指导不仅要满足幼儿的现实需要，而且还要不断提出挑战性任务，有意识地激发、创造幼儿的学习需要，并为幼儿的学习提供支持，促使幼儿主动而有效地学习。

首先，在尊重幼儿主体性、促进幼儿主动发展方面，我们通过多种策略给予支持。

策略一：规划安全、丰富、有序、开放的物质环境。

策略二：营造平等、尊重、信任、友爱的心理环境。

策略三：引导幼儿主动与环境相互作用，积极参与教育活动。

策略四：为幼儿提供自主活动的空间与时间，让幼儿学习初步的自我管理。

策略五：选择灵活、多样的教学策略，促进幼儿主动学习。

其次，针对不同年龄阶段的幼儿，给予不同的支持策略。

适宜小班幼儿（3~4岁）的支持策略：①以活动区游戏为主要形式引导幼儿自发学习。②创设情境，运用游戏、音乐、故事等多种方式提高幼儿的学习兴趣。③积极引导幼儿运用多种感官学习。④为幼儿提供不同的方式表达自己的观察发现及想法。⑤运用具体形象的手段，如实物、图片等帮助幼儿学习理解语言、词汇。⑥日常生活中注意幼儿的随机学习，给以适时的鼓励和帮助。

适宜中班幼儿（4~5岁）的支持策略：①鼓励幼儿大胆、积极地进行探索学习。②间接地提醒、暗示幼儿如何与同伴交往，帮助幼儿理解、掌握与同伴交往的方法。③在环境中丰富材料，为幼儿提供有目的地进行探究活动的机会，以小组的形式深入指导幼儿的探究学习。④鼓励和支持幼儿用语言清晰、准确地表达学习活动。⑤提供丰富多样的活动内容和形式，帮助幼儿积累丰富的经验，培养解决问题的能力。

适宜大班幼儿（5~6岁）的支持策略：①肯定和鼓励幼儿大胆提出问题。②在活动中给幼儿充足的探究和实践机会。③鼓励幼儿之间的相互学习与合作，支持幼儿自己解决同伴交往问题。④在活动中帮助幼儿进行经验的总结、概括。⑤帮助幼儿养成良好的学习习惯，使其学会自我计划、安排学习活动。

（三）课程是教师与儿童共同建构的动态过程

北京师范大学实验幼儿园强调课程是教师与儿童共同建构的动态过程。这就意味着，课程既有计划性，又有生成性。美国幼教专家卡罗尔·科普尔在《生成课程》一书的前言中写道："生成强调了课程计划需要从班级里的儿童和成人的日常生活，特别是从儿童自己的兴趣中形成。"它提醒我们，儿童的自发性需要一个他们自由游戏和学习的空间，而课程则表明教师的存在、计划的存在。自发性和计划性是生成课程的两个侧面。在师生共同建构的课程中计划是弹性的，既让教师在规划课程时有一定的方向、目的，对接下来的活动有充分的准备，又让教师能够依据他们对儿童的了解和先前的经验考虑到儿童可能的兴趣、想法、行为等，对将要实施的课程提出种种假设，以便在课程实施的过程中教师既能够把握课程发展的方向、目的，又能灵活调整适应儿童的发展需要。

二、发展课程的理论基础

北京师范大学实验幼儿园发展课程的实践研究过程，是一个从模仿、借鉴到不断实践、不断创新的过程。在这一过程中，各种教育理论、实践方法对幼儿园的影响是深远的，对幼儿园的课程发展、教师专业指导发挥着至关重要的作用。

（一）杜威和陶行知的教育理论

杜威和陶行知在对传统的儿童教育进行批判的同时，结合本国的实际和本人的教育实践主张教学的中心由教师、课本、课堂转向儿童，主张解放儿童，教育内容与儿童生活紧密结合，儿童和教师共同参与教学过程。他们的教育理论对于改变传统意义上的"教师教，幼儿学"具有重要的意义。陶行知在杜威"教育即生活""学校即社会""从做中学"等思想的基础上，提出了"生活即教育""社会即学校""教学做合一"的教育思想，影响了北京师范大学实验幼儿园的一些理念和实践，比如，注重挖掘生活中的教育价值，教育活动生活化，关注教育活动中的师幼互动等。

（二）维果茨基的教育理论

维果茨基的高级心理机能理论和文化历史发展观不仅对苏联20世纪五六十年代的学前教育理论与实践产生了重要影响，而且对当今的心理、教育理论与实践依然具有巨大的影响。维果茨基教育理论对北京师范大学实验幼儿园的影响，一方面，体现在20世纪五六十年代全面学习苏联时期；另一方面，体现在20世纪90年代后的教育改革时期。

维果茨基理论对我国幼儿教育影响比较大的是他的最近发展区思想以及由此产生的支架教学实践。最近发展区指的是"实际的发展水平与潜在发展水平之间的差距。前者由儿童独立解决问题的能力而定，后者则是指在成人的指导下或是与能力较强的同伴合作时儿童能够解决问题的能力"。因此，教育不能只考虑儿童已经达到的水平，还要考虑他们在别人的帮助下能够达到的水平，也就是说，教育要走在发展的前面，引导发展。其中，教育对儿童的发展起到了"支架"的作用。

此外，维果茨基对游戏也提出了自己的理论："游戏为孩子创造了最近发展区。在游戏中，孩子总是表现得超越他的一般年龄，超越他的每日行动；在游戏中儿童似乎比自己高出一头。"正是基于对游戏作用的这种认识，苏联的学前教育非常重视游戏对儿童发展的作用，从20世纪50年代起这也影响到了北京师范大学实验幼儿园对游戏的重视和游戏活动在实践中的开展。

（三）以皮亚杰的认知发展理论为基础的建构主义理论

建构主义本质上是强调对人的主体价值的尊重，强调在学习过程中学习者积极主动的参与、自主学习和主动构建的重要性，以及教师在教育过程中起组织者、引导者、促进者的作用。根据建构主义理论，认知冲突是产生兴趣的深层原因，是促进幼儿认知水平发展的动力。因此，教师要激发幼儿学习中适度的认知冲突，将幼儿浅表的兴趣内化，使其逐步产生对活动过程的内在兴趣和动机，成为活动的主动参与者、探索者，从而实现儿童认知的发展。这就要求教师要了解幼儿已有的认知水平，提供的活动能引发幼儿的认知冲突，支持幼儿积极主动地建构新的认知水平。

皮亚杰的认知发展理论对我国幼儿园的影响，主要是通过高瞻课程产生的。它对在《幼儿园工作规程》颁布前后打破分科教学的单一模式、改善幼儿园的教育环境、提高幼儿学习的积极主动性等方面起到了积极的作用。这一理论及课程对北京师范大学实验幼儿园的影响是从20世纪90年代初对"幼儿和谐发展教育"的课题研究开始的，对幼儿园开放式活动区的开展、形成"儿童是主动的、有能力的学习者"的观念产生了积极的推动作用。

（四）蒙台梭利教育法

蒙台梭利教育法是一个比较完整的体系。其中，儿童观是其教育理论与实践的基础。蒙台梭利认为儿童具有天赋的"吸收性心智"和依次出现的内在需求（即各种敏感期），能够自发地、积极地吸收其周围环境中的一切印象，在适宜的环境中获得发展。因此，她提出必须为儿童提供一个"准备好的环境"，使儿童在这个环境中自由活动并能得到自由的发展。蒙台梭利强调，家长、教师、同伴和社会文化都是儿童成长的环

境。蒙台梭利对教师的作用也有不同以往的观点，她认为，教师是环境的提供者，是儿童学习的示范者、观察者、支持者和资源提供者。这些观点对于我们具有非常重要的借鉴意义，自1994年北京师范大学实验幼儿园开设蒙台梭利实验班至今（1923年国立北平女子师范大学附属蒙养园，即北京师范大学实验幼儿园的前身，开办了两个蒙台梭利实验班），一直指导着我们的教育实践。吸收和借鉴蒙台梭利教育的精华，避免其局限性，结合我们的情况创造性地进行教育实践，一直是我们不断探索的方向。

（五）瑞吉欧教育模式

以马拉古奇为代表的瑞吉欧教育者吸收了多个教育理论的思想精华，结合自己的实践再创造出了一种先进的教育模式。在学习瑞吉欧教育模式的过程中，人们认识到关键是要把握其"走进儿童心灵"的儿童观。正是在尊重儿童、相信儿童和为儿童发展创造条件的前提下，才有开放的生动活泼的教育实践。瑞吉欧认为，儿童有一百种语言，他们能够运用各种不同的象征语言和其他媒介来表达自己对世界的认识，包括运用绘画、动作、雕刻、构建、音乐等。瑞吉欧教育模式对北京师范大学实验幼儿园教育实践的直接影响主要体现在四个方面：一是采用弹性课程，从儿童的兴趣和需要出发生成课程；二是强调幼儿与环境的互动，瑞吉欧认为，开放的环境是幼儿园的第三位老师；三是创造机会并鼓励幼儿用多种形式进行表征；四是档案记录在教育中的运用，包括幼儿成长档案和教师教育教学档案。

（六）"做中学"科学教育模式

"做中学"科学教育模式是2001年我国教育部和科学技术协会共同开启的科学教育改革项目，北京师范大学实验幼儿园作为该项目的第一批实验基地，持续参与了五年的科学教育研究。"做中学"科学教育强调：在教师和儿童共同组成的学习环境中，让儿童像科学家一样亲历科学探究的过程。五年的"做中学"科学教育研究和实践，对北京师范大学实验幼儿园的课程产生了重要的影响，具体表现在以下几个方面：一是关注儿童日常生活中的科学学习契机，强调保护和支持儿童科学探究的兴趣；二是注重科学学习环境的创设，并鼓励和支持儿童自主探究；三是科学课程的内容得以拓展和细化，开发出一批经典的探究式科学教育活动案例；四是强调尊重儿童学习科学的特点、规律，给予儿童充分的探究时间和空间；五是重视儿童在科学活动中的多元表达和科学精神的培养；六是教师在科学教育研究中获得的专业能力迁移到了其他领域的课程实施中。

一、发展课程的目标

幼儿园课程目标是对幼儿在幼儿园阶段学习效果的预期。幼儿园课程目标具有一定的层次和结构。幼儿园课程目标的层次也称为纵向结构。

宏观目标——幼儿园课程总目标

中观目标——幼儿园课程具体目标

微观目标——年龄阶段（学年）目标
单元目标（时间单元或内容单元）
具体教育活动目标

（一）总目标（宏观目标）

以《幼儿园教育指导纲要（试行）》和《3—6岁儿童学习与发展指南》中的五大领域目标为基础，借鉴我国优秀传统伦理"仁、义、礼、智、信"和公民层面的社会主义核心价值观"爱国、敬业、诚信、友善"中适宜幼儿年龄特点的部分，我们将发展课程的总目标定为：促进幼儿身体健康、情感态度、认知能力等各方面的发展，培养出健康乐观（乐）、善良有爱（爱）、文明礼貌（礼）、好奇智慧（智）、诚信立美（美）的儿童。

（二）具体目标（中观目标）

第一，初步养成健康的生活习惯和基本的安全意识与能力，喜爱运动并有良好的身体素质，爱劳动，愿意做力所能及的事，具有积极、乐观的态度。

第二，爱护动植物及环境，热爱身边的人和所属的团体，在共同生活中学习关心、互助、分享、合作、感恩、诚实、守信。

第三，初步了解并遵守日常生活中基本的社会行为规则，学习并运用文明礼仪，养成文明的行为习惯。

第四，愿意亲近自然及接触新事物，尝试发现事物间的异同与联系，有好奇心，具

有探究的兴趣与能力。

第五，喜欢美的事物，能够初步感受、发现、欣赏自然界，生活中及文化艺术中的美，并大胆尝试表现美。

（三）年龄段目标（详见后文各年龄段领域目标）

（四）单元目标（详见后文各年龄段月目标）

（五）具体教育活动目标（详见后文各年龄段周活动安排）

二、发展课程的内容

幼儿园的发展课程内容，可以从不同角度、依据不同标准进行分类。依据发展课程"以儿童为本"的理念与上述目标，发展课程的内容主要按照儿童的关键经验划分为：自我、自然、社会、文化。北京师范大学实验幼儿园发展课程的内容涵盖了四大领域，即自我、自然、社会、文化。其中，"自我"包含健康领域和部分社会领域的内容，"自然"包含科学领域中的科学和数学内容，"社会"包含社会领域的大部分内容，"文化"包含语言领域和艺术领域的内容。

（一）自我

自我，也称自我意识或自我概念，是个体对自身的认识和对自身周围世界关系的认识，是对自己存在的觉察。认识自己的一切，大致包括以下三方面的内容：一是个体对自身生理状态的认识和评价，主要包括对自己的体重、身高、身材、容貌和性别等方面的认识，以及对身体的痛苦、饥饿、疲倦等感觉。二是对自身心理状态的认识和评价，主要包括对自己的能力、知识、情绪、气质、性格、理想、信念、兴趣、爱好等方面的认识和评价，三是对自己与周围关系的认识和评价，主要包括对自己在一定社会关系中的地位、作用，以及对自己与他人关系的认识和评价。

个人自我，指向个体的特质、价值和能力，涉及自己的身体、性别、喜好、能力（能做或不能做）等方面，例如，我喜欢画画。

关系自我，指向亲密关系中的自我，涉及家庭成员、亲属及其与自己的关系。

社会自我，指向人际关系中的社会角色和名誉，涉及教师、同伴及身边其他经常接触的人及其与自己的关系，例如，我是大家都喜欢的小朋友。

集体自我，指向公共关系中人们所属的团体归类，将自己放在特定的团体中进行认识，例如，"我是北京师范大学实验幼儿园大一班的小朋友""我的家乡是北京""我

是中国人"等。

（备注：幼儿个体的运动、健康、情绪情感、社会适应等属于此部分）

（二）自然

植物：外形特征、结构、生长变化过程、生长环境（条件）、作用、多样性。

动物：外形特征、身体结构与功能、食性、生长变化过程、环境、繁殖、多样性。

物质材料：突出特性、在特定条件下发生的变化、作用。

自然现象：四季的明显特征、天气现象（晴、阴、雨、雪、风、霾等）。

数学：数与运算、规律与关系、量与计量、几何与空间、运用数学知识解决问题。

（三）社会

社会常识是社会生活中必须掌握且行之有效的知识，包括周围人文环境（公园、商店、邮局、医院、小学等）、日常用品、交通工具、生产工具等有关内容（说明：家庭和民族、祖国等放在"自我"中；节日放在"文化"中）。

社会规则是社会组织根据自身的需要而提出的、用以调节其成员的社会行为的规则。对于幼儿，主要包括生活和学习中的规则，如日常生活习惯、生活方式、学习态度与习惯等。

人际交往对幼儿来说主要指与家人、教师、同伴及身边经常接触的人的交往，涉及交往的情感态度、方法、能力等。

（四）文化

行为文化，指人的生活方式、实际行为、态度等，体现在人们的日常起居中，具有鲜明的民族特色、地域特色，它是成功交际重要的因素。

成就文化，指艺术和文学成就，它是狭义的文化概念。

（备注：文明的行为与礼仪主要在此部分中体现，同时，此部分也要体现中华优秀传统文化）

第三部分 大班目标与活动安排

一、大班领域目标[①]

（1）自我

①初步知道并能接纳自己的喜好、优点和不足。

②认识自己的情绪及原因，会恰当表达，并能主动尝试调控。

③知道根据冷热增减衣服，能按类别整理好自己的物品，有保护眼睛的意识，具有一定的生活自理能力。

④能在运动中灵活协调地控制身体，能根据活动场地和运动材料的特点，恰当选择运动方式，主动探索多种玩法。

⑤在游戏和生活中能有意识地关注自己的安全，懂得简单的自救和求救方法，有一定的自我保护能力。

⑥能主动发起活动或承担任务，具有自尊、自主、自信、合作、勇敢、不怕困难的良好品质。

⑦知道家人、亲属和自己的关系，了解父母喜欢做的事，体会他们对自己的爱并能主动表达。

⑧知道自己所在的班级、幼儿园、社区，知道自己和这些团体中人员（教师、同伴、经常接触的人等）之间的关系，并愿意为他们做力所能及的事情。

⑨能积极参加班级、幼儿园和社区组织的各项活动，有一定的集体荣誉感。

⑩知道国家的一些重大成就，有集体归属感和自豪感。

（2）自然

①能察觉到动植物的外形特征、习性与生存环境的适应关系。

②爱护动植物，会主动照顾动植物，有责任感。

③感知人、动物、植物之间的依存关系，懂得珍惜生命。

④感知环境状况对动植物、人类生存的重要性，有初步的环保意识和节约资源意识。

⑤感知并了解季节变化的周期性及其对动植物生长变化、人类生活的影响。愿意观

---

① 此处的领域目标是指北京师范大学实验幼儿园发展课程领域目标，余同。

察各种天气现象（雨、雪、沙尘、霾、雷电等），能想办法适应天气的变化。

⑥能感知和主动探索可接触的简单的物理现象，喜欢玩声、电、光、磁、颜色变化、物体沉浮等游戏，体会周围事物、现象的特点和变化规律，能发现事物之间显著的关系。

⑦能主动探究材料与物体之间的关系，通过观察、比较与分析，发现并描述不同种类物体的特征，发现常见物体结构与功能的关系。

⑧在观察、比较、探究以及解决问题的过程中养成细心、专注、坚持、不怕困难等品质。

⑨学习做简单的计划和记录，在实验中积极思考与尝试。学会初步选择和使用与实验探究有关的材料（铁、塑料、干电池等）与工具（温度计、放大镜等）。

⑩认识常见的科技生活用品，知道其功能和用途，能对简单用品进行操作，并能初步理解科技给人们生活带来的正面和负面的影响。

⑪能用多种形式感受并理解数量之间的关系。

⑫能够发现并理解事物之间的关系，运用综合分析、抽象概括等方法，根据事物的特征进行多种形式的分类，并能发现、复制、延伸、创造生活中一些事物的规律。

⑬理解量的相对性和守恒现象，以及排序的传递性、双重性。认识并掌握使用简单测量工具的方法。感受时间的变化，认识整点与半点。

⑭认识常见的立体图形并知道其特征；了解简单的空间方位词并能尝试在生活中应用。

⑮能发现并解决生活中常见的数学问题，体验解决问题的快乐。

（3）社会

①认识周围的社会设施、公共场所及经常为我们服务的人，尊重他们及他们的劳动。

②认识生活中常见的标志、符号等，理解它们的作用，尝试自己设计标志。

③对生活中常见的、较熟悉的生产工具，通信方法，信息媒体设备等有一定的了解和认识，知道它们与人们生活之间的关系。

④对小学生活有好奇和向往，萌发喜欢上小学的愿望，做好上小学的心理准备。

⑤体会规则在各种活动中的意义，并能与同伴协商制定游戏和活动规则。

⑥理解和遵守与自身关系密切的社会行为规则，能够做到初步自律。

⑦有自己的好朋友，也喜欢结交新朋友。

⑧能与周围人积极、主动、友好地交往，学习并体验互助、合作的快乐和意义，有良好的人际关系。

⑨能够尊重、赏识、宽容他人，有爱心与同情心。

⑩能运用一定的交往技能，独立解决交往中的问题。

（4）文化

①知道礼貌待人、孝敬、诚信是中华民族的传统美德。能在一日生活中讲文明、懂礼仪，举止文明有礼。

②对中国传统节气、节日文化（如二十四节气、春节、端午节、重阳节等）有兴趣，能主动收集、了解相关文化的意义与习俗，积极参与体验活动，感受中国优秀传统文化的丰富多样和博大精深。

③能主动收集材料，了解并尝试用多种方式表现北京的名胜古迹、传统美食。

④愿意了解和欣赏中国的国粹，在参与中喜欢并体验京剧、国画等国粹的独特魅力。

⑤了解中国是一个多民族、多文化的国家，懂得尊重少数民族和其他地区的风俗习惯。

⑥能主动收集并了解不同民族、不同国家的文化，初步了解他们有不同的服饰、语言和习俗，学习尊重他们的文化习俗。

⑦对图书和文字符号感兴趣，知道文字表示一定的意义。

⑧欣赏与学习不同题材的儿童文学作品（诗歌、散文、故事、绕口令等），感受并初步理解其风格、特点及文学语言之美。

⑨能自主阅读儿童文学作品，并与他人讨论自己在阅读中的发现、体会和想法。在阅读文学作品中有自己的想象、表达和创造。

⑩能主动发现、欣赏周围环境和生活中的美好事物，能发现其典型特征，不断丰富审美体验。

⑪愿意和别人分享、交流自己喜爱的艺术作品和美感体验。

⑫能主动、积极地参与各种艺术活动，并能用自己喜欢的方式大胆、富有个性地表达与创造。

二、9月目标与内容

（一）9月目标与周活动安排

1. 9月目标

（1）自我

①在展示自己长处的活动中，获得自信心。

②能向他人（老师、同伴、家人等）介绍自己的进步和变化，有升班的自豪感。

③能主动饮用白开水，早午饭后能主动漱口。

④在老师的指导下，学习和同伴一起或独立整理（铺平）被褥、床单。

⑤能躲避他人滚过来的球或扔过来的沙包，能单手将沙包向前投掷4~5米，尝试学

习跳绳。

⑥在学习新操的过程中，掌握简单的队列和队形变化。

⑦运动时能有意识地躲避他人的奔跑、冲撞，有一定的安全意识。

⑧能较快地融入新的人际关系环境。熟悉并了解自己所在的大班环境、新教师，愿意为班级、教师或同伴做力所能及的事情，有一定的集体意识和初步的责任感。

⑨在开放性环境中乐于实施自己的想法、愿望和活动计划，从中获得成功的体验，增强自尊心、自信心。

⑩积极参加升旗活动，尊重和爱护国旗，会唱国歌，有热爱祖国的情感。

（2）自然

①了解幼儿园常见植物各部分的不同特征。

②愿意积极收集资料，了解班级中动物或植物的习性或特点，在收集资料过程中体验探究和发现的乐趣。

③感受面粉、食用油等不同食物材料的特征，学习制作食品（中秋月饼、饼干等）。

④学习用绘画、简单的文字、符号等多种方法记录自己感兴趣的事物。

⑤能够按照一定的分类标准对班级物品进行分类，能够复制、创造生活中一些事物的规律，并尝试运用统计的方法来解决生活中的问题。

（3）社会

①了解班级区域设置，愿意制作班级或区域标志。

②了解幼儿园各岗位教师的工作，体会教师对自己生活学习方面的付出，愿意用多种形式表达对教师的爱。

③结合实际生活需要，与他人共同讨论和制定规则，体会规则在各种活动中的意义，并用大家认同的方式呈现规则。

④能明确自己的任务，知道认真、坚持完成任务。

⑤有自己的好朋友，也喜欢结交新朋友。

⑥主动、友好地与他人交往，体验分享、互助、合作的快乐，尝试独立解决交往中的问题。

（4）文化

①逐步养成文明的进餐习惯，具备文明的进餐礼仪。

②主动收集材料，了解教师节及其意义，并能用自己喜欢的方式向教师表达节日的祝福。

③在中秋节资料的收集、节日活动的参与中，感受中秋节的团圆氛围，体验亲情与友情。

④能有意识地观察图书和生活情境中的文字符号，对其感兴趣，知道文字表示一定的意义。

⑤学习和节气、教师节、中秋节等有关的儿童文学作品，感受并初步理解其风格、表达上的特点及文学语言的美。

⑥能较准确地表达歌曲的情绪情感，音调、节奏基本准确。

⑦能主动发现幼儿园以及来园途中美的事物，愿意分享，并能运用自己喜欢的方式大胆、富有个性地表达与创造。

2．9月周活动安排

本月建议开展的活动主题：升班主题、中秋节主题、国庆节主题。

周次	活动名称	活动目标	发展课程中的领域	对应的五大领域①	备注
第一周	【升班主题】我的新班级	1．熟悉、了解班级新环境，新老师，新同伴。 2．能用语言表达自己对新班级的感受和想法，有一定的集体归属感。	自我社会	社会	
	【升班主题】我是大班小朋友	1．能用比较连贯的语言向他人介绍自己的进步和变化。 2．萌发成为大班小朋友的自豪感。	自我文化	社会语言	
	【升班主题】我是值日生	1．能积极参与讨论值日生工作的具体内容和工作流程。 2．愿意为班级做力所能及的事情，体验做值日生的责任感与自豪感。	自我社会	社会	
	【升班主题】班级规则我制定	1．能围绕班级某个或某几个区域进行规则商讨，制定班级规则公约。 2．能有条理地表达自己的观点和想法，并能倾听和接纳他人的合理建议。	社会	社会	
	户外安全我知道	1．能围绕户外安全积极讨论，知道户外活动需要注意的安全事项和具体内容。 2．提高自我保护的能力，具有一定的安全意识。	自我	健康	

① 此处的五大领域依据为《幼儿园教育指导纲要（试行）》《3—6岁儿童学习与发展指南》，余同。

周次	活动名称	活动目标	发展课程中的领域	对应的五大领域	备注
第一周	趣味沙包游戏	1. 积极体验沙包的不同玩法，感受沙包游戏的乐趣。 2. 能躲避同伴扔过来的沙包，发展身体反应的灵活性。 3. 提高投准的能力。	自我	健康	详案一
	幼儿园里的树	1. 认识幼儿园里常见的四五种树木，了解树木的典型特征。 2. 能在观察、感知中，比较中发现几种树木的相同与不同，提高观察能力、比较能力和表达能力。	自然	科学	
	采访活动：我的老师	1. 体会各岗教师工作的辛苦，加深爱老师的情感。 2. 能明确自己在采访中的任务，并坚持认真完成任务。	社会文化	社会	详案二
	歌曲《老师》	1. 理解歌词，唱好弱起节拍。 2. 能够有感情地演唱，表达对老师的美好情感。	文化	艺术	彭野词曲
	美工：送给老师的礼物	1. 能够运用美工区的材料和工具，尝试以小组或个人的形式完成礼物制作。 2. 尝试在制作和赠送礼物的过程中大胆表达对老师的感谢与节日祝福。	文化	艺术	
第二周	【升班主题】我们班的动植物	1. 愿意讨论并确定班级要饲养的动物和植物，尝试用多种方式了解其主要特征和生活习性。 2. 能讨论、制定照顾班级动植物的方案。	自然自我	科学	
	【升班主题】班级文明公约	1. 能结合自己和同伴在文明礼仪方面的实例进行讨论，梳理并制定班级文明公约。 2. 在签名或承诺的过程中，激发遵守文明公约的主动性。	社会文化	社会	

周次	活动名称	活动目标	发展课程中的领域	对应的五大领域	备注
第二周	【升班主题】图书分类	1. 能与同伴讨论并确定班级图书分类依据，对班级图书进行分类。 2. 能有序、分类摆放图书，有爱护图书的意识。	自然 自我	科学	
	【升班主题】绘画：我的好朋友	1. 在认真观察的基础上，能大胆绘画，表现好朋友的典型特征。 2. 在绘画和介绍好朋友的过程中，进一步增进好朋友之间的感情。	文化	艺术	
	【升班主题】猜猜他是谁	1. 发现并用语言描述同伴的突出特点。 2. 知道每个人都有自己的特点，增进对同伴的了解。	自我 文化	社会	
	体育游戏：听指令变队形	1. 能够跟随信号指令变换队形及方向，体验不同走法。 2. 能够进一步区分左、右方位，强化对方位的认知。	自我	健康	
	体育游戏：我是投掷小能手	1. 在游戏中进一步掌握投掷的正确动作和姿势，做到动作协调、规范。 2. 能单手将沙包向前投掷4~5米，愿意多次尝试，体验成功的快乐。	自我	健康	
	纸团蘸墨画：神奇的鸟类世界	1. 感受作品《小鸟天堂》中线条深浅、粗细不同的特点。 2. 掌握纸团大小、形状与绘画痕迹的关系，体验用报纸蘸墨作画的新颖和乐趣。	文化	艺术	详案三
	写生：幼儿园里的树	1. 能认真观察幼儿园树木的造型，选择自己喜欢的工具（铅笔、水粉、水彩笔等）对树木进行写生。 2. 能对植物细节展开观察，体验写生的乐趣。	文化	艺术	

续表

周次	活动名称	活动目标	发展课程中的领域	对应的五大领域	备注
第二周	仿编儿歌《什么弯弯》	1. 感受问答歌的风格和特点，体会问答歌的趣味。 2. 能够结合生活经验尝试进行仿编，发展想象力和创造力。	文化	语言	
第三周	【中秋节主题】月亮姑娘做衣裳	1. 理解故事内容，进一步感知月相变化的规律。 2. 能根据月相变化的规律尝试创编故事结尾。	文化	语言	
	【中秋节主题】想象画：月亮上的故事	1. 能综合运用各种线条、符号和材料进行美术创作。 2. 作品内容能够围绕月亮上的故事，有一定的想象力和表现力。 3. 能用完整、连贯的语言大胆介绍自己的作品。	文化	艺术	详案四
	【中秋节主题】做月饼	1. 感受面粉、食用油等不同食物材料的特性，了解并尝试按照制作月饼的步骤完成制作。 2. 喜欢探究水、食用油和面粉之间的比例关系，体验动手做月饼的乐趣。	自然	科学	
	【中秋节主题】歌曲《爷爷为我打月饼》	1. 理解歌词，演唱时节奏音调较为准确，唱好附点音符。 2. 敢于大胆表现，尝试用自己喜欢的动作、表情表现音乐欢快活泼的旋律。	文化	艺术	徐庆东、刘青作词，梁寒光作曲
	【中秋节主题】美术欣赏：兔儿爷的坐骑	1. 知道兔儿爷各种坐骑的特点及寓意。 2. 能用语言、动作等方式表达自己对兔儿爷的理解和感受。 3. 对兔儿爷有喜爱之情。	文化	艺术	详案五
	体育游戏：花样拍球	1. 尝试变换身体姿势拍球，掌握双手交替拍球、双手同时拍球等花样拍球技能。 2. 体验花样拍球的成就感，进一步增强拍球兴趣，提高拍球能力。	自我	健康	

续表

周次	活动名称	活动目标	发展课程中的领域	对应的五大领域	备注
第三周	数学活动：班级环境我装饰	1. 尝试运用已有的模式排列经验和材料装饰班级，发展模式创造能力。 2. 进一步感受数学和生活的关系，体验美化班级环境的成就感。	自然	科学	
	社会实践：探秘厨房	1. 初步了解幼儿园厨房的功能分区以及厨房师傅们的工作内容。 2. 知道饭菜来之不易，懂得珍惜厨房师傅们的劳动成果。	社会	社会	
	我来帮助弟弟妹妹	1. 关心小班的弟弟妹妹，感受他们的入园焦虑情绪。 2. 尝试用比较适宜的方式帮助和安抚弟弟妹妹，体验帮助他人的快乐与自豪感。	社会 自我	社会	
	秋分的习俗	1. 知道秋分是我国二十四节气之一。 2. 了解秋分节气的特点和习俗，在秋分竖蛋的过程中感受秋分的习俗文化。	文化	社会	
第四周	【国庆节主题】我们的祖国多么美	1. 愿意介绍家乡或自己去过的祖国各地的秀丽风光，感受祖国河山的美好。 2. 萌发爱祖国的情感。	社会	社会	
	【国庆节主题】国旗、国徽与国歌	1. 认识中国的国旗、国徽和国歌，初步了解它们的含义，知道它们都是祖国的标志。 2. 发现并了解生活中悬挂国旗、国徽，演唱国歌的场合，萌发爱祖国的情感。	社会	社会	
	【国庆节主题】诗歌《我爱祖国一万年》	1. 熟悉诗歌的内容，了解诗歌的结构并尝试仿编。 2. 体会诗歌中所表达的爱祖国的情感。	文化	语言	诗歌见附录

续表

周次	活动名称	活动目标	发展课程中的领域	对应的五大领域	备注
第四周	【国庆节主题】歌曲《国旗多美丽》	1. 理解歌词，能从演唱的力度、速度上表现出进行曲雄壮、有力的特点。 2. 尝试用不同的演唱形式（如齐唱、轮唱）表现歌曲。	文化	艺术	常瑞作词，谢白倩作曲
	【国庆节主题】中国的"世界之最"	1. 初步了解中国的"世界之最"，并能用语言表达自己的看法。 2. 萌发作为一名中国人的自豪感，激发进一步参观了解"世界之最"的积极性。	文化	社会	
	【国庆节主题】线条画：北京的城楼	1. 通过欣赏图片感知北京城楼的造型与特点。 2. 能尝试用线描画的方式表现出城门、城墙和屋檐。 3. 感受北京城楼的与众不同，萌发对城楼等传统建筑的喜爱之情。	文化	艺术	详案六
	体育游戏：椅子游戏挑战多	1. 熟练掌握匍匐爬的动作技巧，提高动作的灵敏性、协调性。 2. 感受用椅子玩游戏的挑战与乐趣。	自我	健康	详案七
	图画书阅读《我的感觉——我好生气》	1. 理解绘本，知道主人公生气的原因。 2. 知道生气是一种负面情绪，了解调整情绪的方法并愿意在以后遇到生气情绪时去尝试。	自我文化	健康社会	
	数学活动：我的出勤统计	1. 认识月历，知道一周有7天，其中2天休息5天来园。 2. 能够用点数的方式统计自己的出勤天数，感受统计活动的有趣。	自然	科学	
	数学活动：什么玩具最受欢迎	1. 知道班级玩具的分类。 2. 能够根据全班幼儿的选择统计出最受欢迎的玩具类别，初步感知统计图的作用。	自然	科学	

（二）9月活动详案

活动名称：趣味沙包游戏（自我）

活动目标：

1. 积极体验沙包的不同玩法，感受沙包游戏的乐趣。

2. 能躲避同伴扔过来的沙包，发展身体反应的灵活性。

3. 提高投准的能力。

活动准备：

经验准备：有玩沙包的经验。

物质准备：沙包人手一个，平衡木两个。

活动过程：

开始部分：热身活动

教师带领幼儿热身，重点进行上肢、下肢、体转、体侧、下蹲等准备活动。

基本部分：体验沙包的多种玩法

（1）自由玩沙包。

教师：大家以前都玩过沙包，是怎么玩的呢？都来展示一下吧。

幼儿自由玩沙包。

（2）玩游戏，提高身体反应的灵活性。

①玩抛躲沙包游戏。

指导重点：引导幼儿在躲开自己抛落的沙包的同时，还要躲避同伴抛落的沙包，锻炼躲闪能力。

②玩"扔猴子"游戏。

教师：沙包有很多种玩法，咱们先来玩一个"扔猴子"游戏。

教师讲解规则：第一，介绍相距3~4米的两条线，在两条线外可各站一个小朋友，手拿沙包，扔中间的4~5个小朋友，中间小朋友边跳边躲沙包，被沙包扔中的小朋友，要去替换扔沙包的小朋友。第二，不可以把沙包扔到同伴胸部以上的部位（有投准的要求）。

根据幼儿人数分成几组玩游戏，之后分别从扔和躲两方面交流讨论。如何能容易投中？如何能躲开扔过来的沙包？（例如，沙包扔得低就可以跳起来，沙包扔得高可以抱头蹲下或往旁边躲，等等）

幼儿再次玩游戏，体验讨论的方法，提高躲闪和投准的能力。

（3）探索、体验沙包的多种玩法。

教师提问：你还有没有其他玩沙包的方法？

根据幼儿的想法和教师的准备，玩几种沙包游戏。

游戏：夹包跳

玩法：幼儿将沙包夹在两个膝盖之间跳，看谁最先跳到终点，中途有掉的，捡起重新夹好后继续游戏。

指导重点：引导幼儿夹紧沙包不掉落，鼓励幼儿坚持到达终点。

游戏：头顶沙包过桥

玩法：幼儿头顶沙包过平衡木，包掉要重新拾起再继续游戏。

指导重点：鼓励幼儿用自己的方式保持身体平衡，教师对个别平衡能力弱的幼儿给予必要的帮助。

游戏：投掷沙包

玩法：将沙包向指定的小篮子投掷，看谁投得准。根据班级幼儿的实际情况和个体差异，教师可以设置2~3个不同的距离。

指导重点：指导幼儿首先根据个人能力选择适宜的投掷距离，用正确的动作投掷。

结束部分：放松活动

（1）教师及时鼓励和表扬幼儿的创意与进步。

（2）带领幼儿在游戏场地做放松运动，调整呼吸。

相关经验：

社会：能遵守游戏规则。

活动评价：

1. 根据幼儿的语言表达及游戏情况，判断幼儿是否能够想出并参与沙包的多种玩法。

2. 根据幼儿在游戏中的动作表现，判断幼儿是否能够躲闪同伴扔来的沙包，或能调整办法投准同伴。身体反应是否灵活。

活动延伸：

户外活动中，鼓励幼儿继续探索更多的沙包游戏。

（李菲菲）

详案二

活动名称：采访活动：我的老师（社会、文化）

活动目标：

1. 体会各岗教师工作的辛苦，加深爱老师的情感。

2. 能明确自己在采访中的任务，并坚持认真完成任务。

活动准备：

经验准备：知道9月10日是教师节；知道什么是采访；师生共同讨论过想采访各岗教师的问题。

物质准备：收集各岗教师工作时的照片，采访记录表，笔。

活动过程：

开始部分：谈话引出本次"采访"活动

教师：今年教师节，我们班小朋友决定用"采访"的方式，了解幼儿园更多老师的工作。昨天我们一同设计了"采访"的问题，老师把这些做成了"采访记录表"，我们一起来看一下。

基本部分：谈话和体验深入了解各岗教师的工作

（1）出示"采访记录表"，回顾"采访"的问题。

教师带幼儿回顾"采访记录表"，熟悉采访的问题。表上有：记录时间、记录人员、老师的姓名、工作岗位、岗位需要做的事情。

教师：遇到我们记录有困难时，可以怎么办？（绘画、请老师帮忙记录等）

（2）和幼儿一同协商"采访"时需要注意的问题。

①从采访时需要注意的礼仪、发起采访时应该说的话、采访时的音量等方面进行引导。

教师：去采访老师时第一句话我们应该怎么说？怎样体现我们的礼貌？怎样让老师们听清楚我们采访的问题？采访完老师我们要对他们说什么礼貌的话呢？

②引导幼儿小组内明确分工。

教师：采访一位老师你们觉得几位小朋友一起比较合适？那怎样配合才能很好地完成这一"采访"任务呢？

③幼儿"采访"，教师观察、关注与指导。

结束部分：分享采访结果，进一步加深爱老师的情感

请每一组派一名幼儿作为代表反馈采访的结果。小组其他成员作补充。

教师：从采访中你们感受到什么？你们最后对这些老师说了哪些节日祝福的话？

备注：教师结合幼儿的采访结果，可利用事先准备好的照片，让幼儿进一步了解幼儿园各岗教师的辛苦和对小朋友的关爱。

相关经验：

社会：敢于跟不熟悉或不太熟悉的人互动与交谈。

文化：能够用完整、连贯的语言来表达自己的想法。

活动评价：

1. 通过语言了解幼儿是否体会到各岗教师的辛苦。

2. 观察了解幼儿是否明确自己在采访中的任务，并能认真坚持完成。

（张　冉）

> 详案三

活动内容：纸团蘸墨画：神奇的鸟类世界（文化）

活动目标：

1. 感受作品《小鸟天堂》中线条深浅、粗细不同的特点。

2. 掌握纸团大小、形状与绘画痕迹的关系，体验用报纸蘸墨作画的新颖和乐趣。

活动准备：

经验准备：初步了解水墨画的特点；有在动物园或大自然中观察小鸟的经验。

物质准备：本次活动前幼儿观察小鸟的照片，吴冠中作品《小鸟天堂》，背景音乐《自然之声》，报纸、深浅不同的墨、宣纸、毛毡、颜料盘、抹布等。

活动过程：

开始部分：出示幼儿观察小鸟的照片，分享幼儿的发现

教师：从照片中你们看到了什么？你是在什么地方、发现了什么鸟？除了小鸟你还发现了什么？这些树都是什么样的？（鼓励幼儿用肢体动作表现一下）

基本部分：欣赏《小鸟天堂》，体验纸团创作

欣赏吴冠中的作品《小鸟天堂》，讨论并感受作品中线条粗细、深浅不一的特点。

教师：有一位叫吴冠中的画家爷爷，他画了一幅关于小鸟和大树的画，我们一起来欣赏一下。

提问：从这幅画中你看到了什么？你觉得这些线是什么？它们的粗细一样吗？深浅一样吗？看到这幅画你有什么样的感觉？

引出创作主题，引导幼儿大胆讨论创作的想法。

提问：小朋友觉得怎么样来表现小鸟和大树呢？

教师对幼儿的回答进行梳理和总结。

出示创作材料——报纸，了解用报纸作画的方法。

教师：今天我们也可以来画一幅"小鸟天堂"，不过我们不用毛笔，今天我们可以用一件很常见但也很特别的作画工具。

教师出示废旧报纸，引导幼儿讨论报纸怎么可以变成不同粗细的样子。

幼儿体验用报纸作画，感受报纸作画的乐趣，观察报纸与画面痕迹的关系，教师巡回指导。

教师分发给幼儿大小不一的报纸，请幼儿尝试将报纸团成大小不一的形状蘸墨画，感受报纸形状与绘画痕迹的关系。（如报纸团大小不同，画出线的粗细不同；整齐的报纸团画出的线是直的、光滑的，不整齐的报纸团画出的线是断断续续的）

播放背景音乐，请幼儿在大纸上大胆表现鸟与大树。

指导重点：关注幼儿的表现方式，并及时给予材料支持。（如幼儿用黑色水彩笔为

小鸟添画眼睛、嘴、脚等）

结束部分：欣赏与分享作品

教师：今天小朋友们画出了这么漂亮的树林，小鸟也在漂亮的树林里安了家。美的东西大家一起分享，现在我们一起来分享一下吧！你想说说哪一幅作品？你从这幅画中看到了什么？

教师肯定幼儿的表现和新经验的获得。

相关经验：

社会：知道废旧报纸可以用来作画，建立环保意识。

活动评价：

1. 通过幼儿的语言和动作，判断幼儿是否了解作品中大树深浅、粗细不一的特点。

2. 通过幼儿作品和语言表达，可以判断幼儿是否发现纸团大小、形状与痕迹的关系，以及对纸团作画的兴趣。

延伸活动与扩展：

将材料投放到美劳区，鼓励幼儿继续探索更多报纸作画的方式（如卷、折、揉等）。

（舒海丹）

详案四

活动名称：想象画：月亮上的故事（文化）

活动目标：

1. 能综合运用各种线条、符号和材料进行美术创作。

2. 作品内容能够围绕月亮上的故事，有一定的想象力和表现力。

3. 能用完整、连贯的语言大胆介绍自己的作品。

活动准备：

经验准备：听过《嫦娥奔月》的故事。

物质准备："嫦娥奔月"的图片，图画纸（可用纸剪成不同大小的圆形供幼儿选择）、水彩笔、油画棒、彩色纸等幼儿能使用的美术区材料。

活动过程：

开始部分：看图回忆"嫦娥奔月"的故事

教师：小朋友们还记得"嫦娥奔月"的故事吗？我们来看几张图片。

基本部分：大胆想象，以绘画的形式创编"月亮上的故事"

（1）启发幼儿大胆想象"月亮上的故事"。

教师：月亮上除了有嫦娥，还可能有什么？（兔子、小松鼠、外星人、宇宙飞船……）

教师：他们之间会发生什么样的故事呢？今天，请小朋友自己来想象在月亮上发生的故事，希望每个小朋友都有自己大胆的想法。

（2）介绍材料并提出绘画要求。

教师：今天老师给小朋友们准备了圆形的绘画纸，圆形的纸代表着月亮，纸有大有小，你们可以根据自己想象的故事来选择。

教师：大家可以用水彩笔和油画棒进行绘画，也可以用纸装饰，如果你还需要其他材料也可以到美工区去找。

教师：小朋友可以请老师帮你记下你的故事内容，画完后和大家一起来分享你的故事。

（3）幼儿创作，教师观察指导。

指导要点：

①引导幼儿大胆充分地表达自己的想法。

教师：你先画了什么，后面又画了什么，它们之间可能发生什么故事？

②指导幼儿合理使用材料，大胆下笔，让作品更有创意。

教师：想到什么就大胆画出来，看看能否用其他的材料来帮助你的作品看起来更加与众不同。

③关注有困难的幼儿并给予及时的指导。

教师：你想要在画中讲述什么故事？画出你的故事有什么困难吗？

结束部分：作品介绍与分享

教师：我们现在听一听大家创编的"月亮上的故事"。

教师根据活动的时间，选择有代表性的几张作品进行分享，选择的作品要突出其故事创编的创意性以及作品表现方式的创意性，并引导幼儿讲述时完整、连贯。

活动评价：

1. 观察幼儿能否运用各种线条、符号和适宜的材料进行创作。

2. 观察幼儿的作品是否围绕主题，是否有一定的想象。

3. 倾听幼儿的语言，了解幼儿是否能完整、连贯地介绍作品。

活动延伸与扩展：

1. 结合作品栏进行布置，鼓励幼儿之间互相欣赏。

2. 将幼儿的作品进行整理，配上文字说明，制作"月亮上的故事"故事集，在过渡环节和幼儿分享或者放置图书区供幼儿选择阅读。

（谢红玉）

详案五

活动名称：美术欣赏：兔儿爷的坐骑（文化）

活动目标：

1. 知道兔儿爷各种坐骑的特点及寓意。

2. 能用语言、动作等方式表达自己对兔儿爷的理解和感受。

3. 对兔儿爷有喜爱之情。

材料准备：

经验准备：知道兔儿爷的来历。

物质准备：兔儿爷的视频，各种各样的泥塑兔儿爷，兔儿爷组合的操作材料人手一份。

活动过程：

开始部分：观看视频，激发欣赏的欲望和兴趣

（1）观看教师准备好的兔儿爷视频，引发幼儿活动兴趣。

教师：你见过兔儿爷吗？我们今天一起来看一个视频，看完后请你告诉大家，你都看到了什么样的兔儿爷？

（2）引导幼儿表达自己的感受和想法。

教师：视频中哪种兔儿爷给你的印象最深？

教师：刚才我们看到的每一个兔儿爷都各不相同，它们都有自己的名字。

基本部分：深入观察各种各样的泥塑兔儿爷，了解兔儿爷坐骑的不同寓意

（1）观察、发现兔儿爷的相同和不同。

教师：请小朋友仔细观察这些可爱的兔儿爷，看看它们有什么相同的地方和不同的地方。

相同：像兔子一样有长长的耳朵，头戴金盔，插着小旗子、小伞。

不同：坐骑不一样，穿的衣服也不一样。

（2）教师围绕不同进行追问：这些兔儿爷都有哪些坐骑？你们知道这些坐骑都叫什么名字吗？

教师引导幼儿重点围绕花纹、装饰特点、颜色以及不同坐骑的特点进行观察和表述。

（3）师生共同了解兔儿爷各种坐骑的不同含义。

教师：你能猜猜这些兔儿爷的不同坐骑都有什么寓意吗？人们为什么要把它设计成这样？

鼓励幼儿根据自身经验猜想表达。

教师根据幼儿的回答和提前了解的相关知识进行小结："鹿"与"禄"谐音，是钱财的意思，骑梅花鹿的兔儿爷寓意财源滚滚。"象"与"祥"谐音，骑白象的兔儿爷寓意吉祥如意。"葫芦"和"福禄"谐音，坐着葫芦的兔儿爷，寓意着福禄双全。同理，骑麒麟的兔儿爷寓意学业有成，骑黄虎的兔儿爷寓意事业兴盛、人脉广博，骑黑虎的兔儿爷寓意着祛病强身。由此可见，骑不同坐骑的兔儿爷有着不同的寓意，但都代表着人们的美好祝福和期盼。

（4）鼓励幼儿自选材料，拼组兔儿爷的坐骑，进一步感受兔儿爷坐骑的不同。

①出示材料，激发幼儿操作欲望。

教师：这里有许多不同的兔儿爷坐骑的组合材料，一会儿大家试试，拼组你喜欢的兔儿爷。

②鼓励幼儿尝试不同坐骑兔儿爷的组合，并相互交流坐骑的名称和寓意。

结束部分：总结梳理

教师小结活动内容，鼓励幼儿在自由活动时间进一步欣赏自己和他人的作品，还可以把对兔儿爷坐骑的理解介绍给家人。

备注：如果前面组织的环节有点长，拼组兔儿爷坐骑可在活动中提及，之后放到区域中去完成。

相关经验：

文化：知道兔儿爷是中秋节文化中的重要形象。

活动评价：

1. 根据幼儿的语言表达，了解幼儿是否能够发现各种兔儿爷的相同与不同之处。

2. 根据幼儿的语言表达及活动中的情感态度，了解幼儿是否对兔儿爷形象喜欢和感兴趣。

活动延伸与拓展：

1. 可以提供兔儿爷的石膏作品，让幼儿在区域活动中有更多的操作选择和更丰富的体验。

2. 鼓励幼儿制作兔儿爷不同坐骑的小书（可以在园完成，也可以亲子完成），进一步巩固幼儿的相关经验。

（冯　霞）

详案六

活动名称：线条画：北京的城楼（文化）

活动目标：

1. 通过图片欣赏感知北京城楼的造型与特点。

2. 能尝试用线描画的方式表现出城门、城墙和屋檐。

3. 感受北京城楼的与众不同，萌发对城楼等传统建筑的喜爱之情。

活动准备：

经验准备：

1. 有线描画的经验。

2. 幼儿在前期和家长一起参观过具有鲜明的城楼风格的名胜古迹，如天安门城楼等，对北京城楼有一个基本的印象。

物质准备：纸和笔，关于北京城楼的自制课件。

活动过程：

开始部分：通过问题引入城楼的话题，激发幼儿兴趣

教师播放活动课件，请幼儿观察图片。

教师：你都看到了什么？照片上的这些建筑有一个共同的名字是什么？（引出城楼的名称）

基本部分：欣赏、讨论、创作自己的北京城楼作品

（1）欣赏图片，感知北京城楼的结构。

提问：北京城楼是什么样子的？由哪些部分组成？分别叫什么名字？

指导与要求：引导幼儿仔细观察图片，发现城楼的组成部分：城门、城墙、屋檐。

（2）幼儿通过欣赏图片发现北京城楼的特点。

提问：北京城楼与日常的建筑有什么不同？（发现北京城楼的中国特色，萌发喜爱之情）

指导与要求：引导幼儿讨论北京城楼的特点，可分别就城门、城墙、屋檐来讨论。

（3）引导幼儿讨论北京城楼哪些地方可以用线描的方式来表现。

提问：北京城楼都有哪些地方可以用线描的方式进行创作？

指导与要求：请幼儿回忆线描的方式有哪些，可以怎么用在装饰北京城楼上。请幼儿大胆发言并到前面来进行示范。

（4）幼儿用线描画的形式完成有关北京城楼的作品。

对于有需求的幼儿可以引导他们观察图片。

结束部分：总结交流

引导幼儿总结北京城楼的组成部分、特点以及线描方式的运用，并和大家交流自己的心得体会。

相关经验：

文化（语言）：能够用语言表达北京城楼的特点。

活动评价：

1. 根据幼儿的表达来判断幼儿是否接受、喜爱北京城楼的建筑风格。

2. 根据幼儿的绘画作品来判断幼儿是否能用线描画表现出北京城楼的独特造型特点。

（李　冉）

详案七

活动名称：体育游戏：椅子游戏挑战多（自我）

活动目标：

1. 熟练掌握匍匐爬的动作技巧，提高动作的灵敏性、协调性。

2. 感受用椅子玩游戏的挑战与乐趣。

活动准备：

经验准备：幼儿已经具备钻爬、匍匐爬的基本动作技能；幼儿已经具备利用辅助材料自主开展体育活动的经验与能力。

物质准备：成人用的折叠座椅、节奏感强的动感音乐。

活动过程：

开始部分：

教师与幼儿做热身，重点活动手腕脚腕。

基本部分：

（1）绕桩跑。

将椅子折叠后平铺在地面上，幼儿一个跟随一个绕过椅子，按照指定路线跑回出发点。

指导要点：幼儿从同一方向进行活动，教师要注意幼儿的安全，注意提醒幼儿按照指定的路线跑回出发点。

（2）爬过长长的桥。

将椅子平铺在地面，幼儿一个接一个爬过椅子，按照指定路线跑回出发点。

指导要点同上。

（3）钻爬过椅背。

将椅子打开放好，幼儿自由从椅背中间部位钻爬过去，按照指定路线跑回来。

指导要点：幼儿从同一方向进行活动，教师要注意幼儿的安全，注意提醒幼儿按照指定的路线跑回。幼儿可以自己选择钻爬的方式。

（4）匍匐爬过椅子底部。

幼儿自由从椅子的底部匍匐爬过去，按照指定路线跑回来。

指导要点：第一，引导幼儿巩固匍匐爬的动作要领：身体趴下，左胳膊肘着地弯曲，左腿弯曲右腿伸直。前进时左肘与左腿用力向前挪，右脚用力往后蹬。防止臀部隆起。爬时应仰头往前看，用鼻子呼吸。第二，教师提示幼儿在钻爬过程中不碰到椅子。

（5）分享经验，再次游戏。

教师与幼儿共同讨论怎样解决在匍匐爬过椅子底部活动中遇到的困难。找出适宜的方法，进一步练习，帮助幼儿提升经验。

关键经验：俯卧在地板上，依靠腿的蹬伸和手撑地的力量向前运动；蹬伸腿时，膝盖应边蹬边转，防止臀部抬起，仰头向前看，注意调整呼吸。

幼儿运用分享的经验再次进行游戏。

（6）将椅子连接在一起，幼儿用已掌握的匍匐爬的动作从椅子底部或椅背中间部位钻爬过去。

指导要点：第一，幼儿从同一方向进行匍匐爬，教师要注意幼儿的安全。第二，教师在场地内巡回指导，随时指导幼儿匍匐爬动作。第三，教师适时鼓励幼儿以便增强幼儿挑战困难的信心。第四，幼儿可自己选择从椅子底部或椅背中间部位匍匐爬。

结束部分：

教师简单点评活动中的情况，表扬幼儿的勇敢和大胆。组织放松游戏，之后请幼儿协助教师一起收拾场地，结束活动。

相关经验：

自我：感受椅子的不同用途，发展幼儿的发散思维能力，提高幼儿不断挑战困难的勇气。

活动评价：

1. 通过观察幼儿的动作判断幼儿是否熟练掌握匍匐爬。

2. 通过观察幼儿在活动中的表情、态度和积极性，判断幼儿是否喜欢参与活动，是否勇于接受挑战。

（徐　超）

9月附录

我爱祖国一万年

徐　明

祖国是什么？

爸爸告诉我：祖国就是绵延万里的长城，就是高大、雄伟的天安门。

妈妈告诉我：祖国就是鲜艳的五星红旗，就是雄壮的国歌。

老师告诉我：祖国就是我们天天在读的神奇汉字，就是我们日日在说的动听歌谣。

叔叔告诉我：祖国就是维吾尔族大姐姐婀娜的舞姿，就是藏族大哥哥手中洁白的哈达。

小伙伴告诉我：祖国就是衣兜里甜甜的大枣，就是盘子里沙沙的西瓜。

啊！我明白了，这些我都喜欢，都很喜欢。

我真想说：祖国，我爱你，我要爱你一万年！

（出自《幼儿园快乐与发展课程教师教学用书　大班　上册》，
88页，北京，北京师范大学出版社，2008。）

三、10月目标与内容

（一）10月目标与周活动安排

1. 10月目标

（1）自我

①知道每个人有不同的情绪，不同情绪会带给人不同的感受，尝试学习适当地表达和调控自己情绪。

②知道不挑食，进餐过程中能做到细嚼慢咽。

③了解造成龋齿的原因，了解长大要换牙的现象，知道保护牙齿的重要性，能自觉、主动地做到早晚刷牙。

④在老师的指导下，继续学习和同伴一起或独立整理（铺平）被褥、床单。

⑤尝试多种形式地跑，能在斜坡、马路牙子和有一定间隔的物体上较平稳地行走，动作灵活协调。

⑥能积极参加秋游活动，并在出行中注意乘车、游玩中的安全事项。

⑦知道家人、亲属和自己之间的关系，愿意为他们做力所能及的事情。

⑧在升旗活动中做弟弟妹妹的榜样，能自觉地向国旗行注目礼，尊重和爱护国旗，唱好国歌，有热爱祖国的情感。

（2）自然

①感知、观察秋季特有的植物特征（树叶发黄、变干等），热爱大自然。

②能够主动照顾班级的动物或植物，观察、记录并介绍它们的变化。

③积极参与采摘、收集果实等活动，学习使用铲子等工具，知道秋天是个丰收的季节，体验收获的喜悦。

④学习认识不同类型的温度计，并尝试在生活中观察、记录室内外温度。

⑤认识常见的家用小电器，初步知道其用途，感受其给我们生活带来的便利，知道使用时的注意事项。

⑥学习20以内的计数，在生活中体验统计的方法和作用，感知图形之间的转换及图形守恒。

（3）社会

①认识幼儿园周围的社会设施、公共场所及经常为我们服务的人，尊重他们及他们的劳动。

②观察、寻找、收集日常生活中常见的标记，发现它们的特点，了解它们在人们生活中的意义。

③在一日生活中，能够制定并遵守规则，感受规则对每个人的意义。

④能想办法吸引同伴和自己一起游戏，并能和同伴协商解决游戏中的冲突。

⑤愿意和同伴分工、合作完成老师交给的小任务，并能积极想办法克服困难，解决问题。

（4）文化

①知道礼貌、孝敬是中华民族的传统美德，在日常生活中能够尊敬老人、礼貌待人。

②能主动收集和本月中国节气、节日活动（国庆节、重阳节等）相关的资料，了解其意义和习俗，积极参与体验活动。

③能利用多种途径收集与国庆庆祝活动、北京名胜古迹以及日常新闻等有关的资料，愿意参与讨论，将高兴和有趣的事情与大家分享。

④学习和本月季节、节日、节气以及近期班级主题等有关的儿童文学作品，理解其内容，感受其风格、特点以及文学语言之美。

⑤认真阅读图画书，能把握事情发生、发展的内在线索，并会较完整地复述故事。

⑥知道中国是一个多民族的国家，懂得尊重少数民族。

⑦在欣赏和学唱不同类型的歌曲中，提高审美情趣，并在主动演唱中获得愉悦的情绪体验。

⑧主动发现社区环境和自然环境中美的事物，并能用自己喜欢的方式大胆、富有个性地表达与创造。

2. 10月周活动安排

本月建议开展的活动主题：国庆节主题、保护牙齿主题。

周次	活动名称	活动目标	发展课程中的领域	对应的五大领域	备注
第二周	体育游戏：猪八戒吃西瓜	1. 能根据游戏的玩法和规则进行游戏。 2. 发展快速反应和快速跑的能力。	自我 社会	健康 社会	
	【国庆节主题】 56个民族是一家	1. 知道我国是一个由56个民族组成的多民族国家，能说出一些少数民族的名称，懂得尊重少数民族。 2. 初步了解蒙古族、藏族、维吾尔族、傣族、朝鲜族等少数民族的生活环境和风俗习惯。	文化	社会	

续表

周次	活动名称	活动目标	发展课程中的领域	对应的五大领域	备注
第二周	【国庆节主题】绘画：好看的民族服装	1. 了解蒙古族、维吾尔族、朝鲜族等少数民族服饰的典型特征。 2. 尝试运用点、线、面、色彩等元素装饰民族服饰，感受民族服饰之美。	文化	艺术	
	【国庆节主题】调查活动：中国之最知多少	1. 敢于到人群中进行有关"中国之最知多少"的调查。 2. 能够说清楚要调查的内容，并按照调查表进行提问和记录。 3. 提高与人交往和解决问题的能力。	社会 文化	社会 语言	
	秋游前的准备	1. 了解秋游的地点和主要活动内容，能够讨论并制定安全出游的规则。 2. 运用绘画的方式制定秋游物品准备表，并能够按计划准备秋游物品。	社会 文化	社会 艺术	
	认识温度计	1. 知道温度计的用途，学会读取温度计。 2. 了解温度计在使用过程中的注意事项。	自然	科学	
	数学活动：创意拼图	1. 学习统计创意拼图作品中形状和数量的方法。 2. 感知不同图形之间的转换关系及图形守恒。	自然	科学	
	和平角	1. 商讨和平角的规则，知道出现冲突时到和平角解决的步骤。 2. 提高交往能力和解决问题的能力。	社会	社会	
	会说话的交通标志	1. 了解交通标志的分类，知道生活中常见交通标志的名称及含义。 2. 在视频或故事中感受交通标志的作用，具有遵守交通规则的意识。	社会	社会	

续表

周次	活动名称	活动目标	发展课程中的领域	对应的五大领域	备注
第二周	歌唱活动《三只猴子》	1. 倾听并欣赏歌曲，理解歌曲内容，逐步学唱歌曲。 2. 感受不同乐句速度、力度的变化。 3. 感受歌曲幽默诙谐的情绪，体验歌唱活动的乐趣。	文化	艺术	欧美童谣
第三周	【保护牙齿主题】牙齿的秘密	1. 通过调查、比较发现牙齿数量的秘密。 2. 通过观察、比较与体验，了解切牙、尖牙、磨牙三类牙齿的名称及作用。 3. 对牙齿的秘密感兴趣，有继续探究的愿望。	自我	健康	详案一
	【保护牙齿主题】保护牙齿我知道	1. 了解蛀牙产生的原因，知道认真漱口和刷牙的重要性。 2. 知道保护牙齿要从每次认真漱口、刷牙做起，并要坚持。	自我	健康	详案二
	图画书阅读《我的感觉——同理心》	1. 理解内容，知道同理心是一种积极情感。 2. 初步尝试站在他人的角度考虑事情。	自我 文化	社会 语言	
	植物妈妈有办法	1. 知道种子的几种传播方式，了解种子的外形特征与传播方式的关系。 2. 对种子有好奇心，愿意在生活中进一步观察发现常见种子的特点。	自然	科学	
	歌曲《郊游》	1. 感受歌曲所表达的欢快情感，能记住歌词内容，并有表情地演唱。 2. 体验歌曲A-B-A的曲式特点。	文化	艺术	
	节奏游戏：三只猴子	1. 进一步在演唱中感受歌曲的幽默诙谐。 2. 尝试用多种节奏方式表现歌曲，提高节奏感和韵律感。	文化	艺术	

周次	活动名称	活动目标	发展课程中的领域	对应的五大领域	备注
第三周	特别的爱	1. 通过照片和故事的分享，感受并理解长辈给予自己的关爱和照顾。 2. 愿意用自己的方式表达对长辈的爱与感激之情。	自我 文化	社会	详案三
	写生：秋天的果实	1. 认真细致的观察事物特征后进行写生。 2. 运用独特的绘画语言和观察视角展现秋天的果实，体验写生的乐趣。	文化	艺术	
	制作玉米饼	1. 了解制作玉米饼的材料和工具，知道原材料的量要适宜。 2. 会使用测量工具"量筒""秤"，能看懂玉米饼的图示配方。 3. 体验食品制作的乐趣和成就感。	自然	科学	详案四
	图画书阅读《果实是种子的旅行箱》	1. 理解绘本内容，了解不同植物的果实和种子各自的特点。 2. 激发对果实和种子进一步的认知兴趣。	文化	科学	
第四周	【保护牙齿主题】换牙我不怕	1. 在统计、交流等过程中了解简单的换牙常识和注意事项。 2. 知道换牙是成长过程中的正常现象，能用积极正向的态度看待换牙现象。	自我 自然	健康 科学	详案五
	图画书阅读《勇气》	1. 知道勇气就是敢于挑战，发现自己拥有的勇气。 2. 能够结合生活经验，积极表达对勇气的理解。	自我	社会	
	体育游戏：能量棒游戏	1. 掌握协同跑的动作技能，提高动作的协调性。 2. 能听信号做出快速的运动方位感知反应。 3. 积极参与游戏，体验团队合作完成挑战的成就感。	自我	健康	详案六

续表

周次	活动名称	活动目标	发展课程中的领域	对应的五大领域	备注
第四周	10月气温的变化	1. 认真观察10月气温变化图，能发现并表达气温变化的特点和规律。 2. 能根据温度图找出最高温度、最低温度，加深对气温和生活联系的了解。	自然	科学	
	有用的榨汁机	1. 了解榨汁机的主要功能和使用方法。 2. 感受榨汁机给生活带来的便捷与美好。	自然	科学	
	复述故事《小马过河》	1. 了解故事的名称和主要情节，尝试进行对话部分的复述。 2. 知道遇事需要动脑筋，敢于尝试。	文化	语言	
	音乐游戏：狐狸捉小鸡	1. 能听辨声音的方向，合拍做动作。 2. 遵守游戏规则，体验和同伴共同游戏的快乐。	文化 社会	艺术 社会	
	韵律活动：摘葡萄	1. 感受维吾尔族舞蹈欢快的风格。 2. 了解并学习维吾尔族舞蹈的基本动作，初步体验并掌握进退步和翻手腕动作。	文化	艺术	详案七
	绘画：愉快的秋游	1. 能大胆运用喜欢的美术形式表达自己秋游中的所知、所见、所为或所想。 2. 感受美术创作的乐趣，加深秋游的愉快体验。	文化	艺术	
	大家一起运玩具	1. 体验用不同方式运玩具的感受。 2. 在解决问题的过程中感受合作运玩具的便捷，积累一定的合作经验。	社会	艺术	

（二）10月活动详案

详案一

活动名称：牙齿的秘密（自我）

活动目标：

1. 能通过调查、比较发现牙齿数量的秘密。

2. 通过观察、比较与体验，了解切牙、尖牙、磨牙三类牙齿的名称及作用。

3. 对牙齿的秘密感兴趣，有继续探究的愿望。

活动准备：

经验准备：幼儿有使用记录单的经验。

物质准备："牙齿的秘密1"记录单、小镜子、手电筒、铅笔等均为两人一份；切牙、尖牙、磨牙的图片，独立包装的海苔、肉干若干。

活动过程：

开始部分：通过提问引发幼儿对牙齿数量和形状的关注

教师：你们知道自己有多少颗牙齿吗？这些牙齿的形状有什么区别？有什么办法可以证明呢？

教师根据幼儿的回答，引出可以通过观察的方法进行验证。

基本部分：通过观察和体验，发现牙齿数量及形状上的秘密

（1）介绍"牙齿的秘密1"记录单，请幼儿和好朋友共同完成。

牙齿的秘密1

姓名：		姓名：	
牙齿总数	已掉未长出的牙齿数量	牙齿总数	已掉未长出的牙齿数量
牙齿有哪些形状			

幼儿两人一组，借助镜子、手电筒等工具的帮助，记录同伴牙齿的总数、已经掉了但仍未长出新牙的数量。过程中教师适当引导和支持。

（2）分享记录单上的牙齿总数，了解牙齿数量的秘密。

教师请幼儿分享自己的记录单，引导幼儿关注牙齿总数的差异，并思考原因。

　　关键提问：你有多少颗牙齿？你的好朋友有多少颗牙齿？谁的牙齿数量跟他们都不一样？为什么小朋友的牙齿数量都不一样？

　　引导幼儿了解牙齿数量不同的原因，知道导致幼儿牙齿数量不同的原因是小朋友长大了，乳牙开始脱落，有的已经长出恒牙，有的还没有长出恒牙。

　　（3）分享记录单上的牙齿形状，了解牙齿的形状及名称。

　　教师请幼儿介绍自己和好朋友都有哪些形状的牙齿，教师结合图片帮助幼儿了解牙齿的三种基本类型及名称。

　　教师：前面的扁扁形状的牙齿，叫切牙；两侧的尖尖的牙齿叫尖牙；后面的方形的牙齿叫磨牙。

　　（4）通过体验活动了解三类牙齿的作用。

　　教师：为什么我们的牙齿会有不同的形状呢？它们在我们吃东西的时候起到的作用一样吗？

　　教师请小朋友品尝海苔，并在品尝的过程中观察自己都用了哪些牙齿。

　　教师小结：吃海苔的时候主要用到两类牙齿——切牙和磨牙。切牙的作用是可以切断食物，磨牙的作用是磨碎食物。

　　教师再请幼儿品尝肉干，并分享吃肉干的感受。在此基础上教师引导幼儿了解尖牙的作用是撕下食物，我们在吃肉类食物的时候会用到它。

　　小结：不同形状的牙齿有不同的作用，只有正确地、经常地使用它们，才能让牙齿更加健康有力气！

结束部分：引发幼儿对成人牙齿的兴趣

　　教师：今天我们通过观察和体验了解了小朋友牙齿里的一些秘密，你们想不想知道大人的牙齿里有什么秘密呢？

　　教师出示"牙齿的秘密2"调查记录单，请幼儿回家完成相关调查。

相关经验：

　　自然：会使用记录单，能进行20以内的计数。

　　文化（语言）：能有序、连贯、清楚地讲述自己的发现。

活动评价：

　　1. 通过观察幼儿记录单和幼儿表述，了解幼儿是否能够正确计数自己和同伴的牙齿。

　　2. 通过幼儿对活动体验的表述及回答问题的情况，判断幼儿是否了解三类牙齿的名称及作用。

　　3. 通过幼儿在活动中的专注度以及是否积极回答问题，了解幼儿是否对探究牙齿感兴趣。

活动延伸与扩展：

通过调查问卷调查并记录成人的牙齿数量、形状，以及其他的一些发现。

资源利用：

请家长配合幼儿做调查，并在必要的情况下帮忙做文字记录。

（张文杰）

详案二

活动名称：保护牙齿我知道（自我）

活动目标：

1. 了解蛀牙产生的原因，知道认真漱口和刷牙的重要性。

2. 知道保护牙齿要从每次漱口、刷牙做起，并要坚持。

活动准备：

经验准备：幼儿之前已经用清水、糖水、盐水、醋四种液体进行了泡鸡蛋壳的实验，在观察的基础上完成"鸡蛋壳的变化"记录单。

物质准备：蛀牙形成过程的视频，牙齿结构图、蛀牙形成图、牙齿模具、牙刷。

活动过程：

开始部分：分享实验记录单，了解酸性物质对牙齿的危害

（1）教师请幼儿分享"鸡蛋壳的变化"记录单，介绍最初的猜测，以及最后通过触摸感知到的鸡蛋壳在四种液体中的变化。

教师：开始的时候你猜测哪种液体会让鸡蛋壳变软？最后你发现哪种液体让鸡蛋壳变软了？你发现鸡蛋壳浸泡了多久后开始产生变化？

（2）分析实验结果对保护牙齿的启示。

教师：鸡蛋壳和牙齿一样含有钙，这个实验告诉我们哪种液体会对我们的牙齿产生不好的影响呢？

基本部分：了解蛀牙形成的过程，激发幼儿认真刷牙的主动性

（1）幼儿观看蛀牙形成过程的视频。

教师引导：刚才的实验告诉我们醋能够让牙齿变软，可是有的小朋友觉得自己很少吃醋，那么是不是就可以不用担心自己的牙齿了呢？请小朋友仔细看一段视频然后回答这个问题。

（2）围绕视频内容，引导幼儿了解蛀牙形成的原因。

关键提问：牙齿里怎么会有酸呢？酸性物质是怎么让健康的牙齿变成蛀牙的呢？蛀牙会有什么危害呢？

教师结合牙齿结构图，小结蛀牙形成过程：原来是牙齿细菌分解食物残渣的时候会产生酸性物质。就像醋腐蚀鸡蛋壳一样，酸性物质会腐蚀牙齿形成蛀牙。最先破坏的是牙齿最外层的牙釉质，然后腐蚀牙本质，之后就会露出牙神经。一旦牙神经漏出来，就会引起我们牙痛。

（3）以实验的方法，帮助幼儿感受认真刷牙的重要性。

教师：怎样才能不让牙齿变成蛀牙呢？

引导幼儿明确只有及时漱口、认真刷牙，把食物残渣赶走，才能减少牙齿细菌和酸性物质。

教师用泥胶模仿糖，粘到牙齿模具上，请一名幼儿根据自己平时刷牙的经验"刷牙"。通过实验感受食物残渣的难刷程度，提升认真刷牙的动力。

教师总结：每次吃完食物要及时漱口，每天都要认真刷牙，很多食物残渣就像泥胶一样牢牢地粘在牙齿上，一定要按照正确的方法认真刷牙，每次刷够3分钟。

建议：观看正确刷牙的视频。

结束部分：引发幼儿关注更多保护牙齿的方法

教师：今天我们了解到通过认真刷牙可以预防蛀牙，除了要认真刷牙，我们还可以怎样保护牙齿呢？请小朋友回家跟爸爸妈妈一起查阅资料，然后跟小朋友一起分享。

相关经验：

自然：具有初步的观察和记录的能力，能够根据科学现象得出一定的结论。

活动评价：

1. 通过幼儿回答问题的情况，判断幼儿是否了解蛀牙产生的原因。

2. 通过活动中幼儿的专注度以及回答问题的积极性，判断幼儿是否了解保护牙齿的方法。

活动延伸与扩展：

1. 请幼儿分享更多保护牙齿的方法和经验。

2. 鼓励幼儿将梳理的爱牙方法制作成宣传海报，并向弟弟妹妹介绍。

3. 将正确刷牙的视频推荐给家长，加强家园共同关注指导与督促，协力达成幼儿良好刷牙习惯的养成。

（张文杰）

详案三

活动名称：特别的爱（自我、文化）

活动目标：

1. 通过照片和故事分享，能感受并理解祖辈给予自己的关爱和照顾。

2. 愿意用自己的方式表达对长辈的爱与感激之情。

活动准备：

经验准备：提前请幼儿的父母与孩子聊一聊祖辈对晚辈的关爱和照顾。

物质准备：

1. 幼儿和爷爷奶奶、姥姥姥爷的合影照片。

2. 教师原创故事《暖暖》。

3. 幼儿记录表每人一张，大记录表一张，画笔、胶带若干。

活动过程：

开始部分：鼓励幼儿讲述自己和长辈之间的温暖故事

教师：老师每天在班级门口接待小朋友的时候，总是会看到你们的爷爷奶奶、姥姥姥爷对你们细心的照顾，每次我看到的时候都特别感动，请你们来说一说你和爷爷奶奶（姥姥姥爷）之间感人的事情吧！

请幼儿结合照片来讲述发生在他们身上的事情。例如，姥姥送我去上课，怕我冷蹲下来为我披衣服；我生病了，爷爷一直抱着我；等等。

教师：爷爷奶奶、姥姥姥爷为你们默默做了这么多事，特别辛苦，有没有感受到爷爷奶奶和姥姥姥爷对你们的爱呢？你们爱不爱他们？

基本部分：引导幼儿进一步感受长辈和晚辈之间的情感，表达自己关爱老人的情感和想法

（1）教师讲述自己和爷爷之间的故事，幼儿通过故事感受爷孙间的亲情。

教师：小朋友们和爷爷奶奶、姥姥姥爷之间的故事真的很让人感动。我也很爱我的爷爷奶奶，下面我也讲一个有关我和爷爷之间的故事。

教师：听完我的故事你有什么感受？什么地方让你觉得很温暖？

引导重点：通过故事感受爷孙之间的亲情。

（2）鼓励幼儿大胆表达敬老爱老的方式，并制订关爱老人的计划。

教师：我们都非常爱我们的爷爷奶奶、姥姥姥爷，他们为我们做了那么多的事情，我们可以为他们做些什么呢？

教师出示计划表并介绍记录方法：我们可以为老人们做的事情有很多，现在请把你们想为爷爷奶奶做的事情先记录下来，然后按照你制订的计划一一去做，好吗？

指导重点：提示内容主要体现关心照顾老人的具体事情。

（3）分享幼儿做的计划表，梳理和总结孩子们想要关怀和照顾老人的方式。

指导重点：鼓励幼儿大胆表达，引导幼儿讨论哪些事情是小朋友现在可以做的，哪些事情是需要长大以后才能做的。

结束部分：鼓励幼儿以实际行动关爱和照顾老人

教师：我们都分享了和老人们之间的感人故事，也表达了对他们爱的情感。接下来的日子里，希望小朋友们都能够按照自己制订的计划去做，真正做到对爷爷奶奶、姥姥姥爷的关心和照顾。

相关经验：

文化：能够用图画的形式记录自己关爱长辈的计划。

活动评价：

1. 根据幼儿对照片的介绍，判断幼儿是否能够感受到祖辈对自己的关爱与照顾。

2. 根据幼儿制订和分享的计划内容，判断是否能够用力所能及的行动表达对祖辈的关爱和感恩之情。

活动延伸与扩展：

1. 将幼儿制订的关爱计划告知家长，请家长鼓励支持幼儿在家的关爱行动，并及时将幼儿关爱行动的照片或视频发给老师，生成后续的课程。

2. 如果前面环节的时间有点长，制订计划及分享可以在区域活动时间进行。

附原创故事：

暖　暖

我们是一对姐妹花，我是姐姐叫大宝，妹妹叫二宝。我们俩小时候最喜欢做的事情就是跟着爷爷玩。爷爷有辆很破旧的"小铁驴"，他总是骑着小铁驴带着我和妹妹到处逛。小铁驴发出的轰轰声特别大，吓坏了我和妹妹，爷爷就用手捂着我们的耳朵说："怕啥？别怕！"夏天的一个夜晚，家里停电了，电风扇不转了，爷爷就用他的大蒲扇给我们俩扇风，直到我们俩都睡着了爷爷才离开。过年的时候，爷爷总是会在包饺子时往里面塞几个硬币，说谁吃到了就能发大财，爷爷要是吃到了，淘气的我们就会去爷爷那里拿过来，然后坏坏地笑着放进自己的碗里。我和妹妹最喜欢和爷爷一起看电视，一个坐左边，一个坐右边，爷爷会一手握一个，我们会在爷爷的手心里写字玩。我和妹妹总是会问："爷爷，您的手怎么像老树皮？"爷爷说："干活干得多呀。"

有一天，我和妹妹要去很远的地方上学，爷爷很不舍，背着手望着我们离开。后来我们俩工作了，每次回去爷爷就会早早地站在窗口张望。我们长高超过了爷爷，爷爷说："我老喽，老喽。"有一次我们俩回去看爷爷，爷爷一个劲儿地把好吃的菜往我们碗里夹，自己却不吃，我和妹妹问："爷爷您怎么不吃啊？"爷爷咧嘴一笑："牙都没了。"我们回去的时间越来越少，每次回去爷爷都很高兴，我给爷爷捶背，妹妹给爷爷揉腿，我们就像又回到了小时候一样，陪着爷爷说说笑笑……

爷爷老了，陪伴就是对他最好的爱！

（李仲玲）

详案四

活动名称：制作玉米饼（自然）

活动目标：

1. 了解制作玉米饼的材料和工具，知道原材料的量要适宜。

2. 会使用测量工具"量筒""秤"，能看懂玉米饼的图示配方。

3. 体验食品制作的乐趣和成就感。

活动准备：

经验准备：幼儿有秤和量的初步经验，了解简单的操作方法。

物质准备：面粉、玉米面、糖、水、食用油、鸡蛋、量杯量筒、秤、盘子、勺子、盆、电饼铛、"我的玉米饼配方表"记录单、笔。

活动过程：

开始部分：观察了解制作玉米饼的材料

请幼儿观察了解桌面上摆放的原材料：玉米面、面粉、水、食用油、白糖、鸡蛋。

教师：想一想，用这些食材可以做出哪些美味的食物？（鼓励幼儿大胆猜想）

教师：没错，这些食材可以做出很多美味的食物，今天我们来尝试做一种，那就是玉米饼。

基本部分：尝试制作玉米饼，知道各种材料需要按要求的量取放

（1）了解制作玉米饼需要的工具及其功用。

教师：你们知道做玉米饼除了这些材料还需要用到哪些工具吗？

幼儿猜想之后，教师逐一出示工具：量筒、秤、勺子、电饼铛。（在师生讨论中，了解名称及其功用）

（2）教师示范制作玉米饼的步骤。

先取面粉和玉米面，按比例要求秤好后放在盘子里。

根据比例要求把适量的温水倒入量杯中。（注意：水量不能超出比例要求，不然面太稀了就不好做了）

将面粉、玉米面、水倒入一个大容器中，再加入适量的白糖和鸡蛋搅拌均匀。

将面和匀，揉成团，分成一个个小面团，然后逐一压扁成饼状。

将做好的玉米饼抹上食用油放入电饼铛中烤熟。

（3）幼儿尝试制作玉米饼。

幼儿每人一张配方表，提示幼儿按照配方表上的要求取各种材料的量。

幼儿按步骤制作玉米饼，教师观察指导。

结束部分：品尝玉米饼，交流制作玉米饼的问题和经验

教师：在做玉米饼的时候，你遇到了什么问题？是怎么解决的？你们还有什么好办法来解决？

等玉米饼烤熟之后，师生共同品尝。

相关经验：

自我：锻炼手部动作的灵活性和手眼协调能力。

活动评价：

1. 根据幼儿的语言表达，判断幼儿是否认识了制作玉米饼的原材料、工具及其功用。

2. 观察幼儿取材料的过程，判断幼儿是否能看懂配方，是否会正确使用工具。

3. 观察幼儿的表情、神态等，判断幼儿是否喜欢该活动并体会到成就感。

活动延伸与扩展：

如果做的玉米饼比较多，可以分享给家长及其他班的老师和小朋友；也可以把玉米饼制作的配方发给家长，让幼儿和家长在家中可以继续制作玉米饼。

（邓萍竹）

详案五

活动名称：换牙我不怕（自我、自然）

活动目标：

1. 在统计、交流等过程中了解简单的换牙常识和注意事项。

2. 知道换牙是成长过程中的正常现象，能用积极正向的态度看待换牙现象。

活动准备：

经验准备：幼儿事先完成"换牙调查表"，对自己第一次换牙的年龄、已换牙齿数量及位置等情况有所了解。

物质准备：教师在班级墙面布置出"换牙的秘密"统计表，幼儿分别以粘贴小圆片的方式对"开始换牙的年龄""开始换牙时的心情""已换牙齿的数量""已换牙齿的位置"等问题进行记录；《我换牙了》幻灯片课件。

活动过程：

开始部分：欣赏"换牙的秘密"展示墙，激发对换牙现象的兴趣

教师：已经开始换牙的小朋友昨天用粘贴小圆片的形式完成了"换牙的秘密"统计表，请小朋友们仔细看一看，你能从中发现什么秘密呢？

基本部分：了解简单的换牙常识、换牙的心情以及换牙的注意事项

（1）用点数的方式进行人数的简单统计，了解换牙过程中的秘密。

请幼儿用点数的方式统计：不同换牙年龄的幼儿人数、已换牙齿的数量及相应的人数、不同换牙心情的人数。

教师：从刚才的统计中你可以看出什么？（大部分小朋友都是从六岁左右开始换牙；最先换掉的是上面和下面的切牙，然后再换尖牙，很多小朋友都已经换过1~2颗牙齿等）

（2）幼儿分享换牙时的心情，引导幼儿正确看待换牙现象。

根据"换牙调查表"的情况，教师有意识地请有"自豪""害怕"等不同心情的幼儿介绍自己换牙时的感受和心情。

关键提问：换牙的时候你有什么感觉？心情怎么样？有什么不方便的地方？

教师小结：换牙是换掉乳牙，长出恒牙，换牙是每个小朋友都会面对的事情，换牙说明小朋友长大了，所以，尽管刚刚掉牙的时候会很不方便，但是很快就会长出恒牙，所以小朋友要勇敢面对，不用害怕。

（3）观看《我换牙了》幻灯片课件，了解换牙过程中的注意事项。

教师请幼儿观看幻灯片课件，并通过提问的方式引导幼儿了解换牙过程中的注意事项。

关键提问：幻灯片课件告诉我们，换牙的时候小朋友的哪些行为是不正确的？如果想让自己新长出的牙齿又健康又整齐，我们该注意哪些事情呢？

教师小结：人的一生只换一次牙齿，小朋友一定要注意——不能摇晃牙齿，不能用舌头舔新牙，少吃甜食，多吃含钙多的食物，勤刷牙、勤漱口等。

结束部分：引发对换牙习俗的关注

教师：小朋友换掉的牙齿都是怎么处理的？爸爸、妈妈在你们这么大的时候也换过牙齿，小朋友回家之后可以问问爸爸妈妈小时候换掉的牙齿是怎么处理的，下次活动的时候可以跟大家分享。

相关经验：

文化：能围绕换牙话题进行讨论，锻炼语言表达能力。

活动评价：

1. 根据幼儿的语言判断是否了解简单的换牙常识和注意事项。

2. 通过幼儿填写的"换牙调查表"和分享交流，判断幼儿是否能用积极正向的态度看待换牙现象。

活动延伸与扩展：

1. 了解中国和其他国家的换牙习俗。

2. 在班级投放《一颗超级顽固的牙》《牙齿牙齿扔屋顶》《我那颗摇晃的牙齿绝对绝对不能掉》等图画书，引导幼儿进一步了解换牙的风俗及心理体验。

3. 在班级中创设"换牙时，我注意"的环境，张贴幼儿以小组为单位画出的换牙注意事项，随时起到提醒作用。

换牙调查表

班级：　　　　　　姓名：

问题	回答
开始换牙的年龄	
开始换牙时的心情（开心，难过，自豪，害怕或其他）	
目前已换牙齿的数量	
目前已换牙齿的位置 （用彩笔在相应位置涂出已换牙齿）	

（张文杰）

详案六

活动名称：体育游戏：能量棒游戏（自我）

活动目标：

1. 掌握协同跑的动作技能，提高动作的协调性。

2. 能听信号做出快速的运动方位感知反应。

3. 积极参与游戏，体验团队合作完成挑战的成就感。

活动准备：

经验准备：学习过音乐伴随下的热身操，有手持能量棒进行其他游戏活动的体验。

物质准备：能量棒、6根立杆、音乐、任务卡、实物若干、红绿灯。

活动过程：

开始部分：活动身体关节，做好热身活动

教师带领幼儿在音乐伴随下，有节奏地做身体各个关节的热身活动，把不同方向的运动感知穿插到热身活动中。

基本部分：游戏中不断丰富"协同跑"的经验和挑战

（1）初步游戏："开汽车"——掌握同伴协同跑的动作技巧。

游戏玩法：幼儿4人一组持能量棒组成小汽车，四散开车不碰撞，教师提醒小司机两手握紧前两端、不松开。根据游戏情况，增加左转、右转、持续左转弯、持续右转弯，为后续绕杆练习做准备。

指导要点：第一，提示幼儿听信号及时调整运动姿势、加减速，转向要准确，开车不碰撞。第二，教师关注幼儿听见信号是否能够快速做停、行的反应。第三，提示幼儿在协同跑过程中要注意安全。

（2）进阶游戏："绕杆练习"——巩固协同绕杆的动作技能，探索合作经验。

游戏玩法：场地内四散摆放有6根立杆，幼儿4人一组持能量棒绕杆一圈练习，每一个立杆都要绕到。

指导要点：第一，引导并提醒幼儿相互商量、配合，完成活动。第二，鼓励幼儿自行解决合作中的问题。第三，提示幼儿注意安全，教师在场地内指导，随时指导幼儿的动作。第四，关注幼儿协同绕杆变换绕杆位置的情况，及时给予经验的梳理。

（3）挑战对抗游戏："团队绕杆接力赛"——心理、身体的挑战，完成连续协同绕杆跑。

游戏玩法：场地内两列立杆摆放，每一列为三个立杆，幼儿分成A、B两队，每一队三组幼儿，听到开始口令，两队第一组开始绕杆跑，每到一个杆绕满一圈，所有杆都绕完返回后第二组继续同样的内容，最先绕杆跑完的一队为获胜队。

指导要点：第一，提示幼儿注意安全。第二，引导幼儿正确看待比赛结果：输赢不重要，重要的是要有体育精神（合作、坚持、不放弃、遵守规则等）。

（4）趣味任务游戏："大卡车"——加大协同跑的难度和趣味性，增加幼儿的兴趣和动力。

游戏玩法：将全部幼儿4人一组持能量棒组成一列大卡车，幼儿扮演车头，教师扮演取货员，完成任务单上的取货内容。在幼儿园开放的场地内，指定三个取货地点，路线幼儿自己协商制定，完成幼儿园的取货任务。

指导要点：第一，关注集体协同跑前后不同位置的幼儿进行速度的控制。第二，提示幼儿注意安全。

结束部分：放松身心，收整材料

1. 教师点评活动中的情况。

2. 教师带领幼儿听音乐绕场一周，放松身心，调整呼吸，相互间按摩放松。

3. 教师与幼儿一起收整材料。

相关经验：

社会：在游戏中提升良好的合作意识、规则意识和解决问题的能力。

活动评价：

1. 观察幼儿在挑战任务中的运动情况，判断幼儿是否掌握协同跑的动作技能。

2. 根据幼儿在活动中的情绪情感和态度，判断幼儿是否乐于参与活动，是否体验到成就感。

（李菲菲）

詳案七

活动名称：韵律活动：摘葡萄（文化）

作品分析：

《摘葡萄》是一首典型的节奏欢快的维吾尔族乐曲，本活动从维吾尔族的音乐风格和舞蹈动作入手，让幼儿欣赏、了解维吾尔族音乐的节奏特点，学跳维吾尔族舞蹈，通过动作表现维吾尔族舞蹈的基本韵律。

活动目标：

1. 感受维吾尔族舞蹈欢快的风格。

2. 了解并学习维吾尔族舞蹈的基本动作，初步体验并掌握进退步和翻手腕动作。

活动准备：

经验准备：幼儿已听过维吾尔族歌曲，已学过部分维吾尔族舞蹈动作。

物质准备：音乐《小露珠》《摘葡萄》，铃鼓一个，幻灯片课件，葡萄的图片若干。

活动过程：

开始部分：

（1）复习律动《小露珠》。

（2）情境导入，激发幼儿兴趣。（播放课件第一页）

教师：今天老师要带小朋友去新疆玩一玩。我们要乘坐火车去，这是一个特别的火车，看看我的火车是怎么开的呢。

基本部分：

（1）教师伴随音乐示范火车的开法——进退步。（播放音乐：乐句1~8）

进退步：前两步紧，后一步缓，以左脚为例，重心都在右脚，左脚向前走的时候，全脚掌着地，向后的时候左脚脚尖着地，相应的作为重心的右脚随着左脚的移动，稍微的滑动。

教师：谁来模仿一下，老师的火车是怎样开的？（教师双手插腰，脚做进退步，重点引导幼儿模仿老师的步伐）

教师：这列火车的名字叫做进退步火车，小朋友们快快上车，我们一起出发吧！（引导幼儿排成一列）

（2）在开火车的情境中感受进退步。

①师幼排成一列随音乐节奏做进退步。（完整播放音乐）

②个别进退步掌握比较好的幼儿示范。（播放音乐：乐句1~8）

教师：老师发现有些小火车开得又快又稳，请这些小朋友展示一下他们是怎样开火车的吧！

教师：这辆进退步小火车怎么样？（幼儿自由回答，教师引导幼儿关注做示范的幼儿双手叉腰，做进退步的动作）

③教师用铃鼓伴奏，加深幼儿对进退步的了解。（完整播放音乐）

教师：马上就要到新疆了，小司机们要坚持啊，踩住油门。踩油门时脚要踩下去，膝盖要弯曲。

教师：为了让我们每节小火车都整齐地开到新疆去，老师请了铃鼓做我们所有火车的指挥员，铃鼓每响一次，代表我们的小脚就踩一下油门。现在我们跟着铃鼓指挥员有序地前进吧！

（教师慢动作示范"踩油门"的方法，重拍时敲铃鼓，左脚在前，左脚全脚掌着地）

（3）在葡萄沟的情境中体验摘葡萄的动作。

教师：我们终于到新疆啦，小朋友们都累坏了吧，赶快坐下来休息一会儿。看一看我们到了新疆的什么地方？（播放课件第二页）我们来到了葡萄沟！这里的葡萄又大又甜，赶紧摘葡萄尝尝吧！

①幼儿跟随音乐做摘葡萄动作。（完整播放音乐）

教师：小朋友们试着用自己喜欢的方式随音乐摘葡萄吧！

②教师示范摘葡萄的基本动作。（播放音乐：乐句1~8）

教师：我看到小朋友们刚才自己摘了好多葡萄，老师有个采摘的好方法，可以把又大又甜的葡萄摘下来。（教师边说儿歌，边示范翻腕：小手张开来，一转扭下来）

翻腕：左手叉腰；右手手心朝上，伸到右前方，再向内侧边绕腕边转到胸前位置。

③师幼共同体验摘葡萄的动作。（完整播放音乐）

教师：老师采摘的好方法你们学会了吗？我们一起用这个方法去摘葡萄吧，看看谁能摘到又大又甜的葡萄！

（教师带着幼儿随音乐做摘葡萄的动作，观察掌握较好的幼儿并把葡萄彩图贴在该幼儿胸前，代表该幼儿摘到又大又甜的葡萄）

结束部分：再次完整舞动，结束活动

教师：哇！我们今天摘了这么多葡萄，真是收获满满！让我们一起随音乐欢乐地跳维吾尔族舞蹈庆祝一下吧！

师幼共同随音乐做维吾尔族舞蹈的动作。（完整播放音乐）

教师：今天我们摘了好多葡萄，现在要回家分享给家人们了，快快上火车吧！（完整播放音乐）

相关经验：

自我：能够动作协调地跳舞。

文化：了解维吾尔族的相关知识，对维吾尔族风格的音乐有一定的感知。

活动评价：

1. 观察幼儿是否掌握进退步和翻手腕的舞蹈动作。

2. 幼儿能否掌握维吾尔族音乐风格，做到动作与音乐合拍。

活动延伸与拓展：

《摘葡萄》舞蹈以律动的形式渗透到幼儿一日生活的过渡环节。

附动作提示：

乐句1～4：左脚一前一后做进退步，左手放胸前，手呈兰花指状，左胳膊架起，右手翻腕。

乐句5：双手平开，随音乐节奏提压腕；左脚随音乐节奏做踏点步。

乐句6：双手在头顶的位置，头向右，右手手心朝上；头向左，左手手心朝上，随音乐节奏交替四下；踏点步四下。

乐句7：乐句5动作的反向。

乐句8：乐句6动作的反向。

间奏1：双手打平，手心朝下，兰花指状，按顺时针方向向右旋转一周，定型（昂首挺胸，左手呈兰花指状在胸前，左胳膊架起，右手举在头顶，右手兰花指状，手背朝下）

间奏2：间奏1动作的反向。

（王　洁）

四、11月目标与内容

（一）11月目标与周活动安排

1. 11月目标

（1）自我

①经常保持愉悦的情绪，知道引起自己某种情绪的原因，并努力缓解不良情绪。

②努力做到不偏食不挑食，愿意少吃或不吃不利于健康的食品，具有良好的饮食习惯。

③能单脚连续向前跳4～5米，能快跑20米左右，增强下肢力量和耐力。做操时动作合拍、有力、协调。

④知道一些简单的防火及火灾逃生自救的方法，有一定的自我保护能力。

⑤知道剧烈运动后需要调整呼吸，放松身体，不马上饮水，不做危险动作。有一定的健康运动常识和安全意识。

⑥能主动发起活动或在活动中积极出主意、想办法，能按照自己的想法和愿望制订活动计划，并愿意主动实施，增强自主性与自信心。

⑦了解父母喜欢做的事情，能说出父母明显的喜好，体会父母对自己的照顾和爱。

⑧能积极参加班级组织的新闻播报、值日以及幼儿园组织的安全消防演习等活动，有一定的集体意识。

（2）自然

①感受"深秋"的季节特点，知道该季节给人们的衣食住行带来的影响。

②在持续照顾动植物的过程中加深对动植物的了解，能够主动照顾动植物，珍惜生命。

③愿意持续观察天气变化，学习运用"统计"的方法来收集天气和温度信息，乐于和大家分享。

④乐于探究，能够发现自己感兴趣的事物或材料，制订简单的研究计划，并能够根据需要灵活选择放大镜、镊子等工具。

⑤知道磁铁的穿透性、传递性，探究磁铁的多种玩法。能在成人的帮助下感受磁铁在生产生活中的应用。

⑥了解生活中所接触的各种事件（浪费水、河流污染、砍伐树木、乱扔垃圾、沙尘等）对环境的影响，有保护环境的意识。

⑦了解物体的量和量的守恒，学习5以内数的组成，能够尝试解决生活中的数学问题。

（3）社会

①了解消防员的工作，感受消防职业的崇高，尊重消防员及其他为我们提供保护的人。

②认识幼儿园里的消防安全标识，熟悉幼儿园里的安全通道，知道应急情况下如何按照班级逃生路线快速撤离。

③理解和遵守与自己关系密切的社会行为规则，能够做到初步自律。

④知道别人的想法有时会和自己的不一样，能够倾听和接受别人的意见，不能接受时会说明理由。

⑤在与同伴共同学习和游戏中能发现同伴的需求，愿意主动帮助同伴解决问题。

（4）文化

①在一日生活中会主动用适宜的方式向成人（家长、客人老师等）问好、打招呼，主动介绍自己和班级的活动，做到举止文明、有礼。

②喜欢阅读各类图书及其他图文信息（如标签、海报、照片等），能利用多种途径发现与北京名胜古迹或感兴趣事物相关的信息，学习初步的收集信息的方法，并能用多种方式表达自己的发现。

③愿意欣赏和了解一两种中国的国粹，能通过主动收集材料、参与活动、操作区域材料等方式，体验中国国粹的独特魅力。

④欣赏并学习和班级近期主题等有关的儿童文学作品，理解其内容，感受其风格及文学语言表达的美。

⑤愿意和同伴一起交流、分享，欣赏自己和他人的创作成果。

⑥收集适宜于操作的各种材料（自然物、废旧物、工具等），感知并创造性地使用多种材料进行创作。

⑦欣赏和学唱不同风格的作品，能做到演唱时情绪饱满，情感丰富。

⑧积极主动发现社区环境和自然环境中美的事物，并愿意和老师同伴交流，还能大胆运用班级材料进行富有个性的表达与创造。

2. 11月周活动安排

本月建议开展的活动主题：秋天主题。

周次	活动名称	活动目标	发展课程中的领域	对应的五大领域	备注
第一周	【秋天主题】仿编诗歌《秋叶》	1. 尝试运用诗歌的方式表达情感，愿意在集体面前大声朗诵诗歌。 2. 能根据诗歌中典型句式仿编诗歌，在仿编诗句中获得愉悦的体验。	文化	语言	
	【秋天主题】歌曲《秋天多么美》	1. 在理解的基础上学习有感情地演唱歌曲第一段，巩固附点音符的演唱。 2. 尝试用多种方式演唱。享受音乐活动带来的愉悦。	文化	艺术	详案一
	【秋天主题】美工：树叶粘贴画	1. 能够用收集到的不同形状的树叶以及辅助材料进行树叶组合创意制作。 2. 能用连贯的语言介绍自己的作品，有一定的想象力和创造力。	文化	艺术	
	【秋天主题】树叶保鲜有办法	1. 能够根据生活经验，猜想树叶保鲜的方法，并通过实验验证自己的猜想。 2. 对科学探究实验感兴趣，愿意在之后一段时间内坚持对树叶保鲜情况进行观察和记录。	自然	科学	

周次	活动名称	活动目标	发展课程中的领域	对应的五大领域	备注
第一周	集体舞：猜拳游戏舞	1. 学习跑跳步的基本步法，知道邀请舞的跳法。 2. 感受快乐舞蹈带来的愉悦情绪。	文化 社会	艺术 社会	
	体育游戏：勇敢跳跃	1. 掌握从高处往下跳的动作技巧，提高动作的灵敏性和协调性。 2. 在运动过程中具有勇敢、不怕困难的精神。	自我	健康	
	我的区域计划	1. 能对上个月自己参与的区域活动情况进行统计和分析，发现各区域活动参与的次数。 2. 能够有目的制订本月的个人区域计划，提高做事的计划性。	自我 自然	科学 社会	
	数学活动：扑克牌接龙	1. 在各种扑克牌接龙的游戏中，学会观察、分析模式，并能够按照模式特点进行接龙。 2. 在同伴游戏中逐步发展分析判断和解决问题的能力。	自然	科学	
	预防火灾我知道	1. 知道火在生活中的用途和危害，并能用较完整的语言进行表述。 2. 知道一些简单的防火知识以及火灾逃生自救的方法，有一定的自我保护意识。	自我 社会	健康 社会	详案二
	我的名字的来历	1. 能够条理清楚地向同伴介绍自己名字的由来及含义。 2. 感受父母对自己的关爱和期望，增进同伴之间的了解。	文化	社会	
第二周	【秋天主题】 散文《美丽的秋天》	1. 理解诗歌内容，进一步感受秋天的季节特征。 2. 感受散文诗语言和意境美，能用多种方式（语言、绘画、动作等）表现秋天的美。	文化	语言	散文 见附录

续表

周次	活动名称	活动目标	发展课程中的领域	对应的五大领域	备注
第二周	【秋天主题】美术欣赏《红叶小鸟》	1. 能从画面色彩、线条、构图中感受画面的情趣，以及树和鸟之间的和谐美。 2. 能在音乐伴随下用丰富的语言和动作来表达自己对"红叶小鸟"的感受。	文化	艺术	详案三
	我是体能小勇士	1. 了解幼儿园冬季体能展示的内容，有为体能展示做准备的积极愿望。 2. 尝试自主制订锻炼计划，并愿意坚持实施计划。	自我	健康	
	音乐游戏：秋天多么美	1. 复习巩固歌曲，能用有控制的声音演唱歌曲。 2. 能根据歌曲的乐句与节奏的变化创编不同的纱巾舞动作。 3. 能在集体面前大胆表现，体验挑战的愉悦感。	文化	艺术	详案四
	体育游戏：花样单脚跳	1. 巩固单脚跳动作要领，并能创编出不同的单脚跳动作。 2. 增强腿部力量和控制力，发展身体平衡。	自我	健康	
	营养金字塔	1. 初步了解健康的饮食营养结构，知道营养全面才能身体健康。 2. 在了解幼儿园每日食谱的基础上，初步尝试制定自己一天的食谱。	自我	健康	
	磁力的传递	1. 通过探究操作，了解磁力是可以传递的，感受磁力的传递性。 2. 能积极动手操作，在探究中大胆思考，不怕失败。	自然	科学	
	数学活动：量的守恒	1. 知道物体的数量不因外形和位置的变化而变化。 2. 了解量的守恒在生活中的运用，感受数学和生活的联系。	自然	科学	

续表

周次	活动名称	活动目标	发展课程中的领域	对应的五大领域	备注
第二周	认识消防员	1. 知道消防员的职责，了解消防员特殊的穿着、设备以及其工作的特点。 2. 感受消防员的勇敢、坚强，对消防员有敬意。	社会	社会	
	京剧欣赏：好美的京剧	1. 对中国传统艺术——京剧有兴趣。 2. 感知京剧艺术独特的表达以及表现方式。	文化	艺术	
第三周	体育游戏：快乐往返跑	1. 知道往返跑的动作要点，提高往返跑速度。 2. 能够坚持完成活动，发展耐力和灵敏性。 3. 体验跑步活动中运动、竞赛和交往的快乐。	自我	健康	
	消防演习	1. 知道遇到火情时要快速逃生以及相关的逃生方法。 2. 在演习中熟悉逃生路线，掌握安全逃生方法。 3. 提高火灾时自我保护的意识和能力。	自我社会	健康社会	详案五
	我的心情故事	1. 能够结合自己的生活经验表达自己在生活中不同的心情故事。 2. 掌握几种调节自己情绪和行为的方法。	自我	健康	
	橡皮筋小车	1. 能用已有材料自制橡皮筋小车。 2. 能积极探索橡皮筋小车的运动方向与纸卷转动方向的关系。 3. 在科学游戏中体验探索和发现的乐趣。	自然	科学	详案六
	5元小超市	1. 知道5以内数的组成。 2. 喜欢超市游戏，在超市游戏中复习5以内数的合成与分解。	自然	科学	

续表

周次	活动名称	活动目标	发展课程中的领域	对应的五大领域	备注
第三周	磁力的穿透性	1. 知道磁铁具有穿透性，探究影响磁铁穿透性的因素。 2. 能积极动手操作，在探究中肯动脑筋，不怕失败。	自然	科学	
	节约用水	1. 了解水的一些用途，知道我们离不开水。 2. 感受缺水给人们带来的不利影响，萌发节约用水的意识。 3. 尝试对生活中浪费水的现象进行判断，知道节约用水的方法。	社会	社会	详案七
	【秋天主题】 歌曲《秋风是个淘气包》	1. 感受歌曲的基本情绪，唱准十六分音符和附点八分音符。 2. 理解歌词的拟人手法，能有表情地演唱歌曲。	文化	艺术	刘慧作词，刘志毅作曲
	故事讲述《小熊请客》	1. 理解故事角色、情节，感受故事的生动与有趣。 2. 了解不同角色的性格特点，愿意尝试复述不同角色之间的对话。	文化	语言	
	体育游戏：好玩的呼啦圈	1. 能够使用呼啦圈创意拼摆出各种造型，在尝试多种玩法的过程中发展跳、钻、跑等多种技能。 2. 在一物多玩中发展创造力和协商合作能力。	自我 社会	健康 社会	
第四周	感恩父母	1. 知道感恩的美好和意义。 2. 能够思考并愿意用实际行动来感谢爸爸妈妈对自己的照顾和陪伴。	自我	社会	
	体育游戏：趣味躲闪游戏	1. 能灵活地追逐跑和躲闪跑，提高对信号迅速做出反应的能力。 2. 提高身体的灵活性以及自我保护的意识。	自我	健康	
	雪（冰）化得快有办法	1. 了解雪（或冰）会化成水的特性。 2. 积极探究各种让雪（或冰）化得快的方法。 3. 在探究中培养良好的实验探究习惯。	自然	科学	

续表

周次	活动名称	活动目标	发展课程中的领域	对应的五大领域	备注
第四周	图画书阅读《一根羽毛都不能动》	1. 理解图书内容，能以积极的心态看待输赢，知道生命安全最重要。 2. 积极参加讨论，能用完整的语言表述自己的想法。 3. 感受朋友间的情谊，知道朋友的重要。	社会 文化	社会 语言	
	点球大战	1. 练习定位射门的基本动作，提高动作的准确性。 2. 体验攻防关系，感受足球运动的有趣。	自我	健康	
	故事表演《小熊请客》	1. 进一步熟悉故事情节和不同角色之间的对话。 2. 能尝试运用一定的动作、表情和语言表演故事，对故事表演感兴趣。	文化	语言	
	制作磁力玩具	1. 进一步感知磁铁特性，能根据事先计划与同伴合作制作简单的磁力玩具。 2. 在制作过程中能够动脑筋，想办法，体验自制玩具的乐趣和成就感。	自然 社会	科学 社会	
	歌曲欣赏《唱脸谱》	1. 感受京剧的唱腔和曲调，并能用语言进行表达。 2. 了解不同花脸人物的性格，激发对京剧人物及有关故事的兴趣。	文化	艺术	阎肃作词，姚明作曲
	音乐游戏：找到了好朋友	1. 听辩、记忆音乐，有节奏地做出相应动作。 2. 掌握游戏规则，体验在游戏中合作交流的快乐。	文化 社会	艺术 社会	
	绘画：京剧脸谱	1. 进一步感知京剧脸谱在色彩、造型和构图等方面的特点。 2. 尝试根据脸谱特点设计京剧脸谱。	文化	艺术	

（二）11月活动详案

詳案一

活动名称： 歌曲《秋天多么美》（文化）

作品分析：

《秋天多么美》（曾泉星作词，卫燕玲作曲）这首歌曲旋律感强，歌词对秋天的描绘非常生动。两段体结构赋予歌曲欢快的情绪表达，让人不禁想要笑着演唱歌曲。

活动目标：

1. 在理解的基础上学习有感情地演唱歌曲第一段，巩固附点音符的演唱。

2. 享受音乐活动带来的愉悦。

3. 尝试用多种方式演唱歌曲。

活动准备：

经验准备：了解秋天的季节特点。

物质准备：图片、音乐、歌谱、纱巾。

活动过程：

开始部分：发声练习，练习齐唱和独唱的演唱方法

师生问好。

$1=C-D$ $\frac{4}{4}$

```
3 3 3  3 4 5 │ 2 2 2  2 3 4 │ 3 1· 3 5·│3 1· 2 1·‖
师：小朋友 早上好！幼：X老师 早上好！齐：大家 都早，大家 都早。
```

重点练习独唱：把幼儿名字唱到歌词里，被唱到的小朋友要有表情的、合拍地回答演唱，其他小朋友一起唱齐唱句。独唱的时候声音要响亮清楚，齐唱的时候要注意听，做到合声音整齐。

基本部分：学习演唱歌曲《秋天多么美》

（1）幼儿说一说看到的秋天美丽景色。

教师：请小朋友用一句话来说一说秋天美丽的景色。

（2）欣赏歌曲《秋天多么美》。

教师范唱，幼儿了解歌词，学唱歌曲第一段。

教师：你们听到歌曲里哪个地方感觉特别高兴？（来……）歌曲里用"来"表达高兴的心情。

重点：跟着老师学习用有弹性的、欢快的声音演唱歌曲第一段B部分。

教师独唱歌曲第一段A部分，幼儿齐唱歌曲第一段B部分。

教师：请小朋友仔细听，老师都唱了什么歌词。后面的"来……"请小朋友们一起唱。

（3）翻卡片游戏。

重点：翻到与歌词相对应的图片时，说一说这是哪句歌词。

教师：我当秋风姐姐和你们做朋友，需要小朋友和我一起邀请朋友来看美丽的秋天，会跟着老师一起唱歌的小朋友就是秋天里最美的小朋友，我邀请他来翻两张卡片，看一看我的卡片后面藏着什么秘密。

老师当秋风，边唱歌曲A部分边用纱巾随节拍点孩子的头，在唱到歌曲A部分最后一个音时将纱巾戴到一个小朋友头上。小朋友戴着纱巾边唱B段边来翻开两张卡片。

幼儿当秋风，幼儿跟随老师的伴奏尝试演唱歌曲玩游戏。

指导语：看看这次小树叶落到了谁的头上，你可以用好听的歌声或表情来吸引秋风姐姐。

（4）完整演唱歌曲第一段。

幼儿起立，手持"话筒"演唱。

教师：看看谁的话筒是金话筒，传出来的声音是最好听的。

要求：歌词准确，能跟随琴声准确演唱，知道歌曲B部分用有弹性的声音演唱表示欢快的情绪。

结束部分：倾听后面两段歌词

教师：歌曲总共有三段，第一段唱了棉桃姐姐，刚才小朋友已经会唱了。我们听听其他两段唱的是什么姐姐（稻花姐姐、高粱姐姐）。

相关经验：

自然：在演唱活动中感受秋天的美丽景色。

活动评价：

1. 观察、倾听幼儿能否跟随音乐有感情地演唱第一段歌曲。

2. 倾听幼儿能否唱准附点音符。

活动延伸与扩展：

熟练演唱后可边唱歌曲边传递纱巾，在歌曲"来……"处拿到纱巾的幼儿出来跳舞，最后一句回到圆圈继续传递。

（吕　霞）

详案二

活动名称：预防火灾我知道（自我、社会）

活动目标：

1. 知道火在生活中的用途和危害，并能用较完整的语言进行表述。

2. 知道一些简单的防火知识以及火灾逃生自救的方法，有一定的自我保护意识。

活动准备：

经验准备：对于火的用途和危害有一定的了解。

物质准备：能体现火的用途和造成危害的照片或图片，不同防火方法的图片或宣传短片，幼儿园师生火灾逃生的录像。比如，火的用途的图片——火能取暖，驱赶寒冷；火能将食物变熟；火能照亮黑暗；火能营造热烈热闹的气氛（烟花）等。

火的危害的图片——火会造成烧伤；火会烧掉一切可燃的物体，让物体毁于一旦；着火时救助不当，可能会造成人员伤亡等。（注意选择的图片不要引起幼儿的恐慌）

活动过程：

开始部分：谜语引入活动

（1）教师出谜语，幼儿猜谜底。

谜面：红光光、亮蓬蓬，见风它就更逞凶；无嘴能吃天下物，最怕雨水不怕风。

（2）对谜面的内容进行讨论，帮助幼儿了解火的一些特点。

教师：从什么地方你猜出来是火了？为什么"见风它就更逞凶"？为什么"无嘴能吃天下物"？

基本部分：了解防火、灭火的基本知识

（1）通过提问和观看图片帮助幼儿了解火的危害和用途。

①了解火的危害。

教师：从刚才的谜面中，我们知道火是有一定危害的。除了刚才有小朋友说的，你们还知道火有哪些危害？

引导幼儿比较完整、清晰地表达自己的了解和认识。

出示图片，进一步梳理或者完善幼儿的表达。

②了解火的用途。

教师：火在我们的生活当中，只有危害吗？谁能说说它有什么用途。

引导幼儿能够比较完整、清晰地表达自己的了解和认识。

出示图片，进一步梳理或者完善幼儿的表达。

（2）通过灭蜡烛游戏，了解火熄灭的原理。

教师出示点燃的蜡烛，请小朋友用手靠近火苗，感受火散发出的热量。

关键提问：请小朋友动脑筋想一想，用什么办法可以把蜡烛熄灭？（幼儿想出可行的办法，教师引导幼儿进行尝试）（用盖或杯子盖住蜡烛，火可以熄灭，为什么）

教师小结：蜡烛燃烧需要空气里的氧气，要让蜡烛不燃烧，就要想办法让蜡烛接触不到空气，这样就能达到灭火的目的。

（3）了解一些简单的防火知识及火灾逃生的基本方法。

①提问引发讨论。

教师：我们用火时需要注意什么呢？（鼓励幼儿表达自己的想法）

教师：如果房子里着火了，里面的人该怎么做呢？（鼓励知道的小朋友说一说）

②教师播放图片或者宣传短片、视频等，帮助幼儿了解防火灭火知识和火灾逃生的方法。

③教师进行小结。

小朋友比较小，不要玩火，不靠近火。家里要备灭火器。

如果小朋友发现有东西着火，要马上告诉家人或者大人。

如果室内着火，要用湿布或毛巾捂住口鼻，跟随大人沿着安全通道到宽敞的室外。

到一个公共场所最好先了解安全通道的位置。

着火时可以打火警电话119，告诉消防人员什么地方着火了。

结束部分：鼓励幼儿将了解到的防火和火灾逃生知识与家人分享

教师：今天我们知道了火在我们的生活中既有用途也有危害。我们还学习到一些防火知识和火灾逃生的方法，小朋友回家之后可以告诉大人。

相关经验：

社会：对幼儿园消防设施、安全通道等有一定的了解。

活动评价：

1. 幼儿能否说出火的常见用途和比较突出的危害。

2. 幼儿能否说出一些防火知识和火灾逃生的方法。

活动延伸与扩展：

可结合幼儿园的火灾逃生演习，也可专门组织火灾逃生体验活动，幼儿在体验中巩固经验。

（赵庆楠）

详案三

活动名称：美术欣赏《红叶小鸟》（文化）

活动目标：

1. 能从画面色彩、线条、构图中感受画面的情趣，以及树和鸟之间的和谐美。

2. 能在音乐伴随下用丰富的语言和动作表达自己对"红叶小鸟"的感受。

活动准备：

经验准备：对秋季景色有所感知，在幼儿园曾经有秋季写生的经历。

物质准备：课件《红叶小鸟》，林风眠《红叶小鸟》作品彩色复印件，音乐，视频《美丽的秋景》。

活动过程：

开始部分：讨论关于秋天的话题，激发幼儿的表达兴趣

（1）幼儿谈一谈秋天的景象。

教师：现在是什么季节了？你眼中的秋天是什么样的？

（2）播放视频《美丽的秋景》，激发幼儿对秋景美的表达。

教师：你觉得秋天景色美不美？它美在哪里？

基本部分：欣赏作品《红叶小鸟》，与作品对话，感受作品意境

（1）欣赏作品局部，初步感知作品。

局部一：红叶（画面中没有鸟）。

关键提问：你们看到了什么？叶子为什么有的红一点，有的偏橘红一点？红色的叶子让你想起了什么？画面中除了有红叶还有什么？这些树枝是什么样的？这些树枝让你想到了什么？如果让你在画上再画点东西，你会画什么？你为什么要画这个？

局部二：鸟。

关键提问：你们看到了什么？这些小鸟是什么样的？猜猜小鸟会说些什么？

（2）欣赏完整作品，自由表达对作品的感受和理解。

教师：红色的叶子和黑色的小鸟搭配在一起，你有什么感受？

教师：美丽的红叶树，为鸟儿们提供了一个温馨的家，鸟儿们的到来，为这棵红叶树增添了新的活力。如果没有鸟儿们的到来，红叶树会怎么样？如果没有红叶树为鸟儿们提供温馨的家，小鸟会怎么样？

（3）鼓励幼儿用多种方式表达对作品的感受和理解。

①教师播放两段音乐，请幼儿为这幅画选择合适的音乐。

教师：如果让你们来给这幅画选择一段音乐，你会选哪一个？为什么？

②鼓励幼儿用语言或动作表达对作品的感受和理解。

教师：请小朋友说一说，或者用动作随着音乐讲一讲"红叶小鸟"的故事。

结束部分：了解作品名称及更多相关作品，认识画家林风眠

教师：这幅作品的名字是《红叶小鸟》，作者林风眠是我国的著名画家、艺术教育家，他的作品感觉既像中国水墨画，又像油画，他特别喜欢用明亮、浓艳的色彩表现大自然的景色。

教师：由于林风眠爷爷非常喜欢美丽秋天的景色，所以他画了不止一张《红叶小鸟》，我们来看看林风眠爷爷其他的《红叶小鸟》，想想这些画又讲了哪些不一样的故事。

相关经验：

自然：能发现季节变化的特征，感受秋季之美。

活动评价：

1. 观察幼儿能否运用丰富的语言或肢体动作来表达关于《红叶小鸟》的感受。

2. 观察幼儿与音乐的互动过程是否自然、协调，从而判断幼儿是否感知到画面的美感。

活动延伸与扩展：

1. 利用水墨临摹大师作品《红叶小鸟》。

2. 共同创编红叶小鸟的故事并进行故事表演。

（胡　晋）

详案四

活动名称：音乐游戏：秋天多么美（文化）

作品分析：

《秋天多么美》这首歌曲旋律感强，歌词对秋天的描绘非常生动。两段体结构赋予歌曲欢快的情绪表达，不禁想让人翩翩起舞。

活动目标：

1. 复习巩固歌曲，能用有控制的声音演唱歌曲。

2. 能根据歌曲的乐句与节奏的变化创编不同的纱巾舞动作。

3. 能在集体面前大胆表现，体验挑战的愉悦感。

活动准备：

经验准备：幼儿已经熟悉歌曲《秋天多么美》。

物质准备：音乐《秋天多么美》，纱巾。

活动过程：

开始部分：调整呼吸和声音

（1）幼儿围圈坐，师生问好。

1=C-D $\frac{4}{4}$

$$\underline{3\ \ 3\ \ 3}\ \ \overset{\frown}{\underline{3\ 4}}\ 5\ \ |\ \ \underline{2\ \ 2\ \ 2}\ \ \overset{\frown}{\underline{2\ 3}}\ 4\ \ |\ \ \underline{3\ 1\cdot}\ \ \underline{3\ 5\cdot}\ |\ \underline{3\ 1\cdot}\ \ \underline{2\ 1\cdot}\ |\!|$$

师：小朋友 早上好！幼：X老师 早上好！齐：大家 都早，大家 都早。

（2）发声练习。

用li、la、lu替代歌词演唱问好曲的旋律，鼓励幼儿用圆润明亮的声音演唱。

基本部分：音乐游戏"秋天多么美"

（1）复习歌曲《秋天多么美》。

重点：A部分声音连贯优美，B部分声音轻巧跳跃。

（2）学习"摘棉花"的动作，感受歌曲A段的节拍韵律。

教师：我们的身体就是一株棉花树，长满了棉花，你的棉花都长在了哪里？我们一起一边唱着歌一边把棉花都摘下来吧。

重点：要有"摘"的动作。（强拍摘，弱拍放）

（3）创编B部分纱巾飞舞的动作。

教师：秋风姐姐今天刮的是什么样的风呢？她手里的纱巾会告诉你。

①老师做示范，在唱B段时，幼儿唱，老师做纱巾飞舞圆圈的动作。

②请幼儿做不同的纱巾飞舞动作。

③讨论、创编在唱B部分"秋天多么美"的乐句时可以做什么样特别美的动作。

④创编一个结束的动作，保持不动让观众来拍照。

教师：你的舞蹈表演完了，要想一个最美的结束动作定住不动，让观众们来拍照留念。

（4）歌唱游戏"秋天多么美"。

游戏玩法：歌曲A部分处幼儿按顺时针方向传递纱巾（强拍拿起纱巾，弱拍轻轻放到旁边小朋友的手里），A部分结束时拿着纱巾的小朋友到圆中间来跳舞，其他小朋友唱歌并模仿中间小朋友的动作。歌曲最后一拍做造型，小朋友拍照（创意的相机）。游戏循环。

教师：小朋友的歌声越好听，秋风（纱巾）会出现的越多（从一个纱巾到多个纱巾）。

（5）完整歌舞表演《秋天多么美》。

歌曲A段处棉花（纱巾）在每个重拍开在身体不同的部位，注意身体体态的美感。

歌曲B段处用不同方式飞舞纱巾，"秋天多么美"乐句处做出不同的舒展优美的动作，歌曲最后一句做好造型（可与同伴一起合作造型）。

结束部分：边唱歌边跳舞，活动自然结束

教师：请你和好朋友一起边唱歌边来跳秋风的舞蹈吧。

相关经验：

自我：能够动作协调地随音乐跳舞。

自然：在音乐、舞蹈中感受秋天的优美意境。

活动评价：

1. 在演唱歌曲时幼儿是否能做到声音圆润明亮，能否控制声音演唱歌曲。

2. 观察幼儿能否随着音乐的节拍传递纱巾，在歌曲B部分处能否自信地随着音乐舞蹈。

活动延伸与扩展：

可以尝试没有纱巾的帮助，徒手在歌曲A部分处跟随歌曲节拍做不同空间的造型，B部分处跟随乐句进行舞动，最后用一个最帅的造型结束。

（吕　霞）

详案五

活动名称：消防演习（自我、社会）

活动目标：

1. 知道遇到火情时要快速逃生，并知道有关逃生的方法。

2. 在演习中熟悉逃生路线，掌握安全逃生方法。

3. 提高火灾时自我保护的意识和能力。

活动准备：

经验准备：幼儿有参加消防演习的经验。

物质准备：火势蔓延的视频，计时器。

活动过程：

开始部分：引发讨论，了解什么是"消防演习"

教师：大家参加过消防演习吗？我们为什么要进行消防演习？

教师：消防演习，就是要看看我们能不能在火灾发生的时候，用最快的速度跑出去。猜猜看，多长时间跑出去不会被火伤到？

基本部分：观看视频感受火势蔓延的速度之快，尝试进行消防演习并围绕演习进行讨论

（1）观看视频，感受火的蔓延速度，增强紧迫感。

关键提问：猜一猜，发生火灾时从出现一点小火苗到布满整个房间需要多长时间？你在视频中看到了什么？你看到从没有火到满屋子浓烟用了多长时间？如果你是这个屋子里的人，发现着火了你该怎么办？

（2）尝试进行逃生演习，记录逃生时间。

教师：如果危险地方是我们的教室，安全地方是室外操场，我们来试一试从这里跑到安全地方需要多长时间。（教师带幼儿进行消防演习，请一位教师记录时间）

注意：演习过程中教师要合理站位保证幼儿的安全。

教师：请记录时间的老师告诉我们这次撤离用了多长时间。

教师：这个时间比视频里的时间更长还是更短？

（3）回顾刚才的逃生情况，讨论提高逃生速度的方法。

教师：你觉得在逃生的过程中，还可以怎样减少时间？遇到拥挤怎么办？有的人动作慢怎么办？

指导与要求：重点引导幼儿分析回顾第一次演习过程中哪些地方可以变得更快、更安全。

结束部分：再次进行逃生演习

教师：刚才我们看到发生危险时火的蔓延速度非常快，我们刚刚进行了消防演习。大家还想出了很多办法来加快我们安全逃生的速度。我们来验证一下大家想出的办法是不是真的有效果，真的能帮助我们缩短逃生时间。

再次进行逃生演习。

教师：这次我们用了更短的时间到达，说明你们的办法很有用。到达安全区域后，我们可以做什么呢？（拨打119火警电话）

相关经验：

社会：知道消防报警电话，知道拨打紧急电话时应该说的话。

活动评价：

1. 幼儿是否积极参与讨论提高逃生效率的办法。

2. 观察幼儿在消防演习中是否能跟随教师快速、有序地撤离。

活动扩展与延伸：

1. 幼儿扮演消防员及求助人员，练习遇到紧急情况时迅速求救或冷静逃生。

2. 寻找班级和幼儿园的安全通道、安全出口，绘制安全疏散线路图。

3. 做幼儿园里的安全宣讲员。

（赵庆楠）

详案六

活动名称：橡皮筋小车（自然）

活动目标：

1. 能用已有材料自制橡皮筋小车。

2. 能积极探索橡皮筋小车的运动方向与纸卷转动方向的关系。

3. 在科学游戏中体验探索和发现的乐趣。

活动准备：

经验准备：幼儿知道橡皮筋可以伸缩，有弹性。

物质准备：儿童衣架、橡皮筋、纸卷、记录纸、笔。

活动过程：

开始部分：引导幼儿自制橡皮筋小车

引导幼儿观察各种材料，激发幼儿自制橡皮筋小车的愿望。

教师：这里有哪些材料？怎样做成一个橡皮筋小车？

幼儿自制橡皮筋小车，教师观察指导。

基本部分：幼儿在游戏中发现纸卷转动方向与小车运动方向的关系

（1）幼儿自由玩橡皮筋小车。

教师：小朋友们玩一玩你自己做的小车，看看小车能不能跑起来。

（2）引导幼儿猜想小车跑动的方向和纸筒运动方向的关系。

教师：我们要让小车往前跑，小朋友猜猜纸筒要往哪个方向转？

幼儿表达自己的猜想，教师做集体猜想记录。

小车往前跑（→），纸筒怎样转？

猜想		验证	
向前转→	向后转←	向前转→	向后转←
☺	☺	☺	☺

（3）幼儿验证小车的运动方向与转动纸筒之间的关系。

教师：请小朋友们亲自试一试，看看和你猜想的一样吗？

幼儿探究并得出结论，教师将结果记录在集体记录表中。

结束部分：通过赛车游戏巩固获得的经验

教师：我们要让小车向前跑，带我们去幼儿园，比比哪辆小车跑得快。

相关经验：

自我：锻炼手部动作的灵活性。

语言：能够清楚准确地表达自己的猜想和验证结果。

活动评价：

1. 观察幼儿是否能独立制作橡皮筋小车。

2. 观察幼儿是否积极探索橡皮筋小车的运动方向与纸卷转动方向的关系。

活动延伸与扩展：

在幼儿充分探究了纸筒转动方向与小车运动方向的关系后，引导幼儿探究粗细不同的纸筒与小车运动远近的关系。

（徐兴芳）

详案七

活动内容：节约用水（社会）

活动目标：

1. 了解水的一些用途，知道我们离不开水。

2. 感受缺水给人们带来的不利影响，萌发节约用水的意识。

3. 尝试对生活中浪费水的现象进行判断，知道节约用水的方法。

活动准备：

经验准备：幼儿在生活中感受了水的用处。

物质准备：幻灯片课件（内含节约用水公益视频，三段幼儿生活视频及相关图片若干）。

活动过程：

开始部分：问题导入，感受水的重要性

（1）鼓励幼儿结合生活实际（家庭中、幼儿园中或所见所闻），说一说与生活相关的水的各种用途。

教师：在我们的生活中，小朋友们每天都会接触到水，水可以供我们做许多事情。请小朋友们讨论一下：水有什么作用？什么时候会用到水？

（2）观看用水图片，引导幼儿知道自己的生活离不开水。（生活、农业、工业）

（3）引导幼儿结合自己的生活经验，说一说如果没有水会怎么样，从反面的角度来感受和理解水的重要性。

教师：如果没有水，小朋友想一想，那会怎么样呢？

小结：生活处处离不开水，水很重要。

基本部分：观看课件中的视频及图片，激发幼儿节约用水意识，了解节约用水方法

（1）观看、讨论、分析视频内容，了解缺水的危害，激发幼儿节约用水的意识。

教师：小朋友们都知道了人类可以利用水做很多事情，那如果缺水或没有了水会怎么样？我们一起来看一段视频。

教师：视频中发生了什么事情？

——引导幼儿说出植物的生长以及动物、人类的生存都需要水。

（没有了灌溉用水，土地干裂，庄稼没有了收获，人们就没有饭吃。没有了生活用水，小朋友的衣服都是脏脏的，有的小朋友会生病。没有了饮用水，动物们会渴死，人们的生命会受到威胁）

教师：原来，真的会有一些地方是严重缺水的！你们看到这些图片后有什么样的感受？

——观看图片，引导幼儿了解缺水的不便与危害。

教师：小朋友们有没有过特别渴的时候？是什么样的感觉？

——帮助幼儿找到要珍惜水资源的情感共鸣。

教师：水资源在减少，无数生命受到了死亡的威胁，你觉得我们现在可以做些什么？

——引导幼儿萌发节约用水的意识。

小结：我们的国家水资源非常缺乏，许多地方严重缺水，为了保护水资源，我们人人都应该节约用水。

（2）辨析视频内容，迁移生活经验，帮助幼儿掌握节约用水的方法。

视频1：水接多了怎么办？

教师：画面中的小女孩做了什么？她这么做会导致什么后果？如果是你，你会怎么做？

小结：喝多少接多少，喝不完可以留着下次继续喝。

——请幼儿示范他们认为正确的做法。

视频2：洗手一直开着水龙头。

教师：视频中的小朋友在做什么？他这么做，会导致什么后果？如果是你，你会怎么做？

小结：开着水龙头不间断地冲洗非常浪费水，间断冲洗就能节约用水。

——请幼儿示范正确的做法。

视频3：这不是我开的水龙头！

教师：画面中，你看到了什么？你觉得为什么两个小朋友都不关水龙头？

都觉得不是自己的事情，所以不关水龙头，这样的行为会导致什么样的后果？

如果是你，你会怎么做？

小结：节约用水是大家的事，不分你我，遇到没关的水龙头要先关好。

——请幼儿示范正确的做法。

结束部分：分享活动感受

教师：今天节约用水的小活动，你们有什么样的感受？（鼓励幼儿积极表达）

教师：我们可以把大家说到的节水小妙招画下来，让更多的小朋友知道。

活动评价：

1. 能否说出水的用途以及和我们之间的关系。

2. 是否能说出节约用水的原因和具体的方法。

活动延伸与扩展：

1. 通过问卷调查了解幼儿或家庭节约用水的具体行动，并请幼儿在班级中进行分享和交流。

2. 鼓励幼儿在家里做节约用水的计划和实践，并进行分享。

（金　瑛）

11月附录

美丽的秋天

王金贵

秋天多么美丽呀！蓝天格外高，白云格外白。

秋天的树林分外好看！树叶变红了、变黄了，秋风吹过，叶子从枝头飘落下来，像一只只蝴蝶在空中飞舞。

秋天的果园分外好看！圆圆的苹果笑红了脸，黄澄澄的柿子像金黄色的灯笼挂满了树枝。

秋天的田野分外好看！稻田一片金黄，到处是丰收的景象！

啊！秋天多么美丽呀！

（出自《幼儿园快乐与发展课程教师教学用书　大班　上册》，119页，北京，北京师范大学出版社，2008。）

五、12月目标与内容

（一）12月目标与周活动安排

1. 12月目标

（1）自我

①知道每个人都有自己的长处和短处，了解自己的优点和不足，有即将长大一岁的自豪感。

②不乱发脾气，能在成人的提示下，较有效地控制自己的情绪和行为。

③保持服装整洁，逐步学会根据气温的变化以及自己的冷热感觉主动增减衣物。

④体验走、跑、跳等不同的运动方式，能灵活、协调地控制身体，并能够在较冷的

户外环境中连续活动半小时以上，逐步提高对寒冷的适应能力。

⑤熟练掌握早操中的队列、队形变化，动作灵活，与他人配合默契。

⑥了解身体主要部位的功能和保护方法以及冬季防病常识，提高自我保护的意识和能力。

⑦主动承担任务，遇到困难能够积极想办法解决。

⑧体会家人、亲属、教师、同伴对自己长大一岁的祝福和爱，并学习主动表达对他们的爱。

⑨愿意为集体做事，能积极参加班级、年级或幼儿园组织的新年活动等，有一定的集体荣誉感。

（2）自然

①感受冬季的季节特点，了解动物在冬季里的特殊习性和典型特点，如动物的冬眠。

②通过对比记录知道零上与零下的区别，感受冬季的温度特点。

③在生活和学习活动中，学习使用常用的工具（如订书器、打孔器、曲别针、涂胶器、小锤子等），体会人类的聪明与智慧。

④愿意收集资料了解雾霾的成因、对自己的影响、对生产生活的危害等。知道简单的环保知识并愿意用多种方式宣传。

⑤学会看日历，并在认识日历的过程中感受年、月、日的关系。

⑥学习10以内的序数以及10以内数的合成。

⑦感受时间的变化，学习认识整点和半点。能够将数学问题和生活现象进行联系。

（3）社会

①愿意和他人分享自己成长、进步以及参加新年活动的想法、体验和新年祝福。

②知道什么是压岁钱。愿意收集并认识常见货币，在运用货币的游戏和体验活动中，进一步了解货币。

③能够自信、自主、有序地参加幼儿园新年的庆祝或大型活动，并能根据自己的计划完成活动。

④喜欢和要好的朋友一起参加游艺活动，在遇到困难时能够主动向附近的成人寻求帮助，并愿意帮助比自己小的小朋友，关心幼儿园里的同伴。

（4）文化

①知道诚实是良好的品质，在日常生活中做了错事能够敢于承认。

②能主动收集与本月相关的节气、节日的资料，了解其意义和习俗，并积极参与体验活动。

③愿意继续了解和欣赏一两种中国的国粹，能通过主动收集材料、参与活动、操作区域材料等方式，体验中国国粹的独特魅力。

④愿意了解我国不同民族迎接新年的方式以及文化习俗，尊重民族文化，感受多元文化。

⑤在新年庆祝活动中感受浓厚的亲情、友情和民俗气氛。

⑥乐于收集生活中美的物品和艺术作品，能主动和别人分享、交流，丰富自己的审美体验。

⑦能用肢体、动作、语言、多种工具、材料或不同的表现手法表达自己对艺术的感受和想象。

2. 12月周活动安排

本月建议开展的活动主题：新年主题。

周次	活动名称	活动目标	发展课程中的领域	对应的五大领域	备注
第一周	【新年主题】年的故事	1. 了解年的来历，知道新年的文化习俗。 2. 能与同伴、老师共同讨论，制订新年活动计划。	文化	社会	
	【新年主题】谈话：新年联欢会计划	1. 积极讨论制订班级新年联欢活动计划。 2. 能大胆表述自己的想法，并认真倾听同伴的建议。 3. 在小组制订计划中，学习分工与合作。	文化社会	语言社会	
	【新年主题】剪纸：二方连续	1. 了解二方连续纹样的特点，尝试剪出二方连续的纹样。 2. 能用自己的作品装饰教室，感受美，增强主人翁意识和成就感。	文化	艺术	
	【新年主题】音乐欣赏《喜洋洋》	1. 能够辨别音乐中变化明显的乐段，从中获得美的感受。 2. 能用自己喜欢的方式大胆地表达对乐曲的感受。	文化	艺术	
	【新年主题】压岁钱	1. 知道长辈给晚辈压岁钱是中国新年的习俗之一。 2. 围绕如何合理使用压岁钱进行讨论，能有规划使用压岁钱的意识。	社会	社会	
	体育游戏：山鹰和野兔	1. 在活动中能遵守游戏规则和玩法。 2. 能够不与人相撞，灵活躲避，提升四散追逐跑、跳跃、钻等能力。	自我	健康	
	雾霾天的自我保护	1. 初步了解雾霾天形成的原因和对身体的危害。 2. 了解雾霾天自我保护的方法，有自我保护的意识。	自我自然	健康科学	

续表

周次	活动名称	活动目标	发展课程中的领域	对应的五大领域	备注
第一周	数学活动：认识整点	1. 在探索和操作中能发现整点分针和时针的位置关系，初步学会辨认整点。 2. 知道幼儿园一日生活中几个重要整点的活动内容。	自然	科学	
	美术欣赏：蓝色幻想	1. 喜欢观看比较抽象的艺术作品，并能大胆想象和表达对作品的感受。 2. 尝试用身体和实物进行拼摆，感受名家作品的构图特点。 3. 愿意进行艺术探索活动，体验艺术创作的快乐。	文化	艺术	详案一
	散文欣赏《礼物》	1. 理解散文内容，进一步熟悉四季的季节特征。 2. 能够大胆想象散文所表达的意境，感受散文优美的语言。	文化	语言	散文见附录
第二周	好玩的陀螺	1. 尝试自由选择材料制作陀螺，在操作中进一步了解陀螺的外形特征和基本玩法。 2. 学会寻找陀螺中心的方法，在操作和探究中感受平衡。	自然	科学	
	【新年主题】布置我们的新年教室	1. 能积极参与讨论教室环境创设的方案。 2. 尝试使用各种装饰材料和工具进行室内环境的准设计布置。 3. 体验小组合作的重要性，增进同伴间的情感。	文化	艺术	
	【新年主题】打击乐《喜洋洋》	1. 熟悉乐曲，能有节奏地为乐曲伴奏，在演奏中表达乐曲欢快、活泼的情绪。 2. 具备良好的使用乐器的习惯。 3. 体验同伴合作演奏的乐趣。	文化	艺术	

续表

周次	活动名称	活动目标	发展课程中的领域	对应的五大领域	备注
第二周	【新年主题】美术欣赏：中国宝贝	1. 认识、了解和发现中国民间艺术品的美。 2. 对中国民族文化有兴趣，愿意欣赏、收集，有参与创作的欲望。（备注：各班可根据幼儿的意愿和兴趣选择中国民间艺术的门类进行材料收集和活动组织）	文化	艺术	
	体育游戏：跑向春夏秋冬	1. 跑步时摆臂、蹬地有力，能沿着圆圈快跑。 2. 提高跑步的速度以及身体的灵敏性。	自我	健康	
	数学活动：认识半点	1. 巩固对整点的认识，学习认识半点，知道半点分针和时针之间的关系。 2. 知道半点和整点的区别，初步建立长和短的时间概念。	自然	科学	
	有朋友真好	1. 在倾听故事和讨论中，进一步理解好朋友的含义，知道朋友的重要性。 2. 能流畅地表达和好朋友在一起爱做的事和相处的方法。	社会	社会	
	美工：美丽的版画	1. 了解版画制作的方法，感受不同材料制作出的版画的视觉效果。 2. 愿意尝试版画创作，体验艺术创作的快乐。	文化	艺术	详案二
	故事讲述《等明天》	1. 能用比较简练的语言概括故事大意，讲述故事情节。 2. 体会做事要珍惜时间的道理，感受时间的不可逆性。	文化	语言	故事见附录
	美工：各种各样的钟表	1. 进一步了解钟表的基本构成，制作时能合理选择材料设计表盘和指针。 2. 喜欢运用多种材料制作，提高动手制作能力。	文化自然	艺术科学	

续表

周次	活动名称	活动目标	发展课程中的领域	对应的五大领域	备注
第三周	【新年主题】冬至习俗	1. 知道冬至是我国二十四节气中重要的节气，知道简单的冬至习俗。 2. 知道冬至这一天的昼夜特点，感受大自然的奇妙。	文化 自然	社会 科学	
	【新年主题】属相里的秘密	1. 在统计、汇总自己和爸爸妈妈属相的过程中，初步感知十二生肖的轮回规律。 2. 对探究十二生肖的秘密感兴趣。	文化 自然	社会 科学	详案三
	【新年主题】童谣《大年初一扭一扭》	1. 了解农历十二月二十三到大年初一的传统节日习俗。 2. 感受传统民间童谣朗朗上口的韵味，对传统民俗文化有兴趣。	文化	语言 社会	童谣见附录
	【新年主题】绘画：过年画轴	1. 尝试用绘画的形式表现童谣《小孩小孩你别馋》中描述的场景并完成长轴画。 2. 体会用画轴装饰环境的美，感受过年的风俗。	文化	艺术	
	数学活动：看你怎么猜	1. 巩固对10以内单双数和序数的认识，具备一定的推理能力。 2. 体验集体游戏的快乐，并遵守游戏规则。	自然	科学	
	北京的桥	1. 知道桥的基本组成部分，感知桥在生活中的作用。 2. 大胆向同伴介绍自己收集的关于北京的桥的知识，愿意围绕"桥"的话题积极讨论。	自然	科学	
	仿编诗歌《十二月花》	1. 学习儿歌，了解十二个月中常见花卉的名称和特征。 2. 能按照儿歌的结构进行诗歌仿编。	文化	语言	
	歌曲《表情歌》	1. 能有表情地用歌声表现出"快乐、着急、幸福、生气、难过、高兴"的情绪。 2. 能运用不同的速度、力度以及多种表情来表达歌曲的情感。	文化	艺术	张友珊作词，汪玲作曲

续表

周次	活动名称	活动目标	发展课程中的领域	对应的五大领域	备注
第三周	歌唱活动：踏雪寻梅	1. 在熟悉歌曲旋律的基础上了解歌词内容，能用欢快、俏皮的声音演唱。 2. 愿意尝试用齐唱、独唱、领唱、对唱、填充式合唱等不同形式演唱。 3. 体验歌唱活动带来的美好感受和不同演唱形式带来的成就感。	文化	艺术	详案四
	谈话：我们班的大事	1. 回忆一年中班级里有意义的事情，进一步感知、了解有关"一年"的时间概念。 2. 回顾时表达完整、连贯、流畅，体验成长的自豪感。	自我自然	社会科学	
第四周	【新年主题】绘画：十二生肖	1. 积极尝试，设计自己喜欢的十二生肖的动物形象。 2. 尝试调配深浅不同的色彩进行涂色，感受色彩层次深浅渐进的美感。	文化	艺术	
	【新年主题】新年祝福语	1. 知道新年要说祝福语的原因，了解常见新年祝福语的含义。 2. 能够相互送祝福语，感受新年即将到来的喜庆氛围。	文化	社会	
	【新年主题】新年心愿	1. 能够大胆创想并表达出自己在新一年的愿望。 2. 愿意用自己喜欢的方式制作新年心愿卡。	文化	社会艺术	
	【新年主题】歌曲《过新年》	1. 感受歌词中表现的过新年敲锣打鼓、唱歌、跳舞、做游戏的欢乐场面。 2. 能用好听的声音、热烈欢快的情绪唱好歌曲。	文化	艺术	刘明将作词，王喻珠作曲
	【新年主题】图画书阅读《北京的春节》	1. 了解北京人过新年的传统习俗和热闹场景。 2. 知道春节有除旧迎新、驱邪纳福的寓意，感受人们对美好生活的向往之情。	文化	社会	

周次	活动名称	活动目标	发展课程中的领域	对应的五大领域	备注
第四周	体育游戏：纸棍游戏	1. 能够使用纸棍创意拼摆出各种造型，尝试各种玩法，发展跳、钻、跑、平衡等多种技能。 2. 在一物多玩中发展创造力和游戏力。	自我	健康	
	数学活动：10以内数的合成与分解	1. 知道10以内数的合成和分解的规律，并能够用语言来表达。 2. 在游戏情境和操作中体验学习数学的快乐。	自然	科学	
	数学活动：认识月历	1. 认识月历，初步感知年、月、日之间的关系。 2. 感知月历在生活中的作用。 3. 在共同制作班级生日月历中体验合作的成就感。	自然	科学	详案五
	动物的保护色	1. 了解动物保护色的特征和作用。 2. 对动物因适应环境而变色的奇妙现象感到好奇，有进一步探索动物奇特本领的兴趣。	自然	科学	详案六
	我们的优点	1. 知道"优点"的意思，知道自己的优点。 2. 能用简洁、流畅的语言描述同伴的优点。	自然文化	社会语言	

（二）12月活动详案

详案一

活动名称：美术欣赏：蓝色幻想（文化）

活动目标：

1. 喜欢欣赏抽象的艺术作品，并能大胆地想象和表达。

2. 尝试用身体和实物进行拼摆，感受作品的构图特点。

3. 愿意进行艺术探索活动，体验艺术创作的快乐。

活动准备：

经验准备：幼儿有玩静止游戏的经验。

物质准备：胡安·米罗主题作品《蓝色》组图三幅、3米×2米蓝色布一块、照相机、多媒体机、蓝色水粉底纸、红色和黑色纸黏土、黑色水彩笔、红色和黑色实物。

活动过程：

开始部分：初步感受米罗的三幅作品，激发表达的欲望

（1）出示《蓝色》一号作品背景。

教师：你看到了什么？让你想到了什么？

（2）出示完整的《蓝色》一号作品。

教师：在这片蓝色上马上要出现很多有趣的东西，请你们睁大眼睛仔细看看出现了什么。

它们看起来像什么？（黑色点点、红色点点、黑色的线、白色的线）在蓝色的……（引用幼儿的话）上，这些点点像什么？

（3）出示《蓝色》二号作品背景。

教师：所有的点点和线都不见了，只剩下一片蓝色，它们还会出来吗？会和原来一样吗？

（4）出示完整的《蓝色》二号作品。

教师：它们有什么不一样呢？

红色的点点有什么变化？（红色点点变长了，请幼儿用身体动作学一学红点变长的样子）

黑色的点点有什么变化？看起来像什么？（请幼儿用身体动作表现大点点和小点点）

（5）出示《蓝色》三号背景，引发幼儿想象。

教师：点点们排好队走了，它们还会回来吗？

（6）出示完整的《蓝色》三号作品。

教师：这一次有什么不一样？（红色点点、黑色点点）刚才它是怎么出来的？看起来像什么？（请幼儿学一学）

如果你是那个黑色的点点，你会有什么感觉？

基本部分：用多种方式充分感受作品构图的特点

（1）完整欣赏米罗的这三幅作品，感受构图的特点。

教师：这三幅作品是一位叫做米罗的西班牙画家创作的，虽然看起来很简单，但是米罗却思考了很久要把这些大小不同、形状不同的点点和线画在哪里。这次我们把这三幅画放到一起，看一看这些点点和线里到底藏着什么秘密。

第一幅和第二幅有什么不同？点点是怎样分布在画面上的？（感受分散和整齐）

前两幅和第三幅有什么不同？（感受多少和疏密）

给你什么样的感觉？

教师总结：原来点点的多少和位置会让不同的画有不同的感觉。

（2）在构图游戏中，用身体表现三幅作品。

教师：现在我们来玩一个游戏，请你用身体摆三幅和米罗一样的画。

铺好蓝色大布，出示黑色斗篷，说明游戏规则。

游戏开始前，请幼儿再次欣赏三幅作品，思考如何表现点的大小、形状和位置。

请幼儿分组伴随音乐上场自由舞动，音乐停止模仿米罗作品摆好姿势、站好位置，蹲下把头藏起来，教师拍照。

分享照片，请幼儿说说自己表现的是谁、是怎么站的。

（3）尝试用多种材料进行创意拼摆。

教师：刚才你们用身体摆了三幅和米罗一样的画，这一次你们可以自由选择不同的材料创作一幅不一样的作品。

幼儿自主选择用纸黏土或实物进行拼摆，思考需要多少材料、怎么摆。

幼儿创作，教师观察指导，关注幼儿对构图的思考。

鼓励完成活动的幼儿换材料进行创意拼摆。

结束部分：分享作品，讨论对作品不同构图的感受

相关经验：

文化（语言）：能在观察美术作品的基础上用语言表达自己的发现、感受和想象。

活动评价：

观察幼儿是否积极参与，是否能用语言、肢体动作、材料等表达出对作品构图的理解。

活动延伸与拓展：

可延伸到区域或家庭中，继续开展运用多种材料的创意拼摆和创作活动。

（胡　玥）

详案二

活动名称：美工：美丽的版画（文化）

活动目标：

1. 了解版画制作的方法，感受不同材料制作出的版画的视觉效果。

2. 愿意尝试版画创作，体验艺术创作的快乐。

活动准备：

经验准备：会使用基本美术工具，有用吹塑纸制作版画的经验。

物质准备：多媒体课件，水粉颜料，各种工具（胶滚、剪刀、海绵刷、排刷等），铅笔，各种自然材料，废旧材料，白乳胶，花边剪刀，有机板，塑料板。

活动过程：

开始部分：初步感知版画的制作方法

（1）出示图画书《小鲸游大海》，引导幼儿观察。

教师：这本书叫《小鲸游大海》，这本书里讲述了一只小抹香鲸有趣而惊险的故事。不仅故事好听，里面的画面也很特别，究竟有什么特别的地方，我们一起来发现。

（2）出示书中两幅图片，让幼儿感知欣赏，发现版画的特征。

教师：你们仔细看看这本书的画法和其他书的画法哪里不一样。

教师：老师把书里的画面放大了，你们到前面来看一看。看看是什么材料，是怎么制作的呢？

教师：小朋友们刚才都说了它的特别之处，这种绘画方式叫做版画。接下来请你们看一段视频，我们一起来了解一下版画的制作方法。

（3）观看视频，了解版画的制作方法。

教师：这幅画是怎么做的？（幼儿表达）

教师：小朋友画画可以用多种方法，版画也可以有好多种方法。

基本部分：欣赏多种材料的版画作品，并按意愿选择材料进行版画创作

（1）进一步欣赏多样的版画作品，了解版画多样的创作材料。

欣赏版画《山村小景》。

教师：这幅版画作品叫《山村小景》，你能猜一猜它是用什么材料完成的吗？

这种材料咱们教室里就有，你们可以找一找，然后把你们的发现告诉大家。

教师：这种材料制作出的版画给你什么样的感觉？

欣赏版画《滑稽的人脸》。

教师：这幅《滑稽的人脸》的版画，也是用我们班级能找到的材料做成的。你们再猜一猜找一找，是哪一种材料？

教师：这种材料制作出的版画给你什么样的感觉？

教师：这两种版画用的材料不同，所以呈现出来的纹理和视觉感受也有所不同，一会儿，小朋友们也可以尝试用不同的材料进行创作。

（2）尝试用多种工具、材料，用不同的表现手法创作。

①出示材料，介绍活动内容。

教师：刚才你们欣赏了很多版画作品，有用硬卡纸、吹塑纸、塑料包装等不同材料制作的。

接下来请你们选择自己感兴趣的材料和制作方法试一试，提前想好用什么材料，用多少材料、怎么创作。

②幼儿创作，教师观察指导。

关注幼儿使用材料情况，鼓励幼儿大胆有创意的表现。

对需要帮助的幼儿给予必要的指导。

结束部分：欣赏分享

教师：谁来介绍一下你是用什么材料制作的版画？你在创作时有什么好的经验和体会？

教师对今天幼儿的表现情况做总结和反馈。

相关经验：

自然：能仔细观察，对比观察，在观察中发现不同材料制作出的版画作品的不同纹理和效果。

活动评价：

通过幼儿语言表达以及操作过程，了解幼儿是否掌握版画的制作方法。

活动延伸与拓展：

在区域活动时，可引导幼儿尝试用不同的材料制版和印版。

（张　妍）

详案三

活动名称：属相里的秘密（文化、自然）

活动目标：

1. 在统计、汇总自己和爸爸、妈妈属相的过程中，初步感知十二生肖的轮回规律。

2. 对探究十二生肖的秘密感兴趣。

活动准备：

经验准备：幼儿前期已经学过"十二生肖"的儿歌，阅读过图画书《十二生肖的故事》，了解了十二生肖的构成及其排列顺序。幼儿通过完成《属相调查表》，对自己和爸爸妈妈的属相进行了前期的调查了解。

物质准备：

幼儿的名字印章，十二生肖的图片，十二生肖钟表盘（带有指针和数字的钟表盘，可以在原有的十二个数字上分别贴上十二个动物的图片变成十二生肖钟），分别标有爸爸、妈妈的大尺寸属相汇总表两张。

活动过程：

开始部分：共同制作十二生肖钟

教师引导幼儿一起回顾并复述"十二生肖"的儿歌。

幼儿完成十二生肖钟。

关键提问："十二生肖"一共有十二个，它们还有先后顺序，我们日常生活中还有一样物品跟它的特点很相似，你们猜猜是什么？

在幼儿回答的基础上，教师出示时钟表盘，请幼儿选择十二生肖的图片并粘贴在相应数字的上面，完成十二生肖钟的制作。

基本部分：分享汇总"属相调查表"，探究发现十二生肖里的秘密

（1）介绍自己的属相，了解同年出生的人属相相同的特点。

关键提问：谁能说说自己几岁了、属什么？跟她属相相同的小朋友举手。你们的年龄跟她一样吗？属相跟她不同的小朋友举手。你们几岁了？属相是什么？

教师：从刚才的统计中可以看出，我们班的小朋友有几个属相？（两个）属牛的小朋友年龄一样大，属虎的小朋友年龄一样大。这说明什么呢？（同一年出生的小朋友属相是相同的。）

（2）分别统计爸爸、妈妈的属相，了解不同年龄的人属相也可能相同的特点。

教师出示爸爸属相汇总表，请幼儿根据自己调查的结果，分别在贴有相应属相图片上方的柱状图上印上幼儿的名字，点数统计全班爸爸在相应属相上的人数。用同样的方式完成妈妈属相汇总表。

关键提问：从这两张统计表上你们发现了什么秘密？谁和自己的爸爸属相相同？（幼儿举手）谁和自己的妈妈属相相同？（幼儿举手）为什么小朋友和爸爸妈妈年龄不同，但是属相却一样呢？

（3）借助十二生肖钟，初步感知属相十二年轮回一次的规律。

教师以班级中一对父母与孩子的属相相同为例，通过拨动十二生肖钟表指针的方法，引导幼儿感知属相轮回的特点。

例如，和和的妈妈是属牛的，教师将指针拨到牛的位置，然后一边拨指针，一边问，"她妈妈2岁的时候是什么年？""她妈妈12岁的时候是什么年？（牛年）""她妈妈24岁的时候，又变成了牛年，这时候和和出生，所以和和与妈妈都是属牛的"。

结束部分：引发进一步探究属相秘密的兴趣

教师：今天小朋友发现了属相中的一些秘密，包括同年出生的人属相相同，不同年出生的人属相也可能会相同，属相每隔十二年就会有一次重复。小朋友回家之后还可以了解其他家人的属相，看看属相里还有没有更多的秘密。

相关经验：

自然：能够看懂统计图，有初步的统计能力。

文化（语言）：能有序、连贯、清楚地讲述自己的发现。

活动评价：

1. 通过幼儿对教师提问的回答情况，判断幼儿是否了解十二生肖的轮回规律。

2. 通过幼儿参与活动的积极性，了解幼儿是否对活动感兴趣。

活动延伸与扩展：

为自己和家人设计生肖邮票。

（鞠　亮）

详案四

活动名称：歌唱活动：踏雪寻梅（文化）

作品分析：

《踏雪寻梅》是一首旋律悠扬，歌词优美的歌曲。歌曲中描绘了寻找梅花的过程，旋律起伏跌宕，朗朗上口。

活动目标：

1. 在熟悉歌曲旋律的基础上了解歌词内容，能用欢快、俏皮的声音演唱歌曲。

2. 愿意尝试用齐唱、独唱、领唱、对唱、填充式合唱等不同形式演唱。

3. 体验歌唱活动带来的美好感受和不同演唱形式带来的成就感。

活动准备：

经验准备：有音乐律动及打击乐《踏雪寻梅》活动的基础。

物质准备：歌曲《踏雪寻梅》、歌词卡片、sol音旋律按钟。

活动过程：

开始部分：复习律动，回忆熟悉歌曲旋律

（1）复习律动《踏雪寻梅》。

重点：律动时要注意倾听音乐，用节奏卡上的节奏跟随音乐做律动。

（2）听音乐围坐成半圆，师生问好。

（3）发声练习：用问好曲律哼唱元音la、lu、li、beng。

要求：注意头面腔共鸣，声音轻巧有控制，演唱情绪饱满。

基本部分：学唱歌曲《踏雪寻梅》

（1）了解、熟悉歌曲歌词。

教师：今天我们要来学唱歌曲《踏雪寻梅》，这是一首世界名曲，歌曲有点难，你们加油哦！我们先一起来听听歌曲里都唱了什么。

根据幼儿的歌词记忆，出示相应的歌词卡片，老师将其演唱出来。

重点：了解每句歌词的含义。

（2）学唱歌曲《踏雪寻梅》。

根据歌词卡片的提示，幼儿学唱歌曲《踏雪寻梅》。

重点：引导幼儿感受驴儿越来越近、铃铛声也会越来越大，以此唱好"响叮当"体会用渐强的方法。

（3）用齐唱、独唱、领唱、对唱等不同形式演唱歌曲。

提示：领唱和对唱时要注意倾听声音，两组的声音要协调，达到音量和情绪的一致。

（4）尝试用填充式合唱演唱歌曲。

教师：合唱需要有两个不同声音演唱歌曲，怎么才能有两个不同声音？

一组唱"啦"，一组唱歌词。

一组在每一句结束的地方唱"叮当叮当"，一组唱歌词。

重点：讨论在歌曲的哪些地方补充唱"叮当叮当"比较合适。

结束部分：边律动边歌唱，进一步熟悉歌曲

教师：我们一边唱，一边做一些你创编的漂亮动作吧！

相关经验：

社会：同伴之间能够相互配合演唱歌曲。

活动评价：

1. 幼儿能否理解记忆歌词，准确演唱。

2. 幼儿是否积极尝试齐唱、独唱、领唱、对唱、合唱等不同演唱方法。

3. 幼儿能否倾听声音，与同伴很好地协调声音进行演唱。

（吕　霞）

详案五

活动名称：数学活动：认识月历（自然）

活动目标：

1. 认识月历，初步感知年、月、日之间的关系。

2. 感知月历在生活中的作用。

3. 在共同制作班级生日月历中体验合作的成就感。

活动准备：

经验准备：幼儿认识数字，知道自己的生日和一些节日的日期。

物质准备：大月历一份，小年历每人一份，彩色笔若干，幼儿一寸照片、节日提示卡。

活动过程：

开始部分：出示年历，感知年、月、日之间的关系

教师出示年历图片，请幼儿观察。

教师：看看今天老师给你们带来了什么。

教师：请你仔细观察，看看你能从年历中发现什么秘密。（鼓励幼儿充分表达）

小结：刚才小朋友们发现了年历里的很多秘密，知道了一年有12个月、每个月的天数有不同，有28天、30天、31天，还知道了每个星期有7天。下面我们就用年历来完成挑战任务。

基本部分：使用月历，体验月历对生活的作用

（1）初步尝试使用月历查找节日。

关键问题：你们知道元旦是几月几号吗？请你们在自己的年历中找出元旦。你是怎么找到元旦这个节日的？明年的元旦是星期几？你是怎么知道的？你还知道什么节日？它是几月几号？

教师：刚才小朋友们很棒，我们用年历找出了大家熟悉的节日，还有一些其他的节日，以后你们还可以继续找。接下来我们要找个特殊的节日。

（2）制作生日月历。

教师：我们每个人每年都有一次属于自己的节日，你们知道是什么吗？

教师：你们知道我的生日是几月几号吗？我的生日是7月13日。

教师找到自己的生日并贴上照片，告诉幼儿这就是制作生日月历的方法。

教师：你们的生日都不一样，这么多不同的生日，怎么才能方便大家记住呢？今天我们来做一个生日月历，这样我们就能记住全班小朋友的生日了。

制作方法：将幼儿按生日月份分成12组，请幼儿在大月历中找到自己生日的日期，然后将自己的照片贴在相应的日期下面。

结束部分：分享交流

（1）分享大家的生日。

教师：你的生日是几月几号？

（2）简单统计每个月班级幼儿过生日的人数。

相关经验：

社会：知道常见的节日日期。

活动评价：

1. 观察幼儿是否能够准确认读日历，是否积极参与制作生日月历。

2. 从幼儿的回答判断其是否知道年、月、日的简单关系。

活动延伸与扩展：

1. 回家可以在日历上找出爸爸妈妈的生日，做一个家庭生日月历。

2. 可以利用月历标记幼儿园每月的重要活动。

（胡　晋）

详案六

活动名称：动物的保护色（自然）

活动目标：

1. 了解动物保护色的特征和作用。

2. 对动物因适应环境而变色的现象感到好奇，有进一步探索动物奇特本领的兴趣。

活动准备：

经验准备：对部分有保护色的动物有一定的认识和了解。

物质准备：白板或一体机，网络上关于"动物的保护色"的视频资料，各种有保护色的动物图片（枯叶蝶、北极熊、竹节虫、蚱蜢、青蛙、猎豹等图片），"动物的保护色"合作拼图10套。

活动过程：

开始部分：分别出示青蛙、枯叶蝶、猎豹图片，谈话引出"保护色"

教师：这几张图片里有动物，看看谁能够找到。

教师：这几张图片有什么共同特点？为什么会这样呢？

教师：在它生活的环境中不容易被发现，你们说这是一种本领吗？有谁知道这种本领叫什么？

基本部分：结合全部图片了解动物保护色的作用

（1）继续分享动物保护色图片，加深对动物保护色的感知。

教师：除了这些动物，还有很多动物是有保护色的，我们再来看看这些图片中哪些动物隐藏在里面。

教师：保护色对它们有什么用？到底能保护它们什么？（鼓励幼儿积极表达）

教师：这些动物具有"保护色"，是它们适应环境和自我保护的一种方式，这样能有助于隐藏自己，保护自己不被天敌发现和伤害。

（2）观看"动物的保护色"视频资料，了解"保护色"的作用。

教师：我们再来看一个关于动物保护色的视频，看看视频里都介绍了什么。

关键提问：从视频中你知道了什么？为什么"保护色"很重要？

（3）在游戏中，进一步感知"保护色"的作用。

游戏：给小动物找家

教师：有几只小动物的天敌来了，它们不知道该藏在哪里，你能帮助他们找到安全的地方吗？

教师出示图片（枯叶蝶、青蛙、竹节虫、蚱蜢等），请幼儿帮助小动物找到合适的环境，并说明原因。

结束部分：加深游戏难度，进一步感知保护色和动物生存环境的关系

教师：我们来玩一个"谁的眼睛最亮"的游戏，三个小朋友一组，每组一张图片，小组合作拼出图片并找出藏在图片里的小动物，然后跟好朋友说一说图片中动物的保护色和它的作用。

教师：今天我们了解了几种动物的"保护色"，这是它们适应环境和保护自己的需要。大家回去可以把学到的和家人分享，也可以再继续找找其他"保护色"动物的资料，带到班上和大家分享。

相关经验：

社会：在小组游戏中能与同伴合作和交流。

文化（语言）：能够在观察图片的基础上用语言表达对动物保护色的理解。

活动评价：

1. 幼儿在观看视频、参与游戏的过程中是否表现积极、专注。

2. 能否比较清晰地表达出活动中几种动物的保护色和它的作用。

活动延伸与扩展：

1. 制作动物保护色的拼图投放到区域中。

2. 将幼儿陆续带来的其他有关动物"保护色"的资料进行分享，并把资料投放到图书区。

（王　颖）

12月附录

礼　物

刘启蓉

春姐姐让春风捎来了红艳艳的花儿，嫩绿绿的草儿。

夏弟弟送来了许多一闪一闪的萤火虫，好玩极了。

秋姑娘让金黄的落叶飘落下来，变作一张张书签，送进小朋友们的书本里。

这是他们送给小朋友的礼物。

"我送什么好呢？"冬爷爷也想送小朋友们一件礼物。他想呀想呀，终于想出来了，他要送给娃娃们一幅很好看的画儿。

冬爷爷用呼呼的北风做画笔，蘸上洁白的雪花，在大地上画呀，画呀，终于，一幅好大好大的画儿画好了。

白的房子，白的树，白的田野，还有一群堆雪人、打雪仗的娃娃们，他们也被冬爷爷画在画上。

冬爷爷说："这是一些不怕寒冷的勇敢的孩子，我非常喜欢他们，所以把他们画下来啦！"

小朋友看了，笑眯眯地说："冬爷爷，您的礼物最美丽，谢谢您啦！"

（出自《半小时爸爸儿童非智力因素训练手册》，

13～14页，杭州，浙江少年儿童出版社，2012。）

等明天

在一片美丽的树林里，住着一只小猴子，它整天玩呀玩，老是玩不够。瞧！天快下雨了，它还在荡秋千哪！大雨"哗哗"地下起来了，小松鼠急急忙忙跳上树枝，往树洞里钻，那儿就是它的家。小刺猬也连忙躲进了它漂亮的、像个大蘑菇似的房子里。只有小猴子在这儿淋着雨，因为它没有房子，没有自己的家。它东蹦西跳，找不到一个躲雨的地方。小猴子被雨淋得难受极了，它想："等明天我可一定要盖房子了。我要盖一栋美丽的房子，有高高的屋顶、大大的门窗……"

雨停了，小猴子又搬木头，又折芭蕉叶，看样子，好像真要动手盖房子了。可是，没干一会儿，它又想："天气这么好，还是多玩一会儿吧！等明天再说。"玩呀玩，天渐渐黑了，一天就这样白白地过去了。

第二天，太阳刚露出红红的笑脸，小松鼠就起来了，它采来了果子当点心吃。啄木鸟一大早就开始了工作——给大树捉害虫。小猴子慢腾腾地起来了。它在干什么呢？原来，它是在画房子的图样。小猴子先画了一个，看着房子小了，又画了一个大的。嗯！这个图样真不错，又大又漂亮！小猴子满意地笑了。小松鼠见了，担心地问："这么大的房子，你什么时候能盖好呀？"小猴子想也不想地说："快，明天，等明天就能盖好了。我要请很多很多的朋友来新房子里做客！"于是，小猴子就去请大象，请它明天到自己盖的新房子里来做客。接着，它又去请小刺猬、小青蛙。小青蛙马上"呱呱"地叫开了："小猴子要盖新房子啦！明天请大家去做客！"

就这样，东跑跑，西逛逛，一天的时间很快又过去了。小猴子跑累了，躺在软绵绵的芭蕉叶上，舒服极了。它想："天太热了，还是等明天再盖房子吧！"

一夜过去了，大象驮着白兔和小刺猬，欢欢喜喜地来做客了，青蛙、啄木鸟骑在长颈鹿背上，摇摇摆摆地也来了。

可是小猴子还睡得正香，在做甜蜜的梦哪！它梦见新房子盖起来了，真漂亮！鲜花为它开放，鸟儿为它歌唱，小猴子得意地说："我的新房子多漂亮啊！让客人们都来羡慕吧！"

　　客人们都来了，大伙儿向小猴子表示热烈祝贺，青蛙唱起歌，仙鹤和松鼠跳起舞，大家尽情地唱呀、跳呀，快乐极了！客人们把小猴子抬起来，"一、二！"抛得高高的，接住，"一、二！"再抛得高高的，再接住……。哎呀！房子好像在摇晃，好像也在跳舞。这是怎么回事？噢！原来是长颈鹿在抖动芭蕉叶，小松鼠正在叫它："小猴子，快醒醒，客人都来齐了，你的新房子在哪里呢？"

　　小猴子睁开眼睛，它想了一下，说："我不是叫你们等明天再来吗？我的新房子明天才能盖好呢！"大伙儿惊奇地说："等明天？难道今天不就是你昨天说的明天吗？要是今天下起雨来，看你往哪儿躲！"

　　也真巧，刚说下雨，真的就下起雨来了。客人们都急忙回家去了，只有小猴子东奔西跑，没有地方可以躲藏。

　　可这怪谁呢？小猴子总是说"等明天、等明天"，结果什么事也没有做成。也好，让大雨把它浇清醒些，把这个"等明天"的坏习惯改掉吧！

（出自《幼儿园快乐与发展课程教师教学用书　大班　上册》，173～174页，
北京，北京师范大学出版社，2008。有改动。）

大年初一扭一扭

　　小孩儿小孩儿你别馋，过了腊八就是年。腊八粥真香甜，哩哩啦啦二十三。二十三，糖瓜粘，二十四，扫房子，二十五，炸豆腐，二十六，炖羊肉，二十七，杀公鸡，二十八，把面发，二十九，蒸馒头，三十晚上熬一宿，大年初一扭一扭。

（出自《幼儿园快乐与发展课程教师教学用书　大班　上册)》，
239页，北京，北京师范大学出版社，2008。）

六、1月目标与内容

（一）1月目标与周活动安排

1. 1月目标

（1）自我

①能随着活动的需要转换情绪和注意力。

②能自觉根据天气冷热增减衣物。

③了解运动和健康的关系，户外活动时能做好热身运动，积极参与体育锻炼，继续提高对寒冷的适应能力。

④学会安全地使用易于操作的工具和用具，养成分类、整理、有序存放的良好习惯。

⑤在参与迎接新年系列活动中，有自己的计划和想法，在活动中表现自信、自主。

⑥在老师的引导下，能够制订较为适宜的假期计划，有计划意识和任务意识。

⑦能积极参加班级、年级或幼儿园、社区等组织的新年庆祝活动，有一定的集体荣誉感和责任感。

⑧知道国家近期（或这一年当中）一些重大的成就，有初步的归属感和自豪感。

（2）自然

①学习使用标准测量工具对自己的身高或者室内植物的高度进行测量和自主记录。

②了解风、雷、电、雨、雪、阳光等对人的益处和危害，初步体会事物的两面性。

③愿意参与制作冻冰花，探究结冰的特性，能够不断发现并解决问题，养成喜欢探究的习惯。

④能用多种方法测量自己的身高。

（3）社会

①愿意和大家分享高兴的或有趣的事情。

②学习根据已掌握的整点知识制订幼儿园一日生活计划，并愿意按照计划参与一日生活活动。

③在生活中懂得分享、合作、帮助等行为对于人的意义。

④在解决问题的过程中感受合作的重要性，学习与人合作的方法，体验合作的快乐和意义。

（4）文化

①能欣赏与学习和春节有关的儿歌、歌谣、传统故事，感受经典传统文学的趣味和内涵。

②欣赏并学习和本月节气、节日以及班级近期主题等有关的不同体裁的儿童文学作品，理解其内容，感受其风格及文学语言表达上的美。

③愿意了解不同国家、地区迎接新年的不同方式，尊重其他国家、地区的文化，感受多元文化。

④学习制作新年特色食品的方法，继续在新年庆祝活动中感受浓厚的亲情、友情和民俗气氛。

⑤感受和欣赏"冬季"或"新年"主题舞蹈、歌曲所表现的意境和特点。能主动发现并运用多种方式，如剪、贴、折、画等，装饰日常生活用品和周围环境，喜欢参与艺

术表演活动。

2. 1月周活动安排

本月建议开展的活动主题：新年主题、冬季主题。

周次	活动名称	活动目标	发展课程中的领域	对应的五大领域	备注
第一周	【冬季主题】散文诗《小雪花》	1. 能体会文学作品的意境，感受冬天大自然的美。 2. 对朗诵散文诗感兴趣，能用适宜的表情、语气表现散文诗的内容。	文化	语言	散文诗见附录
	【冬季主题】歌唱活动《小雪花》	1. 学习演唱歌曲，感受冬天雪花飘飘所营造的美好童话意境。 2. 能用亲切柔和的声音演唱歌曲，学习运用呼吸气口、力度和音量的变化将歌曲唱得更有艺术效果。	文化	艺术	详案一
	【冬季主题】冻冰花	1. 能够用生活中常见的器皿和材料冻冰花，感受冰花的美。 2. 了解水会结冰的特性，愿意探究结冰的条件。	自然	科学	
	【冬季主题】动物怎样过冬	1. 了解动物过冬的四种主要方式：储存食物、冬眠、迁徙、换毛。 2. 对动物的过冬方式感兴趣，理解采用不同的过冬方式是为了更好地适应环境、保护自己。	自然	科学	
	【新年主题】谈话：快乐的新年	1. 能围绕新年大胆交流新年中自己的见闻、快乐的经历和感受。 2. 认真倾听并理解他人讲话的主要内容，感受新年的快乐氛围。	文化	语言	
	数学活动：我的身高是多少	1. 尝试用多种方法测量自己的身高。 2. 遇到问题能积极想办法解决或有礼貌地求助他人。	自然	科学	

续表

周次	活动名称	活动目标	发展课程中的领域	对应的五大领域	备注
第一周	【新年主题】我长大一岁了	1. 能够通过照片、衣服、本领等方面的对比，发现并介绍自己的成长与变化。 2. 体验长大一岁的自豪感。	文化	社会	
	今天是什么天气	1. 能结合常见天气的特征认识天气符号。 2. 初步了解天气符号在生活中的用处，体会天气与人们生活的关系。	自然	科学	详案二
第二周	【冬季主题】美工：雪人	1. 了解雪人的特征，掌握雪人的基本制作方法。 2. 能运用多种材料制作雪人，体验美术创作的乐趣。	文化	艺术	详案三
	【冬季主题】植物怎样过冬	1. 观察植物在冬季的不同状态，发现冬季植物外部特征与季节变化的关系。 2. 有探索植物过冬奥秘的兴趣及爱护植物的情感。	自然	科学	
	【冬季主题】歌曲《给小桃树穿件新棉袄》	1. 理解歌词内容，掌握四分音符、八分音符的唱法。 2. 能用舒缓的情绪有情感地表现歌曲。	文化	艺术	
	【新年主题】图画书阅读《过年啦》	1. 了解从腊月二十九到正月十五的各种春节仪式和习俗，体会中国优秀传统文化的魅力。 2. 能结合生活经验积极表达自己对春节习俗的了解。	文化	社会	
	体育游戏：好玩的呼啦圈	1. 探索呼啦圈的各种玩法，体验玩圈的乐趣。 2. 通过跳圈、爬圈、钻圈、套圈等活动增强动作的平衡性、协调性、灵活性。	自我	健康	

续表

周次	活动名称	活动目标	发展课程中的领域	对应的五大领域	备注
第二周	泡腊八蒜	1. 了解腊八节的由来和泡腊八蒜的习俗。 2. 亲自动手泡腊八蒜，感知腊八蒜的制作流程，对观察腊八蒜的变化感兴趣。	自然 文化	科学 社会	
	"蒜"长得快的秘密	1. 能用语言表述出"蒜"成长中的过程与变化。 2. 积极猜想，归纳出"蒜"长得快的原因。	自然	科学	
	受欢迎的小客人	1. 能大胆交流和表达怎样做才是受欢迎的小客人。 2. 知道做客中的礼貌用语及适宜的交往行为，愿意当一个受欢迎的小客人。	社会 文化	社会 语言	
第三周	【新年主题】 谈话：过年的民族	1. 了解我国不同民族的新年庆祝活动，增加对多元文化的认识。 2. 能够用连贯的语句与同伴交流，分享彼此收集的活动资料。	文化	社会 语言	
	【新年主题】 小小灯谜会	1. 了解灯谜的基本含义，体验参与猜灯谜活动的快乐与成就感。 2. 愿意尝试编灯谜，提高概括描述事物特征的能力。	文化	社会 语言	
	【新年主题】 包饺子	1. 知道饺子是北方人过年时的传统食品，了解包饺子的方法。 2. 在动手包饺子的过程中体验劳动的成就感和新年的喜庆氛围。	文化	社会	
	美工：有趣的染纸	1. 尝试用折叠、浸染的方法染纸，体验不同折法及不同侵染部位所产生的色彩、图案的变化。 2. 感受染纸活动的神奇和乐趣，对传统艺术感兴趣。	文化	艺术	

续表

周次	活动名称	活动目标	发展课程中的领域	对应的五大领域	备注
第三周	【新年主题】写福字	1. 了解春节贴福字的美好寓意，以及福字倒贴的传说。 2. 初步尝试描写福字，感受春节即将到来的喜庆氛围。	文化	艺术	
	体育游戏：战地车游戏	1. 巩固侧滚翻、手脚着地爬等动作技能，提升身体的控制力和协调性。 2. 能积极接受挑战，体验合作后成功的喜悦。	自我	健康	详案四
	数学活动：拼摆六边形	1. 探索用三角形、梯形、菱形拼摆成六边形的多种方法，了解不同图形之间的转换关系。 2. 能专心操作，认真记录，有一定的发现问题和解决问题的能力。	自然	科学	
	语言游戏：传花接话	1. 会认真地倾听他人讲述，学习共同叙述一件事，语言清晰流畅。 2. 发展口语表达能力及叙述能力。	文化	语言	
第四周	【新年主题】送福字	1. 能够主动与人互动，将自己写的福字大方地送给社区人员，并说出祝福的话。 2. 感受送出福字和祝福的快乐心情。	社会	社会	
	【新年主题】谈话：不一样的"年"	1. 了解几个国家过年的方式，增加对多元文化的认识。 2. 能够用连贯的语句与同伴交流和分享。	文化	社会	
	【新年主题】音乐欣赏《欢庆锣鼓》	1. 体会乐曲所传递的欢乐、热烈的情绪。 2. 对节奏感兴趣，愿意模仿或创造节奏进行表演。	文化	艺术	

续表

周次	活动名称	活动目标	发展课程中的领域	对应的五大领域	备注
第四周	【新年主题】舞蹈：扭秧歌	1. 在欣赏扭秧歌活动中感受浓郁的民俗氛围。 2. 能够用自己喜欢的秧歌舞动作大胆表达对音乐的感受，动作较协调，具有一定美感。 3. 喜欢参与小组合作创编"秧歌舞"活动，感受集体创作的乐趣。	文化	艺术	
	体育游戏：捉狐狸	1. 在游戏中练习连续跳跃的动作，增强腿部力量。 2. 能控制自己的动作，有一定的耐力和坚持性。	自我	健康	
	画四季	1. 欣赏四季的美术作品，感受冷暖色调与季节的关系，丰富审美经验。 2. 大胆运用不同色彩表现春夏秋冬四个季节的主要特征。	文化	艺术	
	小小辩论会：这样的假期安排好不好	1. 在倾听中，及时捕捉有关信息，能根据对方讲话内容进行反驳和提问。 2. 能大胆、自信地表达自己对辩论话题的想法和认识。	文化	语言	
	我的假期计划	1. 能围绕"假期计划"这一主题表达自己的想法，并做出合理的计划。 2. 有一定的规划自己生活的意识，愿意按照计划做事。	自我	社会	

（二）1月活动详案

活动名称：歌唱活动《小雪花》（文化）

作品分析：

《小雪花》（江佳词曲）这首歌曲旋律优美，三拍子韵律感强，歌词浅显易懂，音域适中，适合幼儿园大班孩子演唱。

活动目标：

1. 学习演唱歌曲，感受冬天雪花飘飘所营造的美好童话意境。

2. 能用亲切柔和的声音演唱歌曲，学习运用呼吸气口、力度和音量的变化将歌曲唱得更有艺术效果。

活动准备：

经验准备：见过雪花，对雪花的形状及特点有一定了解。

物质准备：雪花图片、歌曲音乐。

活动过程：

开始部分：引入主题，感受轻柔声音萦绕的氛围

（1）进教室，听歌曲《小雪花》，跟随老师用三拍子舞步进音乐教室，双手叉腰，用脚步变化感受三拍子的强拍，如：踏空空；踏点点；踏转转。

要求：脚步轻盈，体态挺拔，三拍子脚步变化韵律明显。

（2）发声练习：幼儿听辨出主三和弦（135）的上行和下行，用手表示出雪花是往上飞还是往下落。

幼儿分成两组进行上下行的模仿唱。两组幼儿互听，能较好地连接配合。

要求：声音连贯柔和，注意气息跟随上下行音推送。

教师：声音要像雪花一样轻轻的，不要让雪花"化掉"哦！

基本部分：学习演唱歌曲《小雪花》

（1）欣赏歌曲《小雪花》。

教师：听一听，歌曲是几拍子的？（三拍子）

幼儿拍出第一拍的重拍，感受歌曲三拍子的节奏型。

（2）熟悉了解歌曲《小雪花》的歌词。

听辨出歌曲歌词。

教师提问：飘在空中？幼儿回答：像朵花。

飘在窗上？幼儿回答：变窗花。

飘在手里? 幼儿回答: 不见了。

幼儿跟随音乐朗诵歌词。(教师拿着雪花图片边打节拍边提示动作)

要求: 朗诵时声音有感情, 呼吸口统一。

(3) 学习演唱歌曲《小雪花》。

教师: 演唱时要注意呼吸气口的把握, 唱得亲切柔和、轻快些, 在力度和音量上以m、f为主, 唱得有艺术效果。

(4) 歌唱游戏: 幼儿围成一个圆两两相对手拉手, 边唱歌曲边自由做动作。

参考动作: 1~4小节, 两人面对面手拉手左右摇晃, 5~6小节两人松开手轻巧地交换位置, 7~8小节像雪花一样飞舞转身, 与新朋友面对面拉手并重复进行, 直到歌曲结束, 看自己能找到几个朋友。

教师: 雪花飘在不同的地方都有不同的样子, 你和朋友比一比, 看谁的动作更优美, 更丰富有趣。

结束部分: 综合表演

幼儿自由地在三拍子的舞步基础上边歌唱边舞蹈。

活动评价:

1. 能否有控制地用轻柔连贯的声音演唱歌曲。

2. 能否在歌唱游戏中找到三拍子的强拍, 用声音、动作表现出来。

活动延伸与扩展:

结合冬季雪的特点, 改编歌词。

(吕　霞)

详案二

活动名称: 今天是什么天气 (自然)

活动目标:

1. 能结合常见天气的特征认识天气符号。

2. 初步了解天气符号在生活中的用处, 体会天气与人们生活的关系。

活动准备:

经验准备: 对不同天气有一定的了解, 见过天气符号。

物质准备: 幻灯片课件《今天是什么天气》、天气符号、台风天气的视频。

活动过程:

开始部分: 欣赏故事, 识记书中天气信息

教师: 今天我给大家读一本有关天气的书, 叫《今天是什么天气》。请你仔细听, 并记住里面都出现了哪些天气。

基本部分：引发观察和思考，了解不同天气的特征

（1）回顾故事中关于天气的内容。

教师：图画书看完了，想一想都出现了哪些天气。

幼儿回顾天气，教师出示相应天气图片。

（2）将画面图片与天气符号对应，认识天气符号。

教师：我这里有一些表示天气的符号，猜一猜，它可能表示什么天气？为什么？

教师逐一出示天气符号，鼓励幼儿与故事书中的天气图片对应，并阐述理由。

（3）迁移所学经验，巩固对天气符号的认识。

教师：天气符号和天气图片有什么区别？（更简便）大家在哪里见过天气符号吗？我们班里有没有可以用到天气符号的地方呢？

指导与要求：为了让幼儿更好地了解风和台风，在阅读到风的时候，教师可以出示"风等级"的标志，引导幼儿了解风的等级，并播放一段台风的视频让幼儿更好地了解台风的特征。

结束部分：鼓励幼儿对天气做进一步的探究

教师：关于天气，你们还想知道些什么呢？

教师：我们一起去搜集资料，了解关于天气的更多秘密吧。

相关经验：

自然：知道天气有阴、晴、雨、雪、风等类型，知道风有不同的等级，并初步了解日常辨别的方法。

活动评价：

1. 通过幼儿的语言了解其是否能辨别各种天气符号所代表的天气状况。

2. 幼儿在表达时是否能将自己对天气符号的理解与生活相结合。

活动延伸与扩展：

1. 可以在区域中做各月份的天气统计图。

2. 进一步了解各种天气对人们生活的影响，学习恶劣天气中的自我保护方法。

（赵　湘）

> **详案三**

活动名称：美工：雪人（文化）

活动目标：

1. 了解雪人的特征，掌握雪人的基本制作方法。

2. 能运用多种材料制作雪人，体验美术创作的乐趣。

活动准备：

经验准备：有堆雪人的生活经历或看过雪人的图片、视频。

物质准备：动画片《雪孩子》，纸黏土（或超轻黏土），红豆、黑豆等各种豆子（用于制作雪人的眼睛），矿泉水瓶盖，各种颜色的彩纸、皱纹纸等，各种形状的压花，大小不同的纸盘，生活中各种废旧的大小不同的圆（如双面胶圈、透明胶圈、光盘、纸壳等），泥工板，牙签。

活动过程：

开始部分：通过动画片《雪孩子》激发幼儿对雪人的兴趣

播放动画片《雪孩子》的片段。

教师：小朋友都堆过雪人，我们来看看动画片《雪孩子》里的雪人是什么样子的。

基本部分：了解雪人的外形特征，并尝试制作雪人

（1）引导幼儿说说雪人的样子。

教师：雪人长什么样子？

（2）出示雪人范例，引导幼儿进一步观察。

教师：雪人的头是什么形状的？身体是什么形状的？雪人的头部和身体有什么区别？雪人的头上有什么？雪人身上还有什么？

（3）讨论雪人的制作方法。

教师出示并介绍制作材料。

教师：如果我们要做一个雪人可以怎么做呢？哪些材料可以做头？哪些材料可以做身体？先做什么？后做什么？

教师可以请1~2名幼儿示范关键部位的制作方法，如制作雪人头和身体材料的选择，以及雪人头和身体的连接方法等。

（4）幼儿自选材料，制作雪人。

教师：小朋友可以选择自己喜欢的材料进行制作，看谁制作的雪人有特色，跟别人的不一样。

重点指导：观察幼儿对材料的使用情况，特别关注幼儿在使用立体材料及一些废旧材料将雪人头部与身体组合连接的情况，鼓励幼儿遇到问题积极思考，主动解决。

结束部分：作品欣赏与介绍

作品介绍：鼓励幼儿大胆介绍自己的作品，说说自己是如何制作的，制作过程中遇到了哪些困难，是如何解决的。

引导幼儿欣赏同伴的作品。

相关经验：

文化：能大胆介绍自己的作品，并完整说出自己的制作过程。

活动评价：

观察幼儿是否掌握雪人的制作方法，能否灵活运用各种材料。

活动延伸与扩展：

尝试用雪人作品表现一定的情境，在布展中感受集体制作的乐趣。

资源利用：

请幼儿和家长收集生活中适宜做雪人的各种废旧材料（如圆形、球形物品）。

（谢红玉）

详案四

活动名称：体育游戏：战地车游戏（自我）

活动目标：

1. 巩固侧滚翻、手脚着地爬等动作技能，提升身体的控制力和协调性。

2. 能积极接受挑战，体验合作后成功的喜悦。

活动准备：

经验准备：有垫上游戏活动的体验。

物质准备：大小垫子各6块、起跑线、隔离墩、口哨。

活动过程：

开始部分：活动身体关节，做好准备活动

（1）带领幼儿有节奏地进行热身活动，重点进行手部、腿部、腰部的热身。

（2）在场地内听口令爬行、翻滚，教师在幼儿运动的过程中提示动作要领。

基本部分：学习多人合作的动作技能，在合作和挑战中提升控制力和协调性

游戏1——平地战地车

游戏玩法：幼儿排成两队，两人一组，第一位幼儿手脚着地爬行，另一位幼儿在第一位幼儿手脚之间侧滚翻，完成组装战地车。在战地车游戏中，两位幼儿相互配合，练习侧滚翻和手脚着地爬。

指导要点：第一，幼儿侧滚翻时小手夹紧耳朵、小腿并好伸直向侧边翻滚。第二，提示两位幼儿在配合时要尽量保持速度一致。第三，提示幼儿在合作行进中注意安全。

游戏2——山地战地车

游戏玩法：将垫子摆成有高低不同层次的山地道路，幼儿两人一组，配合的玩法同游戏1，只是路径的难度有所提高。

指导要点：第一，指导幼儿在遇到高垫子时，侧身翻滚要用上核心力量，手脚爬行要加大手脚着地的力量。第二，两位幼儿在配合时注意合作的步调速度，尽量保持一致。第三，在下坡时，提示侧滚翻幼儿注意控制自己翻滚的速度。

游戏3——战地车平地赛

游戏玩法：将全班幼儿分成两队，每队两位幼儿一组，组装好战地车（组装方法同游戏1），然后在平垫上进行比赛。

指导要点：第一，提示幼儿按照比赛的规则和要求进行，前面一组过了终点后，后一组才能出发。第二，提示幼儿注意配合，注意安全。

游戏4——战地车山地赛

游戏玩法：将全班幼儿分成两队，每队两位幼儿一组，组装好战地车（组装方法同游戏1），然后在高低不同的山地赛道上进行比赛。

指导要点：第一，提示幼儿按照比赛的规则和要求进行，前面一组过了终点后，后一组才能出发。第二，提示幼儿注意配合，注意安全。

结束部分：活动点评，放松身心，收整材料

（1）教师总结活动中的情况。

（2）同伴间相互按摩（甩甩手、捶捶腿、捏捏肩膀），放松身心。

（3）教师与幼儿一起收整材料。

相关经验：

社会：能与同伴合作完成挑战任务。

活动评价：

1. 观察幼儿在侧滚翻、手脚着地爬时的动作是否协调、熟练。

2. 观察幼儿两人配合是否协调。

（冯　霞）

1月附录

小雪花

原作：王金贵　改编：胡贵平

我是洁白、晶莹的小雪花，我从高高的云层轻轻地飘下。

我落在高山上，给高山披起美丽的白纱；

我落在屋顶上，给屋顶盖上一层闪光的银瓦；

我落在松柏上，松柏上有了大朵大朵的棉花；

我落在树杈上，枝头好像盛开着白白的梨花；

我落在麦田上，麦苗好像睡在松松的棉被下。

我落满整个大地，大地啊一片洁白，多么美丽呀！

人们啊，欢迎我吧，

我冻死病菌和虫卵，我把空气中的灰尘洗刷。

小朋友们，欢迎我吧，

我是洁白、晶莹的小雪花，我从高高的云层轻轻地飘下。

（出自《幼儿园快乐与发展课程教师教学用书　大班　上册》，

201页，北京，北京师范大学出版社，2008。）

七、3月目标与内容

（一）3月目标与周活动安排

1. 3月目标

（1）自我

①主动与他人分享自己的快乐，并学会用适当的方式来调控自己的不良情绪（深呼吸、数数、倾诉、听音乐、运动、听故事等）。

②在成人的帮助下，养成每天按时睡觉和起床的习惯。

③能独立地整理好自己床上的被褥、床单（铺平、折叠等），学习系鞋带。

④学习和同伴一起跳大绳，能与同伴相互配合，动作灵活、协调。

⑤学会做器械操，并能够掌握多种队形和队列的变化。

⑥能积极主动参与体育锻炼，为参加幼儿园体能测试做好准备。

⑦学习根据活动场地和运动器材的特点，恰当地选择运动方式，主动探索多种玩法。

⑧充分利用一日生活中能自己做事的机会，自主做出计划和决定，愿意与他人交流、讨论，完善自己的计划与决定，使自己的计划适宜集体生活。

⑨能积极主动地参加班级、年级或幼儿园、社区等组织的活动，有一定的集体荣誉感和责任感。

（2）自然

①愿意坚持每天照顾动植物，能自觉爱护动植物，懂得珍惜生命。

②能主动观察发现植物在春季的细微变化。

③在日常生活中，能通过观察、比较与分析，发现并描述不同物体的特征或某个事物前后的变化，具备主动观察和主动思考的意识与能力。

④积极参加小组学习探究，对自己感兴趣的问题愿意刨根问底，也愿意动手动脑寻找答案。

⑤能够通过推理、分析等思考方式了解一些简单的天气与自然现象间的关系，如风

与霾、雨水与雷电等。

⑥愿意与同伴交流、谈论科技生活用品在生活中的运用，能用多种形式再现使用过程。

⑦继续巩固与丰富测量经验，掌握自然测量的多种方法。学习10以内数的合成和加减运算。

（3）社会

①能细致观察并说出幼儿园或教室的变化，喜欢并快速适应新环境。

②喜欢参加模拟小课堂活动，逐步熟悉小学的环境和规则，对小学生活充满期待。

③愿意结交更多的朋友，并能与他人友好、和平相处。

④能发现朋友学会的新本领，并愿意向身边的同伴学习。

⑤愿意积极思考，与教师、同伴共同讨论新的教室规则，愿意主动维护规则。

⑥不欺负他人，也不允许别人欺负自己。

（4）文化

①知道答应他人的事就要做到，初步建立信守承诺的意识。

②积累用图形、符号、辅助材料及其他方式简单记录日常生活的经验，并用语言进行讲述。

③能主动收集本月份中的节气、节日（如三八妇女节、植树节、世界气象日等）的相关资料，了解其意义和内容，并积极参与体验活动。

④会用连贯、完整的语言看图讲述，会给故事取一个恰当的题目。

⑤欣赏、理解文学或艺术作品中所表现的事物和主题，感受作品的美感特点，了解作品的表现方法。

⑥能够大胆使用各种适宜的材料并运用多种方法（如剪、贴、折、画等）进行创作，装饰环境，美化生活。

2. 3月周活动安排

本月建议开展的活动主题：春天主题。

周次	活动名称	活动目标	发展课程中的领域	对应的五大领域	备注
第一周	与众不同的我	1. 通过观察和比较，发现自己与他人在外貌上的不同。 2. 能够积极思考并记录自己的兴趣爱好。 3. 能意识到自己的优点或特长，知道每个人都是独特的，增强自信心。	自我	健康	详案一

续表

周次	活动名称	活动目标	发展课程中的领域	对应的五大领域	备注
第一周	垫上传球游戏	1. 学习并掌握仰卧举腿、双脚夹球向后传球的动作技能。 2. 能遵守游戏规则，在游戏中表现良好的合作意识和解决问题的能力。 3. 愿意接受挑战，体验个人和团队成功的乐趣。	自我 社会	健康 社会	详案二
	纸的吸水性	1. 在对比观察中发现纸的吸水性与纸的类型有关。 2. 乐于探究，能够结合生活中的需求选择合适的纸。	自然	科学	
	数学活动：量量操场有多长	1. 在活动中大胆选择工具进行自然测量。 2. 掌握自然测量的方法。	自然	科学	
	我身边的女性	1. 了解身边的女性为自己所做的事，感受她们的爱。 2. 愿意用自己的方式表达爱与感激。	社会	社会	
	图画书阅读《吉吉和磨磨》	1. 理解故事中好朋友的不同性格特征和共同拥有的友谊。 2. 能用动作和表情表演故事中人物的不同性格。	文化	语言	
	绘画：自画像	1. 在细致观察的基础上，能用绘画的方式较细致地表现出自己的主要特征。 2. 能够运用自己喜欢的方式装饰自己的自画像。	文化 自我	艺术 健康	
	歌曲《拉拉钩》	1. 能够根据歌词用生气和愉快两种不同的情绪唱歌。 2. 感受朋友之间宽容友好的氛围。	文化 社会	艺术 社会	陈镒康作词，汪玲作曲
	美工：送给妈妈的礼物	1. 尝试运用自己喜欢的材料和方式制作送给妈妈的礼物。 2. 体验制作活动的成就感，进一步激发爱妈妈的情感。	文化	艺术	

续表

周次	活动名称	活动目标	发展课程中的领域	对应的五大领域	备注
第一周	诗歌《摇篮》	1. 熟悉诗歌内容和结构，能理解"摇篮"代表的意义。 2. 尝试根据诗歌结构大胆想象与仿编。	文化	语言	黄庆云作品
第二周	【春天主题】植树节	1. 了解植树节的由来，知道植树对环境保护的作用。 2. 萌发爱护树木，保护环境的意识。	文化	社会	
	【春天主题】歌曲《春姑娘》	1. 感受歌曲旋律，理解并熟悉歌词。 2. 用好听的声音有表情地演唱，并尝试歌表演。	文化	艺术	潘振声词曲
	【春天主题】复述故事《找春天》	1. 学习复述故事，能较完整地复述故事情节。 2. 体会故事中角色互帮互助的快乐。	文化	语言	
	我知道的民间游戏	1. 能将收集到的民间游戏的玩法介绍给同伴，语言连贯、流畅。 2. 喜欢跟同伴一起尝试玩感兴趣的民间游戏，体验民间游戏的趣味性。	文化	社会	
	我的身体	1. 初步了解身体中骨头、肌肉、关节的作用及相互之间的关系。 2. 通过操作人形玩偶，进一步了解人体的构造。	自然	科学	
	消气商店	1. 知道生气是一种正常的情绪表达。 2. 了解缓解生气情绪的多种方法，愿意用恰当的方法发泄不愉快的情绪。	自我	健康	
	体育游戏：单脚跳王国	1. 在游戏中发展耐力和单脚跳的动作技能。 2. 体验合作游戏的快乐。	自我	健康	
	这样做事快又好	1. 明白不同的做事顺序会导致不同速度的道理。 2. 愿意学习调整做事的方法，努力使事情做得又快又好。	社会	社会	

续表

周次	活动名称	活动目标	发展课程中的领域	对应的五大领域	备注
第二周	美工：风筝飞满天	1. 感知风筝造型、纹样的对称美。 2. 理解对称的含义，能运用对称的特点装饰风筝。 3. 初步了解中国传统纹样的寓意，感受中国优秀传统民俗文化的艺术美。	文化	艺术	详案三
	歌曲《爱护小树苗》	1. 掌握切分音的唱法，能够用着急和愉快两种不同的情绪表现歌曲。 2. 有爱护小树苗的意识。	文化	艺术	朱洪湘词曲
第三周	【春天主题】玉兰花的一生	1. 愿意分享一段时间里玉兰的统计记录表，感受玉兰树开花与温度的关系。 2. 初步了解玉兰从长芽苞到花开、花落的周期及特点。	自然	科学	
	【春天主题】图画书阅读《小种子》	1. 了解小种子的生命周期和生存条件。 2. 知道小种子成长的艰辛历程，萌发爱护植物、关爱自然的情感。	自然	科学	
	【春天主题】歌词改编《春天在哪里》	1. 理解歌曲内容，会唱歌曲，并能够结合已有经验尝试改编部分歌词内容。 2. 感受歌曲中所传递的快乐心情。	文化	艺术	望安作词，潘振声作曲
	【春天主题】春分竖蛋	1. 知道春分是中国二十四节气之一，感受春分节气的特点。 2. 体验春分竖蛋的习俗，感受优秀传统文化的有趣。	文化	社会	
	抛接球游戏	1. 掌握合作抛接球的动作技能，初步学会合作抛接球。 2. 能够发现和同伴合作抛接球中的问题，并有意识地进行调整，体验合作的成就感。	自我	健康	

续表

周次	活动名称	活动目标	发展课程中的领域	对应的五大领域	备注
第三周	变脸娃娃	1. 知道情绪有不同，不同情绪会有不同的表情。 2. 在相互分享和交流中，学习让情绪变好的方法。	自我	健康	
	数学活动：凑钱游戏	1. 在操作中认识人民币的不同面值，感受货币之间的换算关系。 2. 在凑钱游戏中感受数学与生活的关系。	自然	科学	
	我是家中小主人	1. 乐于分享自己做家务劳动的体验和经历。 2. 感受做家务劳动的光荣与自豪。	社会	社会	
	自制风中玩具	1. 能运用适宜的材料制作风中的玩具，愿意想办法解决问题。 2. 在制作玩具的过程中能分工合作，体验共同完成任务的成就感。	文化自然	科学	详案四
	图画书阅读《不要随便欺负我》	1. 理解故事内容，学习拒绝他人的不合理要求。 2. 愿意跟同伴讨论、分享更多受到欺负时的解决办法。	社会	社会	
第四周	【春天主题】写生：玉兰花	1. 在观察、感知的基础上尝试表现玉兰花的基本特征。 2. 能熟练使用写生绘画工具，积极参与写生活动。	文化	艺术	
	体育游戏：移动的靶子	1. 学习单手肩上投掷，锻炼上肢力量，提高移动、掷准能力。 2. 体验投掷游戏的乐趣。	自我	健康	
	小小安全员	1. 了解生活中容易发生危险的场所和行为，知道其危害。 2. 知道防止危险发生的方法，具备必要的安全意识。	自我	健康	

续表

周次	活动名称	活动目标	发展课程中的领域	对应的五大领域	备注
第四周	地球一小时	1. 知道"地球一小时"活动的时间、目的和基本内容，萌发保护地球的责任感。 2. 愿意与同伴交流、讨论更多保护地球的方法，愿意积极参与到爱护环境的活动中来。	社会 自然	社会 科学	
	续编故事《狐狸发现一个蛋》	1. 理解故事内容，能用语言描述狐狸的形象特征和心情。 2. 能用连贯的语言续编故事。 3. 喜欢续编故事，感受小组合作续编故事的乐趣。	文化	语言	详案五
	超市游戏	1. 在超市游戏中能正确运用10以内的合成与分解，进行付款与找零。 2. 感知数学与生活之间的关系，体验购物游戏的快乐。	自然	科学	
	家用电器好处多	1. 知道常见家用电器的名称、特征及用途。 2. 感知家电给人类带来的方便，为科技的进步和人类的发明而自豪。	自然	科学	
	环保小卫士	1. 了解乱扔垃圾给人们生活带来的危害。 2. 愿意参与保护环境的活动，具有初步的环保意识。	自然 社会	科学 社会	
	绘画：未来汽车	1. 能大胆想象并表达自己对未来汽车的设想与构思。 2. 能在观察的基础上，运用线条表现自己设计的汽车形状、特征及功能。	文化	艺术	
	歌唱活动：数一数	1. 能借助图谱理解并记忆歌词，学会演唱歌曲。 2. 能用自然好听的声音唱准休止和动物名称。 3. 探索歌曲中"呀"的演唱位置和语气，体验歌唱活动的乐趣。	文化	艺术	详案六

（二）3月活动详案

详案一

活动名称：与众不同的我（自我）

活动目标：

1. 通过观察和比较，发现自己与他人在外貌上的不同。

2. 能够积极思考并记录自己的兴趣爱好。

3. 能意识到自己的优点或特长，知道每个人都是独特的，增强自信心。

活动准备：

经验准备：对自己与同伴在外貌方面的特点有所关注和了解。

物质准备：

1. 收集幼儿的照片。

2. "我做得最棒的事"和"我的最爱"记录表，幼儿每人一份。

3. 小黑板一块，背景音乐。

活动过程：

开始部分：观察幼儿的照片，发现每个人在外貌方面的不同

教师：今天，老师这里有很多小朋友的照片，请你们来看看都是谁。

教师依次出示幼儿照片，请幼儿说出同伴的名字。

教师：小朋友看着自己的照片说一说，你有哪些外貌特点？

小结：原来每个人都有长得跟别人不一样的地方，有的眼睛大，有的眼睛小；有的头发长，有的头发短；有的肤色白，有的肤色黑；有的高一点，有的矮一点……

基本部分：引导幼儿思考自己与他人在爱好、特长等方面的不同

教师：除了外貌之外，我们还有哪些方面跟别人不一样呢？

引导幼儿关注自己与他人在名字、衣服、爱好、特长等方面的不同之处。

教师出示记录表："我做得最棒的事"：请幼儿在大拇指形状的表上画出或写出自己做得最棒的事情；"我的最爱"：请幼儿在思考和调查的基础上，完成三个小朋友（包括自己）的记录。

幼儿填表，教师有针对性地指导。

结束部分：发现每个人都有与众不同的地方

请幼儿将"我做得最棒的事"贴到小黑板上。

一起欣赏并表扬小黑板上每个人做得最棒的事情，同时鼓励幼儿学习同伴做得好的事情。

请幼儿介绍"我的最爱"记录表，从中发现每个人的兴趣爱好各不相同。

相关经验：

社会：在填写记录表的过程中，能够大胆、有礼貌地对同伴或老师进行调查采访。

文化（美术）：能用绘画或文字的形式完成两个记录表。

文化（语言）：能够条理清楚地回答问题、介绍自己的调查结果，表现出一定的语言表达能力。

活动评价：

1. 通过幼儿的语言和记录表，了解幼儿是否能发现自己与他人在多方面的不同之处。

2. 在分享自己做得最棒的事情时，可以通过幼儿的表情、语调等，了解幼儿是否具有较强的自我悦纳和自信心。

活动延伸与扩展：

1. 继续思考和记录自己在性格、爱好、特长等方面的其他特点，做成个人小档案："与众不同的我"。

2. 分享彼得·史比尔的《人》一书，让幼儿了解世界各国人民之间的异同。

我做得最棒的事

"我的最爱"记录表

姓名	最爱吃的食物	最爱玩的玩具	最爱看的书

（鞠　亮）

详案二

活动名称：垫上传球游戏（自我、社会）

活动目标：

1. 学习并掌握仰卧举腿、双脚夹球向后传球的动作技能。

2. 能遵守游戏规则，在游戏中表现良好的合作意识和解决问题的能力。

3. 愿意接受挑战，体验个人和团队成功的乐趣。

活动准备：

经验准备：会跟随音乐做热身操；有过其他垫上游戏活动的经验。

物质准备：垫子、音乐、球、球筐。

温馨提示：幼儿穿着宽松的运动服装，扎辫子的女孩尽量不扎在后脑勺，扎在两边，以免影响运动。

活动过程：

开始部分：热身活动

（1）教师带领幼儿在音乐伴随下有节奏地进行热身活动。

（2）垫上游戏：抢"站"先机。

游戏玩法：将垫子摆放在场地内，幼儿分散站在垫子周围，跟随音乐自由选择在垫子的周围进行走或跑。当音乐停止时，幼儿按照教师的人数限制规则，快速站到垫子上不动，没站上垫子的幼儿淘汰出局。

指导要点：第一，提醒幼儿认真倾听，跟随音乐调整自己的速度和动作。第二，肯定幼儿的规则意识，提示幼儿注意安全。

基本部分：垫上传球游戏

初级游戏：单人夹接球，探索并掌握夹接球的动作要领。

游戏玩法：幼儿躺在垫子上，脚夹住球，将脚抬起，用双手接住球。

指导要点：第一，指导幼儿动作到位：双脚夹紧球，将腿抬起，抬至双手可以接到的位置，平稳接球。第二，提示幼儿双手接住球，不要让球砸到脸。

幼儿分散游戏，教师巡回观察与指导，需要时与幼儿讨论怎样解决在游戏中球容易掉的问题，之后进一步练习，提升动作经验。

（2）进阶游戏：双人夹接球，巩固动作技能，探索合作经验。

游戏玩法：两名幼儿自由组合，头脚相连，用脚夹球相互传递完成活动。

指导要点：第一，引导并提醒幼儿相互商量、配合，完成活动。第二，鼓励幼儿自行解决合作中的问题。第三，提示幼儿注意安全，教师在场地内巡回指导，随时指导幼儿的动作。

（3）对抗游戏：多人夹接球，挑战心理和身体，获得多方面经验。

游戏玩法：幼儿分成两队，头脚相连，每队五个球，相互配合，用脚夹球传递动作完成活动。

指导要点：第一，鼓励幼儿协商、动脑筋解决合作中的问题。第二，提示幼儿调整心态，注意安全。第三，教师巡回指导，及时提示。

结束部分：活动点评，放松身心，收整材料

教师点评活动中的情况，师生共同总结垫上夹球、控制球的要领。

带领幼儿做放松动作并绕场一周，放松身心。

教师与幼儿一起收垫子。

活动评价：

1. 观察幼儿的动作，判断幼儿是否掌握仰卧举腿、双脚夹球向后传球的动作技能。

2. 观察幼儿是否能和同伴合作完成双脚传球的任务。

3. 在双人和多人游戏中，观察幼儿在遇到问题时能否和同伴友好协商解决问题，完成合作游戏。

4. 观察幼儿的表情、动作等，判断其是否积极快乐地参与垫上游戏。

（徐　超）

　　详案三

活动名称：美工：风筝飞满天（文化）

活动目标：

1. 感知风筝造型、纹样的对称美。

2. 理解对称的含义，运用对称的特点装饰风筝。

3. 初步了解中国传统纹样的寓意，感受中国优秀传统民俗文化的艺术美。

活动准备：

经验准备：有放风筝的经历，知道什么是对称图形。

物质准备：电子白板课件，各种笔（水彩笔、珠光笔、荧光笔、彩色铅笔等），空白风筝模面，各种图案模板（左右方向各若干套），垫板，胶棒，剪刀。

活动过程：

开始部分：了解风筝对称装饰的方法，感受风筝的对称美

（1）播放幼儿放风筝的录像，引发幼儿谈话兴趣。

教师：你们还记得我们一起去操场放风筝的事吗？

（2）欣赏各种风筝，发现风筝的对称特点。

教师在白板上出示各种风筝图片，引导幼儿观察。

教师：小朋友们刚刚在欣赏时都有什么发现？（鼓励幼儿表达）

这些风筝都有什么共同的地方呢？（引导幼儿关注风筝的左边和右边的形状大小、颜色、图案、位置都是一样的）

（3）如果请你把风筝分成相等的两部分，怎么分？（可以请幼儿上来分割，初步感知对称的特点）

基本部分：观察风筝纹样装饰特点，了解中国传统纹样的寓意

（1）观察风筝纹样的特点，了解寓意，认识名称。

图一：求福风筝。

教师：风筝上有什么图案？为什么把蝙蝠画在上面？你们猜一猜，这样的图案有什么寓意？

小结：蝙蝠因与"遍福""遍富"谐音，是象征"福"的图案。所以这样的风筝叫"求福风筝"。

图二：喜庆风筝。

教师：风筝上有什么图案？为什么要画这样的图案？有什么寓意？

小结：最常见的是鸳鸯和喜字的图案，表达人们美好、愉快、幸福的心情。所以这样的风筝叫"喜庆风筝"。

图三：吉祥风筝。

教师：风筝上有什么图案？你们还在什么图片上看到过鲤鱼、龙、莲花这些图案？

小结：这是一只具有年画特点的风筝。红鲤鱼、龙、莲花在我们中国代表着吉祥、富裕，人们把对生活的美好愿望画在风筝上，希望年年有余，生活一天比一天好。所以这样的风筝叫"吉祥风筝"。

图四：长寿风筝。

教师：风筝上有什么图案？你们还在什么图片上看到过这些图案？

小结：人们都希望健康长寿，所以用寿桃、寿星等图案表示对长辈、老人的祝福。这样的风筝叫做长寿风筝。

（2）风筝拼图游戏，进一步感受对称的含义，加深对中国传统纹样寓意的理解。

游戏一：拼风筝（出示四只左右造型不对称的风筝）。

教师：现在我们玩一个游戏叫"拼风筝"，这里的风筝拼乱了，看一看谁能拼摆好。

游戏二：找朋友（出示两排造型是三角形的半只风筝，根据纹样在下一排找到另一半）。

关键提问：看看这些风筝有什么特点。谁能根据纹样的特点给第一排的风筝找到朋友？

游戏三：找错误（出示一只左右图案不对称，花纹位置不一致的风筝）。

关键提问：这是老师绘制的一只风筝，你们看看漂亮吗？为什么？

请幼儿调整花纹的位置，达到对称。

游戏四：完形填空（出示一只左面有图案，右面空白的风筝，在背景上散放与左面一样的图案）。

关键提问：这是一个只有一半图案的风筝，请小朋友根据左边的图案，填画出右边的图案。

引导重点：指导幼儿在游戏中进一步理解图案对称的含义。

结束部分：装饰风筝

（1）教师提供难易程度不同的风筝纸样，幼儿自由装饰。

教师：刚才我们一起认识了许多类型的风筝，你们可以用自己喜欢的图案、花纹对称画出不同寓意的风筝。

（2）幼儿装饰风筝。

播放《又是一年三月三》的音乐，幼儿边听音乐边装饰风筝。

一部分幼儿根据老师提供的多种花纹，自由拼摆，装饰自己的风筝并涂色；一部分幼儿绘画。教师观察指导。

指导重点：鼓励幼儿运用中国传统纹样或自己喜欢的图案对称装饰风筝，能说出自己设计的风筝有什么寓意。

相关经验：

自然：在游戏拼组图片中发展对细节的观察能力。

活动评价：

1. 通过风筝拼图游戏和幼儿的风筝装饰作品，了解幼儿是否理解对称的含义并能运用。

2. 通过观察幼儿在活动中的专注程度和在装饰过程中的表现了解幼儿对传统民俗文化是否有兴趣。

活动延伸与扩展：

制作风筝纹样三部卡，供幼儿在区域中操作。

（张　铃）

详案四

活动名称：自制风中玩具（文化、自然）

活动目标：

1. 能运用适宜的材料制作风中的玩具，愿意想办法解决问题。

2. 在制作玩具的过程中能分工合作，体验共同完成任务的成就感。

活动准备：

经验准备：有玩风车、降落伞、风筝、风向标的经历；分风车组、降落伞组、风筝组、风向标组设计的风中玩具设计图。

物质准备：风车、降落伞、风筝、风向标成品；教师和幼儿一起收集的低结构材料，如纸张、纸盘、纸杯、吸管、雪糕棒等；胶带、胶条、剪刀、订书器等。

活动过程：

开始部分：各组结合设计图，介绍收集的材料

幼儿自行分成风车组、降落伞组、风筝组、风向标组，并把收集的材料放在一起。

每组选一个代表结合前期绘制的设计图介绍本组收集的材料。

基本部分：幼儿根据本组的设计图进行制作活动

每组根据自己的设计图，利用收集的材料进行制作。

教师观察指导，当幼儿出现制作困难时，教师可以引导幼儿观察成品或其他幼儿的制作方法，交流制作经验。

关键提问：你可以看看做好的玩具，也可以看看别人是怎么做的。你可以问问他是怎样解决这个问题的。请你试一试还有没有其他更好的方法。

指导重点：引导幼儿尝试选择使用适宜的材料，引导幼儿探索发现适宜的连接工具和方法。

结束部分：分享制作的玩具

每组派出一个代表介绍玩具。

关键提问：你们在制作当中遇到什么困难？是怎么解决的？小组是怎样分工合作的？

相关经验：

文化（美术）：能熟练使用美术工具。

活动评价：

1. 通过观察幼儿选择材料、制作过程及作品的完成程度和精美程度，判断幼儿能否运用适宜的材料，以及能否解决制作过程中的问题完成作品。

2. 通过幼儿与同伴之间的对话及分工情况，了解幼儿的合作能力与水平。

活动延伸与扩展：

1. 在区域中继续提供材料，供幼儿继续制作或加工改造已有的作品。

2. 带领幼儿到户外玩自己制作的玩具。

（赵　湘）

详案五

活动名称：续编故事《狐狸发现一个蛋》（文化）

活动目标：

1. 理解故事内容，能用语言描述狐狸的形象特征和心情。

2. 能用连贯的语言续编故事。

3. 喜欢续编故事，感受小组合作续编故事的乐趣。

活动准备：

经验准备：有续编故事的经验；对"蛋"有初步的了解。

物质准备：纸张、笔、故事图片。

活动过程：

开始部分：以图片展示，激发幼儿的兴趣

教师：今天咱们一起来说一种动物，它常常出现在我们的故事中（出示狐狸的图片）。

你们听过哪些关于狐狸的故事呢？你觉得故事中的狐狸是什么样的？

重点：

第一，教师引导幼儿用连贯的、完整的语句表达自己的想法，及时表扬和肯定幼儿用的一些恰当的词语。

第二，和幼儿一起梳理提炼表征狐狸典型形象特征的词语，如狡猾、聪明、漂亮、主意多、爱撒谎等。

基本部分：引出故事开头，引导幼儿小组合作续编故事并分享

（1）教师讲述故事的开始部分，引导幼儿想象狐狸发现蛋后的心情，激发幼儿的创造性表达。

教师：今天老师想跟小朋友讲一个关于狐狸的故事，我们一起来听听吧。（讲述开始部分）

"有一只狐狸肚子饿了，到处找东西吃。他来到河边的草丛里，东翻翻，西找找，竟然发现了一个蛋……"

教师：你们觉得狐狸发现的是一个什么蛋呢？接下来可能出现什么样的故事情节、故事结尾呢？如果你是一只很狡猾、聪明、又会想主意的狐狸，你会怎么做呢？

（2）教师引导幼儿小组合作续编故事，讨论小组合作续编注意的问题。

教师：狐狸发现一个蛋后，接下来会有什么事情发生？每个小朋友都可能会编出不一样的故事，老师今天希望你们能够分小组合作，编出更加有意思、让人意想不到、离奇有趣的故事，你们愿意试试吗？

教师：小组合作编故事时我们应该注意些什么呢？

● 创编故事的结构：要有故事的开头、故事情节经过、故事的结尾。

● 既要大胆想象表达自己的想法，也要认真倾听并采纳他人的创编思路，把每个人的想法试着编进去。

● 续编的故事以绘画的形式记录下来。

（3）教师指导幼儿进行小组续编。

重点指导：友好地和同伴沟通交流，更合理的续编故事情节，用更恰当的词汇来表达，续编时绘画尽量简单。

（4）交流和分享。

每组小朋友逐一上前讲述自己小组续编的故事。

结束部分：肯定鼓励幼儿的表现，对下次续编提出期待

教师小结：今天大家合作得很好，希望下次我们能够续编更多有意思的故事。

相关经验：

社会：在小组合作过程中，能够倾听和接受别人的意见。

活动评价：

1. 观察幼儿在活动中的表情、神态以及参与活动的状态，了解幼儿是否对创编故事有兴趣。

2. 观察每个幼儿是否都能表达自己的想法，语言是否连贯，意思表达是否明确。

活动延伸：

活动后继续给幼儿讲述《狐狸爸爸鸭儿子》。

（黄　蕊）

详案六

活动名称：歌唱活动：数一数（文化）

作品分析：

《数一数》的歌词具有绕口令的特点，内容生动有趣，符合大班幼儿的年龄特点。本次活动在演唱的同时增强了歌曲学习的趣味性和挑战性，丰富了演唱的形式。

活动目标：

1. 能借助图谱理解并记忆歌词，学会演唱歌曲。

2. 能用自然好听的声音唱准休止和动物名称。

3. 探索歌曲中"呀"的演唱位置和语气，体验歌唱活动的乐趣。

活动准备：

经验准备：幼儿学唱过歌曲《数一数》，初步了解图谱表达的意思。

物质准备：歌谱，歌曲《数一数》录音，图谱一份，椅子。

活动过程：

开始部分：

（1）师生问好。

```
1=C-E  2/4    | 1 2 3 4 | 5   -   | 5 4 3 2 | 1  - ‖
        师：  小 朋 友们  好!    幼： X 老师您  好!
```

（2）发声练习。

　　用《山谷回音真好听》的歌曲旋律来练习元音"a""u"，如将歌曲中"啊"的词替换成"唔"来演唱，为学新歌做准备。

基本部分：

1. 熟悉歌曲旋律与节奏，在图谱的帮助下记忆歌词。

①播放歌曲录音《数一数》，借助图谱熟悉歌词内容。

教师：我带来了一首新的歌曲《数一数》，请小朋友们仔细听！

教师：从歌曲里你听到了什么?（教师跟随幼儿说的歌词内容出示图谱）

②教师清唱或播放歌曲，幼儿再次听歌曲。

教师：除了刚才说的，你还听到了什么?

教师跟随幼儿说到的内容完整无序呈现图谱，帮助幼儿记忆歌词内容。

③引导幼儿完整有节奏地说准歌词，记忆歌词。

教师：哪句先唱哪句后唱呢?（请幼儿用图谱给歌词内容排序）

教师：这首歌的歌词是绕口令，有点拗口。我们一起试试有节奏地说一说。

　　重点：引导幼儿区分"虎""鹿""兔""猪""鼠"的发音，注意咬字清楚。

　　（2）学唱歌曲。

　　①幼儿跟着音乐看图唱歌。

　　先播放歌曲，幼儿跟着学唱。

　　教师：你在演唱这首歌曲时，遇到了什么困难？（可能的困难：歌词唱不清楚，小动物在什么地点容易唱混，最后一句有点拗口等）

　　对于有困难的地方，可以老师弹琴幼儿演唱，帮助幼儿不断熟悉。

　　②探索图谱中"小圆点"的秘密，发现小圆点与歌曲中语气词"呀"的关系。

　　教师：小朋友们有没有发现，我们的图谱里除了提示小动物所在地点的图片外，还有什么标记？（引出小圆点）

　　教师：图谱中小圆点为什么会出现在这里？它有什么作用呢？

　　再次根据图谱提示来演唱歌曲，并准确表现语气词"呀"的位置，声音自然好听。

结束部分：

　　（1）从慢速到快速不断巩固演唱歌曲，增加演唱的难度和趣味。

　　（2）丰富歌唱的形式，尝试分组唱。

相关经验：

　　文化（语言）：能够发准"虎""鹿""兔""猪""鼠"等字的音，流畅、清晰地唱准歌词。

活动评价：

　　1. 听幼儿的演唱，了解其是否能用自然好听的声音唱准休止和动物名称。

　　2. 观察、倾听幼儿是否能唱准歌曲中"呀"的位置，是否能完整演唱歌曲。

（王伟莹）

八、4月目标与内容

（一）4月目标与周活动安排

　　1. 4月目标

　　（1）自我

　　①在成人的帮助下，学会接受自己的优点和不足。

　　②有保护眼睛的意识，知道握笔、阅读姿势以及光线强弱和保护眼睛之间的关系。

　　③会连续跳绳5个以上。

　　④通过做值日、照顾动植物以及参与简单的劳动等，增强自理、自立的意识和能力。

　　⑤自主、自信地参加阅读节活动，体验阅读的快乐。

⑥积极主动参与体育锻炼，为参加幼儿园体能测试做好准备。

⑦了解有关春季传染病的预防方法，有预防疾病的意识。

⑧知道常用的求救电话，强化安全意识。

⑨在远足、春游、踏青等活动中锻炼意志品质，巩固出行中的安全意识和能力。

⑩在集体中学会与他人合作制订和执行计划，有集体意识和责任意识。

⑪感受帮助他人和集体的同时会给自己带来快乐。

（2）自然

①了解水生、陆生、两栖动物以及阔叶、落叶、针叶植物的相同点和不同点，对探究动植物有兴趣和好奇心。

②能持续性地观察春季里的气候变化、气候特点以及动植物的生长变化，乐于用自己喜欢的方式进行记录与分享。

③愿意制订春游计划以及科学实验中的探究计划，根据自己制订的计划去准备材料，敢于实验、主动验证，具有良好的探究意识和能力。

④认识电的两极，愿意探究与电有关的知识，了解电与生活的密切关系，知道并愿意提示身边的人节约用电。

⑤学习比较不同材料（如纸、塑料、玻璃、金属等）之间的功能、作用方面的差别，能较深入地了解物质材料的特性及其与人类生活之间的密切关系。

⑥学习编10以内加、减法应用题，能发现数学和生活之间的联系，体验用数学解决问题的乐趣。

（3）社会

①知道世界读书日的相关知识，了解幼儿园阅读节系列活动的内容，能积极主动参与到各项活动中，并能够遵守活动的规则。

②了解图书馆的相关知识，知道在图书馆借书的流程和规则，喜欢借阅图书。

③懂得爱惜自己和别人的物品。

④能与周围的人积极交往，乐群合作，有良好的人际关系。

（4）文化

①知道诚实守信是中华民族的传统美德，在日常生活中努力做到信守承诺。

②能主动收集与本月份节气、节日（如清明节、世界地球日等）等相关的资料，了解其意义和内容，并积极参与体验活动。

③在阅读活动中丰富自己的阅读经验，积极参与各种阅读节活动（故事讲述、故事表演、经典图书分享、图书漂流等），享受阅读的乐趣。

④丰富自己对自然、生活中各种事物的认识，能尝试将自己对事物的认识、情感表达出来，创作有情节的作品。

⑤欣赏、理解文学或艺术作品中所表现的事物和主题含义，感受作品的特点，了解作品的表现方法。

⑥愿意欣赏故事、诗歌、散文、木偶剧、动画片、皮影戏、小歌剧、京剧等文学或艺术作品，并说出自己的感受。

2. 4月周活动安排

本月建议开展的活动主题：阅读节主题、春游主题。

周次	活动名称	活动目标	发展课程中的领域	对应的五大领域	备注
第一周	【阅读节主题】参观图书馆	1. 了解图书馆的环境、借还书的流程以及阅览规则。 2. 参观过程中能够认真观察、大胆提问互动，发展观察和思考能力。 3. 感受图书馆中浓厚的阅读氛围，增强阅读的兴趣和积极性。	社会	社会	
	体育游戏：特种兵	1. 通过搬运物品、垒碉堡、投掷等活动，发展上臂掷远、掷准的能力。 2. 在游戏中发展团队合作的能力。	自我	健康	
	给植物搬新家	1. 在观察和实践中学习移植方法，并掌握移植工具的用法。 2. 萌发坚持照顾植物的责任感。	自然	科学	
	架纸桥	1. 能尝试搭建一座比较坚固的纸桥，体验成就感。 2. 能仔细观察、发现问题并积极尝试解决问题。	自然	科学	详案一
	数学活动：自编加法应用题	1. 了解自编应用题的三要素（一件事情，两个数字，一个问题），初步掌握编题的方法。 2. 能够根据画面或生活情境创编简单的加法应用题。	自然	科学	
	有趣的电游戏	1. 通过自主探究，发现水果、蔬菜导电的秘密。 2. 乐于参与科学小实验，对电的游戏感兴趣。	自然	科学	

续表

周次	活动名称	活动目标	发展课程中的领域	对应的五大领域	备注
第一周	辩论：晴天好还是雨天好	1. 能大胆、清楚地表述喜欢或不喜欢晴天、雨天的观点，对辩论活动感兴趣。 2. 能遵守轮流发言、举手示意、有序抢答等基本的辩论规则。	文化 自然	语言 科学	
	【阅读节主题】 故事创编：兔子和乌龟的第二次赛跑	1. 能积极参与故事创编，故事情节符合一定的逻辑。 2. 能倾听他人的想法，尝试合作创编故事。 3. 能用适宜的方式表现和记录故事内容。	文化	语言	详案二
	【阅读节主题】 图画书阅读《清明节》	1. 通过图书了解清明节的传统习俗、节气知识、节日饮食等相关内容。 2. 对传统节日文化感兴趣。	文化	社会	
	歌唱活动：茶山对歌	1. 感受歌曲欢快的情绪，体验对歌的乐趣。 2. 能结合生活经验创编出符合原歌曲结构的歌词，体验合作创编的成就感。	文化	艺术	详案三
第二周	【春游主题】 制订春游计划	1. 能够结合自己的生活经验，列出春游中需要准备的物品清单。 2. 能够通过讨论明晰自己所列清单的合理性，提高合理规划的能力。	自我	社会	
	【春游主题】 春游物品采购	1. 能按照春游采购计划到超市中寻找，购买相应的物品。 2. 进一步加深对货币的认识，体验购物活动的乐趣。	自然	科学	
	保护眼睛	1. 了解眼睛的结构特点以及近视眼的成因。 2. 学习保护视力的方法，养成良好的用眼卫生习惯。	自我	健康	

续表

周次	活动名称	活动目标	发展课程中的领域	对应的五大领域	备注
第二周	幼儿园生日快乐	1. 在了解幼儿园园史的基础上，感知幼儿园的发展与变化历程。 2. 积极参与幼儿园生日庆祝方案的讨论，愿意用自己的行动表达对幼儿园的生日祝福与感恩之情。	文化	社会	
	多变的三角形	1. 学会观察重叠图形，感知图形的共用边，巩固对三角形的认识。 2. 发展图形观察及图形感知能力。	自然	科学	
	【阅读节主题】 图画书阅读《鱼就是鱼》	1. 进一步了解青蛙的发育过程，发现鱼类和两栖动物不同的生存条件。 2. 理解故事生动有趣的情节，能大胆表达自己的见解与想法。	文化 自然	语言 科学	
	【阅读节主题】 儿童诗《天上一家人》	1. 理解诗歌内容，能够有感情地朗诵儿童诗。 2. 想象和感受诗歌所表达的意境，感受语言的优美和表现力。	文化	语言	诗歌 见附录
	【春游主题】 歌表演《春天在哪里》	1. 积极体验和有创意地表现对歌曲的感受。 2. 在表演和与他人交流的过程中体验创造、表现与合作的乐趣。	文化	艺术	
	送给幼儿园的礼物	1. 根据幼儿园生日庆祝方案的内容，尝试用自己喜欢的方式制作送给幼儿园的生日礼物。 2. 能完整、流畅的介绍自己制作的礼物，表达对幼儿园的热爱之情。	文化	社会 艺术	
	美术欣赏 《春如线》	1. 感知和欣赏画面中点、线、面构图的动态形式美。 2. 能用语言、肢体动作大胆表达自己对作品的理解。 3. 感受彩墨画的意境美，体验艺术欣赏活动的乐趣。	文化	艺术	详案四

续表

周次	活动名称	活动目标	发展课程中的领域	对应的五大领域	备注
第三周	【阅读节主题】21天阅读计划	1. 了解21天阅读计划表的内容及填写要求。 2. 愿意与父母在21天时间内坚持每天阅读，并简单画出阅读感受。 3. 在坚持中养成爱读书的好习惯和克服困难完成任务的毅力。	文化社会	语言社会	
	【阅读节主题】漂亮的蝴蝶页	1. 通过欣赏不同类型图画书的蝴蝶页，发现蝴蝶页与故事内容之间的关系。 2. 能够根据自己或小组制作的图画书的内容设计适宜的蝴蝶页，享受设计、创作的乐趣。	文化	艺术	
	【阅读节主题】制作书签	1. 了解书签的用途、特点以及制作方法。 2. 能够大胆想象并设计书签，体验自主设计、制作书签的成就感。	文化	艺术	
	【阅读节主题】图画书阅读《肚子里的火车站》	1. 理解图画书内容，认识人体消化系统主要器官的名称及其功能，了解食物在人体内的消化过程。 2. 愿意选择健康的食物，具有初步的健康饮食的意识。	自我自然	健康科学	
	体育游戏：过桥摘桃子	1. 能够大胆尝试并快速通过不同难度的桥。 2. 在游戏中发展平衡能力和克服困难的勇气。	自我	健康	
	数学活动：减法的故事	1. 认识"－"的符号，借助故事情境和操作材料初步理解"减法"的含义。 2. 能够结合操作材料和生活经验，用"拿走了""现在还剩下多少"等语言创编减法故事。 3. 在创编活动中感受数学与生活的关系。	自然	科学	详案五

续表

周次	活动名称	活动目标	发展课程中的领域	对应的五大领域	备注
第三周	【阅读节主题】成语故事表演	1. 在理解成语故事内容的基础上，进一步熟悉故事中不同角色的台词及性格特征。 2. 喜欢参与故事表演，体验表演活动的乐趣及同伴合作的成就感。	文化	语言	
	【阅读节主题】散文《春雨的色彩》	1. 理解散文内容，知道春雨对万物生长的作用。 2. 感受散文诗的语言美和意境美。	文化	语言	作者：楼飞甫、黄云生
	音乐游戏：小露珠1	1. 在游戏中感知曲式结构，熟悉乐曲旋律，感知音乐美妙的意境。 2. 能合拍地表现小露珠在不同乐段中的动作。 3. 喜欢和同伴共同游戏，体验音乐游戏的乐趣。	文化	艺术	
	【春游主题】春游趣事	1. 能生动地再现春游中快乐的事情，并大胆在集体中分享。 2. 在交流和创作过程中再次感受春游的快乐时光。	文化	艺术语言	
第四周	【阅读节主题】图画书阅读《如何做一本书》	1. 通过阅读图画书，初步了解一本书的制作过程。 2. 感知图书创作过程的不易，增强爱护图书、用心阅读的意识。	文化	语言	
	【阅读节主题】自制图画小书	1. 尝试通过同伴合作的方式将自编故事画下来，制作成一本图画书。 2. 加深对图画书创作流程的认识，发展想象力、动手制作以及分工合作的能力。	文化	艺术	
	讲卫生不得病	1. 了解传染病主要的传播途径和相关的预防方法。 2. 愿意向小班弟弟妹妹介绍预防疾病的方法。 3. 知道预防疾病的重要性，增强自我保护的意识。	自我	健康	

续表

周次	活动名称	活动目标	发展课程中的领域	对应的五大领域	备注
第四周	我演你猜	1. 能够尝试运用身体动作表现不同职业的特点。 2. 能用语言表达对同伴所表演职业的猜想。 3. 喜欢参加猜词游戏，愿意在集体面前大方地表现自己。	社会 文化	社会 语言	
	数学活动：等分	1. 理解四等分概念，知道等分后部分图形与整体图形之间的关系。 2. 敢于主动尝试多种等分方法，并积极表达自己的发现。	自然	科学	
	歌曲《小鸟落落》	1. 感受歌曲优美、活泼的情绪，激发爱鸟的情感。 2. 体验休止符轻而稳的特点以及旋律的起伏。	文化	艺术	范江作词，朱加华作曲
	韵律活动：小露珠2	1. 在熟悉音乐旋律与结构的基础上，尝试与同伴合作完成单圈平移交换舞伴的动作。 2. 体验并享受和同伴互动舞蹈的乐趣。	文化	艺术	
	【阅读节主题】图画书阅读《狼狼》	1. 能细致观察画面，理解故事内容。 2. 感知故事人物在情节变化过程中的情感转变、心理变化，发展同理心。	文化	语言	详案六
	【阅读节主题】续编故事《小兔为什么回来晚了》	1. 能根据故事的开头和结尾大胆想象，编出故事的主要情节。 2. 能小组协商表演创编的情节，表演时表达清楚、连贯，表现大方、自信。 3. 感受小组合作创编故事的乐趣与成就感。	文化	语言	详案七

续表

周次	活动名称	活动目标	发展课程中的领域	对应的五大领域	备注
第四周	数学活动：自编减法应用题	1. 了解自编10以内减法应用题的三个要素。 2. 能够根据生活情境自编简单的减法应用题。	自然	科学	

（二）4月活动详案

详案一

活动名称：架纸桥（自然）

活动目标：

1. 能尝试搭建一座比较坚固的纸桥，体验成就感。

2. 能仔细观察、发现问题并积极尝试解决问题。

活动准备：

经验准备：幼儿观察过各种桥的图片或实物；幼儿有运用不同材料创作纸工作品的经验。

物质准备：纸、剪刀、胶条、胶棒、桥的模型或图片、积木玩具。

活动过程：

开始部分：简要讨论桥的基本结构

教师：小朋友都观察过桥，那你们知道一座桥由哪几部分构成吗？（幼儿表达）

教师出示桥的模型或图片，幼儿观察，共同说出桥的基本结构。

基本部分：幼儿制作桥，教师进行观察指导

（1）教师出示制作材料，提问引发幼儿思考。

教师：这里有哪些材料？怎样用它们做成一座比较坚固的纸桥（上面能放积木玩具）？

（2）幼儿自取材料，尝试制作，教师观察并适时指导。

指导重点：桥面与桥墩的连接方法。

教师：你的大桥准备要几个桥墩？你准备用什么方法将桥面和桥墩连接起来？

（3）幼儿分享在制作中遇到了什么困难，是怎样解决的。

教师及时肯定幼儿的好方法以及克服困难的品质。

结束部分：检验纸桥的质量，梳理"如何用纸制作坚固的桥"的关键经验

教师：哪座桥是最坚固的呢？（通过在上面放积木等玩具进行验证）

教师：小朋友仔细观察一下，坚固的桥有什么特点？（鼓励幼儿表达）

梳理关键经验：增加纸的厚度（密度），改变纸的形状（折、卷、叠），纸桥就会更坚固。

活动评价：

观察幼儿是否积极尝试搭建纸桥，是否能在制作中发现问题并解决问题。

活动延伸与扩展：

1. 在美工区提供多种材料，幼儿继续探索搭建桥的活动。

2. 根据幼儿的兴趣围绕桥开展相关探究活动。

（王　竺）

详案二

活动名称：故事创编：兔子和乌龟的第二次赛跑（文化）

活动目标：

1. 能积极参与故事创编，故事情节符合一定的逻辑。

2. 能倾听他人的想法，尝试合作创编故事。

3. 能用适宜的方式表现和记录故事内容。

活动准备：

经验准备：熟悉故事《龟兔赛跑》的内容。有围绕一个话题进行分组讨论的经验。

物质准备：纸、笔、兔子头饰、乌龟头饰。

活动过程：

开始部分：回忆《龟兔赛跑》的内容，引发幼儿参与故事创编的兴趣

教师：大家还记得《龟兔赛跑》的故事吗？兔子为什么会输？乌龟为什么会赢？

乌龟和兔子第一次赛跑之后各自会有什么样的感受？会做些什么？

基本部分：分组创编故事，并尝试用不同方式进行记录

教师：如果兔子和乌龟举行第二次赛跑，你们觉得会发生什么？他们会遇到谁？说些什么？结果会怎样？

（1）幼儿分组进行故事创编，教师指导。

教师：请小朋友们分组创编故事《兔子和乌龟的第二次赛跑》。

教师指导与要求：第一，分组时要协商好用什么方式进行创编。第二，创编过程中要轻声细语，不要影响其他组小朋友的创编。第三，创编后要尝试着讲一讲，看看故事内容是否完整和流畅。

（2）尝试用不同的方式进行故事记录。

教师：如何把我们创编的故事记录下来，你们有什么方法？

引导幼儿尝试用简笔画、故事表演等不同的方式进行创编故事的表现和记录。

结束部分：分享幼儿创编的故事

指导与要求：注意倾听每一组小朋友的讲述和表演，发现故事精彩的地方。

相关经验：

社会：在小组合作的过程中能与同伴协商。

活动评价：

1. 观察幼儿是否积极参与创编，是否能认真倾听同伴表达。

2. 通过幼儿的讲述、表演，了解创编的故事是否具有一定的逻辑性。

活动延伸与扩展：

提供相应的材料供幼儿在区域活动时表演和讲述。

（张　欣）

详案三

活动名称：歌唱活动：茶山对歌（文化）

作品分析：

电影《刘三姐》中的《茶山对歌》（乔羽作词，雷振邦作曲）旋律优美，朗朗上口，五声调式和"嘿了了啰"语词均具有浓郁的民族特色，对歌的歌词具有较强的互动性，深受幼儿的喜爱。在前期已经会演唱歌曲的基础上，本次活动的重点是幼儿结合自己的生活经验创编歌词。

活动目标：

1. 感受歌曲欢快的情绪，体验对歌的乐趣。

2. 能结合生活经验创编出符合原歌曲结构的歌词，体验合作创编的成就感。

活动准备：

经验准备：已经会演唱《茶山对歌》。

物质准备：音乐、黑板、图谱、黑色水彩笔、空白纸张、泥胶。

活动过程：

开始部分：

伴随《找朋友》的音乐，幼儿与同伴互动"找朋友"的游戏进入音乐教室。

发声练习：师生问好（连贯的音阶练习）。

复习歌曲：《山谷回音真好听》。

基本部分：

（1）复习对歌：复习歌曲。

教师：最近我们学唱了一首在山里对唱的歌曲《茶山对歌》，我们一起唱一唱吧。（播放音乐）

教师：我们是用什么方式记住这些歌词的？（出示图谱，幼儿拼摆）

跟随钢琴伴奏演唱歌曲，为创编歌词做准备。

（2）师生合作创编歌词。

①激发幼儿创编歌词的兴趣。

教师：前几天有的小朋友提议，这首歌我们可以进行创编，你们想不想试试？

②师生共同创编第一段歌词，使用简单符号记录歌词内容，帮助幼儿理解。

教师：如果我们把"什么水上……"变成"什么身上有口袋"你会想到什么？

（还可以是：什么身上有口袋咧？什么身上有条纹咧？什么身上有房子咧？什么身上有鳞片咧？）

根据师生共同创编的歌词，使用图谱进行替换。

③将创编的歌词唱出来。（播放音乐）

重点：唱准唱好切分节奏。

④尝试跟随钢琴伴奏，师生对唱共同创编的歌词。

（3）幼儿创编歌词，并用对唱的方式演唱。

将幼儿分成两组进行歌词创编。

①以组为单位，共同讨论创编歌词，并使用简单符号在问答图谱中记录创编的内容。

②每组讨论好后，根据各自创编的歌词进行演唱。（播放音乐）

结束部分：

集体舞《我有56个兄弟姐妹》。

相关经验：

文化：感受壮族歌曲的特点。

活动评价：

幼儿能否结合自己的生活经验创编出符合原歌曲结构的歌词内容。

活动延伸与拓展：

可以将问答式歌词做成三部卡，在区域里玩对应游戏，丰富生活常识。

（杜　欣）

详案四

活动名称：美术欣赏《春如线》（文化）

活动目标：

1. 感知和欣赏画面中点、线、面构图的动态形式美。

2. 能用语言、肢体动作大胆表达自己对作品的理解。

3. 感受彩墨画的意境美，体验艺术欣赏活动的乐趣。

活动准备：

经验准备：幼儿在户外观察过春天的景色，对春天的植物特征有了解。

物质准备：图片《春如线》，介绍吴冠中的视频，春天的音乐，春天景色的图片。

活动过程：

开始部分：欣赏春天的美景照片，了解吴冠中爷爷的故事

欣赏：教师和幼儿用相机捕捉的春天美景照片（围绕各种植物）。

教师：你们看到了什么？谁能说一说春天的植物有什么特点？（重点：花、叶、枝）

观看视频，初步感知吴冠中的作品风格。

教师：我们用相机捕捉到的春天是这样的，有一位画家叫吴冠中，他特别喜欢画春天，让我们来看一段录像，看一看吴冠中爷爷眼中的春天是什么样的。

基本部分：欣赏作品《春如线》

（1）欣赏颜色。

教师：画面中彩色的点会让你想到春天里的什么植物？

教师：画家画这幅画用了哪些颜色？这些颜色在画面上是怎样安排的？看上去感觉怎么样？

（2）欣赏线条。

教师：画面中有哪些线条呢？这些线条有什么不一样？看上去有什么感觉？能不能用动作来表现你看到的线条？

（3）介绍作品。

教师：在吴冠中爷爷的眼中，春天有很多不同的、流动的、有变化的线条，所以他给这幅作品起名叫《春如线》。

（4）整体欣赏点、线、面构图的动态形式美。

教师发给幼儿事先打印好的作品，两三个小朋友一组，近距离欣赏。

教师：看完整幅画后，你感觉怎么样？说一说这幅画哪个地方最吸引你。

结束部分：随着音乐用动作表达对作品的理解

教师：作品中有这么多有意思、有变化的线条，现在请选择你最喜欢的线条，我们一起随着这些线条来跳舞吧！

1. 先请小朋友用小手指来舞一舞自己喜欢的线条。

2. 再请小朋友尝试用身体动作来表现对线条的理解。

相关经验：

文化（美术）：发现春天的美景，感受大自然的美。

文化：感受音乐与美术的结合，能用肢体语言表达美术元素。

活动评价：

1. 根据幼儿的语言、动作判断幼儿能否从颜色、线条、构图等方面表达对作品的理解和感受。

2. 根据幼儿在活动中的情绪和投入状态，判断幼儿是否能体验艺术欣赏活动的乐趣。

活动延伸与扩展：

1. 用水墨画的形式画一画春天的植物。

2. 在美劳区投放吴冠中其他有关春天的作品供幼儿欣赏。

（张　静）

详案五

活动名称：数学活动：减法的故事（自然）

活动目标：

1. 认识"－"的符号，借助故事情境和操作材料初步理解"减法"的含义。

2. 能够结合操作材料和生活经验，用"拿走了""现在还剩下多少"等语言创编减法故事。

3. 在创编活动中感受数学与生活的关系。

活动准备：

经验准备：幼儿有创编加法故事的经验。

物质准备：尺子一把，大棋子10个，小棋子若干，小鸭子卡片、苹果卡片、梨的卡片若干，减号卡片人手一份，拼插玩具以及建构区辅助材料等若干。

活动过程：

开始部分：通过两个减法故事，帮助幼儿对减法的含义有初步认知

（1）教师操作棋子、尺子给幼儿讲述减法故事，请幼儿观察教师的动作并回答问题。

教师：老师这里有一个棋子，它可以代表好多东西，我把它当成一本书，现在来讲一个关于书的故事。我的故事是这样的——龙龙家里有7本书，他拿到幼儿园3本，家里还剩几本？

教师首先在黑板上出示7个棋子，然后用尺子扫走3个棋子，表示拿走，请幼儿判断：7减去3是多少？书的数量是变多了还是变少了？数字由原来的7变成了现在的4，数字是变大了还是变小了？书的数量是怎样变少的呢？

（2）给幼儿讲更多的减法数字故事并用动作表示拿走，帮助幼儿理解"减法"的含义。

教师：老师再讲一个"小朋友的故事"，我的故事是这样的——教室里有8位小朋友，被家长接走了4位小朋友，现在教室里还有几位小朋友？

教师：老师刚才讲的两个减法故事有什么相同的地方？它们的数量有什么变化？像这样，物品被拿走或减少一部分，数量变少了，这样的故事就是减法故事。

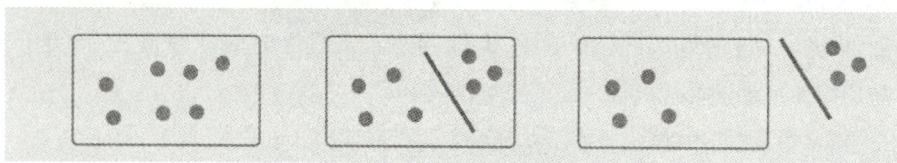

用棋子演示减法故事示意图

基本部分：继续了解减法的意义、减号的意义和用法

（1）请幼儿尝试创编减法故事。

教师：如果一个棋子代表一只老鼠，你能试着编一个关于老鼠的减法故事吗？鼓励幼儿一边讲故事一边用棋子和尺子表演故事。

教师：你还想把棋子当做什么来编一个减法故事呢？

（2）谈论"－"的意义及用法，并用数字和减号表示减法故事。

教师出示减号，并告诉幼儿"减号的意思就是拿走或减少"，比如刚刚的"小朋友的故事"如果用数字和减号表示就是"8－4"。

（3）教师出示游戏图，请幼儿创编减法的故事。

教师先示范，如："树上长了6个苹果，摘了2个，树上还剩下几个苹果？"操作时，教师先在游戏图上放6个苹果卡片，再用减号卡片从树上扫走2个苹果卡片，最后问树上还有几个苹果。可以用数字和减号表示：6－2＝4。

依次出示梨、小鸭的游戏图，请幼儿创编减法故事，并用数字和减号表示出来。

（4）幼儿用更多游戏材料创编减法故事。

教师发放游戏材料（减号卡片、拼插玩具、建构区辅助材料等），幼儿边操作材料边讲减法故事。

教师观察，必要时进行指导。

结束部分：分享感受

教师：请小朋友说一说创编减法故事的感受。

相关经验：

语言：能用简洁、准确的语言比较连贯地进行表达。

活动评价：

1. 根据幼儿创编的减法故事以及动手操作情况，判断其是否初步理解减法的含义。

2. 观察幼儿是否能使用"减少了""拿走了""离开了"等表示减少的词语以及"现在还剩下""还有多少"来进行提问。

3. 在操作环节中观察幼儿能否正确使用"－"卡片。

活动延伸和拓展：

在区域活动中提供相关材料，幼儿继续创编减法故事。

（刘梦杰）

详案六

活动名称：图画书阅读《狼狼》（文化）

活动目标：

1. 了解图画书的基本结构。

2. 能细致观察画面，理解故事内容。

3. 感知故事人物在情节变化过程中的情感转变、心理变化，发展同理心。

活动准备：

经验准备：有围绕一个话题讨论的经验。

物质准备：图画书《狼狼》每人一本，故事的幻灯片课件，一体机，优美、舒缓的音乐。

活动过程：

开始部分：了解图画书的基本结构

（1）出示《狼狼》，感知图书结构及其用途。

教师：你们知道图画书是由哪几部分构成的吗？

小结：图画书由封面、环衬、扉页、正文、封底构成。

（2）教师：我们来看看这本图书，从封面你了解到什么信息？

小结：从封面可以了解到书名、作者、出版社等内容。环衬是连接封面和正文的一张纸。正文介绍的是故事内容和故事画面。

基本部分：通过自主阅读和师幼共读理解故事内容

（1）幼儿每人一本图书进行阅读。

关键提问：这是一个发生在兔子和狼之间的故事，你们猜想一下，它们之间会发生什么事？然后带着你们的猜想去看这本书，再看看书中发生了什么。

引导重点：引导幼儿用语言表述自己对故事内容的猜想和理解。

（2）师生共同阅读，分析故事情节。

请幼儿合上图书，看大屏幕和老师一起读图，分析故事情节，感受画面给人带来的美妙感受。

引导幼儿仔细观察画面，去发现故事中主人公、环境、色彩的变化尤其是主人公表情的变化，并能表达自己的感受。

（3）教师完整讲述故事，引导幼儿进一步理解故事内容。

请幼儿翻开图书，伴随教师的讲述一页一页地翻看。通过提问，引发幼儿对故事情节的思考和理解。

关键提问：汤姆和狼狼成了好朋友，它们是怎样成为朋友的呢？小兔子和狼狼一开始互相认识吗？是什么事情使它们认识的？狼狼是怎样寻求帮助的？小兔子看到狼狼的时候心里有什么感受？有没有害怕？为什么不害怕？（因为狼狼是礼貌的、友好的）狼狼和小兔子之间都发生了什么事？看到狼狼和小兔子手拉着手，你的心里有什么感觉？（好温暖、好甜蜜）

结束部分：结合幼儿的生活讨论"友谊"，迁移故事经验

关键提问：你有没有自己的好朋友？你和你的好朋友之间是否发生过类似狼狼和小兔子那样的故事？你觉得友谊是什么样的？要怎样对待朋友？

相关经验：

社会：了解友谊的含义，学习换位思考。

活动评价：

1. 通过幼儿的语言，了解幼儿是否知道图画书的基本结构。

2. 根据幼儿的语言、表情，了解幼儿是否关注、发现了书中人物表情的变化以及对人物心理的感知。

活动延伸与扩展：

在班级中开设"友谊角"，鼓励小朋友积极交朋友，遇到问题友好解决。

（谢红玉）

详案七

活动名称：续编故事《小兔为什么回来晚了》（文化）

活动目标：

1. 能根据故事的开头和结尾大胆想象，编出故事的主要情节。

2. 能小组协商表演创编的故事情节，表演时表达清楚、连贯，表现大方、自信。

3. 感受小组合作创编故事的乐趣与成就感。

活动准备：

经验准备：幼儿有续编故事的经验。

物质准备：故事的幻灯片课件，各种动物头饰，简单的道具。

活动过程：

开始部分：故事导入

教师讲述故事：在美丽的小树林里，住着许多可爱的小动物。你们看，这是谁的家？（小兔的家）今天是兔妈妈的生日，它邀请了许多朋友到家里来做客。它对小兔说："孩子，帮妈妈去买生日蛋糕，好吗？"小兔高兴地说："好的。"说着，拿过钱飞快地跑出了家门。

一会儿，兔妈妈请的客人都到齐了，大家一块儿等着小兔回家。可是大家左等右等，还是没见小兔回来。呀，小兔在路上会发生什么事呢？兔妈妈可着急了。正当大家着急的时候，小兔回到了家中。

教师：你们猜想一下小兔在路上发生了什么事情。

基本部分：引导幼儿进行小组讨论和续编

（1）教师通过问题引导幼儿思考。

教师：想一想，小兔在路上会遇到谁？发生了什么事？（可能是危险的事，也可能是有趣的事）

小兔会怎么做？（谁帮助了小兔或小兔帮助了谁？……）

（2）教师引导幼儿观察提供的道具，告诉幼儿可以把这些道具编到故事中。

（3）幼儿分小组进行讨论和续编，教师观察指导。

续编要求：

①大家一起出主意，想想后面遇见了谁？发生了什么事情？有哪些角色？会用上哪些道具？

②一边续编内容，一边还得想想如何把内容表演出来。

③鼓励幼儿大胆想象，在小组中每个幼儿都要参与交流和表演。

④小组分享时有一个讲述故事的幼儿，其他幼儿进行表演。

指导重点：指导幼儿关注续编故事的合理性。给出幼儿使用道具方面的建议。指导幼儿做好讲述者和表演者的分工并对表演动作进行指导。

（4）幼儿分小组进行续编讲述和表演。

鼓励幼儿做文明的观众。

结束部分：总结活动

教师：你们觉得哪组编的故事有意思？为什么？哪个小组道具使用比较巧妙？为什么？

　　教师：今天我们续编了一个《小兔为什么回来晚了》的故事，大家想法很多，编的故事也很有意思，以后我们可以尝试更多的故事续编。

相关经验：

社会：能够和同伴一起比较友好地协商。

活动评价：

1. 在小组续编的过程中能否比较积极地参与，表达出自己的想法。

2. 在小组分享的过程中能够参与讲述或表演。

活动延伸与扩展：

1. 每组进行续编故事连环画的创作。

2. 在班级表演区中提供相关的道具，幼儿可进行表演。

（赵　湘）

4月附录

天上一家人

太阳是爸爸，

月亮是妈妈，

他们的孩子，

是星星娃娃，

天空是他们的家。

太阳爸爸，

把阳光洒向大地，

让人们获得光明与温暖，

让庄稼获得丰收，

小果树结的果子

又甜又大。

太阳爸爸，

日夜忙忙碌碌，

他顾不上回家。

月亮妈妈，

照看着星星娃娃，

教他们说歌谣，

讲有趣的童话。

星星娃娃听得入了迷，

眼睛一眨一眨。

有时，只有星星娃娃在家，

那是月亮妈妈，

暂时离开他们，

去看望辛勤工作的

太阳爸爸。

九、5月目标与内容

（一）5月目标与周活动安排

1. 5月目标

（1）自我

①能主动地用各种方式表达自己对他人的关心和安慰，与他人分享各种情绪情感。

②能以手脚并用的方式安全地爬攀登架、网等，能根据活动场地和运动器材的特点，恰当地选择运动方式，主动探索多种玩法。

③会连续跳绳10个以上。

④能主动向成人表达身体的不适，增强自我保护的意识。

⑤学会发现和辨别自身生活环境中的不安全因素并找出对策。

⑥知道在幼儿园、社区中为自己服务的人员以及和自己之间的关系，主动表达对他们节日的祝福，愿意为他们做力所能及的事情。

⑦能积极主动地参加班级、年级或幼儿园、社区组织的和"五一"劳动节、母亲节等有关的活动，有一定的集体荣誉感和责任感。

（2）自然

①能主动地观察周围事物和现象，能提出自己困惑和感兴趣的问题，养成爱观察、爱提问的好习惯。

②了解动植物生长变化的周期，知道变化的顺序。知道自然界中的食物链，了解生物之间的相互依存关系。

③在游戏和实验中，能探索并发现形成影子的原因，了解影子的特点（影子会随着物体移动而移动，影子的大小、长短和物体与光源之间的距离有关系）。有一定的探究

意识和能力。

④能主动观察生活中材料和物体之间的关系，通过观察、比较和分析，发现常见物体结构与功能之间的关系（如一般剪刀、花边剪刀、裁纸刀、裁纸切刀在结构以及实际使用功能上的不同等）。具有良好的观察、思考的意识和能力。

⑤学习从多角度对事物进行分类，掌握图形守恒、容积守恒、长度守恒的概念，有一定的推理和判断能力。

（3）社会

①进一步熟悉幼儿园及家庭、社区的安全标识，熟悉自己经常出入场所的安全疏散路线，掌握简单的逃生常识。

②积极主动为参观小学做准备，能自主制订参观计划，主动对感兴趣的问题寻求答案，对小学生活充满期待。

③懂得珍惜与好朋友共同生活的时间，能与好朋友共同协商、计划一日生活和游戏，并分享经验。

④知道世界上有许多需要帮助的人，愿意向他人提供力所能及的帮助，感受人与人之间的爱。

（4）文化

①知道感恩是中华民族的传统美德，在"五一"劳动节、母亲节和筹备"六一"儿童节活动的过程中，能够学会感恩身边为自己付出爱和辛苦的人们。

②欣赏并学习和本月节气、节日（劳动节、母亲节等）以及班级近期主题等有关的不同体裁的儿童文学作品，理解其内容，感受其风格及文学语言表达上的美。

③通过观看作品展览、欣赏歌舞和戏剧等多种活动，发现作品的美妙之处，学会欣赏自己、同伴、大师的作品。

④观察、回忆、想象自己感兴趣的事物，尝试综合运用多种材料进行大胆创作，能一物多用。

⑤能结合班级以及幼儿园开展的"六一"活动，收集相关资料与信息，和同伴加工整理，进行计划、分工、合作，用多种方式（如制作海报、图书等）表达对节日的庆祝。

2. 5月周活动安排

本月建议开展的活动主题：幼小衔接主题。

周次	活动名称	活动目标	发展课程中的领域	对应的五大领域	备注
第一周	【幼小衔接主题】图画书阅读《小阿力的大学校》	1. 根据画面内容感知小阿力的心理变化，能流畅地进行简单的复述。 2. 能够结合实际，在讨论解决"担忧"的过程中进一步形成积极乐观的入学态度。	社会文化	社会语言	
	【幼小衔接主题】关于小学我想知道……	1. 积极思考，能完整表述参观小学时想了解的内容，并制订简单的调查计划。 2. 对小学生活有好奇心，增强参观小学的愿望。	社会	社会	
	【幼小衔接主题】幼儿园和小学的相同与不同	1. 能通过观察比较、分析，发现幼儿园与小学的不同。 2. 能够积极、完整地表达自己的想法。	社会	社会	
	体育游戏：我是杂技小演员	1. 能够头顶顶物在平衡木上连续行走，发展平衡能力。 2. 有初步的团队合作意识，体验克服困难获得成功的快乐。	自我	健康	
	我心中的小鬼	1. 能清楚、连贯地表达出对心中小鬼的理解和想法。 2. 能比较出各小鬼的不同特点，并知道心中住进怎样的小鬼才会成为受自己和他人喜欢的人。	文化	社会	详案一
	蚕卵和蚁蚕	1. 通过对蚕卵及其变化的观察，感知和了解蚕的卵生特点、基本生存需要以及幼蚕的特征。 2. 愿意在观察的基础上做观察记录。	自然	科学	
	【幼小衔接主题】哥哥姐姐对我说	1. 通过提问及与哥哥姐姐的互动交流，进一步了解小学生的生活和学习特点。 2. 萌发对小学生活的向往。	社会	社会	

周次	活动名称	活动目标	发展课程中的领域	对应的五大领域	备注
第一周	劳动最光荣	1. 了解劳动者是如何服务他人的，萌发要模仿和学习劳动者的意识。 2. 感受劳动带给自己和他人的快乐。	社会	社会	
	美术欣赏《星空》	1. 欣赏凡·高作品《星空》，感受画面中构图、画法及颜色所传达出来的夜晚星空的神秘意境。 2. 能积极参与活动，愿意用语言、动作等多种方式表达自己对画面的感受。	文化	艺术	
	歌曲《劳动最光荣》	1. 初步学唱歌曲，能够唱准旋律。 2. 理解歌词内容，感受劳动的快乐与光荣。	文化	艺术	金进、夏白作词，黄准作曲
第二周	【幼小衔接主题】一分钟能做什么	1. 感知各类交通工具一分钟的行程，在操作中体验一分钟时间的长短及自己可以完成的事情。 2. 在观察及体验中，懂得珍惜时间，提高做事效率。	自然社会	科学	
	【幼小衔接主题】神奇的汉字	1. 初步了解汉字的演变过程，在猜猜认认象形字的过程中了解象形字的特点。 2. 知道汉字是中国人发明的文字，对认识汉字感兴趣。	文化	语言	
	体育游戏：沙包游戏	1. 能大胆尝试沙包的多种玩法。 2. 通过游戏提高上下肢的协调性，发展创造力以及合作意识。	自我	健康	
	数学活动：大树有多粗	1. 认识不同的尺子，探索和体验用不同的尺子测量大树的粗细。 2. 感知尺子的材料、长度对测量大树的影响。	自然	科学	
	数学活动：长度守恒	1. 能够不受物体摆放方式的影响，正确判断物体长度是否相等。 2. 获得长度守恒的概念。	自然	科学	

续表

周次	活动名称	活动目标	发展课程中的领域	对应的五大领域	备注
第二周	班级里的游戏棋	1. 了解、认识班级游戏棋的名称、基本结构特点及玩法。 2. 喜欢并愿意与同伴进一步探究班级中游戏棋的玩法。	自然	科学	
	歌曲《小乌鸦爱妈妈》	1. 理解歌词含义,感受歌曲中小乌鸦爱妈妈的情感。 2. 初步学唱歌曲,能够唱准旋律。 3. 感受歌曲愉快、亲切的演唱风格。	文化	艺术	孙牧作词,何英作曲
	绘画:我爱妈妈	1. 能够借助线条、形状、色彩、远近关系等表现画面内容。 2. 尝试运用夸张的手法绘画妈妈。 3. 愿意用绘画的方式表达对妈妈的爱。	文化	艺术	详案二
	绘画:星空	1. 感受凡·高作品《星空》中线条与笔法所表现出的流动美。 2. 学习运用水拓画的方法表现流动、旋转的星空画面。 3. 能积极表达自己对作品的感受和理解,丰富审美体验。	文化	艺术	
	合作设计游戏棋	1. 了解游戏棋的棋盘设计包括路线、关卡、起点和终点等基本要素。 2. 能够尝试与同伴合作设计一款游戏棋,体验合作完成事情的快乐与成就感。	社会	艺术社会	详案三
第三周	【幼小衔接主题】小书包	1. 了解书包的用途,能够观察并讲述自己书包的外形特征、结构等特点。 2. 能进行简单的书包整理,有初步的分类整理物品的意识。	自然	科学	
	【幼小衔接主题】课间10分钟	1. 感知10分钟的长短,并尝试进行课间10分钟的计划与安排。 2. 能分析、发现自己在规划课间10分钟时存在的问题,并积极进行调整。	社会自然	社会科学	

周次	活动名称	活动目标	发展课程中的领域	对应的五大领域	备注
第三周	音乐游戏：赛龙舟	1. 能够在音乐伴随下有节奏地进行"赛龙舟"表演，掌握蹲走动作的要领。 2. 感受传统赛龙舟的热闹气氛，在游戏中发展同伴合作的意识。	自我 文化	健康 艺术	
	数学活动：水、沙、米	1. 通过实验感知容量的守恒，学习测容量的方法。 2. 在尝试和比较中能够有初步的容量守恒概念。	自然	科学	
	蚁蚕到五龄蚕的变化	1. 通过观察和记录感知蚕长大的过程。 2. 了解蚕蜕皮的现象，并能对蜕皮时间进行记录。 3. 对蚕的成长变化有探究的兴趣。	自然	科学	
	垃圾分类	1. 认识垃圾分类标志，能将常见垃圾正确分类。 2. 初步了解垃圾的处理方式，萌发保护环境的意识。	自然 社会	科学 社会	详案四
	生活中的安全标识	1. 认识生活中常见安全标识的图案、意义，具有初步的规则意识和自我保护意识。 2. 能结合自己的经验设计与日常生活中必要的安全标识。	社会 自我	社会 健康	
	美术欣赏《大碗岛的星期天下午》	1. 初步了解点彩画的绘画技巧，感受画面的色彩、构图、意境美。 2. 欣赏大师的绘画风格和画面的结构布局，能大胆模仿画面的构图、造型。	文化	艺术	详案五
	歌曲《平安回家》	1. 学习歌曲，能用自然的声音进行演唱，体验歌曲欢快的情绪。 2. 理解歌词的含义，增强交通安全意识。	文化	艺术	

周次	活动名称	活动目标	发展课程中的领域	对应的五大领域	备注
第三周	诗歌《对比歌》	1. 在理解诗歌内容的基础上认识反义词，学习和感受"一个……一个……"的句式。 2. 尝试根据诗歌规律仿编诗歌。 3. 感受对比歌的特点。	文化	语言	诗歌见附录
第四周	【幼小衔接主题】星期天的计划	1. 初步尝试安排自己周末的作息时间和一日活动，会用简单的标记或符号进行记录。 2. 体验自主安排周末作息的乐趣，发展做事情的自主性和计划性。	社会	社会	
	数学活动：多角度分类	1. 能按照物品的不同特征进行多角度分类。 2. 能用完整的语句表述自己的分类理由并记录分类方法。	自然	科学	
	【幼小衔接主题】绘画：我画你，你画我	1. 在观察好朋友特征的基础上与好朋友相互为对方画像。 2. 愿意画好朋友，增进与好朋友之间的感情。	社会 文化	社会 艺术	
	体育游戏：夹粽子	1. 提升用筷子夹球直线快跑的能力。 2. 在比赛中发展竞争与合作意识。	自我	健康	
	数学活动：面积守恒	1. 通过操作拼摆图形，感受图形的组合与变化。 2. 愿意积极参与操作活动，获得面积守恒的概念。	自然	科学	
	蚕茧与蚕蛾	1. 知道蚕会吐丝结茧，会为蚕的吐丝结茧创造条件。 2. 了解蚕一生的变化过程和不同形态，感受蚕到蛾变化的奇妙。	自然	科学	
	五彩绳与五彩粽	1. 学习制作端午节的五彩绳和五彩粽。 2. 通过制作、交流与分享，进一步了解和体验端午节的相关习俗。	文化	艺术 社会	

续表

周次	活动名称	活动目标	发展课程中的领域	对应的五大领域	备注
第四周	快板诗《聪明的小兔》	1. 欣赏并学习快板诗，初步理解诗歌内容及含义。 2. 感受快板诗的节奏和幽默有趣的特点。	文化	语言	快板诗见附录
	歌曲《大雨小雨》	1. 感受歌曲中"大雨""小雨"强弱不同的声音，在演唱中学习用强弱不同的力度来表现歌曲。 2. 理解歌词，感受下大雨和下小雨时的不同景象。	文化	艺术	
	图画书阅读《借尾巴》	1. 理解故事内容，能比较流畅地复述故事。 2. 了解不同动物尾巴的作用，以及小壁虎尾巴具有的再生功能。	文化自然	语言科学	

（二）5月活动详案

详案一

活动名称：我心中的小鬼（文化）

活动目标：

1. 能清楚、连贯地表达出对心中小鬼的理解和想法。

2. 能比较出各小鬼的不同特点，知道心中住进怎样的小鬼才会成为受自己和他人喜欢的人。

活动准备：

经验准备：已阅读《九只小鬼的故事》，对故事内容比较熟悉。

物质准备：图画书《九只小鬼的故事》，字卡（勇敢、快活等），幼儿的绘画作品《我心中的小鬼》，红色和灰色心形展板各一。

活动过程：

开始部分：出示图画书《九只小鬼的故事》，回忆九只小鬼的特点

教师：书中的九只小鬼各有什么特点？

教师依据幼儿回答的小鬼特点出示小鬼的形象和相应特点的字卡，贴在展板上。

基本部分：在"对号入座"等活动中表达对小鬼的理解和想法

教师：大家都画了自己心中的小鬼，谁能说一说你画的小鬼是什么性格？

（1）将图画书中的小鬼和自己心中的小鬼"对号入座"。

教师：每位小朋友都画了自己心中的小鬼，现在请你们将自己画的心中小鬼和图画书中的小鬼"对号入座"——如果你画的和书中哪个小鬼的性格一样，就把你画的图放在它的下面。如果你画的和九只小鬼都不一样，可以单独放在另一边。（教师明确指示可以放置的位置）

（2）请幼儿说说对自己心中小鬼的性格的理解。

教师：我们一起来看看"勇敢"小鬼都是谁心中的小鬼。

关键提问：说说为什么你心中的小鬼是勇敢的？和大家分享一下你对"勇敢"的理解吧。你有做过勇敢的事情吗？如果我有一块红色和一块灰色的展板，你们会把"勇敢"这一字卡放在什么颜色的展板上？为什么？（以此方式和幼儿互动其他的内容，引导幼儿大胆表达自己的理解和想法）

请幼儿说说自己心中的小鬼和书中小鬼不一样的地方和原因。

教师：也有一些小朋友画的小鬼和书中的九个都不一样，谁能介绍一下，你画的什么小鬼？你喜欢这种小鬼吗？为什么？（教师现场根据幼儿的表达写出形象字卡）

教师引导幼儿将不同字卡分别放在红色和灰色的展板上。

教师：在大家的帮助下，我们为这些字卡都找到了合适位置。像勇敢、快活这些我们放到了红色展板上，像欺负人、爱哭鼻子、爱生气等，我们放在了灰色展板上。

教师：你希望爱哭鼻子和爱生气的小鬼来找你吗？你希望什么样的小鬼住进你心里？为什么？（引导幼儿完整、连贯、清晰地表达，并关注幼儿的用词，对合适贴切的表达给予及时的肯定和鼓励，对于不合适的表达进行引导和示范）

结束部分：小结与鼓励

教师小结：九只小鬼各有不同，小朋友心中的小鬼也各有不同，我们希望大家的心中住进的都是自己喜欢的、也会让别人喜欢的小鬼，每个小朋友都成为自己和别人都喜欢的人。

相关经验：

自我：初步了解自己的性格特点。

活动评价：

通过幼儿将自己所画心中小鬼和书中小鬼的"对号入座"情况及幼儿的表达，了解幼儿是否已经理解了每种小鬼所代表的不同特点和不同的儿童形象。

活动延伸与扩展：

在后续的日常生活中，在合适的时机鼓励幼儿让自己的心中住进"红色展板"上的小鬼。

（王 颖）

详案二

活动名称：绘画：我爱妈妈（文化）

活动目标：

1. 能借助线条、形状、色彩、远近关系等表现画面内容。

2. 尝试运用夸张的手法绘画妈妈。

3. 愿意用绘画的方式表达对妈妈的爱。

活动准备：

经验准备：阅读过图画书《我妈妈》；有临摹毕加索作品《梦》的经验。

物质准备：油画板，丙烯画笔、油画棒、水彩笔、荧光笔，图画书《我妈妈》，家长提供生活中妈妈不同表情的照片，毕加索作品《海滩玩球》。

活动过程：

开始部分：欣赏、感受画面中人物夸张又有趣的造型

（1）教师出示图画书《我妈妈》，引导幼儿观察故事中"妈妈"的形象，了解每幅图上的"妈妈"的特别之处。

教师：书中的"妈妈"都有什么特点？你最喜欢里面哪个形象的"妈妈"？为什么？

（2）展示生活中的妈妈的照片，引导幼儿观察和模仿妈妈的神情、姿态。

教师：生活中你们的妈妈是什么样的？（引导幼儿观察妈妈的表情、动作、发型特点、服饰特点等，并鼓励幼儿模仿一下妈妈们不同的神情、姿态）

教师：请小朋友们想一想可以用哪些线条、形状来表示妈妈的样子。

（3）欣赏毕加索作品《海滩玩球》，感受作品夸张的绘画风格。

教师：你看到了什么？画面给你什么样的感觉？

刚才小朋友们说了很多画妈妈的方法，老师这里有一幅画，想请大家一起来看一看这位画家老爷爷毕加索是怎么画人物的。

引导幼儿感受画面中人物身体造型的夸张风格，如手臂、头部、腿脚、五官等在玩球中出现的比例"失调"。

基本部分：大胆运用线条、形状和夸张的手法来绘画妈妈

（1）教师指导幼儿先想好绘画什么样子的妈妈、妈妈在做什么，以及要在画中表达对妈妈的什么情感。

（2）引导幼儿运用夸张的绘画风格展现妈妈突出的特点。

（3）引导幼儿大胆使用不同的线条、形状、色彩、远近关系进行创作，如妈妈忙着做家务时有什么特点？你想用什么形状、线条、颜色来表现她的手和腿？她周围会有什么场景？

（4）关注幼儿绘画中的常规和习惯，并对个别有需要的幼儿进行指导。

结束部分：分享作品，交流创作过程中的想法和经验

将幼儿的作品进行展示。

教师：画面中你的妈妈在做什么？妈妈形象中的哪些部位运用了夸张的手法？从哪里可以表现你对妈妈的爱？

教师：你觉得哪位小朋友画的妈妈特别有意思？为什么？

相关经验：

文化（美术）：欣赏图画书《我妈妈》和毕加索的作品《海滩玩球》，感知人物形象的丰富与生动。

活动评价：

1. 通过作品了解幼儿是否有意识地运用夸张的绘画风格来表现妈妈的形象，是否体现出线条、形状、色彩、远近关系等的运用。

2. 通过幼儿作品及介绍，了解幼儿是否将爱妈妈的情感体现在作品中。

活动延伸与扩展：

幼儿可以在区域中继续进行相关的创作，多次创作的作品也可以加上文字表述，做成自己的图画书《我妈妈》。

（李　红）

详案三

活动名称：合作设计游戏棋（文化、社会）

活动目标：

1. 了解游戏棋的棋盘设计包括路线、关卡、起点和终点等基本要素。

2. 能够尝试与同伴合作设计一款游戏棋，体验合作完成事情的快乐与成就感。

活动准备：

经验准备：有玩游戏棋的经历，了解游戏棋的游戏规则。

物质准备：美工区备有各种类型的纸张、画笔以及丰富的半成品材料，不同款式游戏棋若干。

活动过程：

开始部分：分享喜欢的游戏棋，激发幼儿对游戏棋的兴趣

请幼儿介绍自己最喜欢的游戏棋，引导幼儿关注游戏棋的特点。

教师：在小朋友玩过的游戏棋中，你最喜欢哪一个？为什么喜欢它？

基本部分：同伴合作设计游戏棋

（1）了解棋盘的基本要素。

从幼儿喜欢的棋中挑选3~4款，引导幼儿通过观察和比较，了解不同棋盘在结构方面的相同点，即都要有路线、关卡、起点和终点等基本要素。

教师：这些游戏棋在主题、材料、形状等方面有什么不同？它们有什么相同点？

（2）提出合作设计游戏棋的任务和要求。

请幼儿与同伴自由结伴设计游戏棋。

建议：第一，幼儿自由组合，每个小组最多3人。第二，设计之前，请每个小组重点讨论：你们组想设计什么游戏棋？游戏规则是什么？用什么材料来制作？每个人负责做的事情是什么？

（3）幼儿尝试合作设计游戏棋。

幼儿根据讨论结果，自主选择材料，合作设计游戏棋。

教师重点关注幼儿棋盘制作时是否包括路线、关卡、起点、终点等基本要素。

（4）试玩游戏棋。

教师：已经设计好的小朋友，可以跟同伴试着玩一玩自制的游戏棋，看看是否有需要改进的地方。

教师可通过观察或直接参与其中，引导幼儿重点关注：路线和关卡设计是否合理，起始与终点标志是否明确等。

结束部分：分享经验，体验设计游戏棋的成就感

（1）幼儿展示自制游戏棋，分享设计经验。

教师：请介绍一下你们组自制游戏棋的名字和游戏规则。在设计游戏棋的时候，你们小组有没有遇到什么问题？是怎么解决的？你最喜欢哪一小组设计的游戏棋？为什么？

（2）引导幼儿梳理试玩经验，明确进一步修改或完善的内容。

教师：刚才试玩游戏棋的时候，你们发现了什么问题？可以怎样修改？

相关经验：

社会：与同伴分工合作，在小组合作过程中倾听他人的想法，接纳他人建议。

文化：有目的地选择班级内的材料进行创作，能对设计图进行合理布局。

活动评价：

1. 根据每一小组设计的游戏棋成品，判断幼儿是否能够合作设计游戏棋。

2. 根据幼儿对游戏棋的介绍和分享，了解幼儿是否了解游戏棋的基本要素以及需要进一步修改或完善的方面。

3. 根据幼儿的表情、语言和设计过程中的参与度，了解幼儿参与活动的情感体验。

活动延伸与扩展：

1. 幼儿根据试玩经验，讨论修改方案，并继续丰富、完善游戏棋内容。

2. 举办班级游戏棋展览会，展出幼儿设计的游戏棋，幼儿可以自由选择玩游戏棋。

（金　瑛）

详案四

活动名称：垃圾分类（自然、社会）

活动目标：

1. 认识垃圾分类标志，能将常见垃圾正确分类。

2. 初步了解垃圾的处理方式，萌发保护环境的意识。

活动准备：

经验准备：幼儿收集了有关垃圾分类的图片资料。

物质准备：图片四套，四个有垃圾分类标志的"门"（可回收物、其他垃圾、厨余垃圾、有害垃圾），分类记录表。

活动过程：

开始部分：认识垃圾分类标志

（1）认识垃圾分类的标志。

教师：垃圾桶对我们的生活有什么帮助？垃圾桶上的标志是什么意思？为什么要垃圾分类呢？

（2）通过资料共享了解垃圾分类：可回收物、厨余垃圾、有害垃圾、其他垃圾。

基本部分：对常见垃圾进行分类，了解垃圾的处理方式

（1）借助图片带领幼儿认识生活中常见的垃圾。

（2）幼儿分小组进行垃圾（用图片代替）分类，分好后贴在记录表上（根据垃圾桶的标志进行粘贴）。

（3）分组进行垃圾分类记录的分享，进一步熟悉常见垃圾如何分类。

（4）通过视频了解各种垃圾的处理方式（用于堆肥料、焚烧发电、回收再利用等）。

结束部分：通过游戏巩固对垃圾分类的认识

游戏玩法：每个小朋友抽一张卡片，辨别它是哪一类垃圾，听口令后钻进各自的"家门"。大家一起梳理"垃圾"是否进对了"家门"。（根据幼儿兴趣和活动时间，互换卡片后再玩）

活动评价：

1. 观察幼儿是否能按照标志正确进行垃圾分类。

2. 从幼儿的语言判断他们对垃圾的处理方式是否有了解、是否有一定的环保意识。

活动延伸与扩展：

1. 幼儿将学习的经验带到日常生活中，和家人一起做好垃圾分类。

2. 班级师生一起制作垃圾分类箱并使用。

（赵　湘）

详案五

活动名称：美术欣赏《大碗岛的星期天下午》（文化）

活动目标：

1. 初步了解点彩画的绘画技巧，感受画面的色彩、构图和意境美。

2. 欣赏大师的绘画风格和画面的结构布局，能大胆模仿画面的构图、造型。

活动准备：

经验准备：有假期外出游玩的经历。

物质准备：幼儿带来假期外出旅游的照片（包括海滩游玩的照片），多媒体课件，绿色大布，道具（雨伞、鱼竿、礼帽、烟斗等）。

活动过程：

开始部分：观看假期出游照片，回忆愉快的度假生活

教师出示幼儿到各地游玩、度假的照片，包括幼儿跟家人在海滩游玩的照片。

幼儿观看照片，自由分享感受。

基本部分：欣赏绘画作品《大碗岛的星期天下午》

（1）初步欣赏作品。

教师：刚才我们看了小朋友假期游玩和度假的照片，有一个叫修拉的画家画了一幅跟假期有关的画《大碗岛的星期天下午》，我们一起来看一看。

①你们在画中看到了什么？（好多人、动物、树……）

②这些人在干什么？

③画上的天气怎么样？你是怎么看出来的？

（2）通过课件引导幼儿进行细节欣赏。

教师：我们一起来玩一个视觉大发现的游戏。

①图画中有一位在河边垂钓的女士，找一找她在哪里。

②草地上共有几把伞，颜色一样吗。

③图画中有一位抽着烟斗的男士，找一找他在哪里。

④图画中有一位吹着喇叭的男士，找一找他在哪里。

（3）引导幼儿进行构图分析。

教师：刚才的游戏大家找的都很认真，现在我提几个问题考考你们。

①请你们看看，在这幅画里离我们最近处有什么？他们在干什么？

②中间处有什么？他们在干什么？

③最远处有什么？他们在干什么？

④看完整幅画后，你感觉怎么样？

（4）通过课件引导幼儿观察作品的画法。

教师：修拉在画这幅画的时候用了一种特别的方法，我们来看一下。（利用多媒体课件的放大功能，逐渐放大画作，直到可以看清画作上密集的"点"）

①你发现了什么？

②和你们平时画画的方法一样吗？

③他为什么这么画？你有什么感觉？

教师：这个画法叫点彩画法，你们以后也可以试一试。

结束部分：感受作品的意蕴

（1）欣赏各种方式模仿画面的课件。

教师：有很多人都很喜欢这幅画，他们用了很多形式来模仿这幅画，我们一起来看一看。

（2）幼儿借助道具模仿画面。

教师：老师准备了一些道具（向幼儿介绍），小朋友们也来试着模仿一下这幅画吧。

教师引导语：请大家闭上眼睛，把自己想象为画中人物，然后跟着老师所说的话展开想象。"我躺在这片嫩绿的草地上……我的身体很放松……我的周围有一些人，他们发出隐隐约约的声音……有各色各样的人……在这里，他们很轻松地踏着同样的节拍……每一个人都感到别人的存在……阳光……树……水……很美妙的休息……我想逗留在这里……"

教师：你们准备好了吗？哪位小朋友可以先来试一下，道具可以随意选择。在音乐的伴随下幼儿自由上前进行模仿游戏，活动自然结束。

相关经验：

文化（语言）：能用完整的语言在大家面前大胆表述自己的想法。

活动评价：

1. 根据语言判断幼儿是否能够较好地表达自己对作品的想法和感受。

2. 从幼儿利用道具模仿画面造型、调整站位模仿画面构图判断幼儿是否感受到修拉作品的创作风格。

活动延伸与扩展：

鼓励幼儿在美工区尝试用点彩画法进行创作。

（任箭平）

5月附录

对比歌

一个重，一个轻，

大象驮着金丝猴。

一个慢，一个快，

龟兔赛跑最明显。

一个黑，一个白，

乌鸦仙鹤飞起来。

一个多，一个少，

成群蜜蜂一只鸟。

小朋友，想一想，

这样的动物真不少。

（周兢：《学前儿童语言学习与发展核心经验》，145页，南京，南京师范大学出版社，2015。）

聪明的小兔子

眼看西山落太阳，

来了一只大灰狼。

它东瞧瞧，西望望，

饿得心里直发慌。

心里慌，头发胀，

一不小心掉进了烂泥塘。

使劲跳，跳不上，

越陷越深，急坏了狼。

"救命啊！救命啊！"

它一声一声拼命嚷，

来了一只小山羊。

大灰狼赶紧装出可怜相：

"羊大叔啊！救救我，

搭把手来帮帮忙。

你要把我拉上去，

大恩大德永不忘!"
小山羊，好心肠，
真心实意来帮忙，
伸出一根粗树枝，
把灰狼拉出了烂泥塘。
灰狼一看得了救，
脸一沉，嘴一张:
"谢谢你的好心肠，
你的好处我不忘，
可是，救人可要救到底，
我的肚子还饿得慌，
山羊啊!
你能不能让我尝一尝?"
山羊一听生了气:
"你真是一只大恶狼，
我刚刚救了你的命，
你怎么翻脸变了样?"
"哼! 什么变样不变样，
谁叫你身上肉味香。"
大灰狼刚要扑过去，
一只小兔来拦挡。
"大灰狼，大灰狼!
为什么要吃小山羊?"
山羊把刚才的事儿说一遍，
小兔摇头说:
"你撒谎，
小小山羊个不大，
怎么能拉出大灰狼?
你们再来演一遍，
让我看看怎么样?
要是真有这回事，
灰狼就该吃山羊。"
灰狼一心想吃羊，

脑子连想也没想，

扑通一声往下跳，

跳进那个烂泥塘。

聪明的小兔拍手笑：

"可恶的灰狼你上了当，

山羊的心肠过于好，

灰狼你真是坏心肠，

这回看谁再救你，

你这个坏蛋该遭殃！"

就这样，聪明的小兔救了小山羊。

（出自《研究与成长》，长沙，湖南科学技术出版社，2002。）

十、6月目标与内容

（一）6月目标与周活动安排

1. 6月目标

（1）自我

①知道自己马上要毕业成为小学生，为自己的成长和进步感到自豪。

②有不良情绪时能够乐观、积极地面对，能用合适的方法进行调节。

③会按照类别整理好自己的物品。

④能在走、跑、跳、攀爬、投掷等各种不同的运动方式中，灵活协调地控制身体。

⑤养成积极锻炼身体的习惯，提高对炎热的适应能力。

⑥知道不吃腐败、变质、过期的食品。

⑦继续学会发现和辨别自身生活环境中的不安全的因素并找出对策。

⑧能积极参加班级、年级或幼儿园、社区组织的六一游园会、毕业典礼等活动，有一定的集体荣誉感和责任感。

⑨知道国家近期一些重大的成就，有初步的归属感和自豪感。

（2）自然

①感知并了解季节变化的周期性，知道变化的顺序。

②通过实际测量温度，感知夏季的季节特点，学会使用防暑降温的方法。

③了解空调对生活的重要作用，知道正确使用空调的方法。

④能主动收集和玩水、水的实验等有关的材料，探索并发现水的特性（水的流动性、可塑性、物体在水中的沉浮现象等），有一定的探究意识和能力。

⑤继续巩固10以内加减运算，认识基本的立体图形及其特征。

（3）社会

①在参观小学过程中对小学的环境、设施以及小学生的生活作息有一定的了解，进一步激发上小学的意愿。

②感受师生间、同伴间依依惜别之情，愿意并尝试用多种方法与老师、同伴继续保持联系。

③在毕业季系列活动中能够积极、友好地和同伴合作，体验合作的快乐和意义。

（4）文化

①在毕业季能够主动向身边为自己付出爱和辛苦的人们表达感恩之情。

②了解父亲节的由来和意义，能够用不同的方式主动表达对父亲的爱。

③欣赏并学习与毕业季有关的儿童文学作品，理解其内容，感受其风格及文学语言的美。

④深入感受各种美术材料和工具的特点，能自主选择，并利用其特点进行创作，制作自己感兴趣或与毕业有关的作品。

⑤能积极主动参加毕业季的各种活动，能够与同伴合作表演简单的故事情节，尝试设计、制作，使用适宜的服装、道具和布景，大胆地表现自我，乐于与他人交流表演中的体验，充分感受创造、表现与合作的乐趣。

2. 6月周活动安排

本月建议开展的活动主题：毕业主题。

周次	活动名称	活动目标	发展课程中的领域	对应的五大领域	备注
第一周	【毕业主题】毕业前想做的事	1. 巩固统计的方法，体会统计在生活中的用处。 2. 能够与同伴协商、合作完成统计。 3. 依据统计结果设计毕业活动，激发对毕业活动的兴趣。	自然 社会	科学 社会	详案一
	【毕业主题】我的记忆盒子	1. 能用恰当的形容词形容自己对记忆的感受。 2. 通过回忆与同伴之间的往事，感受同伴之间友谊的美好。 3. 能完整清晰地讲述自己的记忆，并能认真倾听同伴的分享。	社会 文化	社会 语言	详案二
	【毕业主题】我的幼儿园	1. 能够用适宜的美术材料和创作形式合作表现幼儿园里发生的故事，体验合作作画的乐趣。 2. 在回忆中进一步激发对幼儿园的感恩之情。	文化	艺术	

续表

周次	活动名称	活动目标	发展课程中的领域	对应的五大领域	备注
第一周	【毕业主题】为弟弟妹妹做点事	1. 能够与同伴商量可以为弟弟妹妹做的事情，大胆表达对弟弟妹妹的关爱。 2. 体验为弟弟妹妹做事的自豪感。	自我社会	社会	
	体育游戏：花样玩绳	1. 能够使用跳绳创意拼摆出各种造型，尝试各种玩法，发展跳、钻、跑、平衡等多种技能。 2. 在一物多玩中发展创造力和协商、合作的能力。	自我	健康	
	沉与浮	1. 感知和了解物体的沉浮，发现物体材质、形状与沉浮的关系。 2. 在同伴交流过程中，提高语言表达和合作能力。	自然	科学	
	美工：自制遮阳帽	1. 能大胆设计、制作遮阳帽。 2. 体验自己动手制作遮阳帽的乐趣与成就感。	文化	艺术	
	打击乐：大雨小雨	1. 能按节奏进行打击乐合奏，具有初步的协调、配合能力。 2. 感受打击乐的好玩、有趣。	文化	艺术	
	我的造型我做主	1. 通过尝试不同服装的搭配，提升服饰搭配以及造型的能力。 2. 在搭配服饰和表演的过程中丰富审美体验。	文化	艺术	
第二周	【毕业主题】破译电话号码	1. 能够运用10以内的合成、分解，正确记录同伴家的电话号码。 2. 了解电话联络的方式，愿意增进同伴之间的交流和联系。	自然	科学	
	【毕业主题】幼儿园难忘的人和事	1. 能清楚、连贯地表达自己在幼儿园生活中最难忘的人或事，有一定的条理性。 2. 认真倾听同伴的讲述。 3. 通过回忆，感受幼儿园生活的美好瞬间。	社会文化	社会语言	

续表

周次	活动名称	活动目标	发展课程中的领域	对应的五大领域	备注
第二周	【毕业主题】歌曲《毕业歌》	1. 学习根据内容用不同的演唱方法演唱不同的歌曲段落，提升演唱表现力。 2. 初步学习轮唱、领唱和齐唱的方法。 3. 理解歌词，感受毕业离别与感恩之情。	文化	艺术	
	【毕业主题】诗歌《毕业诗》	1. 理解毕业诗的内容。 2. 能够有表情地朗诵毕业诗，表达对幼儿园、老师、同伴的依依不舍之情。	文化社会	语言社会	
	【毕业主题】离园纪念册	1. 能够在老师或家长的帮助下认真完成离园纪念册上的内容。 2. 体验即将毕业的激动之情和对幼儿园、老师、同伴的感恩与不舍之情。	文化社会	社会	
	体育游戏：小推车运粮	1. 在不同的路面上推车运物，并能保持身体与车子的平稳。 2. 学会看图例，能够按照图例上的指令执行相应的运输任务。 3. 有规则意识，体验与同伴合作游戏的快乐。	自我	健康	
	数学活动：认识正方体	1. 通过感知和操作，发现正方体和正方形的关系。 2. 初步感知正方体的基本特征，能找出生活中是正方体的物品。	自然	科学	详案三
	图画书阅读《四季转呀转》	1. 知道四季是不断更迭变化的，了解每一个季节的典型特点。 2. 能够用语言表达自己对图画书的观察和理解，感受季节的变化。	自然文化	科学语言	
	美工：扇子	1. 了解扇子的多种制作方法，并能够制作不同特点的扇子。 2. 提高使用多种材料进行制作的能力，发展创造性。	文化	艺术	

续表

周次	活动名称	活动目标	发展课程中的领域	对应的五大领域	备注
第三周	【毕业主题】图画书阅读《大卫上学去》	1. 理解画面内容,能用完整的语句清楚表达大卫在校的种种表现。 2. 对小学充满向往,知道要遵守学校的行为规则,萌发做合格小学生的愿望。	社会 文化	社会 语言	
	【毕业主题】爱的密码	1. 回顾和小伙伴共同成长的经历,感受和同伴一同成长的幸福和快乐。 2. 能用自己的语言表达对同伴真挚的爱。	社会	社会	
	【毕业主题】歌唱活动:老师再见	1. 能够用声音的强弱来表达不同的情绪情感,演唱时自然连贯、亲切。 2. 在歌唱时能将感情融入声音、表情中。 3. 提升分声部演唱及齐唱表演能力。	文化	艺术	详案四
	潜水艇	1. 观察和感知物体的沉浮现象。 2. 在操作中能积极思考,大胆尝试改变物体的沉浮状态。	自然	科学	
	我的爸爸	1. 能结合对爸爸的问卷调查,进一步感知爸爸的喜好、本领以及陪伴自己的方式等,能完整流畅地介绍自己的爸爸。 2. 加深对爸爸的了解,增进与爸爸的情感。	社会 文化	语言 社会	
	父亲节的礼物	1. 能够运用各种材料制作节日礼物,表达对父亲的情感。 2. 提高动手操作以及使用工具材料的能力。	文化	社会 艺术	
第四周	体育游戏:小刺猬背果子	1. 熟练掌握侧滚的动作要领。 2. 锻炼动作的灵活性和协调性,在游戏中发展耐力。	自我	健康	
	金属的东西谁会沉谁会浮	1. 通过观察和游戏,感知了解碗状、杯状、空心的金属物体能浮,实心的金属物体会沉。 2. 进一步体验形状与沉浮的关系,激发对物体沉浮的探究兴趣。	自然	科学	

续表

周次	活动名称	活动目标	发展课程中的领域	对应的五大领域	备注
第四周	【毕业主题】制作毕业联系名片	1. 尝试设计个性化名片，初步理解个性化名片的意义。 2. 在设计、制作、赠送名片的过程中体验成就感及同伴间的友情。	社会文化	社会艺术	详案五
	【毕业主题】图画书阅读《美丽的梦想》	1. 能够通过观察画面猜测情节的发展，理解故事内容。 2. 知道每个人都可以有自己的梦想，能表达出自己的梦想。	文化	语言	
	【毕业主题】歌曲《感恩的心》	1. 感受乐曲的旋律，理解乐曲表达的情绪和歌词。 2. 能够唱准节奏，有表情地演唱歌曲。	文化	艺术	陈乐融作词，陈志远作曲
	【毕业主题】阅读图画书《长大以后做什么》	1. 在集体阅读、自主阅读中感受书中优美而富有韵律的语言。 2. 能模仿散文中的语言表达自己"长大以后做什么"。	文化	语言	

（二）6月活动详案

详案一

活动名称：毕业前想做的事（自然、社会）

活动目标：

1. 巩固统计的方法，体会统计在生活中的用处。

2. 能够与同伴协商、合作完成统计。

3. 依据统计结果设计毕业活动，激发对毕业活动的兴趣。

活动准备：

经验准备：知道毕业就是幼儿园生活的结束，要开启小学生活；有使用统计表的经验。

物质准备：大白板、统计表（每组一张）、笔、记录纸，以前大班毕业活动的照片。

活动过程：

开始部分：了解毕业前可以开展的活动

教师：再过一段时间你们就要大班毕业了，你们想在毕业前干什么呢？

请幼儿观看往届大班毕业活动经典照片，了解毕业前可以开展的活动。

基本部分：记录、统计毕业前想做的事

（1）说说毕业前自己想做的事。

教师：毕业前你们想做什么事情？哪些活动是需要我们合作完成的？

指导与要求：鼓励幼儿充分表达，教师和幼儿共同讨论事情的可行性，确定好哪些事情是毕业前能做也比较适合小朋友完成的，如追问"需要多长时间完成"，以引导幼儿了解可行性。

（2）提供纸张、画笔，请幼儿简单记录毕业前想要做的事情。

指导与要求：第一，根据上一环节的讨论，引导幼儿记录在毕业前想做的事情。第二，用自己能看明白的方式简单记录。

（3）给每组幼儿发统计表和笔，引导幼儿完成小组（一桌）统计。

教师：每个人记录了自己想要做的事情，到底哪些事情是大多数小朋友都想做的呢？我们一起来解密一下。请每组小朋友统计自己小组想要做的事情有哪些。

指导与要求：

第一，介绍小组记录的材料和流程：看记录纸，计数，填写统计表，检查统计结果，汇报结果。鼓励幼儿自主协商。

第二，介绍统计表的使用："内容"一栏的格子里记录事情，下面的格子里记录人数。

第三，看各组具体的合作情况，根据需要有针对性地指导。

结束部分：各组介绍统计结果

教师：解密的时候到了！到底哪些事情比较受欢迎呢？一起来看看大家的统计表吧。

指导与要求：第一，每组幼儿代表在大板上张贴统计表格，并介绍统计情况，说说最受欢迎的活动是什么。第二，请幼儿说一说使用统计表的感受。

相关经验：

文化（美术）：能用简单的图画表现自己的想法。

活动评价：

1. 幼儿是否能与同伴协商、分工、合作完成统计。

2. 根据统计表了解幼儿是否基本掌握了统计的方法。

活动延伸与扩展：

1. 在区域或集体活动中进一步完成全班的统计结果。

2. 根据全班统计结果选出具有可行性的适宜的几项活动后，可以开展全班投票，最终确定下来要开展的毕业活动。

（胡 晋）

详案二

活动名称：我的记忆盒子（社会、文化）

活动目标：

1. 能用恰当的形容词形容自己对记忆的感受。

2. 通过回忆与同伴之间的往事，感受同伴之间友谊的美好。

3. 能完整清晰地讲述自己的记忆，并能认真倾听同伴分享。

活动准备：

经验准备：熟悉图画书《威威找记忆》的内容，知道记忆可以按照个人的感受分为甜甜的记忆、开心的记忆、暖暖的记忆等。

物质准备：每名幼儿准备好自己的记忆盒子（里面放3~5样与幼儿过去的生活有关的物品）。

活动过程：

开始部分：通过提问引导幼儿回顾故事《威威找记忆》

教师：《威威找记忆》的故事里，形容记忆的词语有哪些？

威威是怎么帮助南茜奶奶找到记忆的？

基本部分：分组分享自己的记忆盒子

（1）通过讨论，明确分享自己的记忆盒子时该如何介绍。

请幼儿充分发表自己的想法。

教师与幼儿共同总结分享记忆盒子的几个主要内容：盒子中的物品是什么；这件物品是怎么来的；这件物品留给自己的记忆是怎样的（甜甜的、开心的、暖暖的……）。

（2）幼儿分组分享自己的记忆盒子。

幼儿4~5人一组，进行分享。

教师关注幼儿分享时的语言表达，必要时通过提问引导幼儿的语言表述。

结束部分：分享与幼儿园或同伴有关的记忆

每组分享一个与幼儿园或同伴有关的记忆。

教师：小朋友都有和小伙伴在一起的美好记忆，希望这个记忆盒子一直陪伴你们成长。

活动评价：

1. 通过幼儿的语言，判断其是否能用恰当的形容词形容自己对记忆的感受，讲述是否清晰完整。

2. 观察幼儿的表情、神态，判断其是否认真倾听同伴分享，是否感受到同伴之间友谊的美好。

活动延伸与扩展：

1. 鼓励幼儿在美工区将自己记忆盒子里的故事画一画。

2. 鼓励、支持幼儿制作个人名片，送给好朋友。

（何莉莉）

详案三

活动名称：数学活动：认识正方体（自然）

活动目标：

1. 通过感知和操作，发现正方体和正方形的关系。

2. 初步感知正方体的基本特征，能找出生活中是正方体的物品。

活动准备：

经验准备：认识图形的边和面，有一定的建构经验。

物质准备：带虚线的正方体展开图和塑料管若干，正方体实物人手一个，签字笔人手一支，神秘袋人手一个，白色和黄色贴画若干，课件《找找正方体》。

活动过程：

开始部分：初步感知正方体

教师将事先准备好的正方体放于神秘袋中，藏在幼儿的椅子下，引导幼儿摸一摸神秘袋中的几何体。

教师：请你把小椅子下面的神秘袋拿出来，把手伸进去摸一摸，你摸到了什么几何体？

基本部分：感知正方体的基本特征

（1）认识正方体。

请幼儿操作、感知并记录正方体的边和面的数量。

教师提供白色和黄色的圆形贴画，引导幼儿用两种颜色贴画分别标记自己手中正方体的边和面，并用数字记录。

教师：正方体的面在哪里？请你找一找，摸一摸，然后贴上小贴画，记录一下一共有几个面。

正方体的边在哪里？请你找一找，摸一摸，贴上另一种颜色的贴画，记录一下一共有几条边。

幼儿操作，教师指导。

提示幼儿一张贴画代表一个数字，避免数重、漏数，也可以在贴画上边数边写数字。

分享幼儿的记录结果。

教师引导幼儿拿正方体实物演示点数边和面的方法，鼓励幼儿通过比对发现正方体的6个面是一样大的正方形。

教师：请你来分享一下你的正方体有几个面，几条边？几个面是不是一样大的？

引导幼儿概括正方体是一个由12条边、6个一样大的正方形组成的立体图形。

（2）建构正方体。

教师介绍建构材料，幼儿初步感知。

教师：现在请小朋友自己动手制作正方体。我为小朋友们准备了两种材料，第一种是正方体的展开图，你可以沿虚线折一折，尝试动手制作正方体；另一种是彩色塑料棍，你可以用它们搭建正方体。

幼儿自主选择材料建构正方体，教师指导。

引导幼儿在操作中验证正方体有12条边、6个面，每个面都是一样大的正方形的特征。

分享幼儿作品，巩固对正方体特征的认识。

结束部分：生活中的正方体

（1）出示课件《找找正方体》，说说自己在生活中看到的正方体。

教师：生活中，你还见过哪些物品是正方体的？

（2）教师出示前后两面都是正方形的图书，引导幼儿辨别，初步感知正方体和长方体的区别。

教师：这本书是什么几何体？你是怎么知道的？

相关经验：

自我：在粘贴、搭建的过程中，锻炼手部动作的灵活性。

自然：通过贴贴画、写数字，了解数字记录的方法。

活动评价：

1. 通过幼儿的记录和语言，了解幼儿是否知道正方体有12条边、6个面，每个面都是正方形。

2. 观察幼儿是否可以选择材料建构正方体。

活动延伸与扩展：

1. 鼓励幼儿积极观察，主动发现生活中更多的正方体，并与同伴分享。

2. 在区域中投放正方形、长方形纸片及长短不一的塑料棍，鼓励幼儿在区域活动中继续尝试建构更多立体图形。

（张黎媛）

> **详案四**

活动名称：歌唱活动：老师再见（文化）

作品分析：

在大班幼儿即将毕业之际，通过这首温暖的歌曲《老师再见》（龚之华、张友珊作词，王履兰作曲）来表达幼儿对老师的感恩之情，跟随音乐的变化，充分表达内心的情感，加深师幼之间的美好情感和温暖回忆。

活动目标：

1. 能够用声音的强弱来表达不同的情绪情感，演唱时自然连贯、亲切。

2. 在歌唱时能将感情融入声音、表情中。

3. 提升分声部演唱及齐唱表演能力。

活动准备：

经验准备：知道要毕业了，要离开幼儿园了；有对唱、齐唱、分声部演唱的经验。

物质准备：音乐《老师再见》。

活动过程：

开始部分：调整声音

（1）师生问好。

$1=C\text{-}D$ $\frac{4}{4}$

| 3 3 3 | 3 4 5 | 2 2 2 | 2 3 4 | 3 1· | 3 5· | 3 1· | 2 1· |
师：小朋友　早上好！幼：X老师　早上好！齐：大家　都早，大家　都早。

（2）发声练习：用问好的曲调将歌词替换成lu、la、li。

幼儿模仿老师的声音，分别感受：强、弱、渐强、渐弱等不同声音。

基本部分：学唱歌曲《老师再见》

（1）欣赏歌曲《老师再见》A段。

教师：歌曲一共有两段，歌曲的第一段唱的是在幼儿园的事情，我们一起来听一听，歌曲中都唱了幼儿园的哪些事情？

重点提问：唱的幼儿园事情顺序是怎样的？

跟着音乐节奏说一说第一段歌词。

（2）欣赏歌曲《老师再见》B段。

教师：歌曲第二段唱的是上了小学要怎么做。

跟着音乐节奏说一说第二段歌词。

（3）学唱歌曲《老师再见》。

放慢速度试着把幼儿园的事情按顺序跟着音乐唱一唱。

教师：你们马上要离开幼儿园了，是什么样的感觉？请你们尝试把这种感情用歌声表达出来。第二段讲的是要上小学了，要戴上红领巾了，你们有什么样的感觉？（很骄傲）所以速度可以快一点，声音可以强一点，特别是戴上红领巾的地方，要唱出骄傲的感觉来。

（4）用不同的演唱形式和表现形式演唱歌曲《老师再见》。

幼儿分三组演唱：一组A段第一遍歌词，二组A段第二遍歌词，三组B段歌词。

分男女声部对唱：男声A段第一遍歌词，女声A段第二遍歌词，B段男女声齐唱。

幼儿自己设计演唱形式和表现形式演唱歌曲。

结束部分：表达情感，自然结束

幼儿一人一句，用接龙的方式演唱歌曲，尝试挑战歌曲不断开，情绪也不断开。

相关经验：

自我：能够体会、表达与老师之间依依不舍的情感。

活动评价：

1. 幼儿能否理解记忆歌词，有感情的演唱歌曲。

2. 幼儿能否与同伴很好地协调配合演唱歌曲。

活动延伸与拓展：

幼儿把自己想对老师说的话、想表达的情感再创编歌词进行演唱。

（吕　霞）

详案五

活动名称：制作毕业联系名片（社会、文化）

活动目标：

1. 尝试设计个性化名片，初步理解个性化名片的意义。

2. 在设计、制作、赠送名片的过程中体验成就感及同伴间的友情。

活动准备：

经验准备：前期了解了名片的主要组成要素，制作过简单名片。

物质准备：名片课件，有代表性的名片数张（包括前一次活动幼儿自制的名片），字卡，图标，几种已剪裁好形状的名片纸，未剪裁的纸张，剪刀，签字笔，水彩笔等。

活动过程：

开始部分：简要回顾名片的主要组成要素

教师：名片上主要包括哪些重要信息？

通过回顾，巩固幼儿对名片要素的了解。

基本部分：制作个性化名片

（1）借助课件欣赏名片，了解名片的个性化设计。

教师：除了写出重要信息之外，这些名片还有什么特点？

启发幼儿观察名片并表达，打开幼儿名片设计的思路，在讨论过程中引导幼儿注意个性化内容在名片上的位置。

（2）讨论如何个性化地制作自己的名片。

教师：小朋友可以开动脑筋做一张能代表自己的特别的名片。

教师：除了把重要信息写清楚以外，你觉得还可以写些什么、画些什么让收到名片的人能记住你的特点（如兴趣爱好、理想、本领、自画像等）。

（3）幼儿独立设计、制作名片。

教师介绍制作材料，鼓励幼儿根据自己的想法和需要大胆选择。

幼儿独立操作，教师观察，需要时予以指导。

重点：能独立地进行制作，体现名片要素的同时，在制作过程中有自己的想法。

难点：能够在名片上表现出体现自己特点的内容。

教师：你还打算写些什么画些什么让别人记住你？怎么在名片上安排重要信息和有特点的信息？

结束部分：名片展示与赠送

（1）幼儿将自己完成的名片呈现在展架上。

（2）活动最后，幼儿互相赠送名片，教师引导幼儿注意赠送礼仪。

相关经验：

自我：对自己的兴趣、爱好以及特点有所了解。

社会：乐于向同伴介绍自己的个性化信息，对同伴交往和与教师的交往有积极的态度。

活动评价：

通过观察幼儿的设计过程和作品，了解幼儿是否能够独立设计出个性化名片。

活动延伸与扩展：

1. 提供多种材料，鼓励幼儿继续在区域活动中设计名片、赠送名片，体验朋友间的友情。

2. 随着幼儿收到的名片增多，可以引导幼儿设计名片夹，保存名片。

（丁　乐）